智能工业丛书

新工业思维（第二版）

向新工业转型必须首先进行一场彻底的思维革命

杨青峰 著

電子工業出版社
Publishing House of Electronics Industry
北京•BEIJING

内 容 简 介

新工业革命是工业领域全要素、全过程的变革，是包括生产侧和用户侧的整体系统的颠覆，对传统工业企业来说是生死存亡的挑战。本书提出，应对新工业革命不能从局部的实践开始，而必须首先进行一场彻底的思维革命。所谓思维革命，就是运用系统论和思维实验的方法，把智能技术群给工业带来的颠覆性革新从整体到局部、从局部到整体彻底地想清楚。本书把针对新工业的思维革命总结为新工业思维，并细分为虚实融合时空观、构造生产与用户的新关系、发挥知识资本的价值、提供智能效用产品、重新定义机器和工厂、有边界的个性化智慧生产、构造产用融合制造范式、建立创客化组织、新管理、未来竞争优势十个方面。

本书适合所有工业企业的CEO、CIO、高级管理人员、各层级工作者，智能技术供应商的高管与从业者，研究工业和制造业发展的专家、学者，以及高等院校工业、制造、智能技术相关专业的教师和学生等各类相关群体阅读。

图书在版编目（CIP）数据

新工业思维 / 杨青峰著. —2版. —北京：电子工业出版社，2019.6
（智能工业丛书）
ISBN 978-7-121-35297-3

Ⅰ. ①新… Ⅱ. ①杨… Ⅲ. ①产业革命—研究 Ⅳ. ①F419

中国版本图书馆CIP数据核字（2019）第006796号

策划编辑：徐蕾薇
责任编辑：赵　娜
印　　刷：北京虎彩文化传播有限公司
装　　订：北京虎彩文化传播有限公司
出版发行：电子工业出版社
　　　　　北京市海淀区万寿路173信箱　　邮编：100036
开　　本：720×1000　1/16　印张：22.25　字数：445千字
版　　次：2016年6月第1版
　　　　　2019年6月第2版
印　　次：2021年7月第3次印刷
定　　价：89.00元

凡所购买电子工业出版社图书有缺损问题，请向购买书店调换。若书店售缺，请与本社发行部联系，联系及邮购电话：（010）88254888，88258888。

质量投诉请发邮件至zlts@phei.com.cn，盗版侵权举报请发邮件至dbqq@phei.com.cn。

本书咨询联系方式：（010）88254538，xuqw@phei.com.cn。

推荐语

亲身经历一场伟大的新工业革命是身处这个时代的幸事。但正因如此，也很有可能使我们“不识庐山真面目，只缘身在此山中”。作者长期“深耕”数字经济、智能制造研究，是这场新工业革命的一位杰出思想者。《新工业思维（第二版）》不仅有对工业4.0、CPS、数字孪生、边缘计算、零工经济、创客化组织等热门话题的深刻解读，更有作者自己的思想与理论构建，他用丰富的实践经验、扎实的理论功底和富有远见的洞察力，勾画出新工业革命的一幅完整图景。更为难能可贵的是，在全社会鼓吹工业互联网、智能制造的环境中，作者看到工业4.0和工业互联网的首倡者西门子、GE所面临的困境，以冷静的态度指出新工业的建设“需要很多年才能形成清晰的最终范式和蓝图”。感谢作者将长期积累和深度思考而成的宝贵成果奉献出来，相信读者会和我一样“开卷有益”。

中国社会科学院工业经济研究所研究员　李晓华

常言道：思路决定出路。我们有幸身处一个风云变幻的产业变革的时代，众多企业勇立潮头，从自身理解和发展诉求出发，推出了一系列新技术、新模式和新概念，可谓层出不穷，令人眼花缭乱，甚至无所适从。杨青峰是一位冷静、专注且“深耕”IT领域多年的经济学者，他的《新工业思维（第二版）》，再一次给我带来视角新颖、引领浪潮的思想盛宴。在本书中，作者总结反思了全球工业革命的历程，批判了传统经济学理论，与时俱进地进行了全面系统的思考，特别是提出了产用融合的新工业范式，指出企业未来竞争优势——聚合产业生态的能力，可谓引领了一场思维的革命，拉开了新工业革命的序幕。

北京市经济与信息化局大数据应用和产业处处长　唐建国

2008 年国际金融危机引发的连锁反应尚未退去，贸易保护主义和单边主义又有抬头，世界处于百年未有之大变局中，全球经济面临诸多不确定性。世界经济何去何从，有识之士正在寻找推动未来发展的破解之道。推动新工业革命是世界主要国家的重要共识。制造业是国民经济特别是实体经济的重要组成部分，它能否顺应时代要求进行变革，不仅关乎制造业自身发展，关乎新工业革命能否顺利推进，更关乎实体经济和国家竞争力的提高。近年来，物联网、大数据、云计算、人工智能、机器人、增材制造、新材料、增强现实、纳米技术和生物技术等新兴技术取得重大发展，为推动新工业革命进程奠定了基础，为制造业未来发展带来了机遇和挑战。《新工业思维（第二版）》，系统深入分析总结了新技术革命中大量新鲜、有效的实践经验，对未来制造业新时空观、生产和用户新关系、创新原动力、智能效用产品、智慧机器、智慧工厂、智慧生产、产用融合第五代制造范式、企业创客化组织、未来企业管理新模式、如何打造未来竞争优势等一系列问题，进行了创新性讨论、思考和研究，探讨描绘了未来新工业发展蓝图，体现出宝贵的探索创新精神、专业的思考方式、严谨的逻辑思维和洞察来来的思想之光，是寻求破解新工业革命成功之道的重要研究成果。本书提出许多非常有价值的思想和观点，如工业系统性变革、虚实融合的新时空观等，是重大的理论创新，新工业十大竞争能力分析等具有实际应用性和推广价值。最重要的是其思维方式和思维方法，无疑对推动新工业革命、对推动制造业企业转型升级、对政府部门如何更好地推进两化融合均具有重要参考价值。正如杨青峰教授所说：一场深刻的思维革命才是新工业革命的序幕，对每个人来说，面对新工业革命，最重要的是思维革命。只有打破那些我们脑海中的旧工业思维，我们才有可能走在新工业时代的前面。

北京市产业经济研究中心主任　郭钧岐

通向新工业革命之路正处于萌动状态，路径和预测尚充满不确定性，工业界、互联网界、IT 界等诸多专家都从不同角度进行了探索。探索应遵从实践，但也需要深度的思考，作者就是一位勤奋的思考者。以我与作者多年的合作与沟通，不敢妄评作者的成就，但相信其在持续研究和“深耕”中能够撕开真理的一角，最起码未来的新工业场景能够出现在作者的视野里。大家在研读之后可以直接感受。

中国中钢集团有限公司信息管理中心总经理　李红

新旧动能转化是中国企业未来发展的重点，产业智能化建设是新旧动能转化的一个重要内容。产业智能化的使命就是要构建产业级的数字生态，打通产业间、内外部连接，以新兴产业的技术提高传统产业效率，起到 1+1>2 的效果，从而支撑动能转换更好、更快地实现。《新工业思维（第二版）》从理论思考和方法论的角度全面诠释了传统产业如何借助产业智能化去实现转型升级和新旧动能的转换，理论性和实践性都很强，值得每一个身处产业智能化转型大潮中的企业管理者学习、思考与借鉴。

中国中纺集团棉花事业部副总经理兼信息化中心主任　骆学农

作为信息技术的探索者和实践者，我们自认对工业技术与信息技术的融合，有比较清醒的认识。经常被每一个技术的创新进步和独角兽的出现所鼓舞，也为倒下的曾经的独角兽而叹惜。每隔两三年，我们都会疑惑：下一个技术创新是什么？随着新技术迭代频率的加快，这种疑惑产生得越来越频繁。工业化的过程，就是不断把人类从重复的劳动中解放出来的过程：机器把人类从重复的体力劳动中解放出来，人工智能技术把人类从重复的脑力劳动中解放出来。人工智能技术的发展并不是一帆风顺的，虽然有大力度的政策支持，还伴随着公众认识水平的提高，人工“智障”的想象还是会频繁出现。这是哪里出了问题？

有幸拜读了杨老师的新作《新工业思维（第二版）》，有登高览胜的豁然之感。本书系统地阐述了新工业思维，从十个重要方面对新工业思维进行了剖析，力图给读者一个系统全面的思维引导，避免读者因为从业经验、知识结构，而过度关注某些局部。在没有全面思考要什么不要什么的状态下，仓促行动，难免付出代价。

我特别欣赏书中对知识资本是创新原动力的阐述。信息技术正在致力于将显性知识更高效、更智能地应用于工业场景中，而对隐性知识的利用则束手无策。隐性知识普遍存在于个人和组织中，如何发挥个人和组织的主动性，把隐性知识抽取、提炼，并形式化地表达出来成为显性知识，从而进一步驱动信息技术的突破，这是工业技术和信息技术领域共同面对的巨大挑战。也给我们指出了突破信息技术瓶颈的努力方向。

甲骨文公司正在稳步推广自治数据库，自治的理念也在本书中得到了印证。我们每个人都或多或少参与到新工业发展进程中。引用杨老师书中所写：“未来的工业将会变得越来越聪明，而知识创造的主导者——人类，自然也将更加重要，知识资本的力量也会更加强大。”

甲骨文（中国）政府关系及战略发展部总经理　黄玮

《新工业思维（第二版）》从系统与高维的角度，历史与未来的视界，为我们开启了新工业革命的新思维，系统地论述了新技术革命、新工业革命与新工业文明的发展范式，为中国制造转型升级和中国智造指明了方向。

中科汇联董事长　游世学

在产业互联网浪潮下，工业企业如何借助新思维，实现成功的转型升级？《新工业思维（第二版）》系统性地解析了知识驱动、工厂模式、制造范式、组织管理及竞争优势等方面开展思维革命的可能性。我诚挚地向管理者推荐这本理论与实例相结合的精品之作。

销售易创始人及 CEO　史彦泽

第四次工业革命正在悄然来临，未来必将借助智能技术群对产业进行全面升级，未来的智慧型企业或智能企业的形态究竟是什么？《新工业思维（第二版）》阐述了新工业革命与一、二、三产业如何深度融合，推动产业升级，形成数据驱动、人机协同、跨界融合、共创分享的智能经济新形态，进而引发生产关系的重大变革，重构工业革命以来形成的社会形态、产业结构和经济发展方式。体系地给出了制造型智慧企业的未来新形态。感谢作者在多年研究和积累的基础上，深度分析新技术革命如何实现新工业革命的逻辑，提出未来制造的新范式。

蓝凌软件副总裁　张建光

思维革命：新工业革命的序章

从十年前开始，在世界范围内爆发了新技术革命，产生了一大波被统归为智能技术群的新技术，它们以极快的速度改变了人们的生活方式和娱乐方式。新技术的潜力绝不仅是改变人类自己，而且在这个改变的过程中，智能技术群开始与工业的要素、资源和活动进行融合，并带来了工业领域的巨变，这就是大众认为的新工业革命。新工业革命进一步带动技术革新，驱动新技术革命持续发展。双重革命互相驱动、交相辉映，是人们生活的这个时代的最大背景。人们应该庆幸自己能够亲身经历一场人类社会最重大的变革。

毫无疑问，新工业革命正在发生。但难题在于，人们明明知道新工业革命正在发生，却不知道自己要向何处去。为了迎战新工业革命，不同国家提出了不同的战略蓝图，如德国工业 4.0 战略、美国先进制造业战略、日本超智能社会等。企业也进行了大量的实践探索，既有生产方面的，如个性化定制、服务型制造、协同生产、面向共享、工业互联网等，也有商业方面的，如 C2B（客户到商业）、C2M（用户直连工厂）等。现在看来，这些战略和实践有些是有益的，有些其实用处不大。近两年发生的一些事实，让人们意识到目前对于工业的一些未来设想可能并不完全对，人们可不会这么快就找到了最终答案。例如，一些按照德国工业 4.0 战略蓝图构建的智慧工厂由于没有订单而必须关闭；工业互联网的著名公司 GE 公司正在变卖自己的相关资产。不过，有一个确定的共识是，人们目前仍处于新工业革命的初期阶段，存在误判也无可厚非。

历次工业革命告诉人们，新工业的建设往往需要很多年才能形成清晰的最终范式和蓝图，如果一开始就想把蓝图画好，则是不可能的。虽然新工业革命是通向新工业未来的道路，但并不意味着新工业立刻就能实现。

新工业真正到来的标志是什么？我认为就是工业领域通用新范式的形成。过去的历次工业革命，从新技术爆发到新工业范式形成可能需要很长时间。但时代不同，知识的丰富程度和利用程度不同，人们对新事物的接受程度也会不同，这既意味着形成新工业范式的时间会缩短，也意味着留给传统工业企业的时间并不多。

以前很多熟知的大企业，曾经规模宏大、多彩绚丽，但现在处于苟延残喘的崩溃过程中，其中有一些企业一夜之间就倒闭了。是它们认识不到时代的变化吗？是它们没有积极地进行转型升级吗？这些都不是原因，更多的情形是它们试图做出改变，但没有成功。与此同时，出现了大量的新工业探索，一些新物种脱颖而出。不管它们是不是最终的未来，但是它们当下确实赢了。它们并不关心在身旁倒下的“巨人们”，而是以前所未有的速度攻城略地，占有属于它们的新时代，占据曾经由老工业企业占据的市场位置。自身变无可变，新物种又来势汹汹，老工业企业正在面临前所未有的压力，呈现出普遍的焦虑。

世界每天都在日新月异地变化，无所作为地原地等待就是等死。企业只有未雨绸缪，站在正确的位置，摆好正确的姿态，才能在新工业革命中得以幸存，才能取得持续生存和发展的机会。但未来并不清晰，走快了可能是牺牲品，走慢了可能掉队。速战速死、不战亦死的可能性变得前所未有。

大量的老工业企业在积极地进行转型升级，努力做出改变，但大多数情况下是盲目的：一会儿尝试互联网思维的导入；一会儿进行智慧工厂的改造；一会儿建设工业互联网；或者喊一喊“机器换人”的口号。大量的事实证明，这些没有对未来进行全面深思的局部尝试，并不会改变老工业的现状，而无效尝试所带来的额外投入甚至还加速了一些老工业企业的死亡。老工业企业的倒下，并不意味着新物种都会过得很幸福。可以看到很多激情如火的创客们，试图一举颠覆老工业的现状，但最终也一无所获。

唐朝韩愈在《进学篇》中写道：“行成于思，毁于随。”意思是说，做事情要想成功就必须深思熟虑，因循随俗就没有前途。1 000 多年前古人都明白的道理，人们现在更应该明白。现在经常说的一个词就是“转型升级”，最常见的做法就是照搬国内外其他企业的做法。人们应该知道，现在处于新工业的探索期，并没有形成公认的通用范式，盲从的结果可想而知。

那么，面对汹涌而来的新工业革命，什么才是当下最重要的呢？

各种具体的局部实践只是“扉页”，一场深刻的思维革命才是新工业革命最重要的“序章”。人们要认识到，新工业革命绝对不是简单地在新技术套上老酒瓶，也不是搬来的互联网思维和德国工业 4.0，更不是智慧工厂和机器换人，而是全面的颠覆性改变，是生死存亡的系统革新。思维革命就是要把新工业可能带来的各种颠覆性的改变想清楚，对各种可能性革新进行深入研究，而不是用旧工业思维限制人们的想象力。具体来说，新工业的思维革命，就是要在新技术革命的背景下，对新技术引发的各种可能的工业变革进行系统性的思维实验。

什么是思维革命的系统性？新工业革命是关于人类经济社会发展的深层次变革，是人类文明发展的新阶段，是一场全方位的变革。系统性首先意味着全面性和整体性，包括所有要素，如在宏观层面涉及社会环境、政策、价值观、生产关系、生产力等元素，在微观层面涉及时间和空间、技术和应用、生产者和用户、创新和产品、机器和工厂、生产方式和生产价值、组织与管理、竞争环境和竞争优势等要素。系统性还意味着相关性，不仅需要考虑各个独立要素的变革，而且还需要考虑要素相互间的影响和对整体的作用。系统性也意味着所有要素构成一个有机的动态整体，是活跃的和不断发展变化的，而不是僵硬不变的。人们要关注各个要素和系统整体的动态演变及可能造成的影响，并为之描绘可能的演进轨迹。总之，新工业革命是一个复杂巨系统的动态变革，人们不能抓住一点就以为找到了最终答案。

思维实验又是什么？它不是随意想象，而是科学实验的一种重要形式，需要充分发挥人们的想象力，结合灵感和严密逻辑推理，甚至数学演算来发现科学规律。思维实验帮助爱因斯坦发现了相对论，他曾说道：“理论的真理在你的心智中，不在你的眼睛里。”人们看到很多具体的实践和现象，但它们需要人们的未来用心智来发现。新工业是正在发生的未来，但未来从来不轻易地揭开遮挡的面纱。人们需要理性的思维实验，要像发现科学规律一样揭示新工业的未来，而不是对未来感性地任意发挥。

不过，新工业的演进是社会、经济、技术、制度综合影响的结果，并不受制于人们每个人的思维。人们能做的是分析这些影响因素，并通过全面的思维革命尽可能接近最终的蓝图，少走弯路。如果企业针对新工业进行了系统而有益的思维革命，无论结论是什么样的，都认为它具有了新工业思维。新工业思维的核心是一个过程，而不是具体的结果。

现在有足够的技术，人们已经能够利用这些技术画出无数的美好蓝图。人们需要思维革命，帮助自己寻找到最适合的那张蓝图。本书的目的就是用系统的思维方法对新工业带来的各种可能变化进行全面而深入的思考，与大家一起找到最终的蓝图。本书是一个抛砖引玉的开端，而不是告诉大家必须遵循的最终答案。

一场彻底的思维革命，就是新工业革命的序章！必须首先打开这个序章，然后才有可能找到最美的未来画卷。

杨青峰

2018 年 11 月 25 日

目录

第 1 章
Chapter 1

新技术革命、新工业革命与新工业文明

随着“智能+工业”的持续推进，大量的实践不断产生，人们对未来工业趋势的思考也越来越清晰。现在，人们已经认识到，传统工业根本就不是换了机器人，也不是采用一些新技术、新系统就能解决向新工业转型升级的问题。升级的根本问题在于升级思维模式，在于站在全新时代的视野上对新工业的全新领悟。那些走在前面的，看来如同未来怪兽一样的新工业生物正在蜂拥而至。它们从心里流淌的是新工业的血液，满满的新工业思维，它们中的一部分可能根本与机器人毫无关系，但能够在新时代游刃有余。它们行走在横向世界和纵向世界，以迅猛之势对人类荣耀了约 250 年的传统工业企业进行摧枯拉朽般的致命攻击。

人们需要从文明演进的高度认识正在发生的变化。近年来，人们已经陆续看到一些规模庞大的传统工业企业轰然倒下。它们自己可能到最后也没有明白一个道理，不是它们不够努力，而是因为它们只属于过去的文明。文明演进的威力是巨大的，如果不能适应它，那么淘汰出局就是唯一的结局。

新技术革命驱动新工业革命，新工业革命带动新技术革命，双轮驱动格局已经形成，人类正在加速走向新工业文明。

1.1 新技术革命：互联网、互联网+与万物智能

新技术革命可以简单地分为三个阶段并总结为三个关键词：互联网、互联网+、万物智能，新技术革命的最新成果是形成了一个全新的技术集群——智能技术群。

1.1.1 互联网

现在讨论的关于智能革命的一切问题，都可以追溯到互联网。

1969 年，只能连接 4 台计算机的计算机网络诞生。至今，计算机网络演变为地球上连接一切的互联网。它不仅具有连接一切的宽度，而且还具有从底层通信到顶层智慧交互的纵深。因此，可以说互联网是一个纵深、泛化网络与应用的综合，如表 1-1 所示。现在，互联网正在吞噬着一切，从实体万物到环境质量，都被连接到这张大网上。

表 1-1 互联网是一个纵深、泛化网络与应用的综合

<table>
<tr><th>大 类</th><th>细 类</th><th>内 容</th></tr>
<tr><td rowspan="2">智能终端</td><td>物联网终端</td><td>传感器
嵌入式智能设备
RFID
二维码/条形码
智能汽车
……</td></tr>
<tr><td>互联网终端</td><td>智能手机
平板电脑
智能电视
……</td></tr>
<tr><td rowspan="2">网络通信</td><td>有线网络</td><td>三网融合
以太网
工业总线
……</td></tr>
<tr><td>无线网络</td><td>3G/4G/5G
Wi-Fi
NFC
蓝牙
……</td></tr>
</table>

续表

大　类	细　类	内　容
互联网应用技术	万维网技术	HTML 5.0 ……
	Web 1.0	门户网站
	Web 2.0	微博 微信 QQ ……
	Web 3.0	语义网络 ……
互联网商业应用	电子商务	在线购物 在线支付 ……
	互联网商业	云计算 自媒体 供应链管理 ……

尽管到目前为止，人类对互联网的能量还远未探索清楚，但现在，每个人，以及接触的每个物体都将被互联网连接在一起。人类通过互联网进入了一个全新的大连接时代，从而开始了一个全新的文明时期。没有基于大连接系统的智能技术爆发、实体间的智慧交互，就没有工业 4.0、中国制造强国战略所表达的新工业。可以说，从根本上，新工业革命就是互联网持续演进和深入发展的结果。

现在，需要这样理解互联网，它既不是一项技术，也不是一个新闻网站和电子商务领域的知名网站，更不是一个社交网络，而是一个把智慧进行交互，实现智慧倍增的大连接系统。人们目前看到的所有互联网应用只是互联网内在价值的早期表现形式，它的终极价值就是要实现人类智慧在地球的各个角落间自由流淌，从而实现人类社会价值的倍增式增长。

1.1.2　互联网+

随着附加在互联网之上的大量新一代信息技术的出现，互联网的价值再次提升，互联网的发展和应用也进入了一个全新的阶段。2015 年 3 月，政府工作报告中正式提出："制定互联网+行动计划，推动移动互联网、云计算、大数据、物联网等与现代制造业结合。"至此，这一概念以官方正式文件的方式正式提出，标志着互联网正式演进到一个全新的互联网+阶段。不狭隘、不夸大地准确认识互联网+，是利用互联网推动产业革命的关键。互联网+既是互联网的强化，也是互联网的延伸，更是互联网与传统产业的全方位融合，主要有如下两层含义。

1．传统互联网发展衍生的新业态

互联网+的第一层含义就是以云（云计算）、大（大数据）、物（物联网）、移（移动互联网）、智（人工智能）为代表的互联网新业态。同时，从服务上看，它们是互联网上基于新技术的新商业模式；从技术上看，它们是一组以互联网为基础的新技术。

2．互联网新业态、新模式、新技术与传统产业的融合

由于互联网+在产业融合角度的含义边界很难界定，导致泛化解读的出现。人们必须清楚，无论是互联网，还是互联网+，连一个面包也烤不出来，过度解读是没有意义的面包只能是用面粉和鸡蛋经过加工和烘烤而成的。企业需要明白，互联网+概念的出现和发展加快了产业变革的进程，促使新业态、新模式的涌现，但传统产业变革还需要产业技术与模式本身的革命性变化。例如，从互联网+的语境角度来看，工业 4.0 就是以互联网+为基石，提出的一套新工业的解决方案。工业 4.0 以实现个性化大规模生产为目标，以业务组件标准化为基因，以信息物理融合（CPS）的实现为支撑，以打造智慧生产体系和智慧工厂为主题，重塑了工业体系。因此，互联网+的延伸含义就是促进传统互联网，以及以云、大、物、移、智为代表的互联网新技术、新模式、新业态与传统行业的融合发展，把互联网+的基因融合到传统产业的基因中，以期引发产业领域的全新变革。传统互联网、互联网+与产业变革的关系如图 1-1 所示。

与传统互联网比较来看，互联网+的创造意义在于，它不再把互联网仅仅局限于大连接层面，而是实现了智慧本身的大连接与大分发。例如，云计算把计算资源变得可以连续切割并能够通过互联网按需分发。结合云计算，移动终端和物联网的每个节点把每个人的智慧，以及每个物体的智慧无缝地连接、汇聚起来，从而进入智慧大规模生产和分发时代。进一步地，人工智能增强和赋能智慧，使得智慧可以在人—人之间、人—物之间、物—物之间自由流淌。由于这种自由流淌，人们可以汇聚智慧、赋能智慧、分发智慧、共享智慧。在此基础上，智慧不再局限于有限的

聪明人，也不再局限于有限的聪明机器，而是成为普适智慧，实现了人—人分享、人—人享有、人—物分享、人—物享有、物—物分享、物—物享有的全新智慧利用模式。传统互联网、互联网+与产业变革的关系如图 1-2 所示。互联网+具有引发传统行业发生革命性变化的魔力的关键就在于，这种智慧大连接和大分发的机制的实现。也正是由于这种机制的产生，人类突破了从有限智慧到无限智慧的边界，从而给全社会带来了根本性的改变。

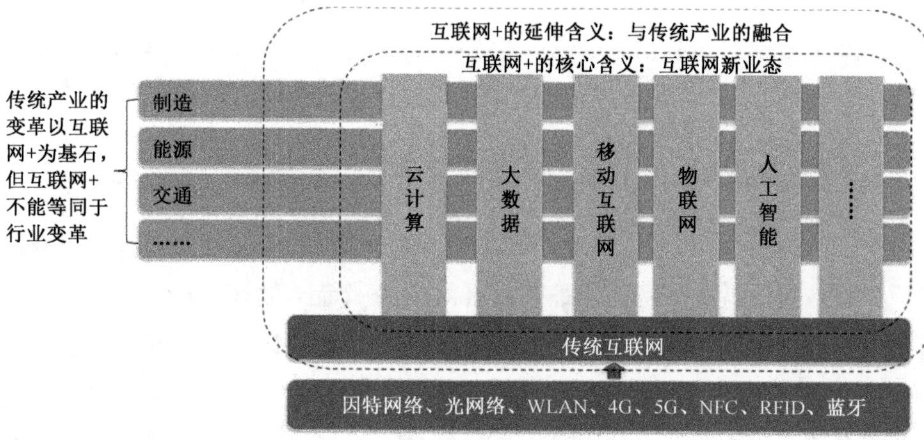

图 1-1 传统互联网、互联网+与产业变革的关系

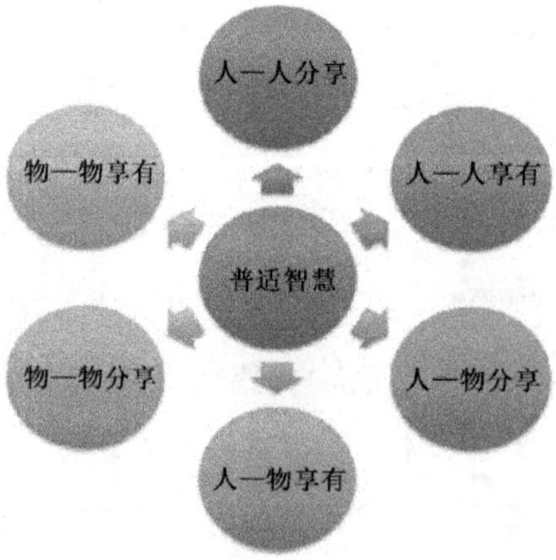

图 1-2 普适智慧

全社会化的智慧利用新机制正在建立过程中，但已经有一些案例能够证明这一点。例如，提供消费点评服务的手机应用把每个人的消费评价汇总起来，既优化了

大众消费服务的质量，也帮助服务企业优化了服务，从而产生了前所未有的价值。价值产生的关键就在于把移动终端的每个人的智慧进行了汇聚和分发。还有一个例子就是大数据，大数据平台并不产生数据，数据来源是人们自己及每一台智慧设备，但大数据把个体智慧进行汇聚和分析，再借助人工智能技术，把产生的新智慧分发给人们和设备使用，从而产生了全新的价值。现在，已经有一些工厂通过工业大数据平台采集机器数据和人类的操作运行数据，并进行汇聚和分析，分析结果用来对生产过程进行优化，从而显著地提高了效率、节省了成本。

从互联网到互联网+，从单一地实现人类的大连接升级到智慧本身的大连接和大分发，这些技术进步为新工业的出现和发展奠定了坚实的基石。

1.1.3　万物智能

2016 年，AlphaGo 战胜世界围棋冠军李世石，2017 年再战围棋排名第一人柯洁，又以机器胜利告终。机器人战胜人类围棋冠军的细节本身不重要，因为它就是一场营销事件。这一事件的目的很清楚，就是告知大众，人工智能技术已经取得了巨大进展，具有了实用价值。通过这一事件，人们也清楚地知道，目前人工智能技术的突破主要集中于深度学习领域，是深度学习算法的崛起。

人工智能技术并不是一个新概念，从 1956 年美国达特茅斯学院“人工智能夏季研讨会”提出这一概念开始，已经过去了 60 多个年头。在漫长的发展历程中，人工智能技术经历屡次挫折和屡次高潮，但始终停留在计算机科学家的实验室中。直到最近两年，基于云计算提供的强大算力支持，以及大数据技术和应用的突飞猛进发展，人工智能技术才得以最终破茧而出，成为一种可以在产业领域实用的技术。

如果仅把人工智能视为一种单一的技术，则价值是不大的。更重要的意义在于人工智能作为一个技术龙头，对新一代信息技术进行了重新域定，形成了一个全新的技术集群，可以把这个全新的技术集群称为智能技术群（见图 1-3）。毫无疑问，人工智能的价值实现要依托于云计算、大数据、物联网、移动互联网等技术的发展，但与此同时，它的出现也把其他技术重新域定到全新的价值目标上，从而实现人类社会更庞大的变革蓝图。经济学家布莱恩·阿瑟在《技术的本质》一书中对类似现象进行了理论诠释：“技术在某种程度上一定来自此前已有技术的新组合……重新域定，是指以一套不同的内容来表达既定的目的。重新域定不仅提供了一套新的、更有效的实现目的的方法，还提供了新的可能性。”智能技术群的既定目的与全新的可能性，对目前时代而言，就是实现万物智能，并进一步推动人类社会全方位的智能革命。

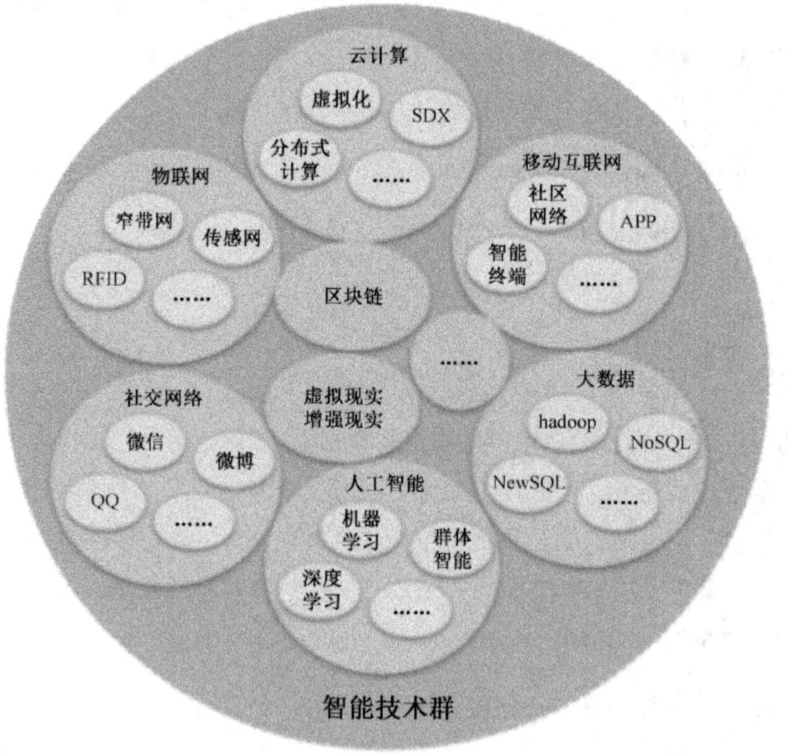

图 1-3　智能技术群

智能技术群不仅包括云计算、大数据、物联网、移动互联网、人工智能，还包括其他一些领域性技术，如工业机器人、虚拟现实和增强现实、自动驾驶技术，以及新近崛起的区块链技术。这些大类的技术又可以分为大量的细分技术，各个细分技术又可以细分成更小的组件技术，很多技术供应商往往只能提供其中一个组件技术。但也正是这些细微组件技术的创新发展，不断地推动着智能技术群的整体演进。例如，云计算可以进一步细分为服务器虚拟化、桌面虚拟化、网络虚拟化、分布式计算、软件定义网络、超融合等 50 多项细分技术，每一项细分技术又可以细分出更多的组件技术。总之，智能技术群像一个巨大的具有大量微小颗粒的雪球，不断在滚动中变大，形成更为强大的力量。

互联网和互联网+的目的是实现智慧的大连接和大分发，而对智慧本身改变不大。而智能技术群的形成则进一步超越大连接和大分发，使整个世间万物与人类社会具有更高层次的智慧，形成一个覆盖万物和人类社会的智慧价值网络。

现在，有一个非常常见的词汇——“赋能”，赋能不能单独地理解为人工智能技术的利用，而是智能技术群综合利用的结果。在万物智能的基础上，借助互联网和互联网+，通过重构优化，最终实现人类社会的全方位智能革命。智能技术群与人类社会智能革命的关系如图 1-4 所示。

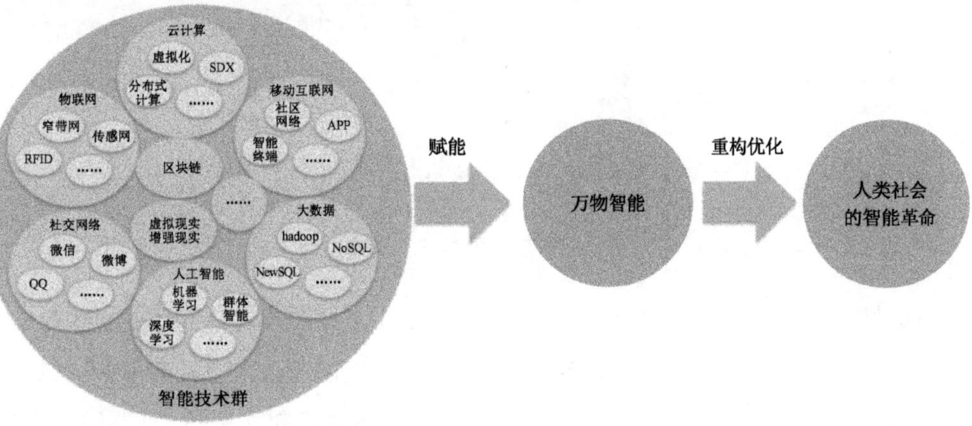

图 1-4　智能技术群与人类社会智能革命的关系

到目前为止，新技术革命已经结出了巨大的硕果，那就是智能技术群的形成，它有着清晰的构成组件和目的，是一切变革的基石。认识智能技术群，是理解未来新工业的基础。

1.2　发现横向世界和纵向世界

智能技术群对个人而言，最基本的价值就是重新发现了横向世界和纵向世界。

在物理的空间环境和时间次序限制下，人们的日常生活就是端到端的模式，从家到单位，单位到客户，然后再到单位和家。顺序都是从前到后，从起点到终点按顺序排开，这是一种端到端的模式。与人类的日常生活类似，传统的工业模式也是端到端地构建起来的。供—产—销就是原始的端到端，接着发展起来的供应链管理就是从供应商到客户的端到端，再进一步发展的从供应商的供应商到客户的客户全价值链的打通，也是端到端。一般来说，符合常识的理论往往是最成熟的。现有的工业生产模式、管理模式基本上在端到端的角度最成熟，运行也最好。与生活常识不同，互联网不是一个端到端的线条，而是一个网络化的大连接世界，从而为横向世界和纵向世界的构造提供了可能，新工业的三个世界如图 1-5 所示。下面以社交网络为例，说明横向世界与纵向世界是如何构筑起来的。

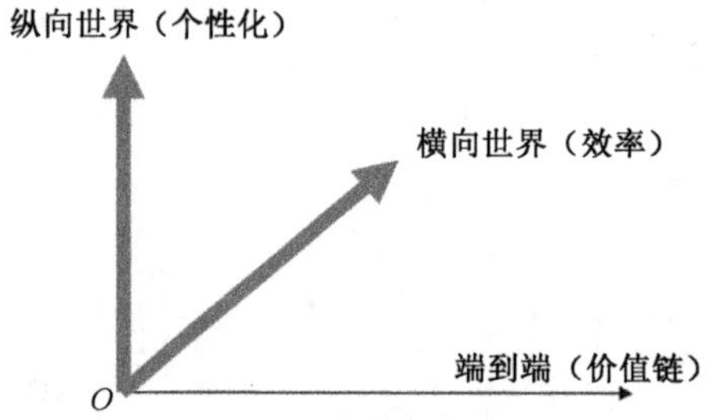

图 1-5　新工业的三个世界

在社交网络出现以前，每个人的人际关系是围绕端到端构建起来的，大多数人的朋友被限定在同学、同事、邻居、客户当中。不能说过去完全没有横向关系，也有，但主要是通过一些行业的会议、同事的介绍来建立横向联系的。互联网的出现，使人际的横向联系增强，而互联网+的发展，使人际的纵向联系也建立了。借助互联网的直接和高效，人际的横向世界和纵向世界被全面放大和加强。

互联网的出现，拉近了每个人的距离，世界变平了。只要人们愿意，人们就能够很方便地与世界上的每个人建立联系。人们能够找到同行，找到关注共同话题的人，一个横向的人际世界就产生了。在基于 PC（个人计算机）的传统互联网时代，这种人际的联系主要以横向联系为主。人们并不能很方便地找到朋友的朋友，也就很难构建纵向的人际关系世界。随着智能手机的普及和移动互联网的发展，在互联网+时代，人们开始发现一个能量巨大的纵向世界。以非常熟悉的微信为例，人们能够以朋友圈的方式构建一个全新的纵向交际世界。每个人的朋友圈可以认作一个横向世界，朋友圈的每个人可能是以端到端的价值关系建立的，但朋友圈之间的纵向传播的能量正在显露出来。例如，某一天小王在自己的朋友圈发布了一条信息："万能的朋友圈，谁能帮我约见马云？"他的朋友圈中的小李就转发了这条信息，而在小李的朋友圈里正好有小张，小张的朋友圈中正好有马云，能够帮助小王见到马云。小王和小李，以及马云之间就建立了一个纵向的联系，如图 1-6 所示。按照六度区隔理论，每个人和任何一个陌生人之间的间隔不会超过 5 个人。也就是说，只需要通过 5 个人就能够认识世界上任何一个人。现在，智能技术群的发展和应用，使得人们能够非常轻松地突破六度区隔，与世界上的任何一个人建立纵向联系。

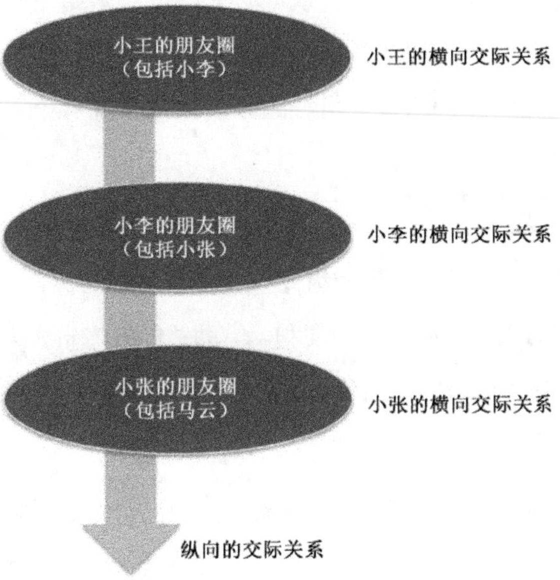

图 1-6　微信朋友圈的横向世界和纵向世界

从上面人际关系的例子就可以简单明了地认识到，以往一直被忽略的横向世界和纵向世界具有强大的威力。从这个角度来说，互联网的出现打通了人们横向世界的障碍，而互联网+的发展价值在于帮助人们构筑了一个纵向世界。社交网络的横向世界和纵向世界已经被习惯性地称为万能的，所带来的财富也是巨大而隐形的。

在工业和商业领域构筑横向世界和纵向世界的力量就意味着巨大的财富。传统的电子商务的意义就在于挖掘了横向世界的价值，把海量的商品摆在了一个横向的统一平面上，用户可以很轻松地选到所需的商品。电子商务网站把商品的流通和销售环节进行了横向的集成，从而汇聚了海量的财富。阿里巴巴和京东商城的崛起，以及所汇聚的巨大财富正是横向世界的力量体现。而互联网正是这种横向世界力量的源泉，它能够把分布在世界各个角落的用户汇聚起来，因为它的快和便捷，最终形成巨大的财富流。

并不是说电子商务只能汇聚横向世界的力量。2014 年，一个叫作“必要商城”的网站建立了，开始向人们展示纵向网络世界的力量。按照纵向网络的思路，网站打通用户手机端定制—平台—设计师—生产工厂之间的纵向联系，实现用户的个性化定制。其业务从个性化定制的眼镜开始，逐渐覆盖到运动服饰、男装、鞋靴、箱包、女装等更多的纵向领域。从“必要商城”网站平台，就会看到一个正在开启的纵向世界的大门。现在，更多的传统制造企业正在开通与“必要商城”类似的个性化定制的门户，让每个用户能够轻松地实现从个人需求到工厂生产的纵向连接。

智能技术群的形成，综合和集成了互联网和互联网+的所有因素，并对万物进行赋能和重构优化，使得横向世界和纵向世界变得生动活泼起来。新工业能够更加智能地理解每个人的需要，沟通更加便利。借助智能技术群，人们和万物之间除连接外，还增加了理解和价值的自治传递，一个更加舒适和通畅的横向世界和纵向世界将最终实现。

在德国工业 4.0 战略中提出了端到端集成、横向集成、纵向集成三大集成的概念。对大多数人来说，端到端集成最好理解，横向集成稍微解读一下也能够理解，但纵向集成就比较难以理解。端到端集成最符合人们的常识，是价值的实现和传导过程。横向集成可以理解为生产的协同，主要价值在于提高效率。在工业 4.0 当中，纵向集成被描述为在工厂内部实现产品、生产设备之间的集成，实现个性化的生产。显然，下一代工业蓝图的实现必须构筑在横向世界和纵向世界之上，尤其需要构造一个纵向世界。

传统企业必须要认识到端到端价值链世界、基于互联网的横向世界、基于互联网+的纵向世界，以及智能技术群对三个世界的赋能和重构优化，它们都是未来新工业的构成部分，没有谁比谁更重要。总体来说，端到端的意义在于价值传递，横向世界的意义在于效率，而纵向世界的意义在于个性化，智能技术群使得三者更加智能和有效率，这些因素缺一不可。

1.3　从新技术革命到新工业革命的逻辑

从新一代信息技术大规模爆发开始，人们就开始思考一个问题，这些新兴技术究竟能够给世界带来什么样的改变？是局部改变？还是彻底的巨变？

准确地说，在新兴技术爆发之后的初始阶段（2006—2012 年），人们对新技术如何改变未来还是不清楚的，更多的只是局部的探索或对新技术的简单尝试。2013 年，德国发布了工业 4.0 战略，引起了全球性的轰动，人们开始意识到新技术不仅带来一些新鲜的小玩意，或者进行局部的技术升级，还会给包括工业在内的人类社会带来全方位的颠覆性改变。紧随其后的 2015 年，中国发布了“互联网+”行动计划和中国制造强国战略，包括美国、日本等其他世界大国也有类似的计划。

金融危机爆发 8 年以后的 2016 年，世界经济仍然在艰难中步履蹒跚、增长乏力，各类风险和不确定性因素仍然比较突出，世界急需找到合理的、长效的应对方案。2016 年 9 月 4 日到 5 日，二十国集团（G20）领导人峰会在风景宜人的中国杭州成功举行。在此次峰会上，二十国集团（G20）领导人共同核准了《二十国集团创新增长蓝图》（以下简称《蓝图》），这份《蓝图》包含创新、新工业革命和数字经济等领域的政策和措施。在杭州峰会进一步发布的《二十国集团新工业革命行动计划》中指出：**“新工业革命为工业特别是制造业及其相关服务业转变生产过程和商业模式、推动中长期经济增长提供了新机遇。物联网、大数据、云计算、人工智能、机器人、增材制造、新材料、增强现实、纳米技术和生物技术等很多新兴技术取得重大进展。这些技术进步正推动智能制造、个性定制、协同生产和其他新型生产方式和商业模式的发展。同时，在这一新环境下，企业、员工、消费者、政府和其他利益攸关方也面临挑战。人们将全力识别在发达和发展中国家中存在的这些挑战和机遇，将新工业革命带来的社会成本降至最低，并充分利用其带来的机遇。”**这段文字清晰地阐明新工业革命发生的根源就是新兴技术的重大进展，把新工业革命的内涵初步诠释为智能制造、个性定制、协同生产和其他新型生产方式和商业模式的发展，同时也指出新工业革命环境下，企业、员工、消费者、政府和其他利益攸关方将面临重重挑战。新工业革命这个词，第一次在全球性领导人峰会中成为一个焦点话题，峰会将新工业革命作为一项重要工作并为其制订了相应的行动计划。

这标志着新工业革命不仅是中国、美国、德国等少数国家关注的焦点，而且还第一次在全球性峰会中达成共识。

新工业革命概念的提出，既有新兴技术发展提供的充分条件，使得颠覆性改变成为可能，也有金融危机爆发后世界经济长期萎靡不振的必要性需求，所以新工业革命就必然成为当下世界关注的焦点。

用目前的语境来说，新工业革命描述的就是新兴的智能技术群与传统工业相融合，引发的工业领域全场景、全过程、全要素的巨变。这种巨变不是简单的渐进式变革，而是DNA层面的突变，是新兴技术重塑工业基础运行逻辑所导致的。不能从旧工业渐进变革，或者从旧工业模式提出需求被满足的角度理解新工业革命，而必须从旧工业DNA突变的角度来看待新工业革命。用计算机技术的语言来说，新工业革命所带来的革命是操作系统层面的改变，而不是应用系统层面的改变。

即使人们能够认识到智能技术群带来工业领域的颠覆性巨变，但从新工业具体实现的内部结构和实现路径上来看，目前也并没有形成共识。随着实践的增多，人们也逐渐认识到较早提出的德国工业4.0战略也存在着很多缺陷，并不是新工业的终极蓝图。从理论上说，新工业一定也会像250年前大机器生产、100年前流水线生产，以及近20年实践的大规模定制一样形成全新的、全社会通用的范式，但到目前为止，还没有这样的范式形成。只有等到一个被全社会接受的新工业范式形成，才意味着新工业革命的探索期结束，进入大规模的建设阶段。简单地说，新工业革命的基本逻辑就是探索智能技术群与传统工业深度融合之后带来的颠覆性变革蓝图，或者说求解新工业的终极范式（见图1-7）。

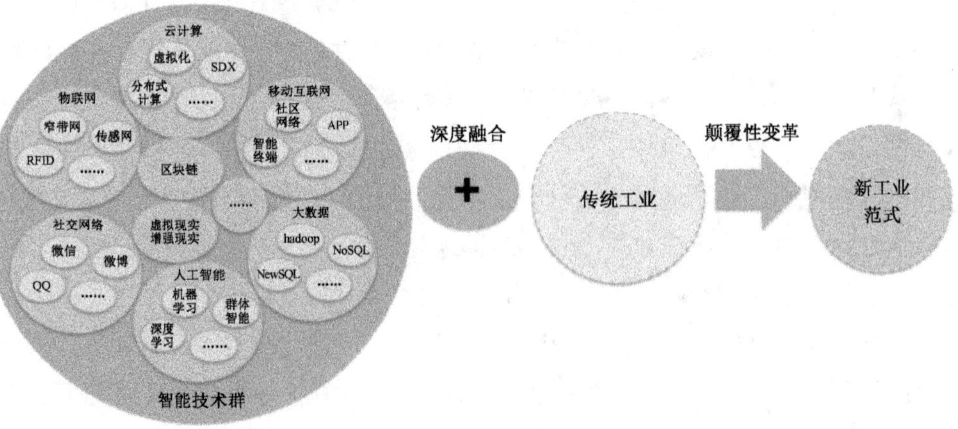

图1-7 新工业革命的基本逻辑

关于新工业革命的终极蓝图，本书也不认为本书给出的就是最终答案，本书的目的是帮助大家把智能技术群作为认知的基础带进来，并结合工业发展的各个元素，以及工业的整体系统，来认真思考可能带来哪些变化。给新工业一个正确的思考方式，也许才是找到终极蓝图的科学办法。

新工业革命在不同领域有着不同的解读，在制造领域，往往被解读为智能制造，在能源领域则被解读为智慧能源。另外，新工业革命的概念通常也是泛指，不能简单地理解为仅限于工业领域的变革，而是描述为一个人类社会变革的时期，智慧交通、智慧服务、智慧农业、智慧金融等领域的内容也可以归为新工业革命视野的一部分。

但无论把新工业革命描绘成什么样子，制造业变革都是其中最重要的组成部分，人们把主要的这一部分变革往往称为智能制造，本书也主要围绕制造业变革展开讨论。

1.4　德国工业 4.0：一个可以参照的新工业蓝图

围绕未来的新工业，德国人以其严谨的特质率先绘制了一个蓝图，那就是德国工业 4.0 战略。尽管到目前为止，大多数人并不认为德国工业 4.0 战略就是终极答案，但无疑是一个极为优秀的探索性蓝图。理解这个蓝图就能够给人们带来关于新工业未来的一个直观感受，让人们认识到智能技术群融合工业原来会变化那么大。总体来说，德国工业 4.0 战略在未来可能实现的智慧生产和智慧工厂建设方面进行了非常深入而有益的探索，是一个可以参照的新工业蓝图。

1.4.1　德国工业 4.0 战略首先是德国的

德国工业 4.0 战略立足于德国工业的现状，涵盖了其优势和劣势。德国的优势主要有两个：德国传统工业发达，尤其是在机械工业领域；优秀中小企业众多，很多是隐形冠军。德国的劣势也主要有两个：信息技术发展落后于美国，互联网发展缓慢；老龄化严重，面临人力资源压力。围绕德国的优劣势，德国工业 4.0 战略也有两个战略意图：其一，通过工业 4.0 发展德国信息产业，并把德国信息产业输出到全世界；其二，通过智慧工业发展，巩固德国制造的优势，应对新工业革命挑战。德国工业 4.0 从德国实际情况出发，扬长补短，为德国的新工业，以及德国的信息产业的未来描绘了一个清晰的蓝图。通过这个战略，德国达到了“四两拨千斤”的效果。正是由于其极强的针对性，德国工业 4.0 战略首先是德国的。由于面对问题的不同，虽然可以学习和吸收，但并不适合照搬。

1.4.2　以信息物理融合系统（CPS）为核心的技术基础

在德国工业 4.0 战略提出的智慧生产方式中，每个智慧对象都具有计算、通信、精确控制、远程协调和自治五大功能。不同智慧对象如何联合、实现什么样的目标，就决定了有很多种不同的连接方式。信息物理融合系统（CPS）就是实现这种连接的一个解决方案。而且很重要的一点是，CPS 提出了把虚拟的数字世界和物理世界相融合的观点，实现了物理时空和虚拟时空的无缝切换。CPS 的重要性在于，通过它把设备、资源、信息、人互连在一起，为工厂提供了一个完全智慧的环境。目前看来，如果没有 CPS，那么即使有别的替代，工业 4.0 的智慧生产效率也会大打折扣。

CPS 的实现需要依赖智能技术群的综合利用，是云计算、物联网、移动互联网、大数据、人工智能、智能机器的综合利用。也可以说，CPS 是智能技术群之上的工业实用技术。构想中的 CPS 是一个全资源协同网络，这些资源至少应包括生产资源、员工资源及社会智力资源，所有资源都能够被这个网络有效地组织起来。

现在，CPS 发展的主要制约因素在于标准，而不在于技术本身，如何把所有属于不同领域的工业资源进行识别、连接、交互是一个难题。

1.4.3　指向个性化定制的智慧生产

在极端情况下，用户只需要一件产品，智慧生产系统要能够在合理的成本和时间效率下生产出来，这就是德国工业 4.0 战略设定的生产目标。智慧生产被描述为一个动态配置的生产方式，用于应对个性化的需求。根据个性化需求，智慧的生产设备能够根据相关信息，自主组织生产、自主切换生产模式和更换生产资料，从而调整为最优的生产作业。即使在生产过程中任何环节的需求出现变动，都能有随时变更的解决方案。

个性化生产是自治完成的，这是智慧生产与过去生产的最大不同。在智慧生产主题中，德国工业 4.0 战略提出的解决方案是：通过 IT 结构的模块化，可以根据个性化需求定制一组 IT 结构化模块，按照不同的产品生产需要自动搭建出特定的结构（包括模型、数据、通信和算法等所有相关需求）。这种模块化提供了动态重新配置生产资源的可能性，从而使得生产流程的智能化应变能力大大增强。智能生产的侧重点在于将人机互动、智能物流管理、3D 打印等先进技术应用于整个工业生产过程，从而形成高度灵活、个性化、网络化的产业链。IT 结构的模块化，本质上对应的是生产过程中工艺组件的标准化。不同的个性化生产需求通过不断重组生产工艺，并映射到不断重组 IT 结构的模块结构来实现，这样就实现了个性化需求和成本效率要求的统一。

1.4.4　支持分布式网络化制造的智慧工厂

智慧工厂是智慧生产得以实现的基础，是智慧工业时代的基础设施。智慧工厂并不是单指一个物理上的工厂，而是支持分布式网络制造的虚拟工厂。智慧工厂被认成智慧基础设施的关键组成部分，它的核心研究重点是智能化生产系统、生产过程及网络化分布生产设施的实现。

智慧工厂是一个智慧的虚实协作空间，无论是一个物理上独立的节点，还是网络化分布的虚拟工厂，都应该自由地实现自治协作。这种协作包括制造所有的元素，如人、产品、机器和资源。例如，智能产品（不是完工的产品，而是从第一个部件开始的产品）理解它们被制造的细节及将被如何使用。它们积极协助生产过程，回答诸如“我是什么时候被制造的”“哪组参数应被用来处理我”“我应该被传送到哪里”等问题。在德国工业 4.0 战略描绘的智慧工厂蓝图中，人类能够以虚拟和移动的方式来完成工作，也就意味着工人可以脱离工厂的环境，这是自工厂产生以来前所未有的图景，也将把我们这一代人自出生以来对工厂的直接感受全部颠覆。

1.4.5　端到端、横向、纵向三个维度的集成

以 CPS 技术为核心，综合利用新一代信息技术，德国工业 4.0 提出实现三个维

度的集成，实现了价值流、效率和个性化定制的统一。其中，端到端集成强调对价值链的打通，实现价值传递的无缝连接。举例来说，一个产品的生产过程可能包括产品设计、产品规划、产品工程、生产、服务等多个价值链环节，而且每个环节可能由不同的企业完成，那么端到端集成要把这种在一个企业之中或多个企业之间的产品价值链集成起来，确保用户价值能够实现。横向集成协作不同企业、不同工厂的资源无缝连接和交互，确保实时提供用户需要的产品和服务。通过横向集成，确保了在不同情形下生产效率的实现，不会因为企业内部环节的不足就拖延产品交付的时间。因此，可以说，横向集成最大的价值在于效率保障。纵向集成主要在智慧工厂内部实现，本质上是企业内部灵活且可以重新组合的网络化制造体系，它打通用户需求、产品、人员、生产设备之间的纵向连接和交互，确保个性化的需求在纵向的各个层面能够被准确地分解和表达出来，从而实现个性化定制。例如，不同个性化产品生产需求，需要不断地更新和重组工艺组件，并映射为 IT 模块的重组，最终通过不同的智能生产设备准确地理解需求并执行准确的操作。因此，纵向集成的核心价值在于支持个性化定制的实现。

一个具体的个性化定制需求，既包括价值流，也包括效率要求。需要强调的是，三项集成不是孤立的，而是相互关联、相互支持的一个统一体系，其目的只有一个，就是实现针对个性化定制的智慧生产的需要。三项集成是实现智慧生产和智慧工厂的关键。

1.4.6 德国工业 4.0 参考架构

战略只是一个宏观框架，为进一步推动德国工业 4.0 的落地实施，2015 年 4 月，德国电工电子与信息技术标准化委员会（DKE）发布了工业 4.0 参考架构模型（RAMI4.0），并把它提交到国际电工委员会 IEC/TC65（工业过程测量、控制和自动化技术委员会）。此后，IEC/TC65 把 RAMI4.0 作为公共可用规范 IEC/PAS 63088 并发布。总体上，RAMI4.0 采用了一个三维模型及其必要的元素来描述未来工业发展的可能蓝图。这个三维模型对现有的智能制造相关标准进行了充分识别，继承其优势，发挥其作用，并完善了现有标准的缺口和不足。具体的工业 4.0 参考架构模型如图 1-8 所示。

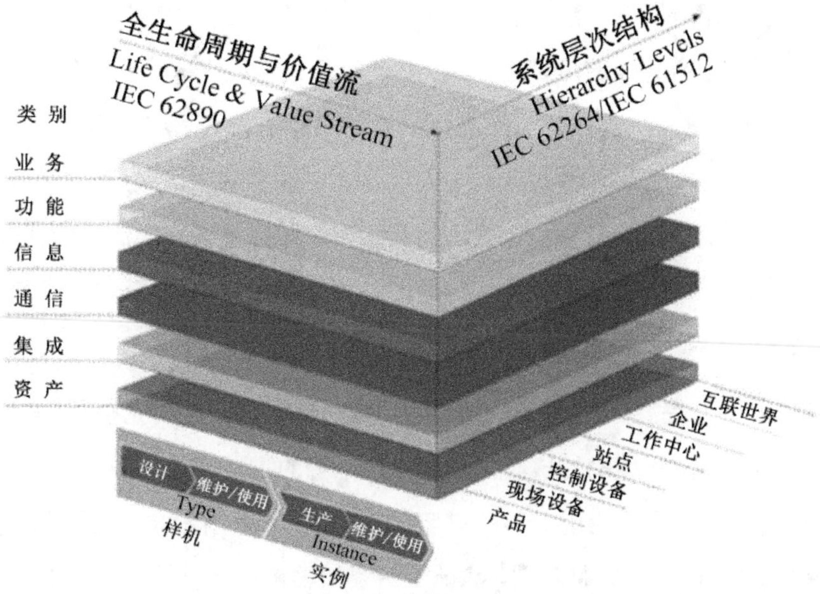

图 1-8　工业 4.0 参考架构模型（RAMI4.0）

RAMI4.0 的基本出发点并不是从零开始，而是充分考虑了继承性。在工业 4.0 的三维模型中，其中的全生命周期与价值流维度和系统层次结构维度已经有相关标准，工业 4.0 仅仅进行了扩展。在全生命周期与价值链维度，RAMI4.0 在已有标准 IEC 62890（工业过程测量控制、自动化系统、产品生命周期管理标准）的基础上，根据产品在价值链中的状态，将产品生命周期进一步划分为样机（Type）和实例（Instance）两个阶段。Type 阶段强调开发，而 Instance 阶段强调生产。在系统层次结构维度，RAMI4.0 在 IEC 62264（企业控制系统集成标准）的基础上进行扩展，下沉到产品或工件层次，并延伸到互联网世界跨企业的生产协同（互联世界），强调工业 4.0 要实现各个层级的系统协同。其中，全生命周期与价值流维度可视为端到端集成的实现，而系统层次结构维度可视为横向集成的实现。

RAMI4.0 最大的特色在于创造了一个第三维度，即纵向集成维度，该维度覆盖了各个层次的系统化活动。这一维度充分体现了 CPS 系统的特征，因此也称为 CPS 维。在 RAMI4.0 中，活动层次类别包括资产、集成、通信、信息、功能、业务等。其中，资产是底层的技术对象，包括人、机、料、法、环等相关的各个生产元素。RAMI4.0 非常特别的地方在于，其定义了一个管理壳的概念，把管理壳附加在资产上，实现了资产元素信息和接口的数字化表示，并以此实现了物资资产的数字化和虚拟化。在管理壳的基础上，实现了多个资产组件组合成庞大的资产组合和相互协同操作。很显然，这是实现物理工厂虚拟化的便利方法和基础。在资产数字化之上，还包括传感器和控制实体的集成层、实现工业通信网络的通信层、对数据进行处理和分析的信息层、企业集成化运营管理的功能层、囊括各类业务活动的业务层。通过一系列的层次化精密设计，实现从物理世界到信息世界、从信息世界到物理世界的全方位融合，并以此实现纵向集成，支持个性化定制生产。

RAMI4.0 的发布，标志着德国工业 4.0 从战略到具体实施的完整蓝图基本形成。很显然，德国工业 4.0 架构的核心仍然构建在传统的工厂和生产系统之上，虽然有了较大的改进，但并没有实现完整的突变，这限制了人们对未来工业的想象。另外，要实现 RAMI4.0 描绘的完整蓝图，意味着智能机器的广泛使用，意味着大量的软、硬件系统部署，需要大量的投资，很多企业将承担不起。

德国工业 4.0 聚焦在智慧工厂和智慧生产体系的构建，而新工业革命是一个更加庞大而复杂的整体，远远超出德国工业 4.0 描绘的局部蓝图，尽管它也非常优秀。很简单的两个问题就可以看出德国工业 4.0 战略的囧境，一个濒临倒闭的工厂实施德国工业 4.0 就能挽救工厂吗？一个市场占有率极高、产品畅销的工厂实施德国工业 4.0 的价值在什么地方？经过早期阶段的狂热，现在，一些事实的发生让大家开始冷静，并重新认识德国工业 4.0。2015 年，由于产品销售不畅，德国大众汽车公司考虑关闭位于德国德累斯顿的“透明工厂”，这个事件让大家意识到，德国版本的工业 4.0 并不完美，甚至可能还存在逻辑缺陷，求解新工业蓝图的使命仍然没有完成，人们必须继续努力。

虽然不完美，但仍然可以相信德国工业 4.0 是新工业革命过程中重要的里程碑。它的思想和具体技术方案仍然会在未来发挥作用，只不过需要先找到更完整的变革蓝图。

1.5　新工业文明与生态系统

新工业革命是一个过程，而要在全社会实现的状态就是新工业文明。新工业革命可能主要发生于工业领域，而新工业文明则是人类社会的一个全新时代，新工业文明可以认作是新工业革命在社会领域的最终成果。

1.5.1　新工业文明=智慧工业文明

“文明”既有状态的含义，也有过程的意义。维基百科是这样解释的：文明（Civilization）一词源于拉丁文“Civilis”，有“城市化”和“公民化”的含义，引申为分工、合作，即人们和睦地生活于“社会集团”中的状态，也就是一种先进的社会和文化发展状态，以及到达这一状态的过程。

人类迄今为止发展的文明有原始文明、农业文明、工业文明，也有人认为到 1971 年为止，微型计算机开始普及，工业文明已经结束，开始进入知识文明。就目前来看，在智能技术群应用到工业领域之前，工业文明尚没有发生根本性的变化，全世界工业的形态也没有发生本质上的飞跃或消失，所以工业文明还没有结束。

但无疑，随着互联网、互联网+、人工智能的融合渗透，并成为全社会的基础设施，以信息为基础的知识资本逐渐崛起并成为与土地资本、金融资本、劳动力资本并列的第四种资本力量，工业文明的内涵和状态发生了根本性变化。这种根本性变化让人们不能把未来新工业与传统的工业形态混为一谈，因此，全社会进入一个新工业文明时代。

新工业文明以互联网、互联网+、万物智能为基石，以知识资本为基础推动力量，以智慧工业为社会构造的基本元素，以工业领域的产品形态、生产方式、管理模式、组织结构、工厂布局、人力资源利用等全方位的变革为过程，最终在全新的成本水平和效率水平上满足人类个性化需要，使人类智慧价值得到最大化的释放，社会资源得到充分的精确利用，从而让人类生活、社交、工作、娱乐等方面发生质的飞跃。

新工业文明是继承，也是创新。新工业文明不会把旧工业文明中创造的人类智慧成果和创造弃而不用，而是在新信息技术的基础上对工业活动的知识积累进行全方位的反思和重新构造。因此，智慧工业文明也是知识工业文明。例如，对于如何做好一个产品，传统工业近 250 年以来积累的工匠精神、工业技术、工业基准、工艺规范仍然是重要的基础，确保了新工业产出的最低标准。没有这个基础，新工业就没有立足的资本。也就是说，面包仍然是由面粉和鸡蛋做的，如何发酵和烘烤仍然是新工业的一个基础。但新工业能够在全新水平上让面包生产更有效率、成本更低、更加满足个性化的需要，这就是传统工业传承的意义。但毫无疑问，新工业也是知识创新，它利用新一代信息技术、智能机器、网络化的协同，对生产过程和生产工艺，以及产品的服务交付过程进行创新，实现个性化的需要。

借助互联网、互联网+和万物智能，新工业将把原来隐藏起来、被人们忽略的横向世界和纵向世界的价值最大化，最终构建一个立体的涵盖端到端、横向和纵向的虚实时空世界。社会中所有的元素，如人、机器、材料、产品都将生活在这样一个立体的虚实时空世界中。人们通过虚拟世界和物理世界的融合来实现对自己需求的满足，从而让人类生活更加舒适和自然。旧工业把人分割在不同的物理空间中，如家、工厂、办公室、交通工具中，未来这一边界将被突破，人们可以无缝地在虚实的时空中完成所有的活动。也就是说，人们在家里所能够完成的学习、工作、生活、娱乐将与在工厂、办公室、交通工具中没有差别。

新工业文明是需要一个过程才能构建的文明，现在尚处于起点阶段，需要人们在全社会范围内接受这个观念，并一点点地改造世界。从一个螺母、一台机器、一辆汽车开始，充分利用各种智能技术，把这些小部分变为虚实时空的一部分。有人认为，这一过程需要很长时间，如 30～50 年，但人们往往会低估科技变革的力量，因为它是一个加速的过程，以起点速度来估计未来就会有偏差。例如，一个智慧工厂从开始建立，就需要与它相关联的材料、供应商、客户服务进行全面的智慧化，从而呈现一种级数化增长的趋势。可能只需要 20 年的时间，新工业文明就将在社会较大范围内形成。

此轮的新工业文明与智能技术群的利用与智慧实体的建立息息相关，所以也可以称为智慧工业文明。用智能技术改造工业领域的产品形态、生产方式、管理模式、组织结构、工厂布局、人力资源利用等方面就是新工业文明构建的过程，最终在全社会范围内建立以智慧生产与智慧工厂为核心的社会化的智慧工业体系。围绕智慧工业核心，还需要思考人类如何智慧地生活、产品如何智慧地设计、物流如何智慧地完成、服务如何智慧地满足，这些问题的解决就形成了一个具有生态性的智慧工业体系。可以说，此轮新工业文明的本质就是智慧工业文明普及和发展的过程。

1.5.2 正在形成的生态系统

在万物智能的新工业革命时代，万物都将关联在一起，并处于一个庞大的生态体系中。这个生态体系是有生命力的，可以不断地创造出新生事物，来满足人类消费不断升级的需求，从而最终给人类带来更加美好的生活。虽然《人类简史》一书的作者认为技术进步可能导致人类幸福感降低，甚至不会超过狩猎时代的人类获得的幸福感。但是，未来人类可能什么都不需要操作，乘坐无人驾驶汽车就能够日行千里；而狩猎时代的人们可能还需要在路上大汗淋漓地奔跑几十天的时间，想一想就可以知道人们会更加喜欢哪种生活。

在通过万物智能实现人类更美好的这条进化道路上，有三个细分生态圈最为重要。

其一就是智能技术生态圈，具体包括计算生态圈，涵盖各种计算软/硬件资源、平台和供应商；数据生态圈，包括大数据相关数据源、存储、分析、应用等资源、平台和供应商；算法生态圈，围绕人工智能所形成的各种模型、算法和应用。

其二是创造生态圈，包括风险投资、创业孵化、研发设计、实验测试、生产组织、生产服务、营销路演等，核心的价值就是形成一个创新和创造的生态，使得智能产品不断地被创造出来。

其三是产品生态圈，主要由面向各种分类需要的效用产品生产和服务构成，这些分类包括智能穿戴、智能出行、智能家居、智能健康、智能娱乐、智能社交、智能旅游等，所有与人类需要相关的智能产品和服务都在这个生态圈当中，互相关联和互相促进。

在过去的几年中，一些新概念和更多新生事物的出现，不断充实新工业文明的生态系统。它就像一个正在完成的拼图，每一天，甚至每一秒，都有新生事物增加到这个超级拼图当中，也使人们能够对这个拼图进行不断的完善（见图 1-9）。

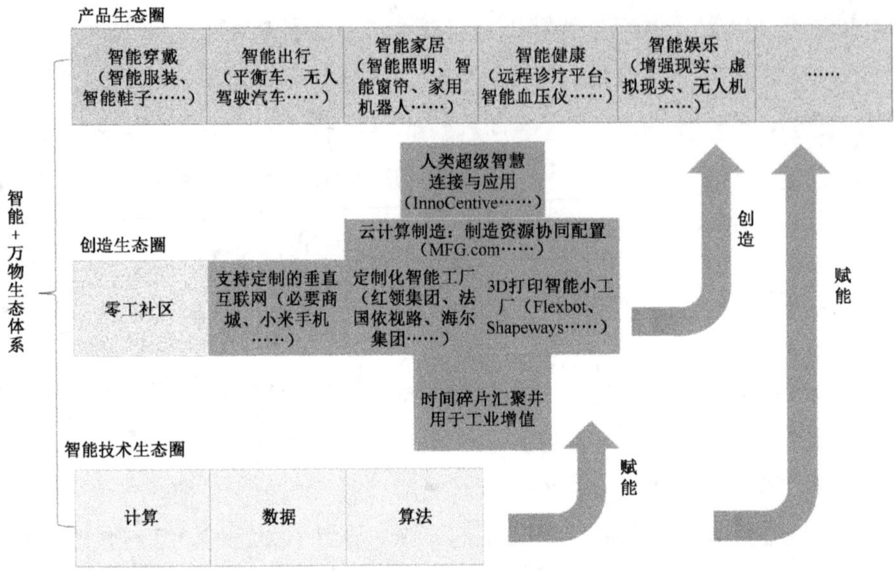

图 1-9 智能万物（新工业文明）的生态系统

未来，所有生产者、技术开发者、智能万物都将处于生态体系中，它们的进化不完全取决于个体，而是取决于生态系统整体的进化。而生态系统的整体进化往往由一个局部的偶然性变化所引起，充满着不确定性。上述的三个细分生态圈又可以继续分解为若干更小的生态圈，以及最终细分到每个个体。任何可能的最细小末梢的进化，都有可能引起整体体系爆发蝴蝶效应一般的剧烈变动。最为重要的是，这种生态体系的变化往往是不可逆转的，绝对不要期待于万幸。人类的进化已经充分说明了这个道理。例如，东非大裂谷的出现促使猿进化为直立人，而自然环境的再次恶化，又促使直立人进化为智人。这种进化是完全不可逆转的，从未听说智人能够退回为猿猴。智能万物的进化也是如此，一旦发生，就不可逆转。因此，未来的创造者不能仅关注自身，而是要从生态体系的高度关注这种不确定性变化的发生，并把不确定性变化转化为商机。

一个文明之所以能够存在并繁荣发展，是因为生态的形成至关重要。生态中具有生物，生物之间具有正向促进机制，从而拉动全社会向前发展。现在的进展已经能够证明，新工业文明不是一种空想，而是正在形成中的现实。生态的力量在于它的自生长机制，一旦开始，就会长成大树。属于新工业文明生物的故事现在已经多得数不过来，每天都有大量的创业者进入这个领域，终将用他们的创造力塑造全新的人类新文明时代——新工业文明。

未来的人们和新工业的所有元素都将生存在新工业文明的生态系统当中，这一天正在加速到来。

第 2 章

Chapter 2

新时空观：虚实融合

随着智能技术群的发展和应用，越来越多的事物具有了数字化特性，并成为虚拟数字世界的一部分。但与此同时，这些数字化的事物在实体世界并没有消失，它们在虚拟数字世界进行数据传输和决策分析，而在物理实体世界实现它们的价值。借助互联网、物联网和移动互联网，整体实体世界被虚拟数字世界紧紧地包裹在一起，几乎毫无缝隙。人们把实体世界与虚拟数字世界全方位融合的状态称为虚实融合。现在，越来越多的原来孤立于实体世界的事物开始大规模地向虚拟数字世界迁移，成为虚拟数字世界的“居民”，虚实融合的世界也急剧膨胀，成为新时代人们所处环境的真实存在。

如何看待虚实融合是一个非常基础的问题，它决定了人们如何想象未来生活和工业活动的运行。由于存在思维惯性，所以大多数人并没有把虚实融合看成一个整体，而是把虚拟数字特性看作仅是实体的附加特性，就如同一个人学会了一个新技能，仅增强了自身能力而已。也如同在过去的若干年中，人们经常把信息技术当成一种工具，而不是视为影响事物运行规律的本身。从现在开始，如果人们换个角度，把虚拟数字世界与实体世界的融合看成一个正在形成的全新时空环境，把新工业带来的变革基础看成时空环境的转变，那么人们对未来的认识就会截然不同。

在虚实融合时空当中，虚拟数字化是一个独立的维度，就是人们日常认知的三维实体空间维度之外突然出现了一个全新的维度，并与时间维度一起构成了一个五维的时空。在五维世界中定义未来，自然与四维世界的定义截然不同。

2.1　定义虚实融合时空

新技术革命带来的最基础的变化就是时空观念的变化，把原来的实体世界与虚拟世界分离，并以实体世界为主体的时空观念，转变为虚实融合的新时空观。如果不从时空观念转变的角度出发，就不会彻底理解新工业带来的改变。

未来人们生活的世界有四个非常重要的背景元素，分别是虚拟世界、实体世界、时间、空间位置。传统工业的大规模生产是不关心用户的时间和空间数据的。它们做的事情就是先把产品生产出来，通过渠道输送到超级市场、互联网物流仓库，之后等待客户选择即可。但是，单从感性上说，在不同时间和不同地点的任意组合点，人们会有完全不同的需求。基于个性化诉求的产品和服务必须要考虑时间和空间的统一因素，既不能单独考虑时间因素，也不能单独考虑空间因素，否则都会导致服务的不精准。使用过“滴滴出行”打车软件的人都知道，在不同时间和不同地点享受的租车服务是完全不同的，这就是一个时间和空间统一的简单例子。

未来用户的任何需求都会经过实体世界和虚拟数字世界的多次转换，产品和服务也会经过从数字到实体的多次转换，而虚实的统一思维能够降低转换过程中的偏差，确保产品和服务与需求一致。虚实融合时空是一个统一的系统，这个系统是新工业得以生存的环境。如果不对这个系统进行精确分析和预先设计，新工业生物就不能生存。

2.1.1　物理学的五维时空

如果把虚拟的数字化世界当成一个时空的维度，那么就形成了一个五维度的虚实融合时空。如何认识虚实融合时空带来的改变呢？谈到五维时空，现实世界是没有的，但从 1919 年开始就有物理学家讨论过类似的问题，这为人们认识五维时空的特性提供了借鉴。

虚实融合世界与物理学世界存在巨大的不同，一个是人为定义和塑造的，而另一个是科学家眼中的客观存在。对于人为定义和塑造的世界人们可以选择关闭或抛弃，而对于客观存在的世界人们则毫无办法。但有一点是确定的，无论是人为定义或塑造的，还是客观存在的，如果人们的生活世界中真实地出现了第五维度，那么万物运行的方式在人类看来一定会完全不同。

100 多年前，世界上所有的物理学家讨论的一切都局限于三维空间。爱因斯坦第一次把时间与三维空间统一在一起，从而创造性地提出了相对论。在四维时空当中，他不仅论证了简洁而优美的质能方程，更创造性地论证了引力的本质是由质量引起的时空弯曲。在爱因斯坦之前，另一位伟大的物理学家麦克斯韦提出了一个影响深远的麦克斯韦方程，对电磁力进行了量化描绘。差不多在爱因斯坦提出相对论的同一时期，现代物理学的另一个支柱——量子力学也开始萌芽并蓬勃发展起来。随着量子力学的发展，物理学家不仅发现了原子内部的微观粒子及其运行规律，也陆续发现了除引力和电磁力之外的另两种基本力量——强核力和弱核力。正是由于自然界四种基本力量的不同规律，物理学家为了把它们统一在一个共同的基本理论之下，才开始了有关是否存在四维时空之外的额外维度的研究。

是否存在高维时空？究竟高维时空有几个维度才能准确地描述人们所生存的世界？这是物理学家正在孜孜不倦研究的问题。从目前物理学的前沿理论来看，包括霍金在内的物理学家基本上接受了高维空间存在的理论。也就是说，理论上高维时空是存在的。

20 世纪 20 年代，在爱因斯坦提出相对论不久，德国数学家西奥多·卡鲁扎和瑞典物理学家奥斯卡·克莱因通过把相对论拓展到五维时空，已经发现在高维空间能够实现引力与电磁力的统一，他们提出的理论现在被称为卡鲁扎-克莱因理论。在量子力学的发展过程中，物理学家进一步发现了弱核力和强核力。至此，人们生活空间的四种基本力量全部找到，它们分别是电磁力、引力、弱核力和强核力，它们分别由互不兼容的不同理论所支配。此后，物理学家们除在各自领域不断深入研究外，很重要的工作就是寻求让四种力量统一的终极理论。因为，物理学家们相信，“上帝创造”这个世界是简单而优美的，绝不会这么复杂。

爱因斯坦在其生命最后的阶段都在致力于实现四种自然界基本力量的理论统一，但他没有完成。在后续的物理学研究当中，尤其是在弦论的发展中，物理学家们发现只有假设人们生存的时空是更高维度的，才有可能实现爱因斯坦生前的心愿。到目前为止，高维时空的论述因为需要超高的能量而不能被实验证实，但主流的物理学家们接受了这些论述，并认为人们生活的世界可能存在于一个具有 11 个维度的时空当中，其中空间 10 维，时间 1 维。简单地说，物理学家们认为高维时空是存在的，只有存在才有可能对人们生存的世界有一个更加合理的解释。无论弦论如何发展，物理学的高维时空解释都可以追溯到最早的卡鲁扎-克莱因理论，即五维时空解释。

现在，人们会发现一个神奇之处，实体世界与数字世界融合更接近于早期物理学家对高维空间的论述，也就是卡鲁扎-克莱因理论所描述的五维时空。如果人们肉眼所见的三维空间和一维时间被附加了另一个空间维度，那么会有怎样的神奇事情发生呢？

在物理学家的大量著作当中，为了帮助人们理解五维时空，往往从讲述三维空间如何看待二维空间的例子开始。对于生存于三维空间（四维时空）中的人们来说，人们看待二维平面的生物就如同上帝俯视众生，众生看不到上帝，但上帝对众生了如指掌。人们可以轻易地把二维平面的生物来回反转，瞬间移动，也能够让二维生物时光倒转，回到从前。如果理解了三维空间的人们如何看待二维平面的生物，那么把三维空间（四维时空）当成四维空间（五维时空）的一个切片，第四维空间就是切片垂直方向又增加的维度，一切都能显而易见地理解。

物理学家描述了在第四维空间（五维时空）将发生的一些神奇的事情：

- ✓ 四维空间的生物能够像上帝一样洞悉三维空间发生的一切活动；
- ✓ 能够通过第四维空间快速而轻松地实现时空穿越，抵达任何要去的空间；
- ✓ 能够进行时间旅行，回到过去的任意时刻；
- ✓ 将发现与人们生存的宇宙平行的新宇宙，且平行宇宙中存在独立的生命；
- ✓ 能够轻松进入一个物体而不用打开它，如不用切割皮肤就可修复病人的身体；
- ✓ 虽然三维空间中的人们看不见第四维度空间的生物，但它确实一直存在；
- ✓ ……

在物理学家的研究当中，第五维度空间实质上非常非常小，只有 10^{-33} 厘米，并且深度卷曲起来，事实上人类不可能看到，以现有技术也不可能进入其中，高维时空思维目前只能称为一种思维实验。但在高维时空中已经揭示的独特性质，已经足够让物理学家们震惊。著名的物理学家加来道雄在《超空间》一书中写道："任何物理学家在他们第一次遇到五维时都会感到震惊。"

尽管虚拟数字维度确实与物理学的第五维空间有着本质的不同，如果人们看看它们带来的神奇变化，是不是还是会发现一些相似之处？很简单的道理，只要在人们生存的世界增加一个维度，世界就会完全不同。

现在，借助虚拟数字空间和智能技术，人们就如同处于物理学家眼中第五维度空间一样，能够洞察世界正在发生的一切，能够回溯过去，任意重新组织和改变自己生存的实体世界，建设一个与实体世界平行的数字世界（数字孪生），这算不算物理学高维空间研究带给人们的启示呢？

2.1.2 虚实融合时空的节点

尽管人们可以从上帝的视角看待虚实融合时空，但它毕竟是人为塑造的，是人们选择的结果。物理学可以帮助人们开拓思维，但并不是解决具体问题的理论依据，虚实融合时空的构造还需要从它自身的演进规律开始认识。

在 PC 时代，虽然也有互联网，但互联网的接入与位置绑定，人并不能在任意时空中自由接入互联网。同时，PC 并不能够和每个具体的人逐一映射，人与互联网并没有完全的依存关系。所以，PC 时代的数字世界只能称为虚拟世界，它与实体世界并没有达成一致。真正的虚拟世界是从移动互联网的普及开始的，手机身份属性、时间属性和位置属性把现实的人真正带入虚拟时空时间。PC 时代，互联网提供的只是简单的信息服务，而智能移动终端的普及实现了时间、空间自由，再到时间和空间成为服务的一部分，人才彻底地成为虚拟时空世界的一个元素。在这个新的世界里，现实人和数字人是一个统一的整体和唯一被确认的主体，行为不可抵赖。

虚拟世界和实体世界的一致性，是虚拟时空存在的基础前提。否则，虚实世界就会无序，从而导致自身的瓦解。人仍然是主导这个世界的主体，虚实世界的产生是为了人类生活得更加美好。虚实世界的所有行为应该以人的需求及需求的实现为主要脉络。在本质上，是人按照自己的需求塑造了虚实时空世界。

在虚实时空中，所有的事物被表达成一个具有四个坐标的点，其他点提供的所有服务在数字世界被比特化拉平，以光速抵达需要服务的点。这四个坐标分别为实物体、虚拟物体、时间、空间位置。实物体就是现实世界的人和万物。虚拟物体就是与实物体唯一对应的数字表达（包括标识、信息、功能接口等），这一数字表达在虚拟世界里是被连接的节点。时间是实物体或虚拟物体行为发生的时间，时间可以一致，也可以不一致。如果实物体设定了虚拟物体的自动行为，那么时间可以被多维表达。空间位置是实物体在物理世界的位置，但被现实世界和数字世界共同识别。在虚实时空中，一个节点所需要的服务可以用如图 2-1 所示的公式表达出来。

$$S\ (N) = S\ [\text{实物体}n\text{、虚拟物体}n\text{、时间}\ (T_1\text{、}T_2\cdots)\ \text{、空间位置}P_n]$$

图 2-1　虚实时空的节点定义

2.1.3　虚实融合时空的运行机制

下面以人们使用“滴滴出行”打车软件为例来说明虚实时空的含义。例如，9 点 25 分我在北京海淀中关村呼叫一辆出租车，当我登录“滴滴出行”打车软件后，我的数字身份开始工作，它分享了我本人的位置信息，并在数字地图上表达出来，附近的司机连同他的出租车依托智能手机转为数字化表达，并在我的手机界面上显示出来。司机和出租车在物理世界上距离我还有一段距离，但他通过“抢单”确认了与我之间的连接，从而把数字的我和出租车之间建立了数字化联系。五分钟后，司机抵达，我们开始了物理世界的合作，我和司机在数字世界被作为一个整体直到到达目的地。在这个过程中，实物体、虚拟物体、时间（T_1、T_2…）、空间位置缺一不可，构成了这次服务的所有元素。如果我预约了第二天的出租车，那么时间 T 就有了第二个表达，以完成服务过程。

由上面的例子可以看出，在新工业时代设计的产品服务和智慧工厂设施，必须考虑实物体、虚拟物体、时间（T_1、T_2…）、空间位置四个坐标的表达，否则就可能使服务不能完成。与出租车类似，用户提出一个定制需求，是连同它的时间、位置、虚拟物体的一个综合性需求，智慧工厂需要对实物体、虚拟物体、时间（T_1、T_2…）、空间位置进行处理，从而提供精准的服务。这就是理解虚实时空的含义，未来世界的一切都在这样的一个空间中。理解这个世界的规律是建设新工业的基础。

2.1.4 虚实融合时空的特征

人们日常生活的实体世界是刚性的，并不能随意移动和重组。在虚实时空世界中，一切都完全不同。由于实物体和虚拟物体的统一，并借助虚拟物体和数字机制，从而建立了全新的关系，具有了前所未有的特征。这种特征主要体现在五个方面，包括全息性、硬变软、远变近、可重构、能追踪，如图 2-2 所示。

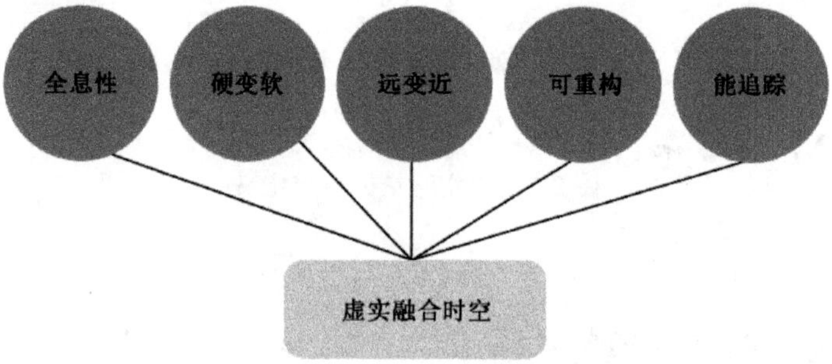

图 2-2 虚实融合时空的特征

全息性：如果世界万物都被数字化，那么这些互相联通的虚体世界就构成了虚实融合时空的第五维度。人类将拥有类似物理学第五维度时空一样的“上帝视角”，能够在任何一点通过第五维度观察到实体世界的全息信息。理论上，人们能够在任何一个物理位置建立全部实体世界的全息图景，还可以通过这一点来操控任意时空位置的任意物体，就好像世界被折叠到一点，这就是虚实融合时空的全息性。

硬变软：基于虚拟物体的定义，人和万物都变成了数字世界的一串比特码，万物的单元也会变成比特码。这是万物关系能够识别和重构的基础。基于这种硬变软的机制，软件重新定义了一个虚拟世界，但这个世界又与现实世界一一映射。现实世界的基本构造没有变，但借助虚拟世界，实体之间变得更加灵活和有柔性。例如，原来工厂的机器都是刚性的，只能按照人类设定的功能和流程串行工作，但如果是数字的机器，那么就可以横向和纵向连接，生产制造的过程就可以变得有柔性，甚至可以进行软件编程。制造过程不再依赖硬的机器本身，而是依赖软件定义的机器的组织关系。工业 4.0 的纵向集成就描述了这样的场景，不同的个性化产品能够把制造任务分解为工艺组件，并发布给工厂里相关的智能机器，智能机器就会按照不同产品需求进行自组织生产。也可以说，产品还是刚性的机器生产出来的，但从产品来看，它是由一个庞大的自组织的众多数字机器构成的虚拟机器完成的。

远变近：在互联网出现不久，《世界是平的》这本书就说明了数字世界的扁平化，人们可以跨越地理间隔进行沟通和交流。现在，万物互连的时代，已经远远超越了这一景象。人们不仅能够跨越地理间隔进行沟通和交流，而且能够跨越地理间隔进行制造的组织。你可以在美国设计，在中国工厂里生产部件，然后在家里组装完成一个产品。这一切的完成只依赖于你在手机上单击几下虚拟按钮，工厂和设计师就如同在你面前一样。在虚实时空中，实时空的事物拉近了。因此，新工业不能把地理区隔当作前提，而是把用户桌面当作制造的平台来考虑，虚实时空为此提供了一个环境。

可重构：由于虚实一体化，数字连接的超时间和超空间性，借助虚拟物体，人类就能够把实物体之间的关系和逻辑全面重构。例如，智能生产所强调的横向连接和纵向连接，这在过去的实体世界里是很难实现的，或者是效率十分低下的，但在虚实时空中，这与实体世界的其他工作的效率几乎没有区别。未来，基于虚实融合时空可重构的特性，每个人在智能终端都能够非常容易地折叠整个世界，然后按照自己的需要重构整个世界。

能追踪：实体世界的信息是十分难以追踪的，需要靠人工记录才能完成。而在虚实时空中，所有事物、所有行为、所有轨迹都能够被准确地记录，并借助大数据技术进行分析和价值利用。理论上，人们能够以“上帝视角”俯视整个实体世界的实时运行，并回溯所有记录的运行历史。以此为基础，人们可以建立反馈经济机制，源源不断地收集虚实世界产生的大数据并进行分析，进而来改进虚实世界的运行机制，并优化和重构万物之间的关系，这种优化和重构能够带来巨大的收益。现在，世界上已经有很多装备制造公司以设备数字化为基础，通过大数据分析和模拟仿真技术，大幅度地减少设备维修时间和降低维修成本。

之所以把虚实时空作为理解新工业的一个背景环境，就是要告诉传统工业企业：必须突破简单的更换智能装备和更换几套软件的思路，要把工厂的所有元素和员工改造为虚实时空中的一个节点，在更高维度上对工业进行软件定义、重构和优化、全方位的追踪，而不是在现有厂房中进行有限的改造。否则，更换智能装备和更换几套软件可能都是无效投入，在虚实融合世界里会变得毫无价值。

虚实融合时空还是一个正在成长中的蓝图，但人们已经能够发现，凡是符合虚实时空特性的工业运行模式都成长得很快；反之，都在消亡过程中。这就是人们认识虚实融合时空和构造虚实融合时空的意义。虚实融合时空概念中融合的含义，最基本的就是把虚拟数字化看成一个维度，与实体世界构成一个五维度的虚实融合时空，从而让人们可以用“上帝的视角”来思考未来。

人们也必须认识到，虚实融合时空是人为塑造和定义的。人类可以轻易拿走其中最关键的组件，让这个时空失灵，或者局部短路，但相信这一定不是人类最好的选择。

2.2 虚实融合时空思维

虚实融合时空的商业和工业如何运行？准确地说，到目前为止还没有发现普遍的真理。不过一切才刚刚开始，人们还不用着急。

早期有关虚实融合时空的普适性规律，梅特卡夫定律算一个，但该定律也仅局限于回答虚拟数字世界增值的规律。影响比较大、最接近虚实融合时空的理论探索应该是中国互联网人提出的互联网思维（见图 2-3）。小米手机的雷军和奇虎 360 的周鸿祎是总结和提出这个理论的代表人物，他们不仅是提出者，也是切实的实践者，从而用事实论证了这个理论的正确性。

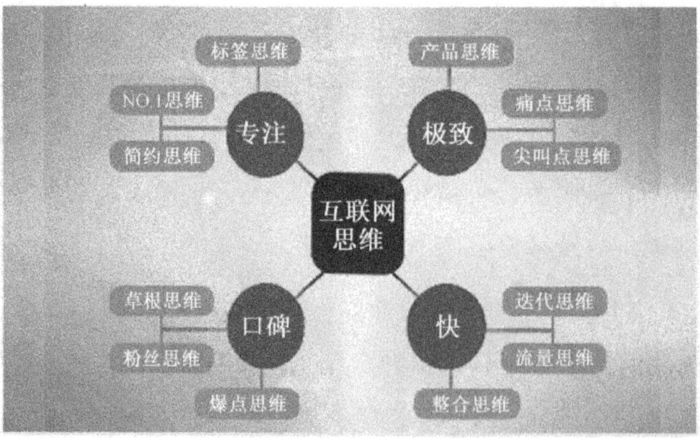

图 2-3　互联网思维

资料来源：互联网。

互联网思维为什么有用？简单地说，它的核心价值就是告诉人们如何在互联网世界生产打动用户的产品，提供有效的服务，从而实现价值增值。互联网思维虽然从互联网出发，但绝不是单纯虚拟数字世界的思维，而是虚实融合时空的思维。它兼顾了从实到虚，从虚到实的双向逻辑。它揭示了在实体世界要考虑虚拟世界的运行规律，对实体的塑造和在虚拟世界营销传播要兼顾实体世界的运行规律，强调两者的融合。从总体上说，互联网思维中的虚实融合特性主要体现在以下五个方面。

（1）注重虚实一体，把虚做实。例如，互联网思维强调的专注和极致既包括了便于虚实世界识别和连接的元素，也考虑了在虚拟世界对实体产品的重塑。在虚实融合时空中，用户只有碎片化的时间可以给某个生产者，而且往往只能在巨量的碎片化信息中才能发现。道理很简单，只有把复杂简单化，才便于在虚实世界达成连接，这就要求实体世界的产品设计和生产满足虚拟世界的需要。另外，虚拟世界的表达也要具体，要想让产品信息瞬间打动人，就需要专注和极致，这样用户才会主动连接，而不是被连接。

（2）充分利用虚拟世界的优势，对实体世界进行关系重组。这一点主要体现在口碑效应、草根思维、粉丝思维和爆点思维上。在虚拟世界里引爆，把实体世界的用户重新组织在一个平台上，形成庞大的用户群体，进而在用户中使流量变需求量，需求量变产能。还有整合思维，借助虚拟世界，进行横向和纵向资源整合，从而给用户提供更快速的服务。

（3）用户参与感本质上是虚实的交融。在产品迭代过程中，让用户参与制造的过程，其实就是让实体用户与虚拟产品进行融合交互，从而最终生产出一个更加符合用户需要的实体产品。

（4）在虚实时空世界里，连接就是价值。虚实的连接就是流量，流量越大，价值越大。虚实时空中连接的节点其实就是实体，连接节点越多，价值越大，这是梅特卡夫定律已经证明过的。服务商要做的只是把梅特卡夫定律所证明的价值进行转换，流量思维和用户思维就是这种价值变现的方法。

（5）体验为王描绘了虚实时空中用户连接的动力机制。互联网思维只有一个中心，那就是以用户为中心、体验为王。很多制造业一直说以用户为中心，但实质上并没有建立用户沟通的桥梁，而虚实世界里可以很方便地做到这一点。

互联网思维虽然填补了虚实时空世界普遍规律的空白，但它本身还不完备，是基于传统的互联网总结出来的。传统互联网是以人人连接为核心的网络，重点在于重构人人之间的关系。另外，传统的互联网是一个平面，没有纵深关系，也不关注时空关联，它的逻辑是以入口和连接作为出发点的。而新工业所处的虚实融合时空中，不仅有人，还有智能机器、智慧工厂等没有感情色彩的实物，时间、空间成为关键元素，互联网思维作为理论指导就远远不够，还需要进一步实践和总结规律。

虚实融合时空思维可以看作互联网思维的最新发展，但远远超越了互联网思维，它与互联网思维的区别可以描述为以下四点。

（1）虚实融合时空思维描述的连接对象包括人和万物。构建虚实时空思维的目的在于把人和万物在统一背景下进行描述，从而建立全新的关系和业务逻辑，进而创造价值。在这个时空中，人是连接的主导者，机器等物体虽然也有自治的主动连接，但主体逻辑上仍然是被动的。

（2）虚实融合时空思维描述的是一个具有纵深的网络互联世界。虚实时空的纵深包括横向连接、纵向连接及价值链端到端的连接，可能在纵向上跨越多个平台，这与互联网思维描述的入口加平台的方式不同。例如，在用户平台、产品平台、生产平台、物料平台、工厂平台之间建立纵向连接。

（3）虚实融合时空思维不仅是体验导向和服务导向的，还是任务导向、工程导向的。传统互联网强调体验为王，以达成商业服务为核心。虚实融合时空中除商业服务外，还应包括研发设计、采购供应、实验测试、制造工程、物流运输等工程和任务，单纯强调体验为王是远远不够的。

（4）虚实融合时空思维需要统一表达虚体、实体、时间、空间，这是完成精准的工程任务和商业服务所必需的。虚实融合时空的万物节点需要按照前面所描述的四位一体（实物体、虚拟物体、时间、空间位置）的表达方法，而互联网思维完成商品服务并不需要这样的表达方法。

虚实融合时空思维和传统的互联网思维的共同点在于，要改进和完善虚实时空中任意系统的输出，就必须把大数据平台和人工智能作为基础，建立反馈优化的闭环。

2.3　数字主线与数字孪生

数字主线和数字孪生是两个典型的实例，它们能够证实在虚实融合时空当中，制造工程和产品本身会产生一些神奇的新特性，并能够创造出前所未有的价值。

2.3.1　数字主线

传统的制造工程是由制造商、供应商、运维服务商和终端用户等不同主体协同完成的，实现协同的办法主要基于人的组织和制度安排。进一步地，制造业信息化实现了不同的环节单独的数字化，但在整体上还是没有实现有效的集成，任何在最终产品上发现的失误都将引发复杂而浩大的返工工作。数字主线（Digital Thread）概念和技术的出现，为制造工程的全过程集成、洞察和多主体协同提供了可能性。

数字主线可以看成在虚拟数字化维度构建了一个制造工程的全息中枢，并利用数字化制造工程的虚实融合特性实现对实体过程的有效管控。数字主线有多重要？美国国家制造科学中心（The National Center for Manufacturing Sciences，NCMS)把数字主线作为“美国最大且最有潜力的竞争资产之一”，并且将其作为面向未来的一个关键战略。据说现在一些美国的数字制造业试图通过数字主线及其他相关技术，实现制造工程的数据驱动，目的是有效降低制造过程中的研发成本和制造成本，并更好地满足用户需求。

根据美国空军 SAF/AQR 在 2013 年的定义，数字主线是指在武器装备系统的研制过程中，通过一种基于物理的技术描述，可以对武器装备系统当前和未来具备的能力进行动态的、实时的评估，辅助完成能力规划及分析、产品初步设计、详细设计、生产制造、运营维护过程中的诸多问题的决策[1]。

通用的数字主线可以定义为：利用先进建模和仿真工具构建，针对覆盖产品全生命周期与全价值链（包括基础材料、设计、工艺、制造及使用维护等全过程环节），以统一的模型为核心，集成并驱动产品设计、制造、维护保障等相关的数字化数据

1 https://mp.weixin.qq.com/s/Wy-Yvqv_UckIeY22EX3e9A.

流。另外，除技术外，数字主线要求形成以数据驱动为决策管理主要内容的制造文化，并建立相关的业务流程。

实施以数字主线为中心的制造与传统的制造有以下几个方面的不同。

传统制造业数据单向传递，且没有反馈机制。数字主线能够通过全程数字化和全过程集成实现制造过程全程洞察，必要时实现有效的反馈。

传统制造业由于存在大量的独立系统，可能存在多个数据源，所以数据集成困难，并可能导致信息传递失真。数字主线以统一的模型为基础，建立统一的数据源头，在传输过程中数据不失真，而且可以回溯。也正是由于统一的模型，研发设计能够与智能生产机器更好地衔接，有利于智慧生产的实现。

传统制造必须进行实体制造才能验证。而数字主线强调仿真系统对实体的模拟，减少了实体样机生产和验证的成本。很显然，由于减少了实体制造过程的反复，所以有利于实现研发和制造一次成功，从而缩短制造周期和减少成本。

传统制造是很难实现制造工程整体的实时分析和预期分析的。基于数字主线，制造工程的各个环节都能够进行关键数据的同步或沟通，实现整个制造工程中的状态统一、数据一致，从而实现动态、实时评估制造工程的当前和预期的功能和性能。

传统的制造业很难适应个性化制造的需要。由于制造过程没有集成，所以当大量的个性化需求源源不断地涌入时，制造过程将会混乱，甚至崩溃。数字主线只要建立与用户需求相一致的模型，并不断调整模型，就能够很方便地实现个性化制造。

简单地说，数字主线就是充分利用了虚实融合时空中事物和活动的特性，即全息性、重构性、可追踪性等，从而实现制造工程全价值链的价值提升。

2.3.2 数字孪生

虚实融合时空与物理学的第五维度空间不同，人们既可以轻易地从实体空间进入虚拟空间，也可以从虚拟空间轻易地进入实体空间。虚拟空间可以定义成与实体空间一一映射的平行世界，从而创造出前所未有的价值。现在，数字孪生（Digital Twin）技术正在实现这一目标。

数字孪生是指利用数字建模、物联网、传感器、数字映射等技术在物理世界和虚拟数字世界建立一对相互映射的物理实体产品和数字虚体产品的组合。实体和虚体产品完全一致，运行数据完全相同，把物理世界和数字世界紧密连接在一起。

简单地说，数字孪生就是在虚拟空间用数字化模型映射出一个实体世界真实存在的实体，虚体和实体一一对应，虚体能够实时映射实体的全生命周期过程，从而实现对实体的监控、维护、优化和改进。在 2015 年举行的 PTC LiveWorx 年度大会上，美国的 PTC 公司展示了其数字数字孪生技术。通过一个实体挖掘机和挖掘机数字模型的物联网连接（见图 2-4），智能识别实体挖掘机的几何结构、特性、参数、物理性能等信息，实时输入数字世界，然后自发地进行大数据的分析和决策。在实体和数字模型之间建立一个实时反馈机制，从而用虚实融合的方式促进知识创新和产品优化。

图 2-4　PTC 公司的数字化映射技术

数字孪生与数字主线既有关联，又有显著区别。数字孪生强调实体的仿真建模与虚实之间的连接，而数字主线则强调围绕一个数字建模的制造全过程的集成。两者的区别是一个主要与装备和产品相关，强调的是围绕具体实体的小循环；另一个主要与制造工程的集成相关，强调的是围绕全生命周期的大循环。两者的连接之处在于，数字孪生中的数字化模型，可以作为数字主线集成的各个环节的统一模型。两者的共同之处在于都是借助虚拟数字化空间实现实体空间活动和实体的监控、维护、优化和改进。

数字孪生和数字主线打破了虚拟空间和数字空间的边界，把虚实空间紧密地融合在一起。它们是虚实融合时空的典型实例，从技术上也必然是构成虚实融合时空的关键技术。

2.4 CPS：虚实融合时空中的系统

面对正在出现的大量个性化生产需求，仅靠人来控制生产是不可行的，必须依赖于能够自治运行的系统。现在，基于虚实融合时空，人们可以设计出更有效的生产运行系统，并实现系统运行的自治。要达到自治运行的目标，就需要建立数字空间与实体空间的通信、计算和控制的闭环，支撑这一闭环的系统被称为信息物理融合系统（Cyber-Physical Systems，CPS）。

CPS 是虚实融合时空中的系统，跨越虚实空间的边界，确定了智能机器、工厂资源等实体在虚实融合时空中的运行机制。CPS 是建立在云计算、物联网、移动网络、智能机器、大数据等计算机、通信、控制技术之上的融合系统，它把物理实体、数字虚体、计算、通信和控制进行一体化设计，来完成虚实时空中的生产制造任务。信息物理融合系统概念如图 2-5 所示。

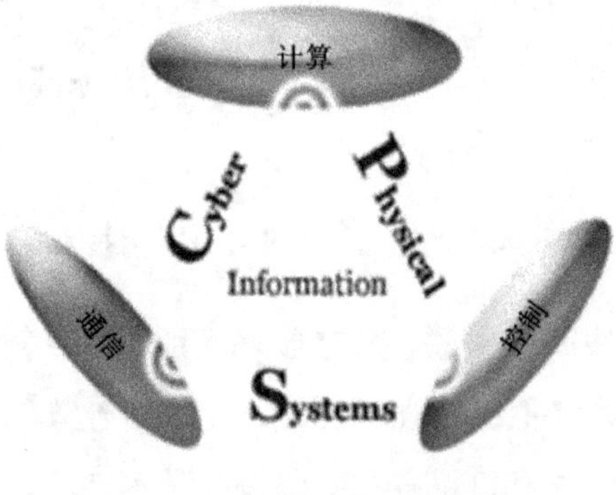

图 2-5　信息物理融合系统概念

CPS 与传统的自动化系统和管理信息系统是完全不同的，它是虚实融合时空的事物。它能够根据各种个性化需要，如质量、时间、风险控制、成本等，进行动态的配置，从而满足个性化生产的需要。所谓动态配置，不单是指生产设备，还包括原料、产品、供应链等，能够根据需要实现整个生产流程和工艺的自组织。CPS 在实体世界采集实时数据，在数字化世界分析和处理数据，并通过分析后的数据驱动实体世界的运行。一般来说，CPS 有处理时间要求，能够支持实时、连续的生产运行。

CPS 的重要性在于，通过它把设备、资源、信息、产品、人互连在一起，为工厂提供了一个完全智能的环境，智慧工厂才能够得以实现。同时，基于 CPS，将形成一个全资源的协同网络，包括生产资源、人力资源、社会智力资源在内的所有生产资源，都能够被这个协同网络有效地组织起来。打个比方，CPS 就如同“滴滴出行”打车软件平台，在虚实融合时空协同关联资源并实现自治生产运行。

CPS 不仅会应用于一个庞大的工厂，可能还会应用于一个具体的设备或产品，或者应用于一个小型化的生产单元，如部件生产车间。一个典型的 CPS 实例就是机器人外骨骼，用来帮助残疾人或作为增强士兵能力的装备。因此，CPS 可以看成一个多层级的系统，包括部件级、产品级、生产单元级、工厂级、企业级、跨企业级、社会级等层次。本质上，CPS 的层级特性，也反映出虚实融合时空全息性的特征。

在德国工业 4.0 战略中，重点指出 CPS 是智慧工厂和智慧生产的重要基础性技术。通过它能够把智能生产单元连接起来，使得复杂的个性化生产任务能够连续、精确地进行。CPS 可以视为一个庞大的软件定义工厂系统，所有物理的工厂元素、信息资源通过它进行系统化的连接和重新组织，它们能够相互独立地自动交换信息、触发动作和控制，以及自治运行。基于 CPS，在虚实融合时空中，一个智慧工厂可以被看成一个巨大的、一体化的智能机器。

就目前而言，CPS 还是一个理论性的系统，还没有统一的规范和标准，整体上还处于早期的探索阶段。但毫无疑问，它是存在于虚实融合时空的系统，借助数字化世界的特性实现对实体世界的更有效的操控，未来一定会形成大量的 CPS。

2.5　信任与价值传递：区块链

未来将有大量的实体事物进入虚实融合时空，对于不同的主体来说，在虚实融合时空中的事物，有些是主体可信任的，有些是主体不可信任的，或者说不确信是否可信任的。实体世界的运行往往建立在人与人之间的信任的基础上，而要实现虚实融合世界的运行，又如何建立信任机制，并实现有效的价值传递呢？还继续依赖人与人之间的信任？显然是不可行的，那么多自治运行的虚拟物体、虚拟系统、虚拟工厂必须依赖它们自身来建立信任机制。也就是说，虚实融合时空的信任机制必须建立在相应技术和系统自治的基础上。近两年突然爆发的新技术——区块链（Blockchain），正在承担这一重任。

区块链是一种由多方共同维护，使用密码学保证传输和访问安全，能够实现数据一致存储、难以篡改、防止抵赖的记账技术，也称为分布式账本技术（Distributed Ledger Technology）[2]。简单地说，区块链就是一个建立在分布式技术和密码技术基础上的可靠和可信任的超级大账本。

早期区块链技术来源于比特币技术，是实现比特币的基础。后来，人们发现比特币的底层技术，如共识机制、智能合约等，可以作为公共技术和平台，并应用于金融领域。再进一步，人们认识到区块链技术可以被应用到更广阔的各个行业领域，如数字版权、产品溯源、电子合同、数据访问等领域，从而开启了一个全新的价值互联网时代。总体上，比特币时代被称为区块链 1.0；智能合约应用于金融领域阶段被称为区块链 2.0，典型代表是“以太坊”的出现；而现在区块链在各个行业广泛应用阶段被称为区块链 3.0，目标是支撑智能社会的实现（见图 2-6）。

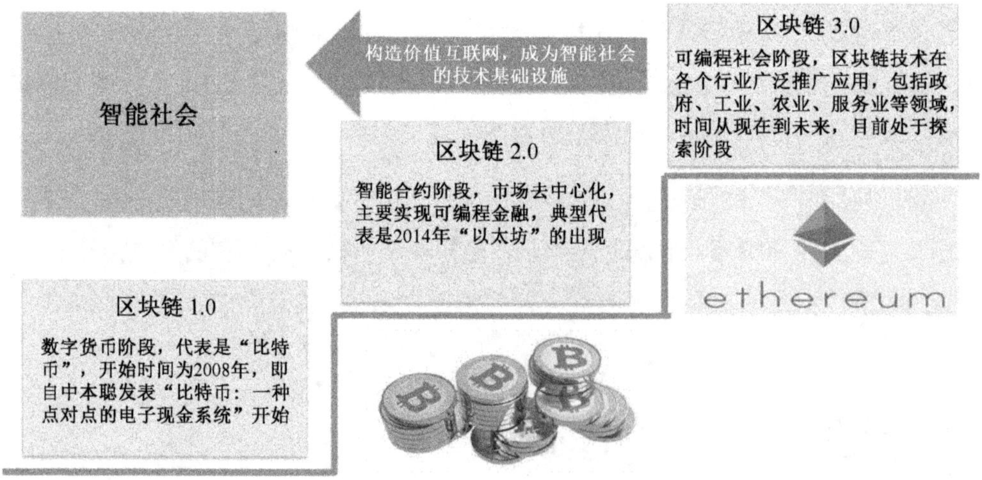

图 2-6　区块链发展的三个阶段

2　中国信通院，《区块链白皮书（2018）》。

区块链与传统互联网单纯的网络连接不同，其核心在于通过分布式技术建立一个互信机制，实现价值互联。区块链本身建立在虚拟数字化空间，但目标是实现实体世界的互信机制。这种互信机制不仅针对的是人与人之间，还会针对不同的物与物、人与物之间，如物联网设备之间的互信机制。区块链使得虚实融合时空的互信机制不再依赖于人与人之间的互信，而是建立在对系统的信任基础上，让不信任的万物之间也能够进行可信任的连接和价值交换。

区块链的核心细分技术包括分布式账本技术、共识机制技术和智能合约技术。分布式账本技术负责区块链系统的信息存储，是区块链系统防篡改、可追溯特性的来源，一般包括基于资产和基于账户两种数据记录方式。共识机制技术负责同步各节点的账本，实现节点选举、数据一致性验证和数据同步控制等功能。智能合约技术负责将区块链系统的业务逻辑以代码的形式实现、编译并部署，完成既定规则的条件触发和自动执行。

整体上，区块链 3.0 目前处于早期发展阶段。不过，人们已经发现大量的实用化场景，如实现数字资产在不同账户之间转移；把信息安全记录到区块链上以防篡改；控制数据访问；智能合约的自治执行等。相信未来还有更多的区块链应用场景会被发现，并发挥它的价值。

由于去信任机制的建立，以及安全密码技术的利用，人们能够通过区块链直接传递价值，而不是通过第三方来实现。因此，区块链技术也被认为给互联网带来了革命，实现了以连接为核心的传统互联网到价值互联网的转变。用本书的语境来说，就是让虚实融合时空具有了去信任和价值传递的特征。这一特征的拥有，对于在虚实融合时空中重构事物的价值显然很大，它能极大地扩展重构的自由度。总之，区块链技术附加进来，无疑对虚实融合时空是一种强化。

由区块链创造的价值互联网，将给智能工业提供更有力的网络基础设施，实现更加安全可靠、低成本和更加灵活的生产协同，以及更有效的生产和用户之间的价值流动。

通过虚实融合的定义和技术实现，大量的实体进入虚实融合时空。同时，人们既可以通过数字主线建立虚实融合的制造工程，也可以用数字孪生来实现实体和虚体的逐一映射。进一步地，人们运用 CPS 技术构建出可以在虚实融合时空自治运行的系统。最后，区块链技术把虚实融合时空转变为可信任和直接价值传递的空间。

如上帝造出了天空和陆地、白天和黑夜、山川和海洋、动物和植物，至此，虚实融合时空的一些基本元素都有了，一个新的世界蓝图就会在人们眼前不断呈现。除不断优化和改进这个新世界外，人们剩下的工作就是要充分利用这个世界的全新特性来给自己创造出更美好的生活。

2.6 场景：虚实融合时空的局部空间

虚实融合时空的一个局部空间将变成什么样子？人类的生活就像一部电影，总是在不同的场景之间切换，场景就是人类能感受到的虚实融合时空的局部。智能技术群的价值实现，正是从创造无穷多的局部场景开始的，并最终通过网络连接构造出整体的时空结构。与抽象的概念相比，场景就是实实在在的落地。因为人类生存在各个不同的场景中，实现了场景，就实现了真正的价值。正是因为它的实在性，现在它日益成为商业竞争的焦点。那么应该如何用虚实融合时空思维理解场景呢？

场景原本的含义是电影或戏剧中的一个场面或情景，但现在被引申为用户面临的一些情景。通过分析这种情景，在情景中为用户提供有针对性的服务，从而提升用户体验，达到营销的目的。但问题在于，这样的情景无穷多，场景设计准确而有效是非常困难的。目前，成功的场景设计往往是后验的，事前谁也难以肯定场景设计就一定能够成功。当然，场景设计一定会让用户提升体验价值，但不一定就会获益。场景及对应服务的设计都需要成本，如果失败，则相应投入就会损失。

就场景而言，需要回答的问题是，为什么有些场景设计能够取得商业上的成功，有些场景设计则不会取得商业上的成功，背后的规律是什么？从虚实融合时空思维的角度来看，场景并不神秘，它只是虚实融合时空中的一个能量聚点。利用虚实融合的特性，通过设计让在同一位置的服务商和用户实现价值上的共振，从而实现服务商的价值最大化。这涉及虚实的一致性和时空的统一性，必须在相应时间、相应位置，让数字表示的实体用户体验最佳，并且能够带动最大化的用户群体产生共鸣。这个位置既可以是实体位置，如商城店位、运动场、餐馆，也可以是虚拟位置，如一个社区。

同一位置场景的虚实融合时空表示如图 2-7 所示（不限于这一表述方法）。

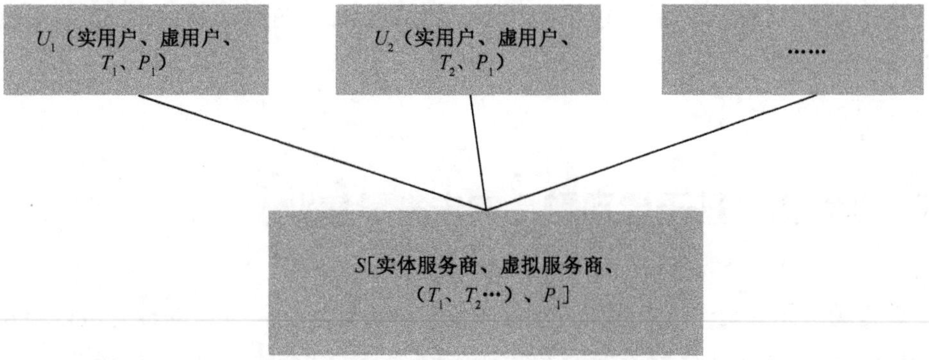

图 2-7　同一位置场景的虚实融合时空表示

上述所描述的场景既可以调整为同一时间下的服务商和用户间的价值共振，也可以修正为在一个虚拟社区或平台的价值共振。这种共振在虚实时空中来看，场景价值最大化就是用户节点和服务商节点连接数的最大化。设计相应的服务，优化用户体验，让虚实时空中服务节点和用户节点连接数量最大化就是场景价值的最大化。这种价值最大化建立在虚实一体和时空一体的价值之上。所以，场景理论用虚实融合时空来描述，就是节点之间的大规模聚合连接。连接数量取决于服务商提供的细节服务和体验。

在场景中创造价值，就是在虚实融合时空的一个局部空间创造价值，关键在于实现基于位置、时间、平台的聚合和价值共振，从而创造出大规模的价值流动和增值。而要实现聚合和价值共振，仅仅理解虚实融合时空的基本特性是不够的，仅仅实现聚合也还是不够的，还必须和具体的业务逻辑紧密结合起来。例如，工业生产的场景聚合必须与工业生产的具体业务逻辑紧密结合起来，零售的场景聚合必须与零售的具体业务逻辑紧密结合起来。简单地说，在虚实融合时空中场景聚合+业务逻辑，才能真正创造出价值（见图 2-8）。

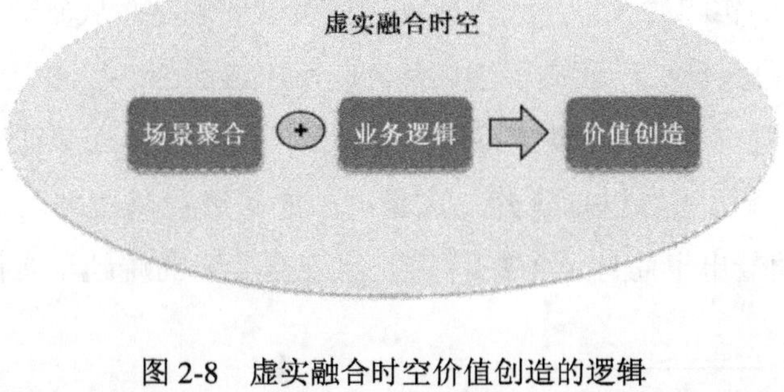

图 2-8　虚实融合时空价值创造的逻辑

接下来，要讨论的新零售和新工业，将展示如何在虚实融合时空中实施业务逻辑。

2.7 新零售：基于虚实融合的未来零售业

零售场所无疑是一个典型而常见的场景，从旧零售到新零售的转变可以看作时空环境的转换。基于虚实融合时空的特性，这种转换无疑会创造出全新的业务逻辑。

零售行业非常古老，自从有了商人就有了这个行业。古代的商铺就不用说了，现代零售业也早在 1852 年就已经出现，当时在法国出现了世界上第一个百货公司，在 1859 年出现了最早的连锁商店，在 1930 年出现了最早的超级市场（超市），再后来出现了自动售卖机、邮购、电话购物、网络销售等各种各样的零售业态。到目前为止，零售行业已经发展成为一个非常庞大的行业。据我国国家统计局数据，2017 年，中国社会消费品零售总额已经达到 36.6 万亿元[3]，其中，中国实物商品网上零售额达到了 5.48 万亿元。

常见的零售场所包括超市、便利店、商场、专卖店、烟酒店、餐饮店等，还有一些零售没有有形的场所，如上门推销、网络销售、邮购、自动售货机、无人超市等。零售从概念上就是通过大量买入然后给大家提供少量商品和售后服务的场所或机构，一般与个人和家庭相关，商品通常是消费品。零售连接着最终消费者，一直在商品流通领域发挥着巨大的作用。

新零售概念的提出有两个背景：首先，从大规模生产时代开始，大批量商品需要大规模销售才能消化，大规模销售促进了现代零售业的崛起，大量的货物从这里走向消费者。到了精益生产和大规模定制时期，零售商成为消费者需求的汇集者，并成为按需生产的实际源头，开始逐渐掌握消费者需求，并从被动走向主动。到了后期，零售连锁巨头倚仗产业链顶端优势，向后压迫面临“行洪”压力的传统制造业，使得制造业几乎喘不过气来。例如，10 多年前，家电连锁业对家电制造业的利润侵蚀，除少数巨头可以抵抗外，大量的中小制造业只能被动受压。其次，从 10 年前开始，随着电子商务及 C2B（客户直连企业）的崛起，实体零售业开始面

---

3 http://finance.ifeng.com/a/20180118/15933958_0.shtml.

临困境。网购的人越来越多，截至 2017 年 12 月，中国的网购人数已经达到 5.33 亿人。大量的传统实体商城破产，媒体舆论普遍认为实体零售将难以为继。近年来，专家们不断呼吁：“长此以往，实体零售将不复存在。”并不断用舆论抨击电子商务。

2016 年，马云在阿里云栖大会上提出了新零售的概念，随后几大互联网巨头纷纷跟进，在危难之际拯救了零售业，使得近两年零售行业重新焕发了活力。

新零售通过虚实融合（业内通常称为线上线下融合），兼顾了实体零售与电子商务不同的好处，克服了各自的缺点。例如，实体零售具有现场体验感，但可能让用户很累，并难以找到合适的商品；电子商务便捷省事，货物选择丰富，但缺乏实物感和现场体验。

运用智能技术群，可以把零售业整体迁移到虚实融合时空当中，这就是新零售。在新零售这个特殊的场景中，聚合人、货、场等资源、信息和知识，通过虚实融合的方式给用户提供最贴合的服务体验。与传统零售不同，它的业务逻辑具有以下一些全新的特征。

虚实融合：在新零售场景中，实体是数字化的延伸，数字化也是实体的延伸，人们可以在线上线下自由地切换。对零售店来说，无论线下和线上，都能够准确地把合适的货物交付给消费者。

全渠道：消费者可以利用智能手机、计算机、社交网络服务、传统媒介、产品销售目录、物联网等所有实体或数字化的销售渠道、信息渠道和物流渠道购买货物。渠道之间无缝切换，人们可以自由选择，实现全方位购物。

人、货、场相关元素的重构与数据驱动：不仅依靠市场这把无形的手，新零售还通过利用智能技术对用户进行消费行为和消费需求分析，智能地理解用户的潜在消费需求，紧紧围绕需求，通过数据驱动对人、货、场，以及供应链、工厂中的所有元素进行重构，及时满足消费者的需要。

整合体验：用户在新零售场景中既能享受最好的实体体验，如位置便利、商品随需、情景引导、支付方便、情感关怀等，也能享受最好的数字化体验，如检索方便、货物真实、质量可靠、情景引导、虚拟现实、支付快捷、物流直达、退货方便等。

新零售业描绘了虚实融合时空中零售业运行的可能前景，让人们认识到可以把孤立的实体和以前实体世界的业务活动都迁移到虚实融合时空中，创造出全新的基于虚实融合的业务逻辑。

新零售是旧零售的新生，但它的后端连着的大多数还是旧工业，零售只是工业服务漫长链条中的一个环节，更艰巨的改造任务是把旧工业转变为新工业，实现虚实融合时空的工业运行。零售就好像水龙头，而工厂就好像水厂，如果水厂和水没有改变，那么仅靠水龙头的改变，其实给人们的生活带来的改变还是极其微小的。

新零售只是一个开端，假如能够把工业的业务逻辑也迁移到虚实融合时空当中，将产生什么样的巨变呢？

2.8 新工业：基于虚实融合的未来工业

把整个工业生产体系和业务运行逻辑迁移到虚实融合时空当中，将创造出新工业。

新工业，或者说智慧工业，不仅是智能机器替代人力、智能工厂替代传统工厂，它的真正意义应该是在万物智能的背景下，构建虚实融合时空中的工业。在虚实融合时空背景下，新工业不仅是全数字化的、虚实融合的，还将具有个性化、共享化、众产化、协同化、服务化等全新的特征。新工业是基于虚实融合的个性化工业，是分布式布局的智慧共享工业，是由大众生产组织者共同完成的众产化工业，是在虚实世界中横向集成的协同工业，也是全过程服务化的工业。当然，新工业也是能够被全方位虚拟表达的数字工业。

在虚实融合时空中，新工业将被描述成如图 2-9 所示的蓝图。

图 2-9 所示的蓝图概括性地描述了新工业将如何运行：首先，用户（用 U 表示）在一个场景（时间 T、位置 P）中能够明确他对一个产品 P 的需要，这是一个期望产品的概念。P 将由设计师在线提供的产品模型、设计图纸来描述，它构成了最终交付产品的数字孪生态，同时，数字主线开始发挥作用。接着，用 P 表达的需求被智慧生产系统所识别和确认，将由生产系统进行自动化分析、决策、规划和组织生产，若干实体工厂 F_1 到 F_n 被动态组织成为一个虚拟工厂 VF。虚拟工厂 VF 的每个节点都将获得产品的目标蓝图，以及分解的工艺组件模块，在 CPS 系统支持下，

它们将按照所承担的生产任务控制原材料的供应（Ma_1 到 Ma_n），自动监测产品 *P* 的状态，并自治地组织生产设备（M_1 到 M_n）按照工艺模块进行协同生产。在生产过程中，半成品 *P* 是控制的中心，是一个信息的代理，基于实体智慧工厂能力的支持，自己组织和协调生产过程，最终按照用户的需要完成了 *P* 的实体生产。需要认识到，此时最终生产出的产品 *P′*与期望产品 *P* 可能一致，也可能需要通过不断迭代来实现渐进一致，这一点在后续的第 5 章有关智能效用产品的论述中将详细解释。最后，在产品交付阶段，新工业也将与传统工业不同，生产者并不是简单地把 *P′*通过物流运输交给用户了事，而是按照虚实融合时空的规律，结合产品由于数字孪生产生的虚实双态与用户的具体需求，选择合适的产用融合（后文将详细解释）交付方式（包括虚拟态交付、实体态交付、共享态交付，三者选其一，或者混合），再次扩大用户的获得价值。

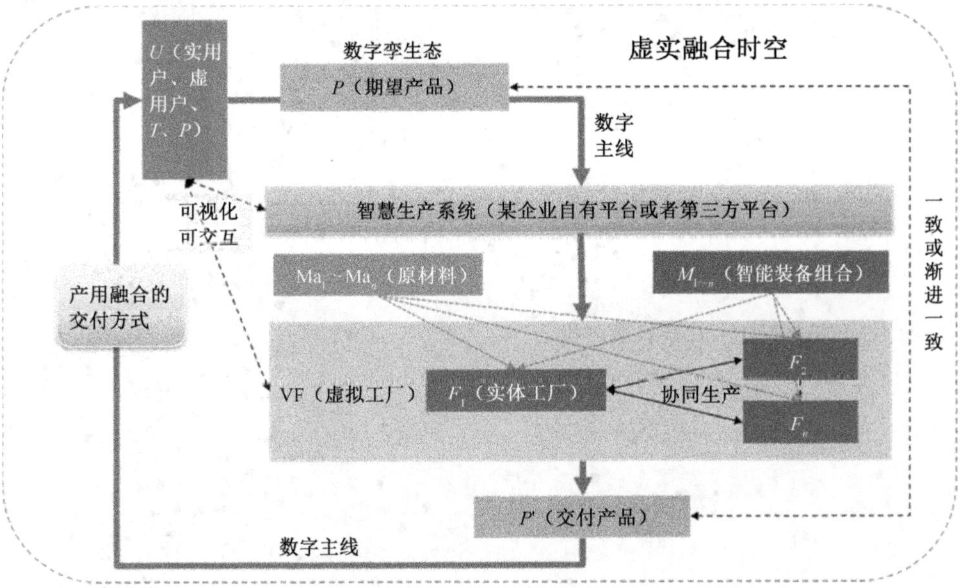

图 2-9　虚实时空世界新工业的蓝图

从图 2-9 中可以看出，新工业基于虚实融合时空的特性，在产品需求的表达、用户参与生产的方式、生产组织、工厂构造、生产过程、产品交付等方面都会呈现根本性的变化，本书后续章节将对这些变化进一步详细阐明。

上述的描述并不遥远，现在京东商城联合线下超市推出的“京东到家”服务，已经呈现出未来构建在虚实融合时空中可能的商业模式。用户登录相关 APP，选择被虚拟展示的实体商品，选择基于空间和时间的服务，然后选择采购，商品和服务将按时获得。如果把“京东到家”背后的实体超市替换为数字工厂，那么就能够想象出上述新工业的可能蓝图。现在，国内大力推广的工业互联网和工业 APP 正在帮助人们实现理想中的新工业蓝图。

理解事物的本质规律就能够简化工作的过程。正如爱因斯坦所说：“如果你不能把它简单地解释出来，那么说明你还没有很好地理解它。”虚实融合时空就是新工业未来所处环境的本质，理解虚实融合时空能够简化人们对未来工业的设计。在虚实融合时空中，所有的实体和虚体都被表示为一个个点，新工业的设计就是把这些点有机地连接起来，并能够确保任意两点之间有价值流产生，这样的新工业未来是不是看起来很简单呢？当然不会那么简单，理解虚实融合时空只是一个基础，本书后面章节讨论的内容都是建立在这个基础之上的。

第 3 章
Chapter 3
生产和用户的新关系

生产和用户的关系是工业社会中一个最基本的关系。

在传统工业运行模式下，没有用户的概念，而是强调客户，也就是购买产品的人。向潜在客户不断推销产品，促成客户购买产品，是传统工业处理生产和用户关系的主要方式。

通过 20 多年的互联网商业实践，人们改进了传统工业中生产和用户的关系，企业互联网实践得以最后归纳并产生了互联网思维。互联网思维的本质其实就是用户思维，强调扩大用户群体，改善用户体验，然后再把用户循序渐进地转化为客户。这种进步扩大了用户的参与感，改善了用户体验，让客户在用户群中自然而然地分化。互联网思维充分利用了虚拟世界的特性，把流量、用户、客户关联起来，更加强调用户价值。互联网思维隐藏着一个假设前提，那就是传统工业体系不变，后端仍然是大规模生产。它把传统工业的营销思维与虚拟世界的特性有机融合，过程也显得更加人性化，但把产品卖出去仍然是它的实质。尽管互联网思维也是一次思维的跃升，但从新工业的角度来看，它还远远不够。

基于虚实融合的生产资源共享，新工业越来越趋向于人人生产、人人服务、人人用户。产消合一（生产者与消费者的合一）、产用融合（生产和使用的融合）成为未来发展的方向。如果有意愿，那么未来每个人可能既是生产者，也是用户，生产者和用户不再对立，而是成为一个融合的整体。借助虚实融合的特性，生产场景与使用场景将融合在一起，生产者与使用者也将合力构造出产用融合的新工业范式。

生产者和用户，归根结底都是人类自己。生产者放弃与用户对立的思维，促进产消合一和产用融合，这才是打开新工业的正确方式。在虚实融合时空中，生产者和用户是对等的节点，只是在价值流动的一瞬间才会出现短暂的价值对立，更多的时间均是对等的"我们"，生产者和用户的新关系将用"我们思维"来解释。"我们思维"就是从本我出发，换位思考，不严格区分生产者和用户，而是寻找"我们"内部的不同个体之间的价值传递，让价值依托虚实融合空间进行自然流动。

3.1　技术的高端化，应用的普适性

技术的不断进步，让任何人操纵原本复杂的工业成为可能。

现在的所有新技术都可以追溯到集成电路技术的进步。而正是由于集成电路，人们摆脱不了三大定律的束缚。

摩尔定律：每 18 个月，计算机等 IT 产品的性能会翻一番；或者说，相同性能的计算机等 IT 产品，每 18 个月价钱会降一半。

安迪比尔定律：英特尔处理器的速度每 18 个月翻一番，计算机内存和硬盘的容量以更快的速度在增长。但是，微软的操作系统等应用软件的处理速度越来越慢，也越做越大。所以，现在的计算机的处理速度虽然比 10 年前快了 100 倍，但运行软件感觉上还是和以前差不多。

反摩尔定律：一个 IT 公司如果今天和 18 个月前卖掉同样多的、同样的产品，那么它的营业额就要降一半。

这三个定律描述了这样的事实：计算机科技的技术进步速度呈几何级数增长，每 18 个月就会翻一番。而对用户来说，只要等待 18 个月，就可以用一半的价值买到 18 个月以前的科技。计算机科技本身有一个内生机制，让软、硬件互相促进发展。如果一个科技公司不能够在 18 个月中取得科技进步，那么它就可能以更快的速度倒闭。这里面就隐藏着一个道理：技术不断向高端化发展，而用户却能够更容易获取。用户不仅容易获取，而且能够获得性能以几何级数增长的新技术产品。

如果回到 20 世纪 90 年代，那么现在普及的个人计算机对于普通人来说就是一个高科技产品，它的管理和维护需要专业人士来操作。而现在的智能手机，只要能

认识文字，大多数人，或者简单培训后，都能熟练地操控如计算机一样的智能手机。这个例子说明了一个浅显的道理，人类无论是有意识的，还是无意识的，都是为了在科技进步中使自己生活得更加舒适、简单。如果每个技术进步都考虑用户使用的舒适度和便利性，那么它至少需要与科技进步速度同步。按照摩尔定律的描述，也可以推断出一个结论：每 18 个月，人类对科技发展感受到的易用程度会提高一倍。当然，在用户可操作层面可能进步的速度更快，因为它毕竟没有底层技术那样难以快速突破。科技可能需要 18 个月才能取得进步，但人们可能只需要 1 个月就能熟练掌握已经成功的技术。一个结论是显而易见的，技术的高端化与应用的普适性成正相关关系，只不过会时间超前一些，如图 3-1 所示。

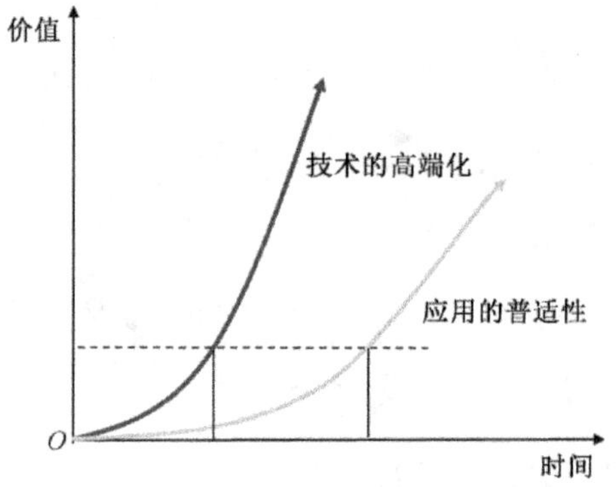

图 3-1　技术的高端化与应用的普适性正相关

量变引起质变，智能技术的持续指数化发展，理论上必然会产生一个终极奇点时刻，即计算机智能超越人类。美国未来学家雷·库茨魏尔在 2011 年出版的《奇点临近》一书中，就提出这一终极奇点将在 2045 年左右发生。不过，鉴于科学家们对人类的大脑运行机制尚未研究明白，在这么短的时间内开发出类人智能可能性不大，很多人认为雷·库茨魏尔过于乐观，终极奇点可能仍然遥不可期。但《智能爆发：新工业革命与新产品创造浪潮》一书论证了在终极奇点到来之前，最晚距离现在 10～15 年，将出现一个早前的奇点：借助达到相当水平的计算机智能，机器能够适度自主地运作，人与工业生产的关系，以及工业生产内部的关系将出现根本性的变化，现在人们熟悉的生产方式和工业组织将出现根本性的颠覆。

发现这个奇点的意义在于，某时刻，意味着人们熟悉的旧工业的结构将彻底重组，新工业革命将真实发生。在这一奇点时刻，技术的复杂性将被封装在一个操作中，人类进行简单操作就能够操作一个工厂，就如同操作一部智能手机一样。德国工业 4.0 战略已经描绘了这一可能蓝图，未来的智慧工业将能够把人和智能机器、工作环境的互动关系建立在全新的层次上。工业 4.0 所带来的人类—技术（Human-Technology）和人类—环境（Human-Environment）相互作用的全新转变也将发挥重要作用，全新的协作工作方式使得工作可以脱离工厂，通过虚拟的、移动的工作方式开展。员工将被鼓励在他们的工作中通过智能辅助系统使用多种形式的、友好的用户界面。员工脱离环境，也就意味着“员工”不再是一个非常固定的概念，可以是临时的，也可以是服务商或用户自己的虚拟操作。

现在，人们已经开始接近这个颠覆性时刻。用户与生产的关系将发生根本性的改变，工业产品不再是由工人生产出来，通过渠道交付给用户的，而是用户自主生产或触发生产的价值流。人们能够简单地操作工厂，工厂之间将也能够自主地协同生产，工厂不再是聚集在一起的大厂房，而是分布式布局的小工厂。工业生产与用户的关系，以及工厂的组织和布局将发生自第一次工业革命以来的最根本性的改变。

技术的高端化与应用的普适程度成正相关关系，以及德国工业 4.0 蓝图所描绘的转变，应被看作构建新工业用户思维的基础。

3.2 大众生产与“我们思维”

1983 年，阿尔温·托夫勒在《第三次浪潮》一书中，依据当时日益增多的 DIY（Do It Yourself）和外包，极富远见地预测了产消合一时代的到来，产消合一即生产者和消费者合二为一。阿尔温·托夫勒指出“产消分裂”必然导致不断地扩大生产规模，最终将引发危机。

不过，在《第三次浪潮》成书的时代，信息技术还没有那么先进，既没有互联网商业，也没有互联网共享工厂，更没有信用卡，阿尔温·托夫勒尽管强调了消费者参与了部分生产工作，包括 DIY 和外包，还没有预见到虚实融合时空的形成，更不可能想象出一个普通人通过远程来控制一个共享工厂，大众生产的蓝图还遥不可及。也就是说，阿尔温·托夫勒虽然创造了产消合一这个概念，但真正的内涵还没有被揭示。

2012 年，在克里斯・安德森撰写的《创客：新工业革命》一书中描绘的景象已经非常不同："世界各地的工厂敞开了大门，向拥有'身份'和信用卡的普通人提供基于互联网的按需制造服务。如此一来，创意新阶层得以进入生产领域，将自己的设计产品模型转变为产品，却无须自行建立工厂或公司。""产品制造的数字化变革绝不仅是优化现有的制造业，而且是将制造延伸到范围更广的生产人群当中。既有现存的制造商，也有成为创业者的普通民众。"《创客：新工业革命》描述了这样一种前景：人人生产，人人服务，人人用户。用阿尔温・托夫勒的概念来说，就是实现全社会范围内大众化的产消合一，即大众生产。

在传统工业模式下，尽管企业也强调以客户为中心，实质上与此相逆反，过程也是粗放和粗暴的。仅仅依据对部分潜在客户群体期待价值的研究和分析，企业生产出部分满足客户需求的产品，通过在市场中轰炸式营销的方式把制造商的价值强制传递给客户。由于产品是大规模生产出来的，必然牺牲了个性之间需求的差异。传统工业对客户价值的牺牲如图 3-2 所示。

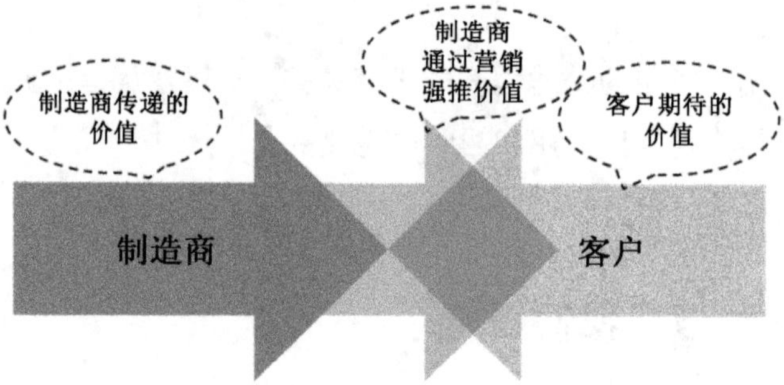

图 3-2　传统工业对客户价值的牺牲

制造商和客户之间存在明显的界面。制造商的制造过程对客户来说是一个黑匣子，客户一无所知，只能通过一个产品来了解一个制造商。制造商对单一客户也几乎一无所知，了解的只是一类客户群体的大致需求，产品也只是客户群体期待价值的公约数。在早期产品稀缺的时代，这样就是无可厚非的，只要产品生产出来，符合一定的质量标准，就一定会有客户购买。但随着丰饶经济阶段的到来，产品供应极大地丰富，客户需求变得挑剔，传统上对待客户的方式变得不可持续。另外，传统上客户被理解为购买产品的群体，制造商往往只是把订单达成视为一个节点，当订单逐渐减少时，制造商往往会变得不知所措。

在互联网思维被提出来之后，制造商对客户的理解扩展到用户，即不以订单达成为节点，只要用户使用了产品，即使没有付费，对制造商来说也是一种潜在价值。一方面，在互联网思维的引导下，生产商往往采用免费经济的模式，用户不用付费就能够获得对产品的体验，也吸引了更多的用户参与到这一体验的进程中。由于生产免费经济的模式是基于互联网模式实现的，用户基数足够庞大，对制造商来说，每一用户的分摊成本接近于 0，所以制造商也不会觉得难以承担。对于信息产品，这一特性最为明显。在用户免费体验的过程中，用户获得了参与感，并能够把意见反馈给制造商，制造商通过这个过程改进产品，使之更加接近用户的需求，从而促使部分用户群体转化为客户群体。另一方面，由于用户群体的规模足够大，制造商有足够的灵活性，能够实现价值提供模式的转换。制造商可以在用户群体中推广除非核心产品外的价值，从而获益。例如，一款非常流行的 APP 应用，对用户来说可能是免费的，而制造商却获得了巨大的用户基数，进而可以在应用中通过嵌入广告产品而获益。现在，常见的社交工具应用如微博、微信等都采用了类似的思路。

互联网思维的用户观念体现了体验经济和参与感的思维。甚至，为了获取更多的用户，按照共享经济逻辑，服务商愿意给用户支出一部分费用来获取用户流量，从而获取更大的用户基数。不过，由于传统工业模式没有变，产品仍然是大规模生产出来的，互联网思维本质上仍然是制造商价值的强行推广，用户思维对客户思维的改进，如图 3-3 所示。从这一点来说，互联网用户思维实质上是一种新的基于互联网优势的营销策略，与生产方式本质性改变无关。

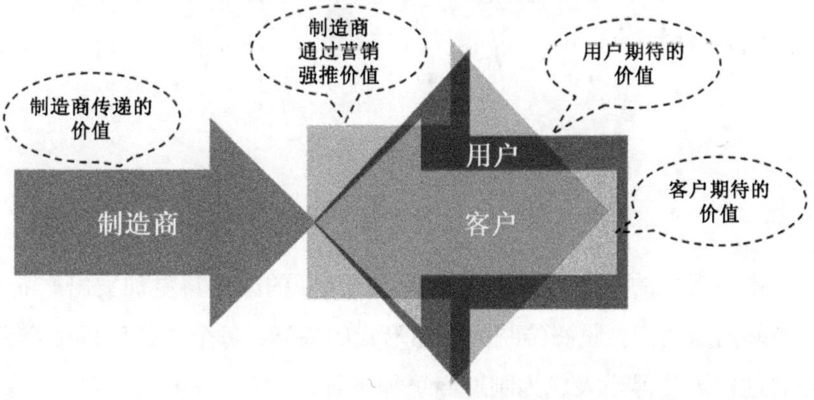

图 3-3　用户思维对客户思维的改进

新工业将不同，基于虚实融合，用户和制造商存在于一张紧密连接的网络中。用户和生产工厂分别是一个个网络节点，如图 3-4 所示。生产工厂与用户形成一种全新的结构，即人人生产、人人用户，任何人都有可能既是制造商，也是用户。这种制造商和个人之间新的互动关系呈现出融合的趋势，产消合一和产用融合成为常态，传统企业的边界将消失。制造商成为大众中的一员，而大众也可以轻易地成为制造商。除了角色的变化，一种全新的产用融合制造范式也将形成。制造商将以智能产品和智能服务为支点，充分利用云计算、大数据和人工智能等智能技术，对用户场景、用户使用过程、用户潜在需求进行充分了解，实现按需生产。用户也能同样透明化了解生产场景、生产过程和生产设施，并充分参与或主导生产过程。

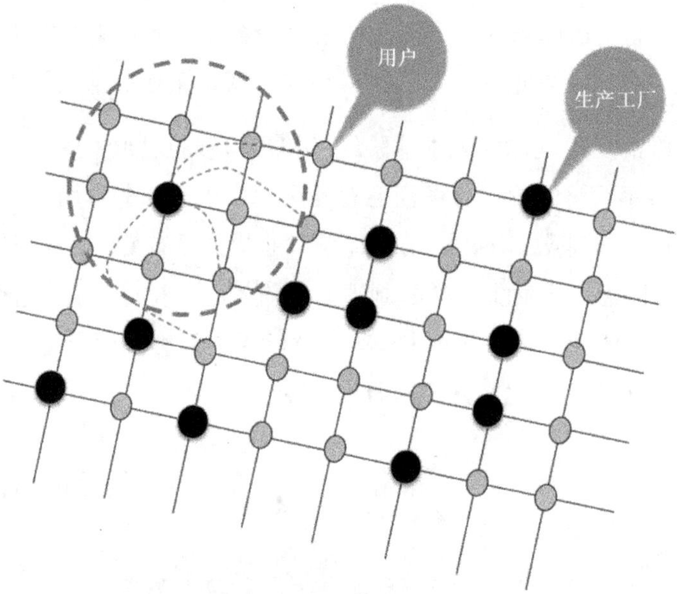

图 3-4　用户和生产工厂

另外，本书后面的章节将讨论未来新的产品观的改变将更加突出产品的价值。价值被直接暴露给用户，脱离传统的产品形式的束缚，每个人都可以很容易地实现产品服务的过程，使得个人成为制造商更加可行。

滴滴出行就是这样一个例子，任何具有富余时间又有合适汽车的个人都可以注册为专车服务者，从而很容易地把个人转化为服务商。如果个人不愿意继续作为服务商，也能够很容易地退出。同样，传统制造商也在采取类似的行动。2015 年 7 月 2 日，海尔集团宣布微商平台将上线，将在两周内开 30 000 家微店。海尔将产品线上售卖渠道权开放给遍布全球的创业者们，至少募集 3 万名创客到海尔微店平台创业。任何有意愿的个人都可以成为一个制造商的代表。另一家家电制造商美的也推出了“美的合伙人”平台，无论是普通消费者，还是美的经销商，又或者是非美的经销商，均可以申请加入“合伙人”计划。销售美的系列家电产品可以获得相应的佣金和返利。国美也开启了粉丝经济，2015 年第一季度在线交易额同比增长 107%，并设立了超过 26000 个移动微店，粉丝数量增至 200 万人。这几个例子告诉人们，在这个智慧工业的新时代，制造商和用户之间已经没有边界，可以互为其中的一部分。

再从德国工业 4.0 倡导的个性化定制来看，个性化定制的过程本质上就是用户自主制造的过程，智慧工厂成为提供这个过程的基础设施和基础能力的保障。制造商无法假设一些人是自己的客户或用户，它只能尽最大努力地把自己的能力展现给大众。这样就会导向一个趋势，只有持续不断地给用户最大的主导权、给用户最大的选择空间的制造商才能生存，否则，用户就会否定这种能力。那么，制造商应该如何应对？显而易见，制造商只有设身处地，从每个可能需要这种能力服务的用户的场景出发，为用户提供尽可能大的定制可能，让用户如同自己生产一样拥有选择权，才有可能解决这个问题。如果是这样，制造商与用户的边界将完全消失，形成全新的互动状态。在这个新的状态中，用户参与了制造过程，并成为制造过程中的一员。最终的产品是用户和制造商一起完成的，制造商提供专业工业工程和知识资本，而用户提供关于需求理解的知识资本。这就是本章所提倡的“我们思维”，它的核心思路是不要用思维定式去判断谁是用户、谁是客户，而是展现能力，并且与大众站在一起，创造参与的环境，并不断改善这种参与环境和机制。快速崛起的小米手机为什么是新工业思维，是因为它首先并不是生产出大规模产品去拼价格，而是创造一个社区，让更多的人参与到其研发手机操作系统的过程中，并与参与者互动起来。在这个过程中，自然而然地形成了一个粉丝群体，并在粉丝群体中产生用户。它把自己作为大众的一员，从而获得很大范围内的认同。

正在形成的产用融合制造范式（后文将讨论）将展现出新工业更加复杂的前景，不仅是生产者和用户的角色合一，生产者还可以借助虚实融合，实现对用户场景和用户使用过程的全方位洞察，并把这种洞察转化为生产过程和使用过程的融合。以此为基础，将展现出一幅前所未有的未来生产蓝图：“边生产边使用，边使用边生产”，实现生产与使用的全方位合一和真正的按需生产。需要强调一点，真正的按需生产应该是实时、永续地根据用户需求进行生产，而不是按照订单生产。这个过程是数据驱动、智能自治的，任何人都可能参与到这个过程中，从而创造出全新的价值。

从以上的讨论可以得到一个显而易见的结论，由客户思维进化的用户思维也是不完备的，本质上仍然把用户当作一个对立面，试图去争取。未来将是“我们思维”，强调产消合一和产用融合，包括几个要点：①把制造立足于大众之中，设身处地对可能的场景进行全方位的分析，尽可能地展现能力；②创造参与环境和机制，打破制造和用户的边界，促使产用融合，让大众生产落到实处；③把用户需求当成知识资本，并成为产品的基础之一；④释放主导权，让大众自主完成制造过程；⑤构造自生长机制，与用户一起成长。

一个人人生产、人人用户的新工业时代开始了，打破传统的客户思维，促进产消合一和产用融合，重塑人和工业的关系，让工业成为人们生活的一部分，让人们成为工业的一部分，就是新工业时代的生产和用户的新关系。

3.3 丰饶经济与个人生产者的崛起

如果你是经济学专业毕业的，在大学读书时一定会学习微观经济学课程。老师最开始讲的就是需求定律，即某商品的需求量随着价格的降低而增加，随着价格的上涨而减少。紧接着又讲了供给定律，供应商在价格高的时候愿意供应更多的商品，而在价格低的时候供应商就减少供给量。最终，市场在供给和需求之间就会形成平衡，形成均衡价格和均衡产量，也就是传统的供需平衡理论，如图 3-5 所示。在这两个定律成立之前有一个前提，就是在其他条件不变时，定律才能够成立。但读书的时候大多数人都忽略了这个前提，想当然地认为这两个定律是对的。

但现在看来，这两条定律怎么看都有点问题。在互联网免费经济时代，价格均降为零，按照供需定律，需求量应该非常大，但还是有可能没有用户需求。滴滴出行刚开始不仅免费，还把免费经济发展到补贴时代，以换取用户流量。现在，用户对滴滴出行的需求量增加，用户不仅不再能免费乘车，还面临着更高的费用支出。

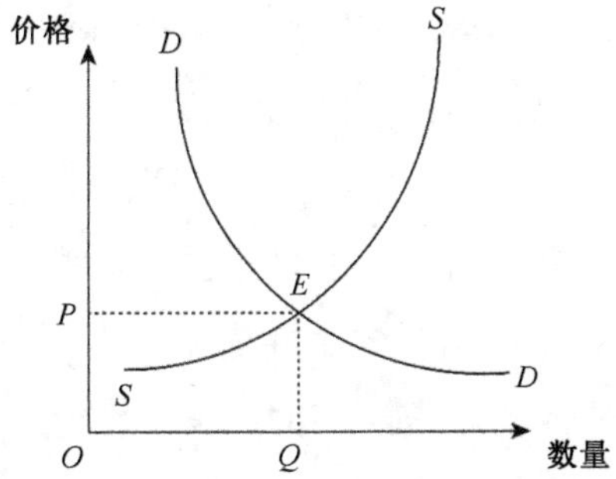

图 3-5　传统的供需平衡理论

在《长尾理论》这本书里，克里斯·安德森对上述已经有了一个全新的解释。克里斯·安德森指出，传统的经济学有一个隐藏的假设前提就是商品稀缺，认为人们对商品总是存在需求，所以就发展了一系列理论对资源和价格进行配置，谁能发现稀缺需求，谁就能成为蓝海的胜者。为应对稀缺，传统工业的解决办法就是不断扩大规模，向市场供应更多的商品。而在商品极大丰富、人类生活日益富足的今天，人们在购买商品时更加挑剔，并降低了对价格的关注。这就是《长尾理论》一书中谈到的丰饶经济，而且以丰饶经济为基础推导出了长尾理论：如果供应足够丰富，小品种商品也能够积累足够庞大的财富。

长尾理论对传统的"二八定律"进行了颠覆，说明了这样一个事实：在互联网模式下，企业的利润不再依赖传统的 20%的"优质客户"，许多的小客户构成一个庞大的总体，同样可以带来巨大的财富。从经济学理论上来说，这属于范围经济的范畴，也就是企业通过多样化供应来获取规模化带不来的价值，多样化的极致就是个性化。这也意味着只要个性化的数量足够庞大，而且制造商并不因为这种个性化带来额外的成本，同样意味着巨大的财富。

按照传统理论，商品供应丰饶就意味着价格的降低，也意味着供应商的减少。但现实是大量的创客成为新的供应者，制造商通过定制模式把产品品种扩大到无穷多，让供应更加丰饶。而且，丰饶经济一经启动，就是一个无休止的进程。用户会期待更多的全新选择，制造商生产的品种会更加丰富，用户获得的选择权会更大，更加愿意选择制造商。制造商也会获得更多的财富，促使进一步增加品种，直到形成长尾理论所描述的长尾效应。这是一个用户和制造商都能够获益的进程，能够产生内生的动力，从而促使丰饶经济更加丰饶。

现在，人们只要登录京东商城或淘宝网，就能看到琳琅满目的商品，以及不断增多的创意新产品。由此可以知道，丰饶经济已经开始了正向的循环，没有人能够阻止这个进程。而面对用户更加丰饶的需求，有限数量的传统大企业已经无法满足。在这个互联网连接一切的时代，随着个性化需求的觉醒和崛起，依赖世界上现存的有限制造商是无法应对这种不断增长的个性化需求的，传统制造商势必成为丰饶经济的瓶颈。只有一个办法来应对丰饶经济的冲击，那就是更加丰饶，增加生产商的数量，鼓励传统大企业建立创客化组织，鼓励大众创业、万众创新。也就是说，应对个性化需求的办法就是进行大量个性化生产，这是新工业时代的必然要求。在这种新的发展趋势下，京东商城和淘宝网可能也会成为瓶颈，因为用户多样化的个性化需求终会突破它们的承载能力。

个人生产者的崛起是一个不可阻挡的趋势，这些生产者也是用户，构成了人人生产、人人用户的未来蓝图。用户是丰饶经济虚实融合世界的一员，将被赋予决定生产的权利，一个用户主导生产的时代开始了。只有让每个人都成为可能的生产者，丰饶经济的价值才有可能实现最大化。

3.4 从需求链到价值环流

传统工业一直都在强调以用户（客户）为中心，但实质上主要还是依赖市场这只无形的手，生产商与用户处于市场的两端。在虚实融合时空中，借助虚拟数字，工业生产可以深入用户的生活场景中，深入产品的使用过程中，推进产消合一和产用融合，从而建立全新的生产和用户关系。传统工业企业往往强调从生产端到用户端的价值链，而要建立生产和用户的新关系，还必须理解和构建从用户端到生产端的需求链，以及构建在价值链和需求链之上的价值环流。

需求链思想最早可以追溯到迈克尔·波特在 1985 年撰写的《竞争优势》。这本书提出了现在被大家广为接受的价值链，强调企业的竞争优势是企业在价值链某些特定的战略价值环节上的优势。在价值链的深入讨论中，迈克尔·波特提出了买方价值链的概念，目前被业界认为是需求链理论的早期概念。买方价值链就是产品和服务被买方采购后进行价值创造的过程，类似于现在针对用户使用场景和使用价值的分析。强调买方价值链的意义在于强调用户价值，就是要求生产企业要努力地降低买方成本或提高买方绩效，这体现了以客户为中心的思想。进一步地，在企业价值链和买方价值链的关联讨论当中，迈克尔·波特认为产品、买方使用产品的方式、服务、营销销售、物流等企业为买方活动提供的每一种要素都有可能对买方价值链产生影响，从而为买方创造价值。买方价值链和企业价值链紧密关联，正是这些关联活动给买方创造了价值。不过，迈克尔·波特的价值链分析虽然强调了对买方需求的分析，但核心在于生产企业的竞争优势，而不是现在讨论的用户主导生产或产用融合。

在迈克尔·波特撰写《竞争优势》的时代，信息技术还没有被充分利用起来，互联网才刚刚起步，智能技术群更不存在。随着信息技术的进步，结合价值链理论产业界提出了供应链理论，强调从供方的供方到客户的客户的全方位打通，强调更高效率、更低成本地满足客户需求。在很长一段时期内，更快、更低成本、更具差异化的供应链成为企业的竞争优势所在。供应链理论把价值链从核心企业延伸到上下游，强化了供应链相关企业的一体化程度，形成了竞争优势。供应链的实质还是以工业生产为中心，强调从供应链上游开始的推式生产。

随着互联网思维的兴起，价值链变成价值环，更加强调以用户为中心，拓展了人们的思路。在这种背景下，国内外众多研究专家从不同视角开始研究需求链，丰富和发展了迈克尔·波特的买方价值链理论，建立真正以用户为中心，从需求出发的理论体系。

近年来，围绕需求链，国内外专家提出了不同解释：

✓ 一个与确保产品有效供应相比更强调满足客户实际需求的供应链；

✓ 需求链是企业基于网络与客户和供应商之间的紧密集成；

✓ 需求链是管理和协调从终端客户到上游供应商所组成的供应链实践；

✓ 需求链管理是指从最终用户直至初始供应商的、基于客户价值的，提供产品、服务及信息的业务集成过程；

✓ 需求链强调市场驱动，取代以供应和生产为源点的供应链。

综合各种不同的解释，本书认为，需求链就是在虚实融合的背景下，针对用户在不同场景、采购和使用过程中的需求进行洞察、分析、可视化和确定化的集成化链条。需求链管理就是针对需求链的整体集成和系统管理。需求链和需求链管理的意义在于使以用户为中心真正落地，从用户出发，为用户创造价值。

需求链虽然称为链条，但实践中以互联网络的形式体现出来，在虚实融合时空中由诸多节点构成，集成和协作用户、生产者、供应商等不同角色，涵盖产品、市场、销售、服务、用户等主要元素，如图 3-6 所示。这里所说的产品不是传统意义上的产品，而是具有智能和物联属性、能够反馈用户使用行为和使用习惯的智能产品。

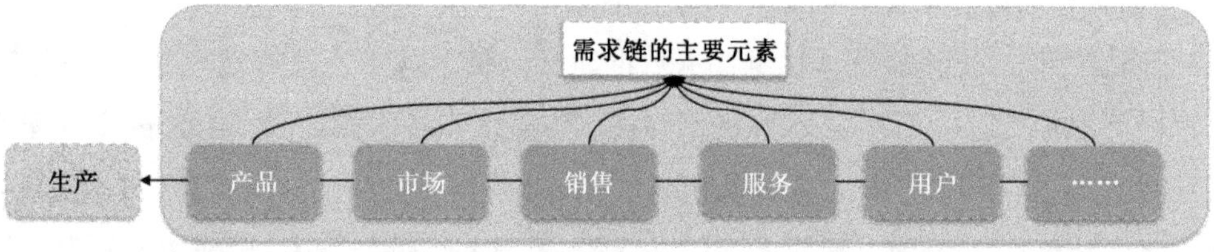

图 3-6　需求链的主要元素

需求链不仅要满足用户基本的产品需求和体验需求，还要满足其情感和精神上的需求，这些内容都在传统的供应链之外，但恰恰是需求链和用户价值的构成部分，这也证明了需求链管理在未来会非常重要。当然，由于不同的需求链内部的元素构成、关系特征、效率要求、协作目的等因素的不同，企业会构造出不同的需求链结构，也就会存在不同的需求链管理模式。

需求链是实现按需生产的基础。在德国工业 4.0 战略蓝图中描绘了建立在虚实融合之上的智慧生产和智能工厂，强调在极致情况下，即使用户只需要一件产品，也能够合理化生产。但具体的生产任务从何处形成，就必须借助需求链的力量。简单地说，如果企业在生产侧按照德国工业 4.0 建设了智能工厂和智慧生产体系，就必须进一步与前端需求链进一步集成，才能真正实现德国工业 4.0 描绘的按需生产蓝图。需求链在其中的作用就是洞察用户的潜在需求，分析和预测用户的实际需求，把网络环境中用户需求的不确定性转化为可视和确定的生产任务，没有需求链，后端的智慧生产能力就无法实现其价值。

需求链的价值在于真正满足用户需求，就是要把不同时间、空间的个性化动态需求实时、准确地显性化，从而实现用户主导生产。由于具体需求的复杂性，目前主要有两种需求管理方法：在空间上，实施聚类需求链管理；在时间上，实现动态需求链管理。围绕聚类需求链管理和动态需求链管理，目前也形成了很多具体的需求分析和管理工具，以及相应的软件系统。

如果把价值链看成从生产到用户的价值正向推式传递的过程，而需求链就是从用户到生产逆向推动的价值需求传递的过程。两者的结合将形成一个全新的闭环生产系统，这个生产系统就是价值环流（见图 3-7，后文将详细阐述）。价值环流能够支持动态的需求链管理，支持持续的个性化生产，实现实时永续的按需生产，它也将给生产和用户的新关系如产消合一和产用融合，提供强有力的支持。

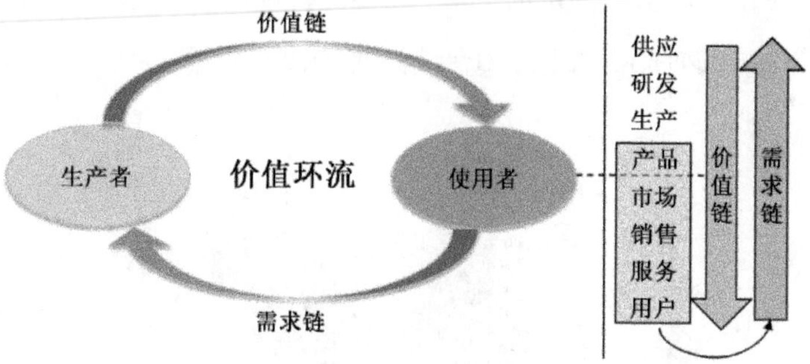

图 3-7 价值环流

人们往往用“用户需求”一词来概括性地描述需求链管理的相关内容，从现在开始，企业需要认识到，要使以用户为中心真正落地，需求链是 场思维革命。它也是一项专门化的工作，是一系列具体任务的集合，是新工业实现按需生产的起点。

从需求链到价值环流为最终实现大众生产的蓝图，促进产消合一和产用融合，提供了具体的措施。也就是说，它们是新工业构造生产和用户新关系的具体思维和具体方法。

3.5 突破碎片化屏障

生产和用户要构造新关系必须面对一个障碍，那就是碎片化包裹着每个人。

时空和信息碎片化就是大众面临的最大场景，工业要想成为人们的一员，重点就在于必须理解大众的碎片化场景。必须以虚实融合为基石，结合具体时空场景的融入，而不是无目的地融入，这样才能最终创造价值。就如同人们说话的上下文，任何语言和事务在具体的场景中才有现实意义，脱离了具体的时空场景，就可能导致歧义。因此，新工业对可能用户的理解必须基于具体的时空场景。

在虚实融合时空的割裂下，大多数人原来的家—公司—食堂三点一线的生活被碎片化了。借助智能终端，人们可以在地铁上或公司完成新闻阅读、互联网购物、在线娱乐、电话会议、小伙伴聚会、缴费支付。以后还可以通过智能终端看看在线工厂、修改生产任务、确定协作关系。人们的时间被大量的横向连接拆分成大量的碎片，甚至连人们的数字化身（数字人）在人们不能分身的时刻，也代表人们自主运行和选择。实体人和数字人的时间碎片示意，如图 3-8 所示。人们在实空间的时间碎片和虚拟空间的时间碎片交织在一起，构成了一个多维的时间碎片空间。

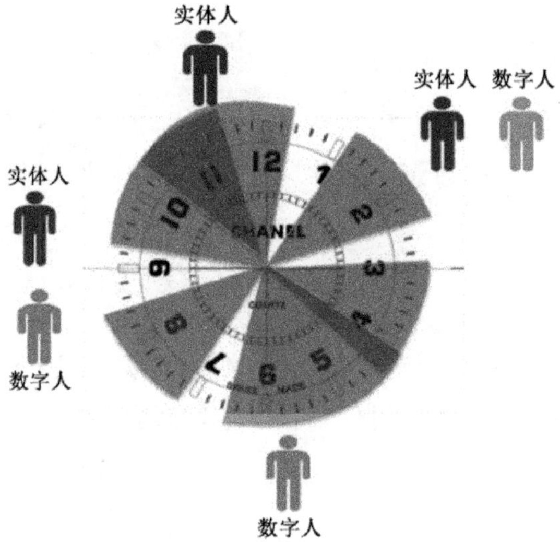

图 3-8　实体人和数字人的时间碎片示意

除了时间碎片，信息其实也已经完全碎片化了。只要打开微信，人们就能立刻感受到这一点，朋友圈的信息如同雪片一般向人们涌过来。这里面包括情感的信息、生活的信息、专业的信息、商业的信息，每个信息都是一个小片段。信息之间可能毫无关联，争相博取人们的眼球，试图让人们关注到。信息的属性也完全是多元的，包括所有可能的信息表达方式，如图像、数字、文字、语音等。这只是微信，如果人们打开更多的应用，信息碎片会增加更多。不可否认的是，信息碎片大多数正是由人们自己产生的。信息再被切割、加工、转发、传送，还会倍增若干倍。一个企业界的朋友抱怨说："过去你在报纸上发一篇软文，可能都能收获很多反馈。而现在，你发一个信息，基本上都会沉寂无声。"在大海一般的信息碎片中，获取独立的关注变得更加困难。但无论如何，这就是人们面临的全新时代，新工业必须在这个现实中生存，人们不能逃避。

软件应用为了迎合新时代的需求也在被碎片化，如图 3-9 所示。未来所有的应用必须在智能的移动终端找到入口，它就必须切割得更加具体和更加实用。原来“大一统”的软件系统已经被慢慢淘汰掉，变成人们智能手机上不断增多的 APP。根据媒体的研究数据，平均一部智能手机会安装 34 个 APP，包括资讯、娱乐、生活服务等类型。在本人撰写的《信息化 2.0+：云计算时代的信息化体系》一书中也论证了，在云计算环境下，未来的企业级应用也将转变为企业应用碎片的模式。

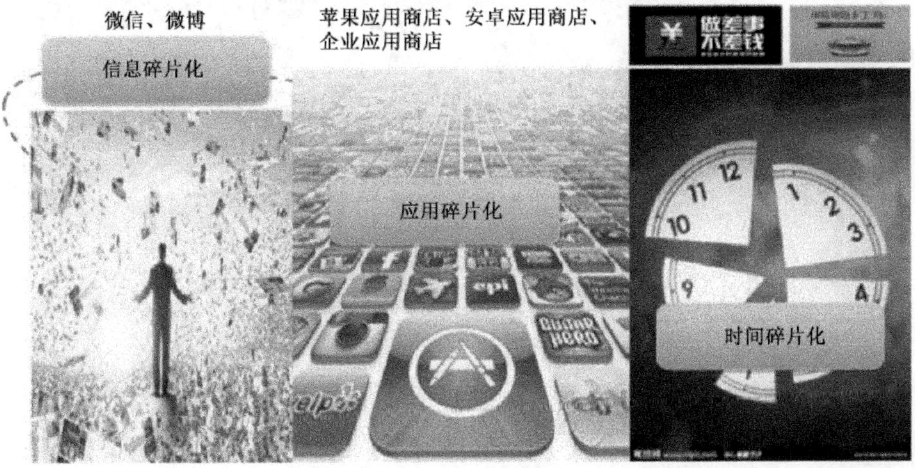

图 3-9　软件应用被碎片化

碎片化是虚实融合时空必然会产生的现象，新工业从某种意义上讲不仅是对用户的争夺，还是对大众时空碎片的争夺。要想脱颖而出，就必须应对时空碎片、信息碎片和应用碎片的挑战。

接受碎片化并把碎片转为财富是正确的方向，反之则必然失败。滴滴出行就是一个很好的例子，它为每个人的碎片化时间和空间提供了有针对性的服务，把每个人的信息碎片推送到临近的车，把车的信息碎片推送到每个人，并把它通过商业规则关联起来，从而挤压了时空碎片，产生了巨大的价值。必要商城一诞生就把 APP 应用推送到每个人，使得每个人很方便地就能够连接必要商城，从而直连工厂。还有微差事手机应用，把大众的富余时间碎片集中起来，从而汇聚财富。顺应碎片化，并在碎片中找准位置和提供精准服务就是新工业需要面对的。

从滴滴出行的例子可以得出一个结论，新工业要解决的基本问题就是，必须让足够的信息碎片在时空碎片中暴露到大众面前，穿透碎片阻隔（见图 3-10），并为此设计精准的服务，让用户把时空和信息碎片让渡给新工业，从而产生价值。

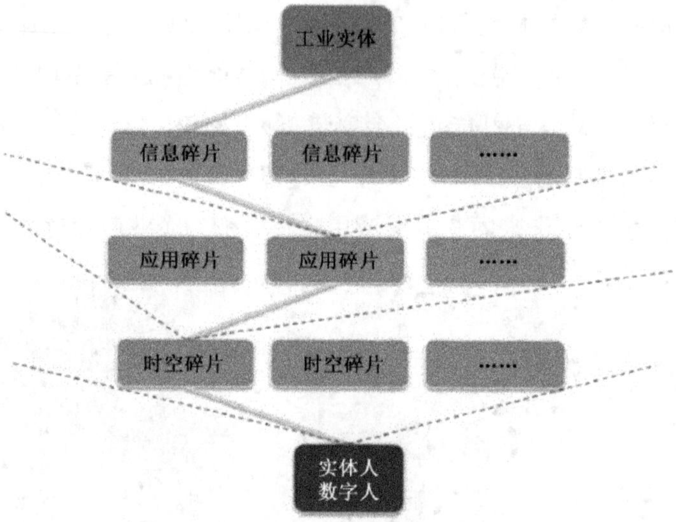

图 3-10　大众与工业实体之间的碎片阻隔

企业应主动对应用进行碎片化设计，充分考虑用户时空碎片和信息碎片属性，与用户建立直接的联系。在本人撰写的《智慧的维度：工业 4.0 时代的智慧制造》一书中提到，如果一个企业能够在用户毫无察觉的情况下拿走很多人的小段时间，就是一笔巨大的财富。这种财富基于互联网的价值定律，即网络价值与节点数量的平方成正比，从而产生级数增长的财富。

新工业实体需要针对具体的时空碎片设计精准的信息暴露及相应的实体服务，实现信息到物理的无缝转换。应用碎片作为连接转化的平台，目的是构建用户和工业实体间的正向自治机制，只有这样，这个过程才是自然的。例如，当用户进入商城的一个位置准备购买一件产品时，用户手持的移动终端应用所看到信息应立即与用户个体的属性相匹配，并为用户提供足够多的服务，如数字试用、附近类似的产品等。新工业对用户的争取，最终会反映为对时空场景的精准服务，而碎片就是交付的方式和场景。

新工业要理解新时代的用户并与用户站在一起，就必须理解用户所处的碎片化环境，而且要用巧妙的设计突破碎片化屏障。

3.6 用户的安全问题：隐私

新工业绝对不应该损害用户的隐私保护需求，而应该增强。新工业要建立生产和用户的新关系，不应该仅关注价值目标，保护用户隐私也是一个关键问题。

近年来，人们日益感受到的一个事实是：随着互联网的推进和虚实融合时空的形成，个人隐私正在遭到更大范围的损害，这种对隐私的损害也日益威胁到人们的安全。每天大量不断的骚扰电话和诈骗电话，以及日益增多的互联网诈骗案件新闻，让人们能够直观地感受到隐私破坏有多么严重。

关于隐私保护的争议很多，大多数情况其实都是善良人之间的讨论。但问题在于，善良人的善良有可能给恶意的人提供了漏洞。有很多人认为，互联网时代，大家都是透明的，隐私保护没什么用。然后用很多事实证明隐私分享能够给用户带来多少便利，但问题在于这种逻辑基本上完全是自私的。只有当这种不安全发生在自己身上时，才会真正明白隐私保护有多重要。

随着虚实融合时代的到来，隐私保护正面临着真正巨大的挑战。大数据理论促使很多互联网公司捕捉每个人的网上行为，并据此来全面地描述目标受众的属性特征，对消费者进行 360° 画像（见图 3-11）进而实现自己的商业目标。很多互联网服务商相信，大数据分析能够给他们带来全新的商机。互联网公司陷入大数据的狂热之中，但意味着个人的隐私将面临更大程度的损害。现在，互联网+让更多不具备技术经验的人把个人信息采集起来，却不能够得到妥善的保管和保护，甚至随意存放，完全没有把隐私保护当一回事。这一进程正在持续加速，服务商正在以各种手段让大众扫描二维码，把手机和微信号贡献给他们，而用户完全不知道这些隐私被用于何处。这就是这个时代面临的数字人的安全问题——隐私保护。

除一般理解的个人信息，包括姓名、年龄、生日、住址、手机号码、微信、银行信息、收入信息等之外，新时代的个人时间和空间信息、个人偏好、互联网足迹等信息都应该属于个人隐私保护的范围。最新的技术告诉人们，人们的语音信息、照片信息、视频信息也应该得到很好的保护。因为新技术已经能够把这些信息和人们的其他隐私信息关联起来，从而对个人产生危害。

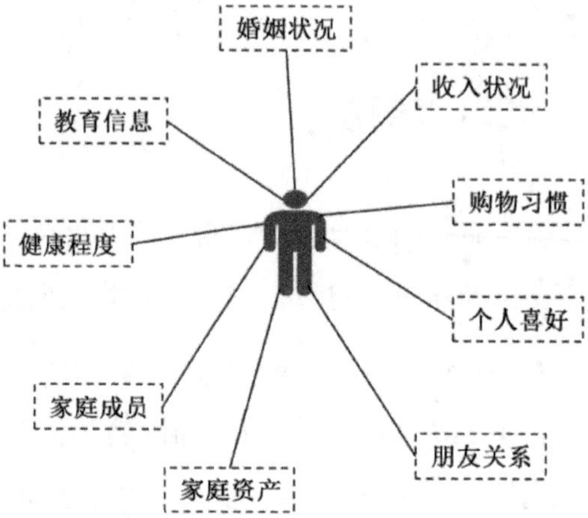

图 3-11 360 画像

当然，隐私也是一个个性化的生活态度，有的人喜欢曝光在大众眼光之下，而更多人喜欢享受自己的生活，希望在日益复杂的世界中找到一点个人空间。这种选择权利应该赋予每个人，并成为个性化尊重的一部分，而不能采取暴力或隐藏获取的方式。现在已经有文章指出，私人数据的买卖已经形成一个繁荣的市场，虽然政府屡次打击，但由于获取成本的低廉及需求的旺盛，这个负面的市场正在呈现扩大化的趋势。

技术的进步及时代的发展，使隐私保护在技术层面确实面临着越来越难的困境。关于这个问题，解决办法主要集中在三个层面（见图 3-12）：其一，必须树立行业自律的道德规范，加大对隐私保护的宣传，让大多数人不想侵犯隐私，不愿意泄露别人的隐私；其二，必须采取必要的技术措施，如监控和加密，确保隐私保护在一定技术水平之上；其三，必须有严格的法律，对于恶意泄露隐私，甚至买卖个人隐私信息的行为进行严厉的惩处。

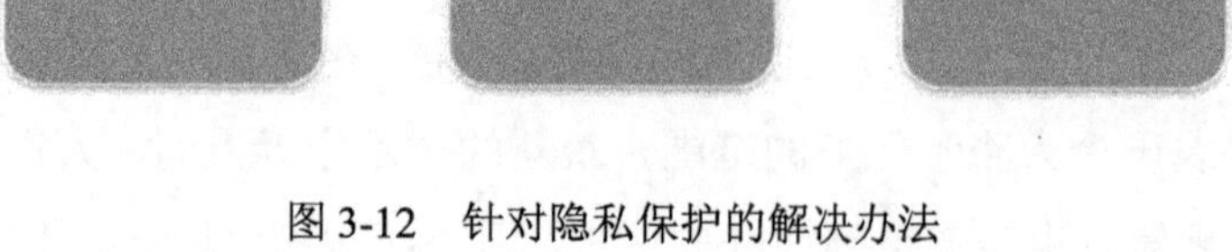

图 3-12 针对隐私保护的解决办法

人们没有理由不接受时代的进步，但未来的新工业从业者应当把隐私保护作为商业准则的第一条法则，没有隐私保护措施的应该申明，让用户选择是否愿意参与其服务。国家也应该制定强有力的法律法规来遏制这一日益泛滥的进程。

对未来数字人的隐私保护将是新工业实体必须解决的问题。没有对这个问题进行充分考虑和认真对待的制造商，用户可以用市场的规则来否定他们。

第 4 章

Chapter 4

创新的原动力：知识资本

由于知识与知识创新的重要性，一些专家把现时代的经济活动归结为与农业经济、服务经济并行的知识经济。知识经济是一个仁者见仁，智者见智的概念，通常人们还会以目前经济活动的技术特征命名为数字经济、信息经济或智能经济。但无论如何命名当前的时代，知识创新和知识资本的重要性没有什么本质的改变。智能技术群的利用加速了知识创新的进程，智慧工业的知识创新属性前所未有。智慧工业从知识资本利用角度也可以称为知识工业，因为它的创新原动力是知识资本。

我有一个朋友担任一家大型软件公司的研发总监，曾经开发了一款基于新技术环境的安全软件产品。这个产品基于全新的技术基础，所以面临着极大的挑战。有一次，我和他讨论关于产品创新的问题，问他："做产品研发是不是要做一次全面的用户调查？"但他的回答超出了我的固有思维，他告诉我："一个全新的安全软件产品从用户那里是很难得到具体需求的答案的，用户可能觉得有一些安全事件发生了，但并不能阐述其中的关键，对于未发生的事件，也只能模糊地想象，以此作为基准研发产品、创新产品几乎是不可行的。"那么关键的创新思想来源于哪里？朋友描述了他是如何开始这项创造性工作的：他需要倾听安全界顶级专家对未来的看法，也需要与安全界同行交流，熟悉这个行业前沿正在突破的问题及基本思路。他需要查阅世界范围内最新的关于信息安全的学术论文，了解前沿理论与实际进展的差异，吸收和学习最新的理论。然后他开始开发一个可以不断迭代的产品原型，在实验环境下或用户真实环境下不断测试和验证设计思想，吸收用户的感受和建议，不断修正和迭代产品，直到最后形成一个相对成熟的产品。

我在写这本书的过程中也有同样的感受。我要去拜访一些工业界的专家，了解他们对新工业的看法；也查阅了大量的书籍资料和论文，以了解最前沿的理论。当然，也去拜访了一线的企业运营者，了解他们的思想和实践。在这一系列工作的基础之上，我对各种观点进行整理、筛选、分析、归纳，再结合自己的思考形成一个全新的看法。而我的研究结果通过这本书，也可以成为新工业实践者的知识来源。

这两件事情都说明了一个道理，很多情况下人们的创新并不是简单地以客户为中心，也不是简单地复制照搬，还需要充分吸收各方面专家的看法、业界同行的研究，以及最新理论的探索。用专业的语言来说就是，顶级专家、业界同行代表了隐性知识群体，而新理论的探索和用户的描述，则代表了显性知识，这些内容的全部就构成了创新的原动力——知识资本。

面向未来的新工业建设需要在知识资本方面至少做好六件事，分别如下。

- ✓ 认识知识资本的重要性，把知识资本当成创新的原动力。
- ✓ 认识知识工作者在知识资本中的核心作用，搭建组织机制与技术相融合的平台来增强知识工作者的创新动力。
- ✓ 建设知识工作自动化技术平台。一方面，为知识工作者的高级知识创新提供高效的技术工具；另一方面，知识工作自动化也将是自治化知识创新的来源。
- ✓ 在新工业实体的设计和建设过程中，充分考虑知识资本的特征，加速隐性知识资本的显性化。
- ✓ 传统企业应尽快把部分老工业人向知识工作者迁移转化，并建立相应的培训和职业发展体系，为新工业积蓄知识资本。
- ✓ 从技术和管理两个方面建立知识资本保护措施，这些措施应该在传统企业向新工业模式转换前完成。

4.1 知识经济与知识资本的崛起

4.1.1 知识的价值

知识是由数据、信息逐层积聚和组合产生的。知识和知识也可以继续积聚和组合形成新的知识。“知识”这个词并不新鲜，虽然人们现在知道它是由数据、信息逐层积聚和组合产生的，但并不是有了计算机才产生的。人类进入文明时代以来，知识就通过代代相传或书籍的方式得以传播，并引领人类进步。

知识在经济增长中有着巨大的作用，是经济可持续增长的动力。2018 年诺贝尔经济学奖的获得者保罗・罗默在其两篇重要论文《收益递增和长期增长》和《内生技术进步》中提出了两个内生增长模型，论证知识在经济增长中的重要性。在第一个内生增长模型中，保罗・罗默论证了：“特殊的知识和专业化的人力资本是经济增长的主要因素，知识和人力资本不仅能自身形成递增收益，而且能使资本和劳动等要素也产生递增收益，从而使整个经济的规模收益递增。收益递增保证了经济的长期增长”“存在投资促进知识，知识促进投资的正向循环”“国家必须以对机器投资的同样方式对知识投资”。在第二个内生增长模型中，保罗・罗默论证了：“知识由两部分组成：一是人力资本，它具有竞争性；二是技术水平，它是非竞争的，可实现无限增长”“创新能使知识成为商品。罗默特别强调知识商品的特殊性：使用上的非竞争性和占有上的部分排他性。由此产生了两个重要结果：使用上的非竞争性的商品可以无限地累积增长；不完全的排他性和不完全的独占性使知识可以产生溢出效应，经济具有长期的收益递增性”“经济规模不是经济增长的主要因素，而人力资本的规模才是至关重要的。一个国家必须尽力扩大人力资本存量，才能实现更快的经济增长。经济落后国家的人力资本低，研究投入的人力资本少，增长缓慢，经济将长期处于低收入的陷阱”“由于知识的溢出效应和专利的垄断性，政府的干预是必要的。政府可通过出台向研究者、中间产品的购买者、最终产品的生产者提供补贴的政策，以提高经济增长率和社会福利水平”[4]。

4 https://mp.weixin.qq.com/s/I4l0Mcog8pl4VdD_ZYuYDA.

正是由于知识和知识创新在经济活动中的重要性，以及信息技术对知识创新活动的加速，20 世纪 80 年代就有了知识经济的概念。由于智能技术群的形成，知识创新的速度和知识利用的效率急剧提高，知识经济全面发展。当然，还有数字经济、信息经济、智能经济等概念，只是视角的不同，描述的都是人们现在正在经历的经济活动。

4.1.2 知识资本的崛起

正在到来的新工业就是建立在知识加速创新和知识高效利用基础之上的工业，知识的重要性也前所未有。大数据概念形成以来，人们认识到大数据是一种生产要素，是重要的生产资料。而大数据要产生价值，首先要创新知识。与其说大数据是生产要素，不如说知识才是真正的生产要素。不过，从生产要素角度认识知识与知识创新的价值还远远不够。除大数据系统中显性的死知识之外，更重要的是人本身隐性的活知识，死知识与活知识的结合才能真正推动知识创新。

如何让人们更主动地参与知识创新？人们必须提高对知识的认识，不能把知识看作被动利用的生产资料，还要激活知识创新的动力，必须从资本的角度来认识知识，包括显性知识和隐性知识。只有当知识成为一种资本性力量，能够决定性地配置生产要素，并实现资本价值时，才有可能发挥知识能量并不断加速人类进步的进程。知识具有双重性：对于具体的生产过程，它是生产资料；从配置资源和利益分配的角度，它是一种资本性力量。通俗地说，知识不能只是用用而已，它们还要求权利，而把知识当成资本就是权利的开始。

从第一次工业革命到第四次工业革命之前，传统的经济学理论一直在说资本的力量，并由此产生了资本主义和资本家。不过，传统的资本主义和资本家在强调金融资本、土地资本和人力资本。过去的大规模生产，只要配置好金融资本、土地资本和人力资本，厂房、机器、工人、材料就会一应俱全，生产就能够进行。企业的创新主要依赖于企业中小部分称为"研发人员"的人来完成，这些研发人员的研发工作还是主要围绕资本的力量展开。所谓以客户为中心，也不过是为金融资本创造价值的手段。

知识是全社会经济长期增长的驱动力量，对一个企业同样如此。新工业要满足个性化的需求，要用丰饶来应对丰饶，要实现大众生产，知识的重要性不言而喻。现在，随着新技术的发展与新工业的开端，一个新的阶层产生了——知识资本家。他们以知识产出为本职工作，以知识资本的价值最大化为目标。也许会产生一个“知识资本”主义，以知识资本为核心资源，重新配置生产资源和社会资源。智慧工业就是知识资本、金融资本、土地资本和人力资本共同作用和配置资源的结果。其中，知识资本是智慧工业创新的核心推动力量，如图 4-1 所示。

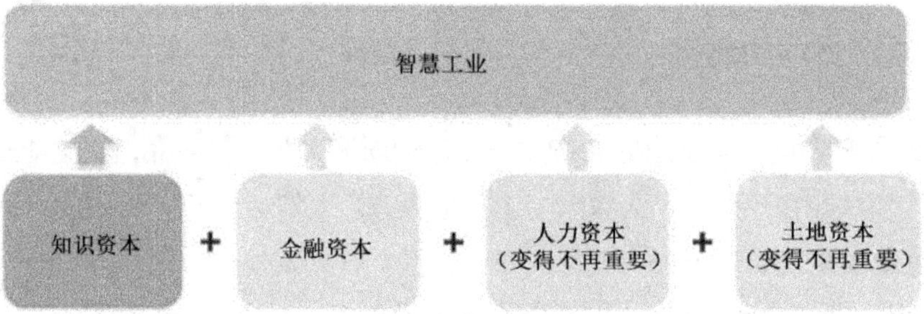

图 4-1　知识资本是智慧工业创新的核心推动力量

保罗・罗默在 30 多年前就论证了知识在经济增长中的价值，但直到今天大多数人才开始真正认识到它的意义。一些经济学专家也认为，这是一个迟到了很多年的诺贝尔奖。投资促进知识，知识促进投资，知识创新带来经济持续增长，保罗・罗默论证了一个浅显易懂的道理。随着新工业时代的到来，人类的体力劳动全面退出，传统工业彻底转变为知识驱动的新工业。人们不仅需要认识到知识是生产资料，更重要的还需要把它当成配置资源的资本性力量。知识资本及“知识资本”主义的崛起，将是新工业时代的一个典型特征。

4.1.3 “知识资本”主义

从古至今，人们从不否认知识的重要性。古人说：“书中自有黄金屋，书中自有颜如玉”，现代人常说“知识就是力量”。但知识从来都是用来学习、研究和分享的，很少用来分配财富。从来没有听说谁的学问大，谁的财富就多。社会现实已经证明了这一点，人们更愿意做明星，因为做明星能够分配财富，知识不能分享财富，人们就不会真正尊重知识，也就不愿意花精力进行真正的知识创新。

保罗・罗默论证了知识创新对经济持续增值的意义，知识创新对经济的子集——新工业同样如此。新工业时代本身是一个不断创新的时代，创新是它的核心驱动力。人们经常说新工业是大规模个性化生产的工业，大规模个性化生产从何而来？很显然，只能来源于大量社会化的创新。创新的一切本质都是知识创新，没有知识创新，创新就不存在。归根结底，新工业的发展要依赖于大量的知识创新，知识创新就是新工业的未来。

知识创新又主要来源于知识资本，建立在知识资本的不断螺旋式（参考 4.3 节）进步之上。人们要尊重知识和知识创新，首先就必须认可和尊重知识资本的价值，这种认可在最高层次上可以归结为“知识资本”主义。

什么是主义？主义是一种普遍的信仰和宗旨。所谓“知识资本”主义可以认为就是全社会把对知识资本的认可和尊重当成信仰和宗旨，只有这样，才能激发全社会大众参与知识创新的热情，只有不断创新，才能让人们生活的未来更加美好。知识资本往往是个人所独有的，全社会应该尊重这种独有性，并为之付出价值，让知识资本不再贫穷，让知识资本有能力持续进行知识创新，从而加速全社会的创新进程和社会进步。

推进“知识资本”主义有以下几个方面的工作要做：

- ✓ 全社会宣扬知识资本的价值，形成全社会尊重知识资本的氛围；
- ✓ 从政府到企业建设财富分配机制，为知识资本创造条件参与财富分配；
- ✓ 鼓励知识资本的知识创新，保护知识创新的成果——知识产权；
- ✓ 为知识资本的持续成长创造条件，包括一切技术条件和继续学习的环境；
- ✓ 尊重知识创造的规律，在全社会个人群体和各种组织内，促进知识创造螺旋的形成；
- ✓ 为知识资本的创新、创造和创业提供条件，实现从知识创新到社会价值和个人价值的转化。

2016 年 11 月，我国印发了《关于实行以增加知识价值为导向分配政策的若干意见》，近几年来，各个地方也陆续发布了对应的地方政策。这意味着尊重知识资本的时代已经到来，知识资本将参与到社会财富的分配当中，相信未来“知识资本”主义将全面兴起。

4.2 显性知识和隐性知识

知识资本按照知识的内在特性，一般被划分为显性知识和隐性知识两大类，如图 4-2 所示。显性知识是指可以通过日常语言方式传播的知识，包括以企业的研发数据、工艺流程、管理文档、技术方案、专用的信息系统、专利和特殊技术等形式存在的知识，一般可以从书籍、数据库、电子文档、其他存储资源中方便地获取。隐性知识是指个人或企业经过长期积累而拥有的知识，通常不易用言语表达，不方便传播给别人或不能传播给别人的知识。

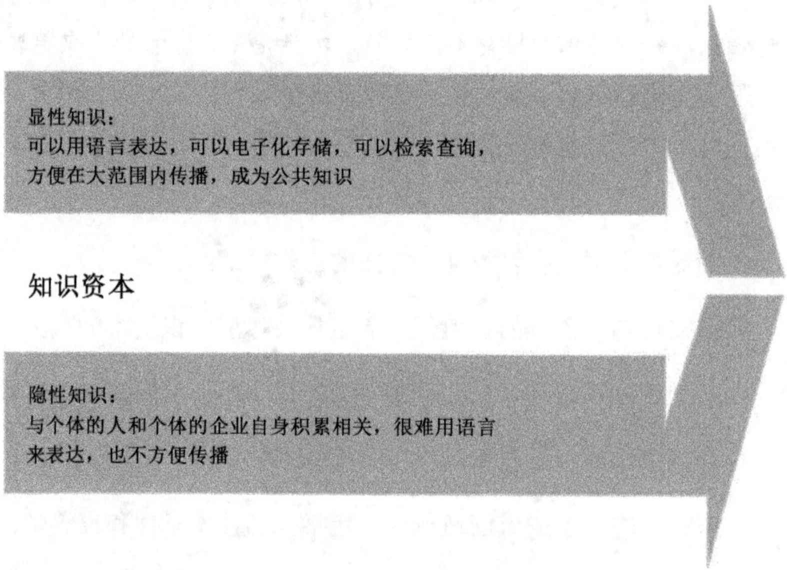

图 4-2　知识资本的两种类型

在工业 1.0 和工业 2.0 阶段，企业的知识创造、存储和传播主要依赖手工操作，效率很低，创新很慢。从工业 3.0 开始，企业通过引入大量的信息系统、知识管理系统等计算机工具，能够很好地把企业的显性知识利用起来。但在这一阶段，隐性知识的利用仍然非常困难，依赖于个人或组织的主观能动性。企业往往采取一些被动的管理激励方式，鼓励个人和组织把隐性知识贡献出来。

在工业 4.0 阶段，人们对知识资本的利用将发生巨大的改变，如何利用好隐性知识成为新工业关注的焦点。在德国工业 4.0 战略中提出："创新不应仅聚焦在克服技术难题上。由于员工在执行与吸收技术创新中起关键作用，因此，创新的范围应扩展到包括工作与员工技能的智能组织。随着开放虚拟工作平台与人机交互系统的广泛使用，员工的角色会发生很大变化。工作内容、工作流程和工作环境会发生转变，同时导致在工作灵活性、工作时间规章、医疗保健、人口学和人们业余生活方面产生影响。因此，为了使未来获得成功的技术集成，需要形成创新的社会组织。”也提出了可能面临的挑战：“在工业 4.0 时代，工作性质很可能将在管理复杂局面、抽象工作与解决问题方面对所有的劳动力提出更高的要求。员工需要有更强的主观能动性、极好的沟通能力、组织自身工作的能力……随着技术集成的不断提升，员工需要更具灵活性和处理更多要求苛刻的任务，同时，虚拟世界与员工实际工作之间的冲突也会增多。这会导致员工失去控制或在工作中出现疏离感，这正是由渐渐形成的无形虚拟的商业与工作模式所导致的。也有可能是新老矛盾叠加，导致大量的创造力和生产效率丧失，或者员工的工作量增加。”

德国工业 4.0 战略也提出了一个增强隐性知识利用的基本思路，主要包括两个方面：其一，通过新技术平台，把技术和组织协调一致，让知识员工自主选择他们的工作和调整工作量，建立一个自组织的工作环境。其二，进行组织变革，给一些重要的知识员工充分授权，使其成为决策者和控制者。建立灵活并全新的制造业组织模式来保障工作和私人生活的边界，平衡工作和生活。海尔等大型集团现在开始的内部创客化运动，本质上就是这种全新的制造业组织方式，从而让知识员工的主观能动性得到充分发挥，实现对隐性知识的最大化利用。

国内知名的产业经济专家王晓明在演讲中指出：“工业 4.0 与知识创造的关系就是借助新的技术和管理，加速个人知识的组织化和社会化，加速暗默知识的表出化和形式化[5]。”这个观点最为清晰地描述了新工业和知识资本利用的关系，尤其是与隐性知识利用的关系。

新工业以新一代信息技术为基础，为知识资本利用和知识资本创新提供了基础条件。新工业是基于互联网的全新工业体系，对工业元素进行了重新组织和构造了全新的网络关系，加速了知识的整合利用和显性化。同时，通过配合的组织模式改造，如创客化，建立全新的知识创新动力机制，让隐性知识最大化发挥作用，从而实现知识资本的价值最大化。

5 http://www.cbdio.com/BigData/2015-11/02/content_4073279.htm.

新工业的创新动力是知识资本与知识创造，其中的关键是通过新技术和全新的组织方式进行融合，最终实现隐性知识的最大化利用，让知识资本价值最大化，也让知识资本家价值最大化。

4.3 知识创造的螺旋

陈旧的知识不能说完全没用，不过大多数是用来作为历史记录的一部分，对于促进企业经济发展确实没有很大用处的。知识需要维持常新才有价值，才能构成本章所说的知识资本。那么知识创造的源泉在哪里？知识又是如何被创造的呢？

新知识来源于旧知识和正在发生的日常实践，但归根结底知识来源于人的创造。那么，人又是如何创造知识的？人与企业的知识系统如何结合才能创造新知识？前面讨论过，知识分为显性知识和隐性知识，用知识创造的术语来说就是形式知识和暗默知识，知识创造的过程正是隐藏在形式知识和暗默知识的相互作用过程中的，专家们把这个过程称为 SECI 螺旋。之所以称为螺旋，就是强调知识创造具有哲学中否定之否定、螺旋式成长的特征。为统一说法，本书采用显性知识和隐性知识的表达，而不用形式知识和暗默知识的表达。

1995 年，SECI 螺旋最早由日本的野中郁次郎和竹内弘高在他们合作的《创新求胜》一书中提出。2006 年，在他们最新撰写的《知识创造的螺旋》一书中对 SECI 螺旋做了进一步论述。现在，SECI 螺旋被广泛接受并应用于知识管理领域。

野中郁次郎和竹内弘高认为，个人和组织正是显性知识和隐性知识基于 SECI 螺旋中的不断相互转换来创造和利用知识的。知识创造的 SECI 螺旋如图 4-3 所示。

SECI 螺旋模型中提出知识创造包括四种基本的知识转换模式，即共同化、表出化、连接化和内在化，其中以共同化为起点开启整个知识创造的过程。第一步，个体的隐性知识到其他个体的隐性知识转化，通过知识分享，以及个体的观察、模仿和实践等行为，或者个体创造隐性知识的方式实现转换，这种模式和过程被称为共同化。第二步，个体把自己获得的隐性知识通过交流、总结等方式表达出来，实现隐性知识的显性化，这种模式和过程称为表出化。第三步，显性知识通过组合或连接，实现显性知识的系统化并加以利用，过程中实现了碎片化的知识到系统化知识的转换，这种模式和过程称为连接化，也有人称为组合化。第四步，通过边干边学，个体获取了新的隐性知识，这种模式和过程称为内在化。通过四种知识转换模式的反复循环，最终实现组织和个人的知识创造和知识增值。

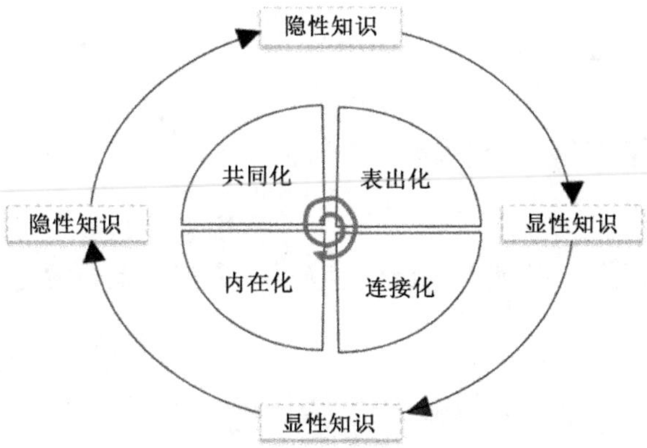

图 4-3　知识创造的 SECI 螺旋

企业组织本身是不产生知识的，知识创造主要来源于个体，组织的主要工作是管理和组织知识，但组织扩大化的知识库又为个体的知识创造提供了条件。促使个体与组织之间的良性互动，有助于新的隐性知识和显性知识加速形成。

SECI 螺旋模型不仅是组织的知识创造模型，也是每个个体的知识创造模型。组织的知识创造让组织更有力量，而个体的知识创造同样会让个人更有力量。理解知识创造的过程，不断增强个体的知识资本，将使个体在与金融资本等其他资本的博弈中更有优势，这种优势终会获益。

在新工业阶段，人的大部分体力劳动被消灭，人们会更加专注于知识创新。同时，对新工业而言，大量的个性化需求需要知识创新作为支撑。无论对于人类的未来，还是具体的新工业发展，知识创造都是核心驱动力量。智能技术群在新工业领域的广泛利用，将加速 SECI 螺旋的过程，进而提高知识创造的效率。除了不断创造新知识，隐性知识的表出化同样重要。智能的新工业通过高效的人机协同，利用有针对性的知识创造螺旋设计，将会促使隐性知识表出化加速，促进对人类智慧的充分利用。未来的工业将变得越来越聪明，而知识创造的主导者——人类，自然也将更加重要，知识资本的力量也会更加强大。

无论是从隐性知识向显性知识的表出化转化，还是显性知识向隐性知识的内在化转化，以及隐性知识之间的共同化转化，人的主观能动性都是最为重要的。这里讨论了知识创造的概念，后续将讨论的零工经济、创客化组织和分利管理，其核心思维都是要激活人的主观能动性，从而促进极具知识创造特征的新工业良性发展。

4.4 知识资本与职业迁移

在新工业蓝图之下，智能机器会代替人力，人究竟是会成为知识资本力量还是会失业呢？

显然，一部分人将转变为知识资本力量。新工业的智能化技术把人从机械劳动中释放出来，老工业中知识丰富的人将成为一个新的知识资本力量。这一力量用来完成产品的创意、生产的设计、过程监控、工艺和供应链的优化、远程的专家维护、机器的改进等全新的知识性工作。进行的工作以创意为中心，而不是以重复的机械劳动为中心。这也意味着传统工业员工要进行职业的转换，通过学习和培训成为新工业体系中的知识工作者。这些知识工作者构成的力量就是知识资本。

并不是所有人都构成知识资本，一些人可能必须面临职业迁移。在向新工业迁移的过程中，还有大量的一线工人可能构不成知识资本力量，但通过培训和学习，可以转化为新工业的服务力量，采用创客化的方式，通过创业成为一个小微服务商，提供从工厂到“最后一公里”的服务。老工业人的两个主要迁移方向，如图 4-4 所示。

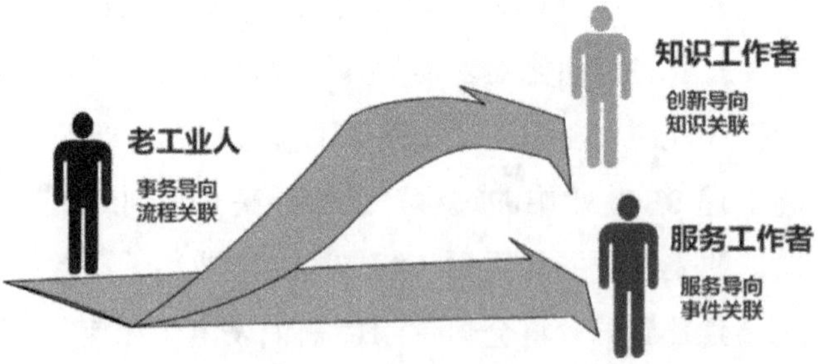

图 4-4　传统工业人的两个主要迁移方向

从新工业的蓝图来看，未来绝大多数人都不会失业，而是进行职业的迁移来适应全新时代的要求。而且，国家提倡的大众创业、万众创新政策，为这种迁移提供了政策性保障。在德国工业 4.0 战略中，有关这个问题是这样描述的："工业 4.0 将极大地改变工人的工作和技能。因此，有必要通过促进学习、使终身学习和以工作场所为基础的持续专业发展的计划，实施适当的培训策略和组织工作。"所以，传统企业一定要认识到新工业所带来的人力资源转移的变化，并为此做好详细的应对计划。

地铁自动化改造就是一个很好的例子，自动化改造以前需要大量的人力进行人工检票，在更新了自动化检票装备之后，人力需求并没有减少，而是增多了。新的工作包括安全检查、售卡充值、设备检修、客户服务等。所以，新工业并不意味着一定会导致人类失业，而是一定会让人类进行职业的迁移，除非一个人从心理上依赖传统工作，不愿意主动迁移。

知识资本不仅包括人的力量，还包括各种方案、技术产品资料、客户需求信息、工艺实践、专利、标准等公共的知识财富，以及未来企业中大数据系统源源不断产生的各种增值信息和知识。

人们发现，将知识资本导入生产过程，产生的最大价值就是能够加速新生产能力的创造，从而极大地提高生产效率，降低生产成本。知识资本是新工业创新发展的动力源泉，只有源源不断的知识资本创新，才能够驱动新工业不断前进。

4.5　知识资本的构成与成长

4.5.1　知识工作者

"知识工作者"并不是今天才有的概念，1959 年管理大师彼得·德鲁克在其著作《明天的里程碑》中已经提出来一个"知识型员工"的概念。他将知识型员工的内涵界定为"那些掌握和运用符号和概念，利用知识或信息工作的人"，当时他指的是经理或执行经理。随着时代的发展，人们对知识型员工有了更符合时代特征的认识。2000 年，加拿大学者弗朗西斯·赫瑞比在《管理知识员工：挖掘企业智力资本》一书中指出："知识型员工就是那些创造财富时用脑多于用手的人们。他们通过自己的创意、分析、判断、综合、设计，给产品带来附加值。”知识型员工的核心特征是用脑力劳动，而不是用体力劳动。知识工作者比知识型员工的指向更加明确，即以使用和创新知识为主要工作内容的人。

传统企业的知识工作者主要是管理层、研究员、设计师、程序员等，现在也扩展为大多数的企业白领阶层。这一类人的主要工作就是利用知识资本和创造知识，为知识资本增值。过去知识工作者还是企业的小部分人，而在新工业时代，企业内部的员工将主要由知识工作者构成。前面讨论过，这一群体主要是由老工业人迁移而来的一个分支。同时，知识工作者将不再只限定在企业内部，也可以通过网络协作的方式远程参与企业外相关知识创造的工作。

知识工作者是企业的知识资本，他们往往具有更多的选择和发展空间，他们更愿意忠于自己的职业，而不是具体的工作和企业领导。而且，他们所具有的专长往往是隐性知识资本。新工业企业应该把他们视为一笔财富，创造出技术与组织相匹配的平台和组织机制，让知识工作者能够自主地灵活工作，这更有助于隐性知识的显性化，并用于新工业创新。智慧工业企业应该把知识工作者当成一个重要的资本力量，或者重要的战略合伙人，而不是像过去一样当成员工。

建立基于技术和组织的新机制是新工业发挥知识工作者价值的关键，也是实现知识资本增值的基础。华为公司是一家技术力量雄厚的高科技公司，它针对知识工作者的管理就非常成功。大学本科学历以上的知识分子人群在华为 15 多万名员工中占据了 80%以上。其中，研发人员占 40%，市场营销人员占 35%，生产人员只有 15%，所以，它特别强调知识在价值创造中的作用。华为提出了“以客户为中心，以奋斗者为本，长期坚持艰苦奋斗”的核心价值观，认为“过去是资本雇用劳动，而现在是知识雇用资本”，而且设计了一系列机制来实现这个目标。当然，从华为实践的现状来看，仍然是以管理知识工作者为出发点，以传统组织机制为主要手段，还没有基于新技术的自组织机制的建立，这与德国工业 4.0 描述的知识工作者的蓝图有所不同。

4.5.2 知识工作自动化

信息技术出现以前，知识主要依赖于人类创造和发展。信息技术出现以后，信息可以快速地传递、交互和组合，创造新的知识，知识工作得到了巨大的进步。新技术的发展，让知识的创造和创新发生了本质性的变化，由人创造知识逐渐演进到人和机器共同创造知识。知识管理系统、人工智能、大数据、知识创新网络就是其中四类主要技术或模式。

知识管理系统：主要是指在企业中构建一个管理与技术兼备的知识系统，让组织中的信息与知识，通过获取、创造、分享、整合、记录、存取、更新等过程，达到知识不断创新的目的，并回馈到知识管理系统。知识管理系统是主要针对显性知识的系统管理工具。

人工智能：就是用机器来模仿人类智能的科学，模仿人的信息的采集、传输、分析、决策、执行等智能行为，目的是用智能机器来模仿、延伸和扩展人的智能。目前的主要研究领域包括机器人、语言识别、图像识别、自然语言处理和专家系统等。从知识资本的角度，著名的美国斯坦福大学人工智能研究中心尼尔逊教授对人工智能下了这样一个定义："人工智能是关于知识的学科——怎样表示知识及怎样获得知识并使用知识的科学。"目前，工业领域有工业机器人、模拟仿真、图文分析、语音识别、虚拟现实等诸多人工智能应用。

大数据：就是综合性高效利用多元化数据的一类技术或平台。工业领域的大数据应用一般称为工业大数据。大数据技术往往与人工智能技术相结合，处理工业过程中的连续数据、图文数据、语音数据等，并最终产生有价值的信息和知识，用来指导和优化生产过程。

知识创新网络：简单地说，知识创新网络就是以云计算、移动互联网、大数据等技术作为平台工具，把具有创造性的知识工作者在网络上虚拟地联络在一起，从而集中人类大脑智慧，通过群体智慧来解决复杂性难题。知识创新网络本质上就是一个人类智慧协作创新的自治网络。美国一个叫"创新中心"（InnoCentive）的网站，就是类似的知识创新网络，号称集结了全球的"超强大脑"，采用众包的方式解决世界级的难题。中国本土的互联网知识平台——知乎网也可以视为一个知识创新网络，它是一个网络问答社区，连接各行各业的普通人或精英，通过发散的问题，用户之间分享着彼此的专业知识、经验和见解，从而促进知识的加速传播和创新。现在类似的知识创新网络相关案例已经越来越多，证明了人们对知识创新的热情，以及知识创新对未来的重要性。

知识工作自动化加速了人类创造、创新知识的进程，对人类的未来发展具有战略性价值。当然，也对新工业的发展具有战略性价值。智慧工厂无疑会布满各种各样的智能机器和工业机器人，它们与知识工作者一起完成智慧生产过程。这些智能机器和工业机器人融合了企业生产、工艺、创意等知识，当然，它们也是未来企业的重要知识资本。

知识工作自动化还可以与其他智能新技术结合，创造出全新的应用场景。第 2 章在数字孪生解读中提到美国 PTC 公司的数字化映射技术，通过实体产品和产品数字模型的物联网连接，建立数字孪生态，能够对产品进行大数据分析和决策，从而进行知识创新并改进产品。通过数字孪生技术，无疑也能够实现知识工作自动化，也可以视为一种知识工作自动化技术。另外，虚拟现实技术和增强现实技术也可以归为重要的知识工作自动化技术。

知识工作自动化是一个正在快速成长的领域。2013 年，全球著名研究机构麦肯锡研究所发表了《12 种颠覆性技术驱动未来经济》，指出未来有 12 种技术具有广泛的潜在影响，并有可能造成重大经济影响。这 12 种技术是移动互联网、知识型工作的自动化、物联网、云计算、高级机器人、全自动和几乎全自动的车辆、下一代基因组学、能源储存、3D 打印、高级材料、高级油气勘探和采集技术、可再生能源。其中，“知识型工作的自动化”位列第二，预计 2025 年其经济规模将达到 5.2 万亿～6.7 万亿美元，由此可以看到知识工作自动化在未来世界的战略性意义。

4.5.3 知识资本成长机制

现在，借助于智能技术群及目前人类已经拥有的庞大的知识基数，人类知识更新的速度在加速，再加上知识的海量性和分布性，人们学习的速度开始跟不上知识创新的速度。学校的教育，尤其是大学教育就面临这样的问题。过去一本教材可以使用几十年都不用更新，现在，如果两三年不更新，培养的学生就可能失业。在计算机领域，近几年新技术和新理论的突飞猛进，使学校里的教材已经很难跟上时代的发展。很多学计算机的学生可能不知道云计算、物联网、大数据、移动互联网、人工智能，学的教材还是 MIS（Management Information System，管理信息系统）时代的。联合国教科文组织做过一项研究，在 18 世纪，知识更新周期为 80～90 年；19 世纪到 20 世纪初，缩短为 30 年；20 世纪 60—70 年代，一般学科的知识更新周期为 5～10 年；而到了 20 世纪 80—90 年代，许多学科的知识更新周期缩短为 5 年；进入 21 世纪，许多学科的知识更新周期已缩短至 2～3 年。人们必须采取一些措施来更新知识财富，让知识资本永远具有力量。

由于人类知识更新速度的加快，具体企业的知识资本也需要快速地保值增值，来应对新环境的需要。知识资本是新工业创新的原动力，它自身的保新就更加重要。很显然，老旧的知识构不成知识资本。例如，在蒸汽机时代，能够维修蒸汽机的人，掌握蒸汽机的知识创新就是一个知识资本。而在电力时代，已经没有人再用蒸汽机，掌握蒸汽机知识资本的价值就会消失。因此，知识资本绝不是一劳永逸的，而是需要一个机制来确保知识资本的新鲜度。如表 4-1 所示，描绘了不同知识资本来源的知识资本成长机制。

表 4-1　不同知识资本来源的知识资本成长机制

知识资本来源	显性知识	隐性知识	成长机制
知识工作者	知识工作者输出的各种文档、设计图形、语音、数据，是知识工作者隐性知识的输出	个人独特的经验、专长或技能，是知识工作者的核心价值	以个人的自发学习和企业有计划的职业培训为基础，结合个人的创造力，形成知识资本的积累和成长
知识工作自动化	输出的模拟仿真图像，自动化编制的各种图档、文档，数据分析结果、运行数据、执行方案，是知识工作自动化生成知识的主要特征	这一过程受知识工作者的控制，隐性知识与知识工作者紧密相关。知识工作自动化促使隐性知识的释出，加速隐性知识增值	建立一个知识创新的机制，最大化地覆盖所有数据来源，对大数据进行采集、存储、分析，以及模拟仿真、监控与优化，最终形成知识资本的积累和成长

人的智慧在可见时间内，机器仍然无法超越，以知识工作者为中心，强化知识工作自动化，建立机制或平台，让智慧工业、知识工作者、知识工作自动化协调一致是新工业的一项重要工作。

在未来全新的机制中，除知识工作者自身的学习之外，还需要强大的培训和持续的职业发展体系，保障以知识工作者为中心的知识资本快速成长。在德国工业 4.0 战略提出的优先行动领域中，就把培训和持续的职业发展作为重要的行动内容。而且，德国工业 4.0 战略指出未来的知识培养与现在有很多不同："工业 4.0 将很可能显著地把工作和技能向两个趋势转变。第一，以明确分工为特征的传统制造工艺现在将被嵌入一个新的组织和运营结构，配之以决策、协调、控制和支持等方面的服务功能。第二，组织和协调虚拟与真实的机器之间，以及设备控制系统与生产管理系统之间的交互作用变得非常必要。这意味着信息通信技术、制造业和自动化技术融合及软件将导致很多任务现在会作为一个范围更广的技术、组织和社会背景的一部分来执行。”

新工业对知识工作者提出了全新的知识要求：“对不同行业应用程序需求的识别能力，以及从世界各地招募开发伙伴的能力的重要性将逐渐超过纯粹的技术专长。”知识工作者不仅是传统的“留一手”的能力，还得具备对不确定性问题的解决能力，当然，这也需要建立在丰富的知识经验之上。例如，对不同行业应用程序需求的识别能力，以及强大的新旧知识转化能力。未来的知识工作者也需要强大的社交能力，通过社交来获得自己跨学科的知识和技能。

企业也必须针对智慧工业的特征，设计有针对性的培训形式和培训内容，对知识工作者进行持续的培养，让知识工作者成为真正的知识资本。在这个过程中，可以考虑利用云计算、物联网、大数据、移动互联网、虚拟现实等新技术，加速知识传播和增长，如采用云课堂的方式或虚拟现实方式，让培训对象身临其境。

知识工作者的创造过程要与知识工作自动化技术工具充分结合起来，在保证知识工作者独特性的同时，利用知识工作自动化技术工具，来加速知识工作者的知识创新进程。也就是说，人工智能、大数据、知识创新网络平台等技术要与知识工作者的具体工作相结合，实现人机脑力的融合，从而加速知识资本的积累。

知识资本并不是一步到位、一劳永逸的，需要建立相应的机制、技术平台来保证知识资本的不断积累和成长。

4.6 个体知识工作者的前景

具有知识资本的个体想要脱离大型组织自己创业，或者成为个体工作者，就是零工经济。零工经济运行的平台，就称为零工社区。

4.6.1　零工经济

在每次工业革命到来之后，都会引起人类职业的剧烈变动，旧的职业不断消失，新的职业大量产生。第一次工业革命，手工业作坊破产，手工业者进入工厂成为工人；第二次工业革命，基于流水线工程师和工人分流，企业白领阶层出现；第三次工业革命，文秘、打字等相关的职业大量消失，简单工作的白领减少，计算机从业者大量剧增，电商崛起带来庞大的物流配送大军……人类经历了一次次由工业革命引发的职业巨变，正在发生的新工业革命也毫不例外。

现在与每次工业革命开始时都相同，人们普遍陷入关于职业未来的焦虑中。此轮担心的核心就是智能机器会不会代替人类工作，导致大范围的失业。智能的未来让人憧憬，但如果导致人类大量失业，那不能算一个美好的未来。

前面讨论过，新工业带给人类的可能不是失业，而是大规模的职业转换，每个人必须对自己的职业做出新的选择。近年来，一些传统职业萎缩了，但人们并没有大量失业，而是找到了新的工作方向。例如，传统媒体的衰落导致大量岗位消失，但传统媒体的工作者并没有消失，他们中的大多数人转向了更适合这个时代的网络媒体或自媒体。

从短期来看，新工业会带来失业，但从长期来看则充满了前所未有的机会。人们会分流进行知识转换，老的知识工作者通过学习成为新工业的知识工作者，其他的人可能转变为围绕智能和知识服务的服务工作者。这两种工作未来都会围绕知识创造展开，并没有什么高低贵贱之分。新工业的一个重要目标就是满足日益增长的个性化生产和服务的需求，进而实现社会经济和生活的进步。而大量的个性化生产和服务需求，其中蕴含的就是知识创造，甚至未来的工业主体——制造业也会演变为以知识创造为根本的创造业。

对每个独立个体来说，无论未来是知识工作者，还是服务工作者，都会参与到新工业建设中。但是，每个人的个性和人生价值设定得不同，可能有多种角色选择：创业者、股东、经理人、技术工作者，或者自由职业者。

现在，一个明显的趋势正在发生，除了一部分人创造平台，大多数人可能成为自由职业者。这些自由职业者与平台相结合，在平台力量的支持下，以“打零工”

的方式参与到新工业革命的浪潮中，而不是像过去的固定工作岗位和薪酬。很简单，如果能够让每个人充分发挥专长，赚的钱一样多或更多，而且行动自由，人们必然会更喜欢这种方式。从美国、英国等发达国家发展起来的零工经济概念正在描绘这种蓝图。

零工经济并不是一个很好玩的可选项，也不是智能技术直接导致的，而是智能技术引发新工业革命之后，由实体经济的劳动力市场萎缩引起的。也就是说，传统的工业模式已经不能容纳那么多固定岗位了，甚至还要大幅度减少固定工作。当然，引起这种变动的原因不排除全球经济危机的影响。如果有时间深入探讨，也会发现，全球性经济危机的发生与新工业革命的爆发，有其必然的关联性。无论何种原因，一个必然的结果是此轮新工业革命导致的人类工作转换浪潮已经开始。

全球性著名咨询机构麦肯锡的研究报告称：这种剧烈的工作变动比人们直觉感受到的还要严重。麦肯锡深度解析了美国和欧洲自由职业者的近况，并在研究报告中指出，现在有20%～30%的人都或多或少地从事着独立非传统的工作，美国与欧洲的自由职业者人数更是高达 1.62 亿人。零工经济从业者在劳动人口中的比例已经从2005 年的10%增长到了2015 年的16%。

当然，零工经济并不完全是旧工业转换而来的。另一部分是因为新经济形式崛起，人们主动涌入新经济平台所导致的，如共享经济、众创、众包等。新经济的崛起，把人们吸引到新的工作模式当中，相对来说就会减少传统就业人员的数量，有些地方甚至出现了传统工作岗位招不到人的情形。

以上两种情形都反映出新旧两种模式并行变动中的情况，新旧交织、互相影响，最终将加速旧经济的消亡，新经济终将建立。

基于智能技术的利用，未来的新工业可能再也不需要人类朝九晚五地上班，人们只需要在家中或在路上打开智能手机，看一下现场图像和分析数据，然后触摸几下屏幕，工作就完成了。基于这样的蓝图，零工经济将非常有可能成为人类工作的主流方式。据英国广播公司报道，随着“按需经济”“零工经济”的兴起，自由职业者的队伍变得日益庞大，预测到 2020 年，在美国和英国，每两个人中就会有一个人是自由职业者。

共享经济平台的崛起正在助推零工经济发展。除滴滴出行这样的共享汽车行业之外，在国内有共享创意的猪八戒网、锦囊专家、在行等平台，还有普通人分享时间的微差事，都有可能是人们未来工作的平台。有一个叫作“小尾巴 Takeasy”的 APP 是一个可以实现多种语言之间互译的在线专人翻译手机应用，这意味着人工翻译也将成为零工经济的一个细分领域。支持零工经济的平台还在不断创生的过程中，未来所有的新工业也许都将演化为平台，人将围绕平台打零工，而不是在固定工作中消耗时间。

零工经济的兴起，使得人们有理由相信，未来有一天，大多数人可能将没有固定的工作单位和场所，而是一个零工经济工作者。

4.6.2　零工社区

人们不能僵化地认为零工就是个人做的工作，而是新工业时代的全新社会组织方式。

未来，不仅是人类在打零工，虚拟工厂也可能在打零工，实验室、测试车间同样也可能在打零工。零工经济不仅描绘的是工作蓝图，更是社会化生产蓝图。零工经济的本质就是按需经济，意味着按需工作、按需定制、按需生产……工作、生活、生产都将在这个全新的蓝图中重新找到自己的位置。

想象一下，在未来的虚实时空中，零工人群从地理区隔的世界各地通过互联网平台被连接在一起，互联网中的设计众包、虚拟工厂、虚拟实验室通过互联网平台被充分利用，在一个有限的空间中就会爆发出巨大的能量。而要促发零工经济的能量释放，就需要一个全新的社会组织形式，让各种零工经济业态有序而有效地生长在一起。其中有两个词汇非常关键：一个是生态圈，另一个是场，两者合在一起就是生态场。

首先来讨论生态圈。围绕工业创造的零工经济有些不同，它不是一个孤立的服务，而是一个价值系统。在这个价值系统中，要有风险投资、创业孵化、研发设计、实验测试、生产组织、生产服务、营销路演等。除此之外，要激活零工经济，加速价值的落地和实现，还要有合适的政策、制度、管理和规范、人才培训、信息支持、社会协调等政府公共服务。所有这些与工业相关的零工经济要素要像一个自然的生态系统一样，充满活力和生机，构成一个能够正向促进、良性循环的生态。因此，围绕工业创造的零工经济，不能像滴滴出行那样围绕一个平台形成，而是若干个零工平台构成的有机生态。

其次来讨论场。常见的与“场”相关的词汇都与物理学相关，如电磁场、引力场等是物理学中一种具有能量但又看不见的实在物质。可以想象，在完全散乱的零工经济模式的生态圈中，所有活动都建立在个体的协作之上，而个体掌握的信息有限，必然导致生态熵增。熵增的意思就是混乱程度增加，整体生态的价值没有增长反而会降低。因此，在生态圈内外，还要形成一种无形的“场”的力量，来降低熵增，规范生态圈的运行。参照物理学的含义，“场”有六种特性。①无形性：“场”以一种无形的方式施加影响；②使能性：“场”应该被塑造成一种能量；③实时性：“场”的力量应该是即时发生，按需供应；④无缝性：“场”应该无处不在地存在于体系中，对所有存在其中的成员施加影响，这种影响没有缝隙；⑤无界性：“场”不仅存在于体系中，它的影响也会渗透到体系之外，并能够沿着价值体系进行传播；⑥叠加性：多个“场”对同一成员施加能量，成员获得的能量是它们的叠加结果。可以通过场来规范和矫正生态圈的运行，促进零工经济生态圈良性健康运行。场的构建和作用发挥应该由政府来完成，通过政策、制度、公共服务、管理和规范、人才培训、数据信息支持、风险预警、社会协调等软力量形成“场”能量。

围绕新工业的零工经济生态最终应形成一个良性生态场。这个生态场就如同一个现实中的社区或互联网社区，是虚实空间中的全新物种。现在已经有一个名词能够表达工业创造领域零工经济生态场，那就是零工社区。

零工社区并不是本书的首创，它的创造者在距离北京市中心大约 20 千米的丰台科技园区。它不仅是一个概念。按照丰台科技园区的设想，零工社区就是把“有想法的人与有办法的人”聚合在一体，从而创造出前所未有的能量。有想法的人就是新兴的知识资本家，而有办法的人是生产资源的拥有者。人们可以想象出一个场景，在一个有限的地理空间中，分布在世界各个角落的有创意、有知识的人正在通过网络虚拟汇聚在这里，分享他们的创意，并把创意变换成价值，从而实现新工业的知识创造和价值创造。简单地说，零工社区本质就是一个具有地理区域属性和虚实融合属性的，聚合知识资本和生产资源，实现新工业知识创造和价值创造的平台。零工社区构造示意，如图 4-5 所示。

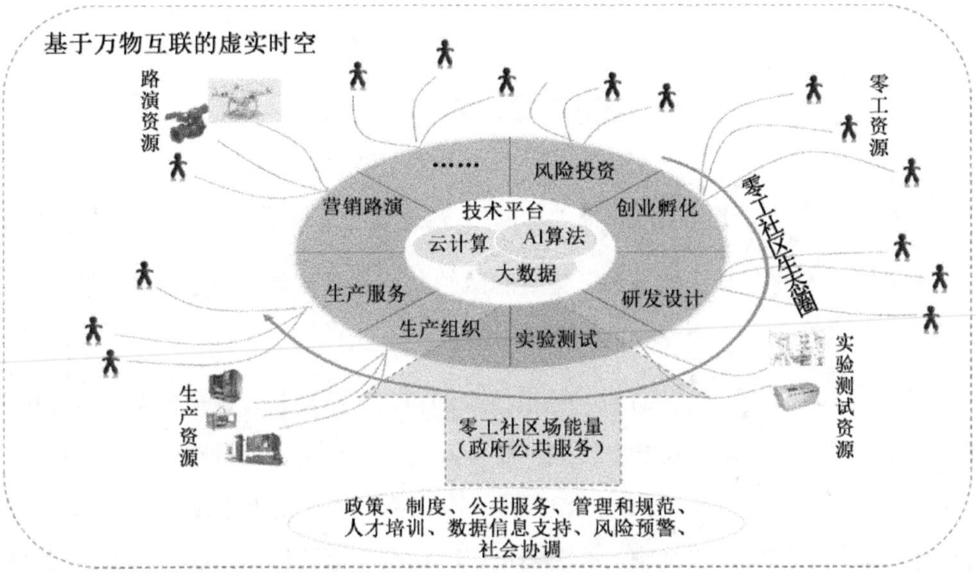

图 4-5　零工社区构造示意

在零工社区，工业创造领域的零工经济正在这里慢慢变成现实。一切能量的产生都来源于基于万物互联而形成的虚实融合时空，使得人类现在能够通过虚拟维以光的速度把世界折叠到一个有限的地理空间中，从而爆发出“巨能”。特别强调这是巨能，而不是普通的能量。现在，这些能量都被聚合在零工社区之中。

过去人们权衡一个区域的经济，往往是以区域中物理实体的经济产出作为衡量标准。零工社区则不同，它的能量不仅包括社区中的物理实体的能量，还包括在虚实融合时空中任何一个位置、任何一个虚体的能量。要说把全世界的智力资源都装在一个物理社区内，过去不可能，但未来这将是现实，零工社区就是一个实例。

让有想法的人和有办法的人结合起来，基于万物互联构造的虚实融合时空提供了可行性。现在，通过一种全新的、创造性的社会组织方式——零工社区，来塑造它的必然性，相信未来将有大量的新物种从零工社区中不断地被创造出来。

零工社区的意义远远超出传统上理解的研发就是用 CAD 画画图、做做实验和测试、关联一些生产资源进行试生产。它是一种平台的平台，一切与创造相关的要素都将涵盖在内。

4.7 “创新、创造、创业”运动

创新、创造、创业（以下简称“三创”）是传统工业向新工业转型的必经之路。

零工经济和零工社区的发展，背后隐藏的其实就是创新、创造和创业活动的急剧增多，是大众创业、万众创新的社会化浪潮。

创新是人类创造活动的总称，包括技术创新、产品创新、管理创新、商业模式创新等丰富的内涵。创新是社会发展的根本动力，没有创新就没有未来。创新的本质是什么？经济学大师约瑟夫·阿洛伊斯·熊彼特把创新视为不断地从内部革新经济结构，即不断破坏旧的结构，不断创造新的结构。他还认为，创新就是企业家对生产要素的新组合，即“建立一种新的生产函数”，其目的是获取潜在的利润。新工业正是“建立一种全新的生产函数”的过程，意味着对旧工业秩序的彻底颠覆，其中一定有大量的创新工作要做。

人们把那些前所未有的创新称为创造，创新活动中只有一小部分原始创新可以称为创造。在工业领域，小的创新活动可能经常发生，但只有很少的工作可以被称为创造，创造往往用来描述一种原创性的技术和产品发明。在新旧工业的转换期，创造的意义更加重要。在《智能爆发：新工业革命与新产品创造浪潮》一书中进行过分析，历次工业革命的爆发，首先都会出现大量的新产品创造活动，新产品创造促使人们升级消费需求，从而创造出前所未有的财富，进而财富被用于工业转型升级，工业革命才得以可持续进行。相信此次新工业革命进程也不会例外，智能技术群的利用将促使大量的新技术和新产品被创造出来，从而给人类带来前所未有的财富。

所有的创业活动应该建立在创新或创造的基础上，要不然创业就不可能创造出新价值，也就失去了创业的意义。创业的本质是在创新或创造的基础上与个人特质的结合。不是所有人都适合创业，但所有人都可以进行创新或创造活动。因此，从参与数量上，创业活动应该是比创新活动和创造活动更小的一个范畴。因此，可以说大众创业、万众创新，而不能说成万众创业、大众创新。

由于当前“三创”活动的社会普及性，可以称之为“三创运动”。

事实证明，不仅是这一次，历史上每一次工业革命都会引起普遍的创新、创造和创业热情。很简单，新工业革命的爆发会点燃许多人的创造激情和灵感，人们会认为新时代的到来会创造出前所未有的机遇，个人成就的愿望会让许多个人主动投身到创新、创造和创业活动当中。新工业革命之所以爆发，一方面在于一些生产的要素发生了根本性的突破，新技术、新材料、新生产模式的不断出现，给社会创造提供了丰富营养，让社会创造的可行性大大增加；另一方面，在新工业革命到来之时，资本性的力量也在不断寻找财富的机会，更加愿意给创新者、创造者、创业者提供资本支持。

另外，与以往工业革命的盲目性不同，此轮工业革命人们可以更加有预见性，国家政策也给“三创”活动提供了充分的政策支持。2014 年 9 月，国务院总理李克强在夏季达沃斯论坛上公开发出“大众创业、万众创新”的号召。随后的两年，中央政府和地方政府陆续发布了一系列的政策，加速推进“三创”活动。由于集合了多种积极因素，包括激发个人或群体的创造激情，扩大基本投入，有效的政策供给等，“三创”活动已经成为一种巨大的力量，让新工业加速成长。

现在，智能技术的广泛应用及其他条件的成熟，给了每个人对于未来的丰富想象，资本的力量也在到处寻找机会，“三创”活动将大量发生，在一段时间内将成为社会的常态。“大众创业、万众创新”是时代的要求，是新工业发展的要求，也是应对新工业挑战，实现个人职业迁移和自我成就的要求。向前是创业时代，是零工经济和零工社区，向后有立足于本职工作的创新，没有好赖之分，都是走在建设新工业的道路上。

创新、创造、创业的基础都可以归结为可以作为资本的知识创造。知识创造是一切创新之源，有知识创造才构成知识资本。没有知识资本企业就不能进行创新创造，个人也就没有能力创业。单就创业来说，一个人可以没有钱，但一定不能没有知识资本，因为没有知识资本，创业一定不可能成功。换句话说，没有知识资本，你创什么业？

4.8 应对知识资本保护的全新挑战

新工业本质上是知识驱动的工业，以知识创新为基本的原动力，知识资本的重要性前所未有，保护知识资本的重要性也前所未有。同时，新工业又是建立在融合之上的，基于端到端、横向和纵向集成的新工业，开放、共享、协作是新工业的本性，这些本性与保护知识资本往往是一对矛盾。因此，保护知识资本，尤其是具有知识产权的知识资本就变得更具有挑战性。

德国工业 4.0 战略中已经清晰地描述了这一点："工业 4.0 往往被冠以如'网络化制造''自我组织适应性强的物流''集成客户的制造工程'等特征，它将追求新的商业模式，以率先满足动态的商业网络而非单个公司，这将引发……知识产权及技术诀窍保护等问题""就网络的组织及其有别于他人的高质量服务而言，最关键的是要确保责任被正确地分配到商业网络中，同时备有相关约束性文件作为支撑"。

新工业以智能技术为依托，就需要在智能技术层面制定和实施安全策略、架构和标准，保障智慧工业生产和服务过程高度的保密性、完整性和可用性。要实现这个目标，企业与组织必须有针对性地制定综合性的包括组织和技术两方面的解决方案，来确保对知识资本的有效保护。这就要求，在实现智慧工业，尤其是在智慧工厂转变为互联网中的一个共享节点之前，企业必须全面升级安全保护措施，而不是等到实现新工业之后再做。

对知识资本的有效保护，实质上也是对新型企业知识工作者的保护，能够让他们保持较高的收益水平，以及协作关系的稳定。德国工程联合会进行的调查数据显示：在 2011 年，德国机械和设备制造仅在非法盗版方面就损失了 8 亿欧元的市场价值。与两年前的调查相比，增长率达 24%。该机构还进行了一个比较，如果这些损失的钱可以重新使用，足够支撑行业中的 37 000 个就业机会。所以，加强对知识资本，尤其是知识产权的保护，对于组织与知识工作者建立稳定的网络化协作关系非常重要。

第 5 章
Chapter 5
提供智能的效用产品

过去，人们需要制冷，就买一台冰箱；人们需要计算，就买一台计算机；人们需要出行，就买一辆汽车，让自己成为司机。新工业让人们重新反思这个问题，人们需要制冷，可能并不需要那台叫“冰箱”的机器；人们需要计算，可能并不需要计算机；人们需要出行，可能根本不需要让自己成为司机。

现在，在计算领域，云计算的蓬勃发展已经让人们认识到，人们需要计算，只需要交一点租金，采购云计算服务即可。在交通出行领域，滴滴出行和其他出行服务平台能够很方便地解决人们的问题。当然，有人可能问，滴滴出行也会有司机，但如果滴滴叫来的是无人驾驶的汽车，你就不会有这个问题了。世界上众多的无人驾驶汽车已经在实验中，成为现实并不会很久。在电视领域，现在有了互联网电视盒子，有线宽带的价值其实已经没有多少，电视机的价值也只剩下了显示。这些例子只说明一点，人们需要的其实只是产品提供的效用，而不是那个已经习惯很多年的物体。过去人们把有形产品买回家才能享受到效用，但换一种思维、换一种技术，也许会发现，直接购买效用产品和服务即可。归根结底，这就是产品观念的概念。

产品的作用很关键，连接着用户和生产，承载着用户需求，是企业的生产任务。这种产品观念的转变必然影响到生产的组织和工厂的布局和构造，企业必须首先明确生产什么样的产品，把握产品形态和实质的变化。否则，盲目地进行智慧工厂和智慧生产体系改造，只会带来沉重负担。

驱动新工业的良性发展，必须把支点建立在产品观念转变和新产品创造方面，这就是本章将要阐明的道理。

5.1　新产品创造浪潮

人们经常会被历史教科书误导，对历次工业革命的认识同样如此。教科书往往把历次工业革命简化为生产方式或生产工具的革命，无疑误导了很多人。比生产方式和生产工具革命还重要的其实是产出革命，即生产出前所未有的产品。也正是这些前所未有的产品，在后续的工业革命中不断发展演进，并与后续的创造相融合，才构成了现在丰富多彩的现代生活。

历次工业革命都在短时间内创造了大量的新产品，事实上发生了产出革命，表 5-1 清楚地展现了这个事实。

表 5-1　历次工业革命与创造的新产品

工业革命的阶段	创造的新产品	发明创造年份（年）
第一次工业革命	珍妮纺纱机	1764
	镗床	1775
	铣床	1775
	瓦特蒸汽机	1776
	纺织骡机	1779
	蒸汽火车	1783
	自行车	1790
	车床	1797
	蒸汽船	1803
	铁路	1814
第二次工业革命	电报机	1843
	内燃机	1859
	钢筋混凝土	1865
	塑料	1866
	实用的发电机	1870
	实用的电动机	1873
	电话	1876
	电灯泡	1879
	空调	1881
	摩托车	1885
	汽车	1886
	收音机	1895
	吸尘器	1901

续表

工业革命的阶段	创造的新产品	发明创造年份（年）
第二次工业革命	生产流水线	1903
	飞机	1903
	抽油烟机	1911
	电冰箱	1923
	电视机	1924
	微波炉	1945
第三次工业革命	计算机	1946
	晶体管	1947
	数控机床	1952
	磁盘	1956
	集成电路	1957
	宇宙飞船	1961
	CAD 软件	1963
	高速铁路	1964
	数据库软件	1964
	PLC（可编程逻辑控制器）	1969
	磁悬浮列车	1969
	互联网	1969
	手机	1973
	数字摄像机	1975
	操作系统	1984
	平板电脑	1989
	万维网	1991
	Microsoft Office	1993

创造新产品的最终目的是促进大众的消费升级。对普通大众来说，带来消费升级的产品才有意义，新产品当中只有促进消费升级的一部分才能生存下来，人们现在看到的正是留存下来的那些。消费升级不是针对少数人提供更加昂贵的奢侈品，而是普通大众的消费水平有了普遍提高。前所未有事物的合理性也不在于技术上的成功，而在于与大众消费升级是否关联。在过去的 250 多年中，人类还创造出了更多的新产品，但没有生存下来，大多数情况下就是因为没有满足普通大众消费升级的需求。

新产品是大众能够切身感受的，也是大众所需要的，大众没有感受的生产方式或生产工具只是围绕产出革命的实现手段。只有产出革命带来的新财富和技术积累，才有可能让后端的生产方式转型升级成为可能。创造新产品是工业革命的支点，是驱动轮。没有新产品的创造，工业革命就不可持续。

另一个问题是，究竟是谁来创造新产品呢？当然是社会大众，而不是政府，也不是个别的大企业。在《智能爆发：新工业革命与新产品创造浪潮》一书中论证了这样的一个事实：历次工业革命中新产品创造是社会创新的结果，或者说是当时社会普遍的创新、创造、创业活动的结果。在消费升级的驱动之下，通过社会创新创造了新产品，进而实现了工业转型，消费升级和工业转型又进一步促进新产品的创造，实现工业革命的持续深入发展。新产品的创造与消费升级、社会创新与工业转型的关系如图 5-1 所示。

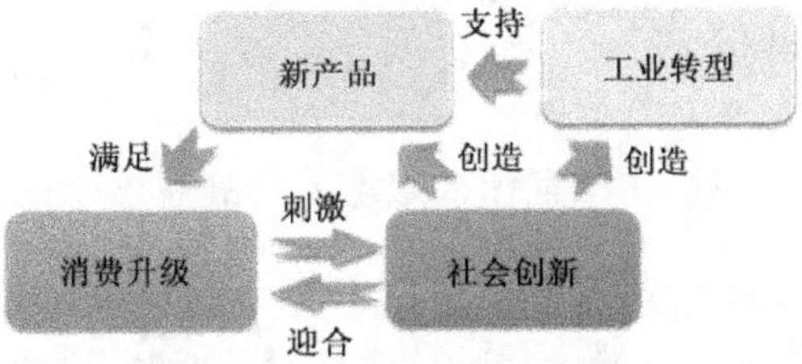

图 5-1　新产品的创造与消费升级、社会创新与工业转型的关系

在此次新工业革命中，消费升级又有了全新的内容，人们不仅关注交付的产品价值，还关注交付和服务的方式，这其中又涵盖了良好的体验和其他非物质的要求。就新工业革命而言，满足这些消费升级的新需求现在都交给了智能产品。

智能产品不是传统产品加上智能芯片，或者连上互联网。智能技术在新产品创造中的价值在于扩大已有产品的效用，或者创造出全新的效用。利用智能技术，人们可以创造出与传统实体产品不同的新形态，如产品的虚实双态、生态化产品。智能产品也不能理解为类似以往的孤立物体，而是一个具有前后台、软硬件一体的复杂系统。智能产品的交付和服务方式也会存在根本性的不同，如云端化、共享化、服务化交付。围绕智能产品，生产和用户的关系也会发生变化，如产消合一和产用融合。

现在，新一轮的产出革命正在发生，它同样是社会化创新的结果。在过去的十年中，已经有大量的具有新特性的智能产品被创造出来，如平衡车、消费级无人机、虚拟/增强现实眼镜、无屏电视机、无人驾驶汽车、智能穿戴设备、家用机器人、智能行李箱、智能音箱、智能服装等。当然，除了这些新创造的事物，大量的传统产品正在被智能化改造，从而变得更加便利、好用。总之，大量的智能新产品正在被创造的路上，几乎每过一段时间就会有新奇事物出现。

那么，如何看待这些正在爆发的智能产品？如何创造出更多的智能产品呢？

5.2 升级产品观念

理解智能产品的关键，并不在智能技术，而是产品观念的升级。

5.2.1 产品观念的进化

对于什么是产品，其实并没有什么定论，产品观念一直都在演化中。

在手工业时代，人们一般认为手工产出的是一件商品，并不是产品。产品比较根深蒂固地被认作工业革命之后的产物，它是一系列加工过程的结果。即使这样，从工业 1.0 到工业 4.0，产品从稀缺到丰饶，人们从贫穷到富裕，对产品的看法也发生了很大的变化。

在物质稀缺的时代，产品只要生产出来就有人购买，甚至需要专门的门路才能购买到，人们没有太多的产品观念，认为只要有形体，能够被使用的东西就是产品。随着产品逐渐丰富，竞争日趋激烈，结合产品营销，人们又提出了产品附加价值的观念。通过包装、服务等方式增加产品的吸引力，让产品更具有竞争优势。这个时候，出现了产品的三层次结构说：①核心产品。产品中给购买者带来的基本利益和效用，即产品使用价值，是顾客真正要买的东西。在产品整体概念中是最基本、最主要的部分。②形式产品。核心产品借以实现的形式，即向市场提供的实体的外观。③附加产品。顾客购买产品时所能得到的附加服务和利益。

1995 年，被称为“现代营销学之父”的菲利普・科特勒，在《市场管理：分析、计划、执行与控制》的修订版中，将产品概念的内涵由三层次结构说扩展为五层次结构说，包括核心产品、形式产品、期望产品、延伸产品和潜在产品，如图 5-2 所示。由于五个层次的表述方式能够更深刻、更准确地表述产品整体概念的含义，所以是目前被广为接受的对产品的看法。菲利普・科特勒的产品观被认作顾客满意学说在产品上的具体体现。要知道，这是一大进步。在此之前，让顾客满意仅是一个观念，而五层次的方式把顾客满意在产品观念层次进行了落实，具有划时代的意义。

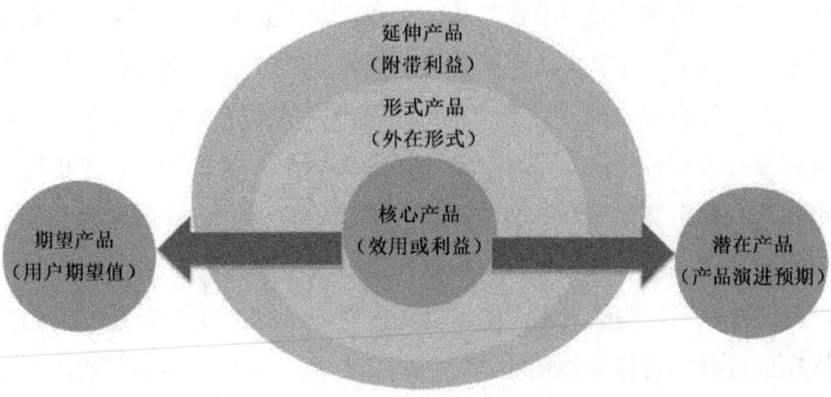

图 5-2　菲利普·科特勒的产品五层次结构说

2018 年，距离菲利普·科特勒产品五层次结构说的提出，时间已经过去了 23 年。随着智能技术被引进工业生产中，产品也逐渐向智能化的方向演进，人们必须对产品观念进行全面的反思。

在生产商眼中，产品是这样描述的：产品是指能够提供给市场，被人们使用和消费，并能满足人们某种需求的任何东西，包括有形的物品、无形的服务、组织、观念或它们的组合。如果考虑到质量管理，产品还是一组生产过程的结果。简单地说，就是生产商在市场上能卖的、质量可靠的东西。但从用户的角度来看，产品是这样描述的：产品是承载满足人类效用的一种载体。无论是畅销的产品，还是滞销的产品，生产者都付出了巨大的努力，而用户并不关心这种努力的过程，只关心效用是否被满足。如果生产商的产品不能满足人们的需求，自然也就不能在市场上售出，这样的生产商必然面临倒闭。人们对未来产品观念的理解，必须从用户的角度来展开，而不是从生产商的角度。

对用户来说，购买产品的实质就是购买效用。过去生产商把效用封装在一个有形的物体当中卖给用户，用户要获得效用，就必须购买那个有形的物体。但现在看来，这些封装变得毫无价值。通过智能技术和虚实融合空间的特性，用户可以通过数字态直接获得产品的效用，或者通过共享的模式获得效用，而不用购买实体产品。另外，有形物体的封装必然限制效用的扩展，人们就很难实现期望产品、核心产品和潜在产品的一致。

现在，一些例子正在告诉用户，人们可以不用购买载体就能够获得效用，也能够实现核心产品、期望产品、潜在产品的一致。云计算就是一个例子。过去人们计算产品，需要购买一台计算机，计算就是人们需要的核心产品，更好的计算能力和满足人们需要的计算能力就是计算产品的潜在产品和期望产品，而计算机就是形式产品，维修服务是延伸产品。云计算的出现使得人们不需要购买计算机这个载体，通过租用的方式即可直接获得计算这个效用价值。同时，云计算能力的任意配置，使得用户很容易就实现了核心产品、期望产品、潜在产品的一致。共享汽车是另一个例子，人们可以不用购买汽车，就可以获得便捷出行的效用价值。而且通过对不同共享汽车的选择，可以实现核心产品、期望产品、潜在产品的一致。

用户会选择更加便利和低成本就能获取效用的产品，而不会选择有着庞大载体的传统产品，而智能技术正在满足用户这一需求。生产商必须更新产品观念，用智能技术迎合用户的需求，才能在新工业时代生存。

5.2.2 效用产品观

除了智能产品大量涌现，近年来兴起的制造业服务化、共享经济、个性化定制等生产模式的变革，为什么会受到欢迎？它们的本质是什么？

传统工业时代，没有恰当的技术能够把效用交付给用户，用户必须购买产品载体。智能技术群带来了不同，首先，它们塑造了一个虚实融合的空间，未来的产品都是这个空间的一个元素，具有虚实融合的一切特性。其次，智能技术有着连接、聚合、智能、共享的天然属性，这些属性与产品融合或创造出全新的产品，使得产品效用能够脱离载体的束缚。简单地说，过去人们没有办法让产品效用脱离载体，但智能技术提供了效用突破载体的可能性。对于用户，这意味着用户在价格不变或价格大幅降低的情况下，获得了更大的效用。例如，生产商能够通过产品的数字孪生体不断优化和改进产品，而用户能够不断扩大效用获得。另外，在产品生产过程中，用户能够参与定制，并全程参与生产的过程，确保自己的期望产品与实际获得产品的一致，并在产品交付后，通过数字孪生态不断优化和改进效用获得，从而进一步实现潜在产品与核心产品的一致。还有一种情形是共享经济，用户无须购买产品，通过选择和使用各项服务来获得产品的效用价值，实现期望产品、核心产品与潜在产品的一致。这些用户获得更大效用的情形都是建立在智能技术利用之上的，人们把这类产品称为效用产品。

如果按照菲利普·科特勒提出的产品五层次结构说，这里所说的效用产品就是通过充分利用智能技术，突出最核心的效用价值，实现或接近实现期望产品、核心产品和潜在产品一致的产品。其中，智能技术的意义在于扩大了现有产品的效用，或者创造出了全新的效用价值。简单地说，新工业生产让大众获得了效用突出化的产品，实现核心产品需求、期望产品需求、潜在产品需求之间的一致或接近一致（见图 5-3）。让产品的核心效用价值最大化，让用户直接地获取效用价值，就是新工业的应有本意。看起来效用产品去形式化了，但其实正是对核心产品的回归。

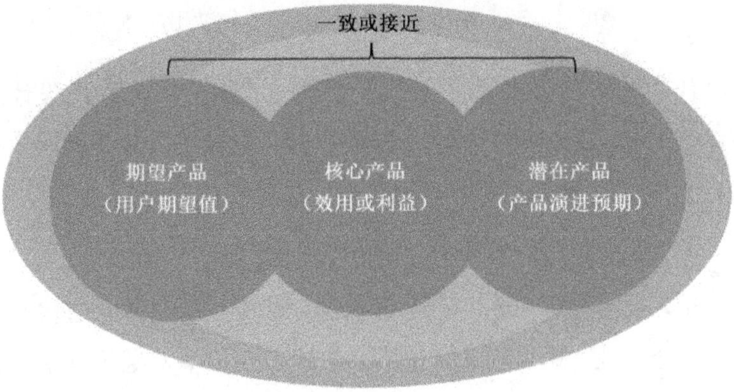

图 5-3　效用突出化的产品

理解新工业的效用产品，关键在于一定要脱离传统产品实体化或载体化的概念，而更多地从用户效用获得的角度出发。效用产品中的产品二字可能描述的是一种共享服务交付的产品，或者从云端获得效用服务，或者是数字双态中的一个形态，甚至是个性化定制产品的过程，都包含了产品的含义。

关于效用产品，云计算是一个实例。云计算通过对计算机资源在新技术基础上进行全新组织和运营，把计算机产品进一步转化为可以无限制分割和无限制扩展的服务产品，从根本上把计算机产品转变为一种纯效用产品，如图 5-4 所示。而计算机工厂并不是没有了，而是面向云计算中心的生产设备。对于云计算中心，计算资源的外部箱体和包装变得毫无价值，只要能够便于组合计算资源，符合相应的功能和效能标准，就可以被采用。

过去，人们如果需要使用计算资源，就必须把计算机买回家，而且遇到资源瓶颈就必须买新的

而云计算让人们不需要购买形式产品，只要一些租费就可以使用按需供应的计算资源，获得了效用

图 5-4　云计算把计算机产品转变为纯效用产品

新工业时代的产品必然都是效用产品，如果一个开发者发现所设计的产品在降低用户的总体效用获得，就必须结束这样的设计。很简单的原因就是，智能技术已经能够把世界上的万物导向效用产品的蓝图，与此相反，必然会被用户抛弃。

需要强调一点，如果没有在产品交付模式上或在生产组织方式上、商业模式上做根本性的变革，效用产品仍然不会是最优的。尤其在潜在产品与核心产品的一致上，很难做到完全一致。这是因为，让用户理解工业技术本身的技术演进并提出未来需求几乎是不可能的，必须通过生产之外的商业模式变革才有可能实现。个性化定制、制造业服务化、共享经济、自主生产等新商业模式的出现，最终实现了产品效用的最大化。

5.2.3　大规模个性化生产

无论是德国工业 4.0 战略，还是其他国家的新工业战略，往往把大规模个性化生产作为工业生产方式变革的未来（本书后文将要讨论：未来的大规模个性化生产是有边界的个性化生产，而不是任意的大规模个性化生产）。但即使如此，一定程度的大规模个性化生产也一定会实现。本节不具体讨论个性化生产如何实现，主要讨论它与效用产品的关系。

首先要区分大规模个性化生产与大规模生产的不同，很多人把这两个概念混为一谈，实质上它们有本质上的不同。

大规模定制的核心实现基础是部件标准化，通过部件的大规模生产来实现产品积木式的搭建，从而为用户提供多样性的选择。注意，是多样性的选择，而不是个性化的选择。这样的产品可能接近用户需求，但与用户的期望产品仍存在较大的差别，更不能期望实现核心产品与期望产品、潜在产品的一致。一般来说，传统工厂通过柔性和模块化改造就能够解决大规模定制提出的问题。因此，所谓大规模定制的产品不是一个效用产品，而是一个传统产品。

大规模个性化生产则不同，尽管它有个性化空间问题，但在观念上仍力图实现的是效用产品。理想化的大规模个性化生产强调每个产品完全不同，无法通过部件标准化来解决。同时，用传统的生产方法实现大规模个性化生产，意味着巨大的成本和较低的效率。如何同时实现个性化、低成本和高效率，就是大规模个性化生产面临的难题。

大规模个性化生产用传统技术和传统工业生产设施是无法实现的，德国工业4.0 战略极力解决这个问题。它提出了在 IT 模块化的基础上实现工艺组件标准化，再加以 CPS、智慧生产、智慧工厂等其他解决方案来实现它。

除了德国工业 4.0 战略提出的方案，国内的青岛红领集团和法国的依视路眼镜也用不同的方案，实现了一定程度的大规模个性化生产。它们以最大化用户效用获得为中心，对生产技术、生产工艺、生产过程进行全面的改造，通过独特的方式把有限空间的大规模个性化生产变为可能，同时也能够把成本和效率控制在可接受的范围内。例如，青岛红领集团采用了大数据系统、3D 打印式的智能 3D 打版装备，以及全面数字化的工厂环境。通过个性化的需求与大数据的关联计算形成个性化的定制数据，把用户需求数据进行计算机 3D 打版后自动传输到智能化的机器进行裁剪。所有裁剪后的布料通过物联网的方式进行传送和加工，从而实现了西装的个性化生产。法国依视路眼镜的实现模式有所不同。它把工艺分段，第一段采用大规模生产，并在眼镜最后阶段采用智能生产机器，克服了模具的阻碍，实现了规模化与个性化的统一。

大规模个性化生产还有另一种情形，即用户需求的不确定性。尽管每个用户都在追求个性化，但在巨大的用户基数下，一定会存在共性。生产商把不确定需求汇聚起来显性化，形成小规模批量生产，然后通过智能技术在应用层面实现完全的个性化。而且，在这个过程中，一般也设计了用户参与设计、生产的途径，确保产品效用最大化。人们也会把这种生产方式作为大规模个性化生产的一种形式。它本质上是对个性化需求求取了最大公约数，从而转化为大规模定制（多样性生产），但它的基础仍然是基于不确定用户的个性化生产。

大规模个性化生产的产品自然是一对一的，从整体上满足了用户的核心产品与期望产品的一致。在产品生产完成后，再附加智能产品的其他特性，如数字孪生、共享经济等，实现核心产品与期望产品、潜在产品的一致。因此，如果实现了大规模个性化生产，这样生产的产品就是符合效用产品观的。换句话说，大规模个性化生产是实现效用产品的一种方法。

大规模个性化生产本身已经把制造业转化成全过程的制造服务，人们不能用可见的产品来衡量它，而这个服务过程本身就是产品的一部分，这就是效用产品观的应有含义。

5.2.4 自主生产

除生产商的大规模个性化生产之外，还有其他的生产方式符合效用产品观。从生产组织方式的角度来看，需要改变用户和生产者之间的对立关系，让生产者和用户互相融合，或者部分生产由用户在桌面完成（3D 打印已经可以做到），这样才能够比较完美地实现效用产品的生产，而且生产是一种实现效用产品的生产方式，如图 5-5 所示。

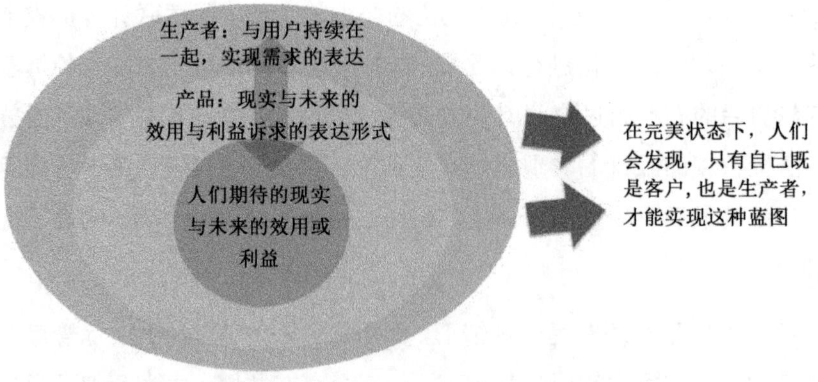

图 5-5　自主生产是一种实现效用产品的生产方式

看看云计算的例子就知道了，自主生产就是一种全新的服务模式，并不是一件神秘的事情。在云计算平台搭建好以后，就为用户提供了自主生产的环境，用户通过互联网登录后，自主选择自己需要的计算机配置，只要单击“确认”，个性化的计算服务就一切就绪。

德国工业 4.0 战略中同样描绘了这样一个蓝图：通过互联网的技术和平台，将能够让那些有特殊产品特性需求的客户直接参与到产品的设计、构造、预订、计划、生产、运作和回收等阶段。极端情况下，在即将生产前或在生产的过程中，如果用户有临时的需求变化，智慧生产和智慧工厂都可立即使之变为可能。

3D 打印将是未来自主生产的“神器”。当用户获得生产商的设计图之后，就可以在家里的桌面上把需要的产品生产出来。同时，也可以选择把实体产品的数字孪生提交给生产商，所有的运行维护和调优的工作就可以由专业的生产商完成。如果家里没有 3D 打印机，也可以找到最近距离内共享的 3D 打印服务进行自主生产。

在后文将要讨论的工业互联网描绘的蓝图中，用户的复杂制造可以通过工业互联网平台把全世界的制造资源归为己用，通过在线组织虚拟工厂，实现自主生产。

自主生产也有人类本性自然引发的必然性，是满足人类最高心理需要——自我实现的一种方式。经过 250 多年的现代产品发展，产品供应极度繁荣，基础的物质需求已经逐渐被填满，人类开始更加注重心灵的感受。自主生产也是人类日益强调自我实现的一部分。自我实现本身就是效用满足的一部分。从效用最大化的角度，生产者也理所应当让用户能够满足自我实现的需求。自主生产不仅是生产方式的需要，也是人类心理满足的需求。

在实现效用最大化的方向上，人类一定能够找到很多种实现产品效用最大化的方式，其中包括给那些愿意实现自主生产的用户提供更多的选择。

5.2.5　社群生产与价值生态

效用产品观还包括社群生产和价值生态的含义。

在新工业蓝图中，用户和生产者将是一个社群中的不同人，通过能力和兴趣的不同建立全新的互动关系，产品的生产和交付将在社群中进行，人们把这种情形称为社群生产。现实中，社群往往通过一个平台或多个平台来实现。

通过社群生产，生产者和用户之间将建立全新的互动关系。产品的交付表现为社群中不同人之间价值的流动。可能有的人提供设计图纸，有的人提供生产工具，有的人来完成自主生产，有的人来管理和分析数字孪生体。价值在社群中间自然地流淌，通过自治来实现产品的生命周期，而不是制度和流程。生产者和用户的全新互动关系是效用产品观必须考虑的范畴，对这种关系的关注，其实就是对效用最大化的关注。

生产者与用户之间的全新互动关系同时又处在一个更大的价值生态当中。现代产品是复杂技术的集合，以及多样性信息内容服务，这就意味着需要大量不同的专业技术和价值贡献。福特时代的汽车只有 5 000 多个零部件，如果不采用 3D 打印技术，现在的汽车会由约几万个零部件组合而成。传统的方式就是通过供应链来实现，但很显然已经不适合现在的高效率、爆发式的要求，势必被全新的价值生态和价值环流代替。每个具体的个性化需要，能够在价值生态中快速聚合并释放，而不是等待漫长的供应链。每个产品应该基于生态就绪，生态能力是个性化生产能量的基础。

要让智能产品效用最大化，必须通过生态的提供。效用是通过一个生态综合反映出来的，如智能手机、智能电视、云计算、智能汽车都具有这些特性。本质上，效用产品就是一个生态产品，生态产品通过包括用户社群在内的若干社群共同创造出来。

5.2.6 三种交付形态

除了用户自主生产，生产商也可以完成效用产品的生产。不过，与传统产品以实物交接为中心不同，效用产品利用智能技术能够实现交付过程的产品效用扩大，从而展现出不同的产品形态。目前来看，智能产品主要有三种可能的产品形态。

虚实双态：利用数字孪生技术，建立产品完全映射的实体态和数字态，实体态与数字态完全一致。生产商可以通过对数字态的优化改进，来实现实体态的优化改进，从而让用户获得更大的效用。这就意味着，未来的产品不仅是用户接收到的那个物理实体，还有一个存在于数字空间的数字虚体。

实体虚拟化：借助虚拟化、分布式计算等技术手段，对物理资源进行虚拟化并通过互联网分发，实现物理资源利用的全新模式。当然，这种交付方式也可以看成虚实双态中的数字态交付。

云计算就是这种交付方式，它把物理世界的资源通过数字虚拟体的方式，借助互联网网络交付到远端的用户。物理的计算机资源存在于云计算中心，但通过虚拟化的技术把物理计算资源分割成大量的可以弹性伸缩和组合的数字虚体。当用户需要资源时，云计算通过一个机制把虚拟计算资源分发到用户端，用户只管使用，不用关心传统产品观念中的形式产品、延伸产品等附带的内容。而且在这个过程中，借助虚体的组织技术，用户能够很方便地实现期望产品、核心产品与延伸产品的一致。在云计算理念与技术发展的基础上衍生出来的云制造观念，正在把制造资源等庞大的物理实体资源进行虚拟化，然后通过网络的方式实现制造资源的虚拟化利用，从而实现对物理资源的集约和优化。

共享经济：以移动互联网、位置服务、匹配算法等技术对实体产品资源和供需信息资源进行集约和优化，从而实现形式上的资源共享，以及实体产品资源利用的最大化。共享经济模式用虚实双态来解释，就是基于时间的实体分享，而虚体用来连接分享。

滴滴出行就是共享经济的典型实例。只用不到两年的时间，就已经形成了对传统出租车行业巨大的颠覆力。滴滴出行成功在于借助共享经济的思维，通过汽车资源的集约和供需信息的集约，从而让已有 100 多年历史的汽车产品演变为一种交通服务。基于这种服务，滴滴出行对汽车资源及每个使用者的时间资源都进行了优化，好处显而易见。人们过去以拥有汽车作为成功和自豪的资本，而未来可能只会为拥有一家汽车共享服务的贵宾卡的最高等级而感到自豪。

不仅是类似滴滴出行这样的第三方平台，世界上最早成立的汽车制造商——奔驰汽车公司 2016 年宣布启动类似滴滴出行的共享汽车的计划。其倡导的未来汽车理念是："连接"（Connected）、"自动化"（Autonomous）、"共享与服务"（Shared & Services）与"电气化"（Electric Drive）。汽车不再是你用来购买的一个物理产品，将是每个人手机 APP 中的一项可选服务。很多汽车制造商都有类似的计划，这种变化趋势现在看起来不可逆转。过去人们购买载体来获得效用服务，但实质上，拥有载体的时间远远超出使用效用服务的时间。因此，对于这种低效的产品拥有模式进行坚决而彻底的革命，很显然符合大多数人的心声，如果共享服务能够实现如同自己拥有的话，共享产品的模式必将对旧有的产品模式进行根本性的颠覆。

显而易见，以共享服务为目标的产品制造过程与以销售产品为目标的产品制造过程将完全不同。如果是面向共享，产品在用户端将是呈现丰富的服务选项列表，而不是具体的配置和功能。在这个过程中，产品只是为共享服务提供一个平台。需要强调产品的易配置性及个性化设计，其核心强调的是服务。而作为一件用户拥有的产品，其核心强调的是资产。两者有截然不同的目标。

数字孪生、实体虚拟化、共享经济是目前影响最大的三种效用产品形态，这些新形态的出现与智能技术的利用息息相关，是智能时代的产物。通过对这三种典型智能产品形态的讨论，已经能够得到一个结论：智能产品绝对不是把智能芯片嵌入一个传统产品中，而是对产品观念的根本性颠覆，是智能与产品交叉影响的融合反映，而不是简单的叠加。如果能够认识到这一点，你就拥有了智能产品观。

效用产品一定还会有若干种不同的形态，但只有一个目的，就是扩大用户的效用获得或创造出全新的效用获得。

5.3 煎蛋模型与“全新”的含义

无论如何生产和采用什么样的交付方式，人们都必须抓住效用产品观的核心宗旨。

简单地说，效用产品观就是突出效用价值，或者直接交付用户效用价值的一种产品观念，具有这种观念的产品就是效用产品。效用产品不是指具体的有形物体，而是产品形态、产品生产、产品交付等多方面综合性的观念转变的结果，强调的是用户的效用获得。解决了效用产品观的问题，就解决了新工业生产什么的问题，也就解决了未来生产和未来工厂的目标导向问题。结合菲利普·科特勒的五层次产品结构说，用一个煎蛋模型来比喻，效用产品就是打破蛋壳（延伸产品），消解蛋清（形式产品），突出蛋黄（核心产品与期望产品、潜在产品的一致性）的产品，如图5-6所示。

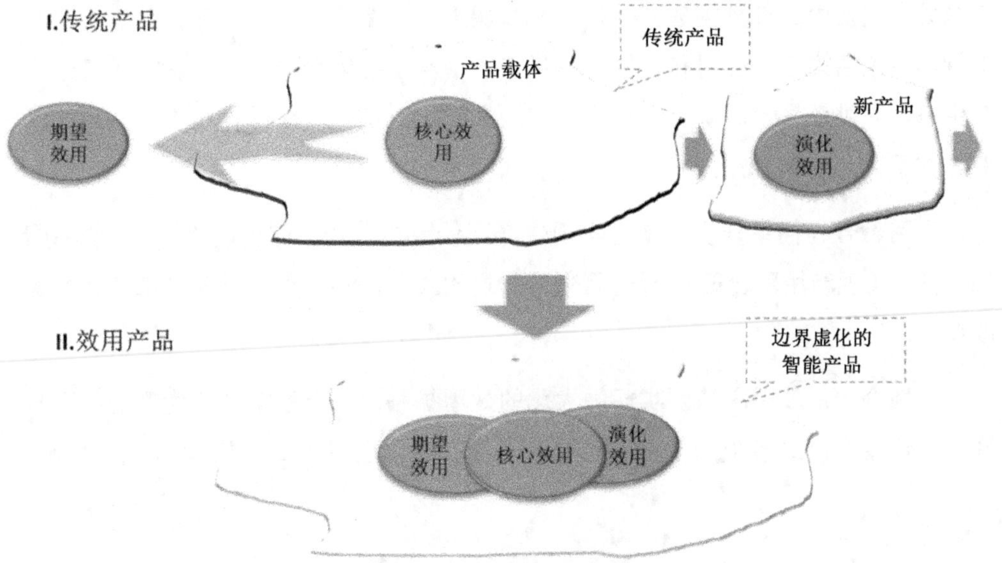

图 5-6　效用产品的煎蛋模型

与传统产品相比，效用产品在本质特征、外在形态、生产方式、交付模式等方面完全不同，具有“全新”的含义。总结来看，它有以下六个鲜明的特征。

效用突出：对用户而言，它是效用突出并最大化的，效用价值远大于形式本身，或者转变为完全无形化的服务。效用还体现在产品的期望价值、核心价值和潜在价值的接近统一或完全统一。

智能互联：效用产品一定是智能的产品，它能够按照人类的需要完成自身的软、硬功能定制和不断优化。在无人控制的基础上，能够具有一定的智能，自治地完成任务。同时，效用产品一定构筑在互联网之上，能够支持用户参与、远程的服务和升级，以及与其他智能产品实现信息交互。一般来说，效用产品以互联生态的方式生产和存在。需要特别说的是，虽然效用产品是智能产品，但智能产品不能表达效用突出的内涵，因此，本书用效用一词来诠释未来产品而不用智能一词。

虚实双态：在虚实融合背景下，基于数字孪生技术，未来的效用产品将具有虚实双态的特性，即具有虚拟态和实体态两个状态。基于虚拟态和实体态的组合，可以实现多重产品交付形态，如单独交付数字态，或者单独交付实体态，或者基于虚态连接的实体分享。

生态系统：效用产品不是一个单独的物体，而是一个复杂的、软硬件一体的生态系统，主要由三部分构成：①智能的赋能生态，除了提供云计算、大数据和算法支持，还包括第三方应用和内容的提供者，以及社会化数据的供应者；②新工业生产生态，提供新技术、新材料和新工艺的生态化组织；③交付给用户的产品（虚实双态的不同组合）和用户社群。

产用融合：简单地说，就是实现生产和使用的融合，体现出“边生产边使用”的特性。实现产用融合既包括产品交付方式的改变，也包括生产方式和商业模式的改变。

个性众产：效用产品要实现最大化的效用扩张，一定是个性化生产的。而要实现个性化生产，靠有限的生产商也是不够的，必须通过大众化的社群生产来实现。

5.4 汽车产业的效用产品革命

汽车是复杂的重工业产品，汽车产业的效用产品革命正在给其他行业带来全方位的启示。

汽车是石化能源和内燃机发明的产物，现代汽车产业也是大规模生产模式的发源地。最早的汽车是用来替代更原始的交通工具——马车，在当时也是巨大的交通革命。汽车一经发明就成为一个全新的稀缺性产品，成就了一大批汽车巨人的传奇。但是，现在已经到了再次交通革命的边缘。看看现在主流的汽车产品，再比较100年前的原始汽车产品，虽然种类、舒适度和安全性得到了提高，但并没有本质性的变化。2013年，曾经创造奇迹的世界著名汽车城——美国底特律市政府宣告破产，从某种意义上，也宣告了传统汽车工业经过100年的巅峰，最终走向没落的事实。

传统汽车的负面作用已经日益凸显：汽车尾气污染严重，可能间接威胁人的生命安全；在交通拥堵的今天，交通事故频繁发生，处理事故需要占用很多时间，还要面临不必要的危险；汽车本身是一项负资产，产品更新很快，几乎不会保值，还会产生油品消耗、维修保养、保险等费用支出；开车需要非常专注，会占用很多时间。

尽管人们发现了汽车产业已经存在的很多问题，但至今为止，人们还没有找到能够彻底代替它的办法。产业链的繁荣、石油的廉价、汽车制造业的发达等诸多原因，造就了汽车业的霸主地位，让其他任何代替汽车的想法都显得效用低下。现在，新能源与智能技术的发展，给汽车业的彻底革命带来了可能性，一场智能电动汽车革命正在全球范围内轰轰烈烈地展开。

2012 年，特斯拉的横空出世，引发了全球的轰动，把人们改变汽车这种传统交通工具的渴望充分激发了出来。当年 6 月 22 日，美国加州 Fremont 的特斯拉工厂生产的全新电动车系列“Model S”首辆电动跑车正式交付。在动力方面，借助新的电能储备技术和电力驱动技术，特斯拉汽车具备了传统汽车所拥有的能力。不过特斯拉汽车颠覆性改变的不仅是动力，而是把汽车智能化水平提升到如同一个苹果电脑的水平，通过一个 17 英寸的巨大触摸屏（见图 5-7），能够完成控制汽车的大部分功能。用户可以自主地定制和下载应用，甚至通过全新的应用来优化汽车自身的性能及汽车智能的自动驾驶能力。特斯拉汽车不再是一个交通工具，而是成为一个信息和知识平台。市场的业绩证明了这种全新汽车产品的成功。

图 5-7 特斯拉汽车 Model S 的 17 英寸触摸屏

2013 年，在特斯拉发布的第一季度财报中，该公司销售 Model S 车型 4 900 辆，超过原先预定的 4 500 辆的目标。销售营收为 5.55 亿美元，同比增长 27 倍。2018 年度前三季度特斯拉共销售 15.4 万辆汽车，约达到了 2013 年 30 倍，其中中国市场的销量就达到 6 710 辆。特斯拉把汽车变成了一个电力驱动的智能信息平台，这是一个革命性的开始。

特斯拉只是汽车产业革命的开头，无人驾驶汽车正在引起新一轮的狂热，从传统汽车生产巨头到互联网巨头，无不宣称进军无人驾驶汽车领域。

在 2014 年 5 月 28 日召开的 Code Conference 科技大会上，全球互联网巨头谷歌公司发布了自己的无人驾驶汽车。和一般的汽车不同，谷歌无人驾驶汽车没有方向盘和刹车，是一款完全的信息智能控制的汽车。谷歌无人驾驶汽车行驶时不需要人来操控。2012 年 5 月 8 日，美国内华达州机动车辆管理部门为谷歌无人驾驶汽车颁发了首例驾驶许可证，这意味着人类开始接受这种全新的交通服务方式。2016 年，谷歌公司宣布，它的无人驾驶汽车项目有了一个全新的官方命名 Waymo，并作为谷歌母公司 Alphabet 的第 12 个独立子公司运营。谷歌的无人驾驶汽车是目前该领域最顶端科技的代表，它的目标是开发出全自动驾驶的汽车，在行驶过程中无须任何人为干预，而其他的汽车制造商一般致力于开发有人干预的部分自动驾驶技术。Waymo 在 2018 年就完成了 500 万英里的道路测试，并计划在 12 月初推出世界上第一个商业化的自动驾驶汽车服务。

除了谷歌，世界上目前还有大量的公司宣布进入无人驾驶领域，掀起了汽车业革命的大潮。汽车产品本已经非常复杂，而无人驾驶汽车的技术难度更是前所未有，它需要集成目前人类发明的所有顶尖的智能技术。从技术体系上，它是所有已知智能技术的综合，即集传感网、自动控制、高性能计算机、人工智能、视觉计算、GPS 定位、GIS 等众多顶尖技术于一体的产物。正是由于无人驾驶汽车的复杂性，尽管已经有大量的测试产品发布，实际上，还都没有实现量产。不过这并没有阻止人类的雄心，政府也打开绿灯，开始欢迎汽车新时代的到来。

不仅在美国，无人驾驶汽车也已经在许多国家开始测试运行，包括英国、日本、瑞典、新加坡等。中国的无人驾驶智能汽车也在 2012 年完成了在京津高速公路上的测试。2017 年，北京市交通委员会正式印发《北京市关于加快推进自动驾驶车辆道路测试有关工作的指导意见（试行）》，正式允许无人车上路测试。

在无人驾驶汽车不断取得进步的同时，汽车革命的另一个方向——飞行汽车也已出现。世界上第一部飞行汽车 Transition，比最小的私人飞机稍重些。2013 年被美国联邦航空管理局核准为轻型运动飞机，能合法地在公路上行驶并能在天空中飞行。

飞行汽车 Transition（见图 5-8）由美国特拉弗吉亚公司（Terrafugia）与 2013 年 5 月研发成功，在 2015 年年底上市销售，价格大约为 30 万美元。Transition 可搭载 2 名乘客，可以连续飞行 800 千米，在公路上的时速可达 113 千米，飞行时速则可达 185 千米，飞行状态可以持续 20 小时。不过，这样的飞行汽车并不是所有人都能开，飞行汽车的用户需要持有飞行员驾驶证和汽车驾照来驾驶这辆“遵从公路法规”的飞机。

图 5-8 飞行汽车 Transition

资料来源：互联网。

与普通小型飞机比较，飞行汽车 Transition 的效用提升比较明显。它能够在天气不佳时，降落地面行驶，而用不着停飞。价格与小型飞机比较，还是比较实惠的。

飞行汽车并不是只有 Transition 一款。2016 年，一家斯洛伐克公司 AeroMobil 发布了飞行汽车的样车 AeroMobil 3.0。2018 年，AeroMobil 在中国进口博览会上展示了飞行汽车的最新版本 AeroMobil 4.0（见图 5-9），并与中国宝能汽车签署了战略合作框架协议。这款飞行汽车可以在 3 分钟内实现由汽车变身飞机的模式转换，通过其高效的混合动力系统，可以实现陆地驾驶的最高时速 160 千米，空中飞驰时速为 360 千米，最高单次续航 750 千米[6]。

2016 年，曾经开发出 Transition 的美国特拉弗吉亚公司最新设计的飞行汽车的概念车 TF-X 亮相。TF-X 与 Transition 相比，更接近汽车，而不是飞机。它能够承载 4 人，在道路上通过直升机旋翼垂直起降，巡航速度可达每小时 322 千米，并实现 805 千米的飞行距离。TF-X 由智能系统控制，能够实现半自动化驾驶，乘客只需输入目的地即可安全到达。

6 http://sh.qihoo.com/pc/9c095ba83154ef43e?cota=1&refer_scene=so_1&sign=360_e39369d1

图 5-9　飞行汽车 AeroMobil 4.0

资料来源：互联网。

2017 年，中国的汽车公司吉利集团将特拉弗吉亚公司全资收购，从而加速了飞行汽车的进展。2018 年 9 月，特拉弗吉亚公司的 CEO 在中国首次公开演讲中宣布，全球首款量产飞行汽车 Transition 在 10 月开启预售，下一代概念产品 TF-2 也在同月正式公布。

除汽车产品本身的革命性颠覆之外，汽车共享出行也已经成为成熟的服务。除知名的 Uber 和滴滴出行之外，还有大量的汽车巨头也开始进入汽车共享领域。2018 年 11 月，欧盟的反垄断官员同意了宝马和奔驰旗下的出行和相关业务的合并事项，这家由巨头组建的公司将是欧洲最具竞争力的互联网汽车共享服务商，而且还是最大的互联网出行 APP 运营商、最具实力的充电服务商、世界上最大的无桩分时租赁服务商。从而欧洲出现了一个相当有实力的出行服务集团，可以与 Uber 和滴滴出行分庭抗礼。在中国，上汽集团、长城汽车、吉利汽车等汽车公司也在谋划进入共享出行服务领域。

当然，从共享出行起步的 Uber 和滴滴出行等公司也反过来在谋划进入无人驾驶汽车、飞行汽车等后端领域。除了谷歌，还有原来与出行服务无关的互联网科技巨头们也在谋划进入这些汽车前沿领域，其中包括苹果、百度、腾讯、阿里巴巴等。

除电动汽车、无人驾驶、飞行汽车、共享出行之外，汽车领域的巨变还包括车联网。车联网虽然也曾经被称为革命，但现在看来，只是汽车产业革命的序幕。

如果从汽车被发明开始计算，无疑目前汽车产业已经进入暮年。但如果从智能出行开始考量，汽车产业还是一个新生的婴儿。从产品的角度来看，电动汽车、无人驾驶、飞行汽车、共享出行带给大众的是巨大的效用扩张，把汽车的效用本质——出行服务充分凸显出来，让用户在出行中获得最大的效用价值。同时，通过汽车产品的信息平台化，叠加了出行和信息服务的综合效用，在用户出行过程中创造出全新的效用感受。从汽车业这个视角，能够看到从传统的卖汽车实体产品，到实现产品本身、产品生产、产品交付等全方位的效用扩张，实质上这就是全方位的效用产品革命。

未来汽车产品不是一个由机械部件组装的物体，而是一个有着软、硬件的综合性系统，它将是智能互联、虚实融合、个性并且共享的产品。另外，未来汽车一定不是某一家汽车公司制造的产品，而是由计算、算法、内容、数据、感知、网络、能源等众多细分生态圈共同完成的产品。

汽车作为一个复杂的传统工业产品，融合利用智能技术和全新的商业模式，正在全面转变为效用产品，其他的工业产品有什么不可能呢？很多人觉得是汽车产业太古老了，所以才被动地进行变革。但事实上，汽车产业变革的本质是产品观念的转变，是在未来出行服务效用化的引领下完成的。只要转换一下产品观念，想办法突出产品的效用价值，一切就都有可能。

5.5　价值链的颠覆（以电视业为例）

德国工业 4.0 战略中提到，要实现端到端的价值链工程，大多数人会关心技术上如何实现和工程上有何价值。但问题在于，如果产品观念发生了根本性的变化，整个价值链的构成就会完全不同，所以单纯地关注技术实现和工程价值无助于人们建设一个成功的有价值的新工业企业。通过对汽车工业的分析，人们已经看到，如果用效用产品观来看待汽车，汽车的价值链就会完全不同。传统汽车工业价值链可能包括汽车的零部件厂商、汽车制造商、渠道商、4S 店等，而在全新的汽车工业中这些都不重要，而是主要与汽车新能源、电机供应商、智能技术产业、内容服务商、出行服务商相关，汽车制造只是其中的一小部分工作，产业链条要素和生态完全不同。实质上，效用产品观对传统工业价值链来说意味着根本性的颠覆。

现在，正在行业变革阵痛中的电视产业价值链就在发生着颠覆，如图 5-10 所示。

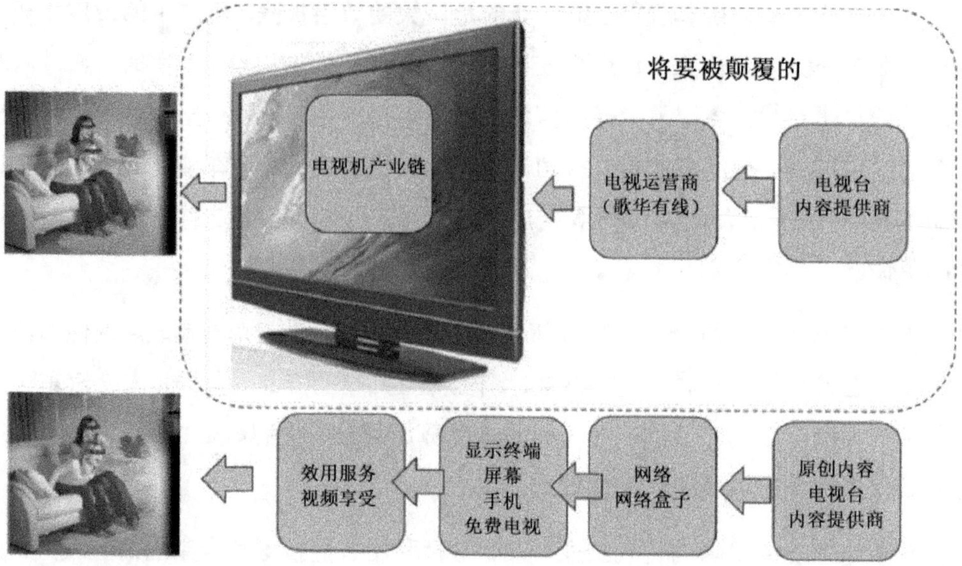

图 5-10　正在颠覆中的电视产业价值链

传统的电视产业价值链主要由内容提供商（电视台）、电视接入运营商及电视机产业构成。过去电视播放的内容，主要由电视台自己制作。电视传输接入和运营主要有无线传输、有线传输、卫星传输三种方式。在城市中主要采用有线传输方式，而偏远地区和农村主要采用卫星传输和无线传输方式。有线电视运营商除有线电视网络建设、管理和运营及广播电视节目收转传送之外，一般还有一些增值服务，如视频点播、网络信息服务、基于有线电视网的互联网接入服务、互联网数据传送增值业务、国内 IP 电话业务和有线电视广告设计、制作、发布等业务。

相信大多数人和我一样，选择有线电视的服务还是以看电视为中心，其他服务很少涉及。而且，与互联网相比，有线电视的视频点播，无论是内容数量还是效率，都远不及互联网。电视产业价值链中还有重要的一环，即电视机。传统的电视机制造本身也是一个复杂的产业链，从零部件采购、生产、销售，到售后服务无所不包。有意思的是，传统的电视产业链的各主要环节是割裂的，电视机产业就负责电视机生产，内容提供商就只管内容，电视运营商就只管把内容送达电视机，各自负责自己的盈亏问题。

在互联网电视出现后，尤其是智能电视的出现，使传统的电视产业价值链面临全线颠覆的危险。甚至有专家认为，如果没有政策的保护，传统电视产业将必然全面陷落。当然，也有人认为，这种局面不会发生，互联网新贵只是挑战入口和终端，传统电视产业的庞大产业链安然无恙。

如果只是占领入口和终端这样简单，确实传统电视产业价值链不会发生根本性的颠覆。但问题在于，如果这些新型电视产品改变了人们对于产品的观念，那么这种改变就是彻底和持久的。也就是说，如果用户认为传统电视台和电视运营商提供的产品根本就不是他们想要的产品，传统电视产业价值链就必然会被颠覆，所有问题关键取决于用户的选择。

事实上，用户已经开始重新审视电视这种产品。用户已经认识到电视只是获取视频内容的一种方式，他们更希望有更多终端可供选择，而不是被限定在传统的电视机及有线运营商的机顶盒中。例如，人们希望能够在包括电视屏幕、电脑屏幕、平板、手机等设备上都能看到电视内容，而且能够做到无缝切换，而这就需要整个电视生态的改变。

近两年出现了一个称为无屏电视的产品，正从前端开始彻底改变电视产业的价值链。无屏电视的概念最早来源于一个 80 后创业者——极米科技创始人钟波，他在 2013 年正式提出了这个概念。无屏电视从表面上看，就是投影+网络盒子+视频接口+内容的装置。它看起来像一台投影设备，但它整合了电视机的视频解决方案，整合了网络盒子，整合了投影功能，是一个电视终端和互联网内容终端。除具有一切智能的特性之外，无屏电视的最大特性在于能够打破电视机尺寸的概念，从 40 英寸到 180 英寸自如调整都没有问题，这是传统电视机完全无法想象的。除显示图像尺寸大之外，无屏电视机本身与传统电视机比又非常轻便，仅有一本书大小，一个小孩就可以随意搬走。当然，这款被称为无屏电视的产品，用于商业投影也完全没有问题，可以复合多用。毫无疑问，无屏电视是一种前所未有的创新，它的核心价值正是来源于多种技术效用的整合。借助这种新产品，用户可以获得多重效用价值。极米无屏电视 Z4X 如图 5-11 所示。

图 5-11 极米无屏电视 Z4X

市场的选择证明了无屏电视的成功。仅依靠这些每台只要 2 000～3 000 元的产品，2014 年投产第一年极米科技的销售额就达到了接近 1 亿元，2017 年销售额达到了 12 亿元，2018 年年底其销售额约达到 20 亿元。很显然，无屏电视的价值链与传统电视机的价值链完全不同，它的快速成功也证明了传统电视业正在加速颠覆中。

无屏电视及其他类型的智能电视，不仅改变了传统电视机的观念，也改变了用户对内容产品的观念。当然，这里面首先面临重大颠覆的是电视机产业，可能还不是后面的运营和内容产业。但假以时日，随着入口和终端的改变，携客户以令诸侯，除非政策性保护，否则后面的运营产业和内容产业也势必面临颠覆，至少也会面临多元化的挑战。事实上，电视运营商也已经做出改变。例如，一些地方的电视运营商和传统电视机制造商合作推出订节目、送电视的活动，来应对新型智能电视的挑战。

至于谁是最后的胜利者，目前尚未可知，也不重要。但一定要知道，一个全新电视产品观时代已经开始，而且不会停下来，只有直面这种变革，才不会被颠覆。

效用产品观本质上就是以用户为中心的产品观。认可这个新观念，就意味着传统产业价值链将面临彻底的颠覆。

5.6 新工业创业家的产品定位

创业家不仅是指那些致力于颠覆旧工业，打造智慧产品和服务的创客们，还包括具有创业精神的传统企业家。他们努力把传统企业转型为智慧工业，力图让企业跟上时代进步的步伐。成功了，就是创业家；没有成功，就只能称为创客。一些已经引起关注、转型或创新大获成功的企业家，构成了一个创业家群体，他们给人们带来了启发。更重要的是，那些正在兢兢业业、孜孜不倦、努力成功的人，他们中的一些人注定是未来的创业家。不过，要想在新工业领域成为创业家，产品定位是一个关键的问题。

传统的产品定位主要在回答“3W2H”的问题：①Who，谁需要产品；②What，需要什么样的产品；③Where，在哪里交付；④How much，什么价位；⑤How to

Achieve，如何实现。这种定位方法仍然是基于传统的一个具体的、有形的产品，对本章讨论的效用产品来说，如云计算、无人驾驶汽车、无屏电视等，显得无法遵从。那么，作为一个新工业的创业家，应该如何思考产品定位问题呢？新工业创业家的产品定位方法如图 5-12 所示。

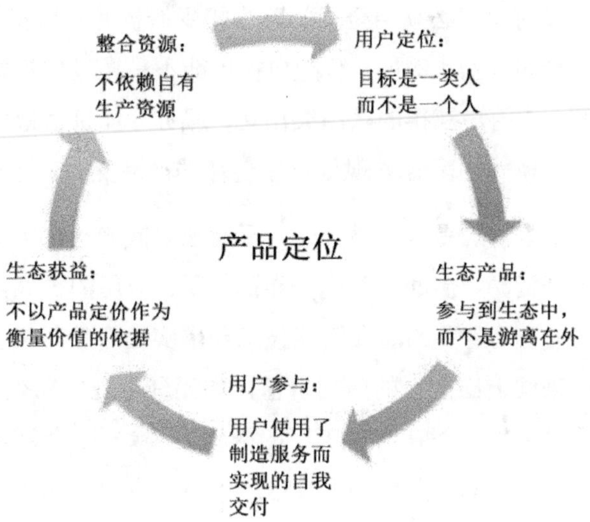

图 5-12　新工业创业家的产品定位方法

第一，不应该把产品需求定位为一个人，而是一类人。效用产品本质上是个性化定制的，虽然产品最终是一对一的个性化交付，但对于制造商来说，提供的是一种边界宽泛的定制能力，以满足潜在用户的需求。例如，云计算产品可以定位为需要计算资源的人，而不能定位为某个行业、某个企业。

第二，效用产品往往是一个生态的提供，效用是通过一个生态综合反映出来的，如云计算、无人驾驶汽车、无屏电视都具有这些特性。本质上，不能把效用产品等同于一个具体物体，而是一个生态产品。创业家需要在一个生态中定位产品，最终展示给用户的效用是一个生态组成部分，而不是一个整体。创客不能谋求在创业一开始就独立构建生态，而是与生态主导者合作实现。创业家必须要参与到生态中，而不是游离在外。

第三，效用产品产生效用最大化的一个方法就是用户参与，让用户参与到产品的全生命过程中，包括创意、设计、生产、服务等，所以不能把交付理解为送达，而是系统级的参与方案，包括促进用户参与社区的构建，是产品构成的有效部分。

效用产品应理解为：用户使用了制造服务而实现的自我交付。不能把用户对立为一个交付对象。如果用户有桌面制造设备，如 3D 打印机，制造商提供的将是制造创意服务。

第四，不能以产品本身的定价作为衡量价值的依据，而在产品生态中获取服务的价值。这就要求，创业家必须用全局的眼光接受低价或免费提供给用户的产品，并在生态中获得自身的利益。例如，智能电视可能不是通过电视机获益的，而是通过内容生态获益的。让用户获得的效用突出化，服务才能价值最大化。这就需要服务商构建全新的商业模式，配合实现低价或免费的产品交付。

第五，效用产品追求的是效用最大化，不能独立依赖一家企业资源，而是通过技术效用和整合生产资源，借助互联网分布的力量。效用的扩大，除独立创造一种新技术带来效用之外，更重要的是在智能技术和虚实融合的背景下，整合已有的效用，通过效用叠加来创造出全新的效用价值，如无屏电视。在整合生产资源方面，创业者无须把精力过多地浪费在智慧工厂的构建上，除非这个领域确定世界上无人能够生产，或者面临特殊的商业壁垒。效用产品不一定要自己生产出来。现在世界上的很多著名公司，如苹果、谷歌、小米，它们的很多产品也是通过代工厂生产出来的。除非企业将自己定位为一家代工厂，否则，就无须在生产环节浪费精力。

总之，在当下新工业革命风起云涌的时候，只要抓住新产品创造的风口，以智能的效用产品为突破口，创业家就一定能够找到成功的机会。

第 6 章
Chapter 6
重新定义机器与工厂

很多人小时候就见过各种各样的工厂，无非是高大厂房中忙碌的人群、轰隆隆的流水线和大量庞大而沉重的机器。但从现在开始，可能需要把这些有关机器和工厂的认知从头脑中全部抹掉，重新建立有关机器和工厂的认知。

250 多年前，珍妮纺纱机的发明拉开了第一次工业革命的序幕，也开启了人类用机器进行生产的新时代。机器用来干什么？最早的用途很显然就是代替部分人的体力劳动，提高人类的劳动生产率。机器的进步是生产力的进步，也不断推动人类社会的发展。250 多年当中，人类对生产机器的发明从未停步，不断地创造出能力更加强大、在更多的方面能代替人力的机器，各行各业的生产机器都发生了巨大的变化。驱动生产机器的动力机器从早期的蒸汽机，到 100 多年前变成电动机，然后变成数字化控制能源系统，现在正在变成智能的能源系统。生产机器从早期孤立的生产机，到多个机器组成的流水线，然后是数控机器，现在向智能机器演进。如果说数控机器还是工厂中有一点小聪明的“孤儿”，而智能机器将组成机器的世界，一个类似人类社会的世界。

从第一次工业革命到现在，工厂的形式、构造和能力也发生了翻天覆地的变化。200 多年前随处可见的那些冒着黑烟的工厂，慢慢变得窗明几净。由早期庞大配力机构连接在一起的工厂，慢慢变成了在大厂房中有序组织在一起的流水线工厂，然后又变成了自动化工厂。现在的工厂不仅人变少了，更加干净了，而且从庞大的自动化工厂变成了模块化的智能小工厂。未来的工厂还有可能是共享工厂和基于互联网的虚拟工厂，也有可能是只有几台 3D 打印机或智能机床的超微工厂。工业互联网作为一个工业资源全要素配置网络，正在描绘一个颠覆性的工业蓝图：全世界的机器连接起来组成“超级机器”，全世界的工厂连接起来组成“超级工厂”。

新工业建设的进程已经开始，脱离互联网世界的机器“孤儿”正在大量消失，平板电脑或智能手机中的虚拟超级工厂正在形成。人们要驾驭这些正在到来的未来，就必须抹掉脑海中关于旧有机器和传统工厂的一切，重新认识机器和工厂。

6.1　重新域定与赋能万物的逻辑

人工智能技术的再次崛起，万物智能时代的到来，新一代信息技术被重新域定，形成了被称为智能技术群的集群。人们现在讨论的有关智能的一切，不是仅与一两项单独的技术有关，而是智能技术群融合发挥作用的结果，这个发挥作用的过程，人们把它称为赋能。通过赋能才有了智能万物的可能未来。智能万物的个别或者大量个别的组合构成了新工业的一些重要元素，包括智能机器、智慧工厂及工业互联网。域定这个概念在第 1 章简单引用过，它对人们认识智能技术群的特性非常重要，这里再进行详细解读。

6.1.1　理解重新域定

汉字中的“域”原意是疆界或范围，在数学和生物学中经常用来描述取值范围或分类。例如，数学中有定义域、值域、实数域、有理数域等概念。那么，在技术变革中应该如何理解呢？经济学家布莱恩·阿瑟在《技术的本质》一书中对有关技术域的问题进行了探讨，非常具有参考价值。

首先，什么是技术？技术是对现象有目的的编程，或者技术就是被驾驭并使用的现象。大量的科学理论来源于技术实践，并形成科学体系，进而来引领开发出更多的技术。科学和技术形成共生和相互促进的关系。

其次，技术为什么会集聚成群？其一，技术来源于现象，现象族群被开发并加以利用，自然形成技术的聚集。其二，技术为了达成共同的目的，也会聚集成群。

例如，人们要达成建设一个智慧工厂的目标，相关的技术就会自然而然地集聚起来。其三，技术因为围绕同一个理论而集聚在一起。

最后，布莱恩·阿瑟把无论什么原因聚集起来的技术集群定义为域。域中的技术可以共同工作而且拥有共同的能力。具体的技术是要解决具体的问题，而域的概念是一个工具箱，人们可以从中选择有用的个别组件或一个组合。一项技术或数项技术是由某一家或几家公司提供的，域整体是由大量技术公司构成的产业。例如，云计算、大数据都有若干家公司在提供各种各样的具体技术，但智能技术产业是智能技术群所有相关技术公司的综合。与技术不同，一个域不是发明出来的，而是自然组合出来的。一旦形成，它就具有强大的经济和社会塑造潜力。智能技术群中的每一项技术都是由不同的人研究和发明出来的，而智能技术群是人们围绕实现万物智能社会而自然形成的。

那什么是域定？简单地说，人们要解决一个问题，首先会选择一个工具包，这个工具包就是域，选择过程就是域定。现在，人们要解决万物智能领域所有相关问题，能想到的工具包就是智能技术群，选择的这个过程就是域定。

域中的局部变化就是技术进步，而域的整体变化就是革命，或者用布莱恩·阿瑟的说法就是重新域定。重新域定就是以一套不同的内容来表达既定的目的。重新域定意味着全新的、更有效的实现目的的方法，还意味着全新的可能性。用通俗的话说，就是技术的颠覆性改变。例如，从传统的信息技术、新一代信息技术到智能技术群是一个连续重新域定的过程。也就是说，人们通过智能技术群的重新域定，或者说更新升级了工具包，将能够为实现万物智能社会找到全新的、更有效的方法，还有更多的创造性。

域会定义一个时代，在这个时期内，域中会有局部的技术进步，但不构成技术革命。另外，域也会定义出一种语言，语言会有相应的规则和语法规则，大家能够交流，从而实现不同细分技术之间的协作。

域既包容想象力，也能够具体实现，是一个有包容的空间，人们可以想象出大量的不同可能性。同时，在域中可以设计和操作大量的具体任务，来实现具体的目标。

不同的域就像两个不同的世界，在相关的域中具有强大的能力，但出了边界可能什么问题都不能解决。

一个域也会有生命周期，有它的初始、发展、成熟和衰败，最后通过重新域定来实现技术进化或技术革命。

众多的技术集合在一起，就会创造出人们称为“经济”的东西。经济是技术的表达，新经济是新技术的表达。当旧的经济活动不适应新技术的发展时，经济活动也会重新域定，形成新的经济活动形态。经济活动的重新域定就是经济的颠覆性变革，或者称为经济活动的革命。

如果参照布莱恩·阿瑟提出的技术进化和经济进化的理论体系，人们就能够非常清楚地了解自己面临的现状，以及可能遇到的未来。新一代信息技术在人工智能技术逐渐成熟之后，以万物智能为中心目标实现了重新域定，形成了智能技术群，这个过程人们现在称为新技术革命。

随着智能技术群的不断发展和成熟，传统实体经济活动不再适应新技术的发展，必然也会重新域定。重新域定的核心就是通过与智能技术群的融合，创造出全新的经济形态。现在，正在发生的经济领域的变革往往被称为数字经济或智能经济，在工业领域人们通常称为新工业，实现新工业的过程被称为新工业革命。现在，这个过程正处于初始阶段。

智能技术群对信息技术的重新域定，创造出全新的可能性，它与万物的融合，会赋予万物全新的能力。在工业领域，智能技术群会赋能机器，赋能整个工厂。当然，这种赋能不是与旧机器、旧工厂简单地叠加，而是会让机器和工厂在表现形式、内部结构和展现能力等方面出现根本性的变化，实质上这也是机器和工厂的重新域定。人们需要站在智能技术群充分融合利用的背景下，针对机器和工厂这两种重要的工业元素，用想象力预测各种可能的深层次变革。

6.1.2　赋能万物的逻辑

智能技术群的形成势必与经济活动相结合，实现万物赋能。当万物具有智能的特性时，万物重组就成为可能，从而创造出全新的经济形态、经济结构和经济能力。

赋能的核心包括了三个关键问题：赋什么能？给谁赋能？如何赋能？以下以人工智能技术赋能为例来看一看如何实现赋能。

首先，什么是人工智能的能？人工智能的技术元素不是能，如把一堆算法交给企业这不叫赋能。人工智能与云计算、大数据相结合产生的具体解决问题的应用能力才是能，这种能力再通过互联网途径赋予工业的产品、生产和商业活动，这个过程叫赋能。例如，一个水力发电厂，把电输送到企业叫赋能，要是把水送到企业，虽然水是发电的元素，但只能叫送水，而不能叫赋能。

人工智能赋能的本质是什么？本质就是大数据这项生产资料通过算法转化成的新知识具有的能量，这种能量能够增加产品和业务过程本身的分析、决策和自治运行的能力，从而给企业带来前所未有的竞争力。算法是发电机，可以实现从数据到知识的转换。这个转换过程随着数据的不断更新在连续不断地流转，使得受能端的自身能力不断增强。在这个过程中，新知识具有的能力是一个连续传输、按需供应的流体，保持不断流动和更新。而大数据这种生产资料可能有环境、受能端自身、环境外部数据等多种来源，其目的是使知识能量输出更加有效。受能端的能力增强包括环境互动更加友好、功能更加丰富、与用户需求和场景更加契合、运行更加精准、个性化服务能力更强等多方面、多维度能力的提升。在这个过程中，云计算的作用是为人工智能赋能过程提供计算平台和交付平台，在云计算框架下，人工智能赋能就是它的一个云应用。

尽管目前人工智能的主要进展仅限于基于深度学习的弱人工智能，还受到诸多因素的限制。但在一些专业领域，人们需要认可它确实已经具备了实用的价值，这就是人工智能赋能的价值基础。基于深度学习算法，目前人工智能在图像识别、图像理解、视频识别、语音识别、语义理解、机器翻译、情感分析、决策支持、大数据分析等专业领域已经具备了较为成熟的技术能力。但技术能力还不等于能量，需要与具体应用目标所需的大数据相结合，才能实现从能力到能量的转化。例如，一家技术企业拥有图像识别的技术，这种技术要给智能机器的人脸识别应用赋能，那就需要结合人脸识别的大数据与用户端数据对算法进行训练，使得人工智能程序具备人脸识别的应用能力，这种具体的应用能力才是人工智能产生的能量（见图 6-1）。

通过人工智能的赋能过程可以看出，赋能是多种智能技术的综合利用，通过一个复杂的技术体系来实现，智能技术群给万物赋能也有类似的过程。

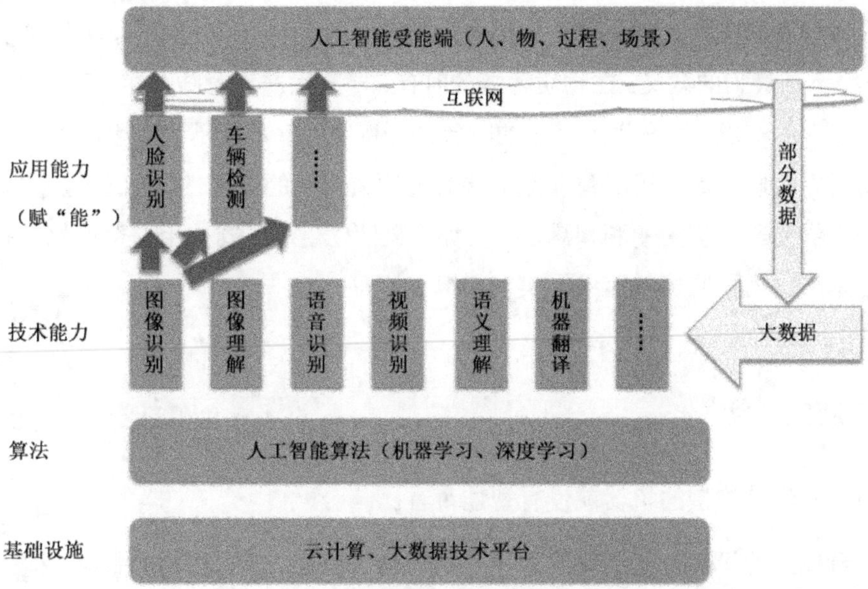

图 6-1　人工智能赋能逻辑图

智能技术群具有了赋能万物的能力，但针对不同的工业元素实现赋能存在多种可能性。机器和工厂作为一种重要的工业元素，是如何通过赋能实现机器智能和智慧工厂的呢？

6.2 让机器拥有智能

在蒸汽机时代，人们就欢呼自动机器的时代到来了，但实质上机器并不自动，而是来源于自身的机械结构和蒸汽机的动力驱动。电力时代，人们把很多机器通过流水线连接在一起，机器看起来也很自动，但只是拥有了独立的电驱动力，其他与蒸汽机时代并没有根本性的不同。数控时代，机器看起来不一样了，安装了 PLC 的机器确实能够执行一些既定的程序，但程序之外机器就是“愚笨”的。未来的机器与以往的机器完全不同，它要实现真正的自动，或者说能够根据外部环境的变化自治运行。人们把这样的机器称为智能机器。未来机器为什么能够实现智能？是自身足够聪明吗？当然不是，而是自身的聪明加上外部赋能的结果，才使得它能够综合表现出聪明。也就是说，一台机器的智能程度，将超出自身嵌入式智能系统赋予的智能，更重要的是使用环境赋予的智能，机器具有接受外部赋能的能力。

机器拥有智能的意义是什么？很多人把它解读为生产率的提升，不能说没有意义，但绝不是最大的意义。在物质稀缺的时代，提高生产率意味着生产更多的东西，满足更多人的需求。而在生产过剩的时代，提高生产率难道是为了生产更多的同质性产品吗？显然不是。机器智能更重要的是塑造全新的可能性，创造全新的价值，给人们提供前所未有的便利和满足。例如，柔性化生产、支持用户个性化定制、用户参与生产、远程监控与运维、实现虚拟工厂等。

6.2.1 连接一切

现在，没有连接的机器就没有智能可言。

一台孤立的设备是无所谓智能的。就如同一个人，具有超高的智商，但一个人封闭起来住在深山洞窟中，那么聪明与否对他人和社会来说毫无价值。一个有价值的智能机器应该建立在连接的基础上。而且，这种连接不仅是与人工智能赋能中心的连接，还有与其服务的对象、使能的对象、协作的对象、所用的原材料进行连接，才有可能实现智能的价值。只有这种智能价值的实现，才能聪明地帮助人们解决问题。

如果把一台智能机器视为一个智能体，那么它就是一个智能的任务代理者，在一定程度上要把人从体力劳动和脑力劳动中释放出来。要完成这个过程，就需要整合一些必要的原材料；需要与协作机器进行信息交互，并协同任务执行；需要使得行动单元能够准确地执行自身的任务；还需要与人类或其他使能主体连接，接受服务目标和任务，以及报告任务完成的结果；需要人工智能赋能给它，使其具备优化任务过程和预见任务问题的能力。

例如，一个智能家庭中作为控制中心的智能音箱，除自身具备语音对话、了解家庭对音乐的偏好、播放音乐之外，可能还承担着控制电视机、灯光、空调、窗帘等装置的任务，这些电视机、灯光、空调、窗帘就是它的使能对象，而电视机、灯光、窗帘这些行动单元也需要足够的智能，完成自身的智能任务。如果还有其他子控制中心，这个智能音箱还需要与之协作，如人类的手机经常作为协作控制的中心。虽然这个过程并不是生产，不需要物质的原材料，但仍然需要数据作为任务执行的原料。例如，是否需要开空调，就要集合室内环境和室外环境的条件，而室外环境则需要与相应的传感器建立连接，无论是直接连接，还是通过平台间接连接，这些都是必要的。当然，要能够更加精确、更加高效地完成任务，人工智能远端赋能也是必要的。而远端赋能的基础，需要家庭控制中心联合所有可能的使能单元上传数据。在上传数据的基础上，人工智能算法分析家庭生活习惯、成员的不同偏好、最优化的图景等，并把这些内容转化为应用能力赋予控制中心和使能单元。如果这一切都能够完美实现，人们才会感觉到这是一个与以往不同的智能家庭。而其中最基础的条件其实是所有活动必须建立在一个统一的网络连接之上。简单地说，一台智能机器任务的完成是一系列智能活动的综合，而这些智能活动都需要建立在智能连接之上（见图 6-2）。

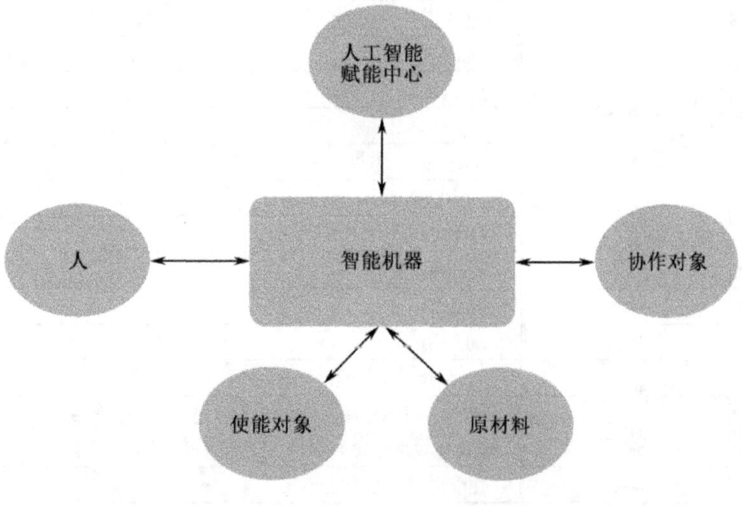

图 6-2　一台智能机器任务的完成

现在网络连接有多种多样的分类和标准，主要的分类和标准如表 6-1 所示。智能家庭环境中可能主要依赖 WiFi 连接，而工厂内连接则需要现场总线、工业无线网等。如果离开家庭和工作现场，可能还需要使用支持移动互联网的 4G 网络及未来的 5G 网络。人们现在发展起来非常复杂的网络技术已经为万物互联打下了基础。哪怕只是一台智能机器，要实现智能，本身就需要建立在网络连接之上。网络标准很多，如何在异构的网络环境中搭建出一个最适合机器智能施展价值的舞台才是问题。传统网络技术存在高能耗、高成本、不适应万物互联等问题。2015 年，国际电联正式对外公布了物联网标准 NB-IoT（窄带物联网），这个网络标准被期望作为万物互联的基础技术，它有室内覆盖、低成本、低功耗和广连接等特点。有了

NB-IoT，并不意味着其他网络技术不会再用，它们将发挥不同的价值和作用。

表 6-1　网络连接的主要分类和标准

大　类	分　类		标准或方向
有线长距离传输	三网融合	电信网	包括电话交换网（PSTN）、数字数据网（DDN）、帧中继网（FR）、ATM 网、IP 网等
		有线电视网	以 HFC 接入方式进入有线电视网络传输，今后向 IP 网络发展
		互联网	以 PSTN、DSL、DDN、电力线通信技术（PLC）等方式接入网，以互联网骨干网承载传输
	企业局域网		以太网标准
有线短距离传输	现场总线		CAN
			FF
			AS-i
			DeviceNet
			Lon works
			Modbus
			Interbus
			Dupline
			P-NET
			ControlNet
无线长距离传输	WiFi		802.11x
	WiMAX		802.16x
	移动通信		4G 网络、5G 网络、NB-IoT（窄带物联网）
无线短距离传输	RFID		常用的两个标准是 ISO14443（近耦合非接触式 IC 卡）、ISO15693（疏耦合非接触式 IC 卡）
	NFC		ISO IS 18092 标准
	个人局域网		ZigBee
	蓝牙（802.15.1）		个人 30 米范围低速应用
	UWB（802.15.3）		个人局域网宽带应用，用于消费电子连接
	红外传输（IrDA）		个人局域网 1 米范围应用

网络连接是一个基础，更重要的是智能机器的表示及信息的交换，最终实现无障碍的交互。看起来简单，但实质上又不是交互本身，而是智能机器能够无障碍地执行所必需的智能任务。这台机器应该在网络中如同实体一样，具有完整的标识、连接接口和功能结构，使得它能够在网络中被准确识别和连接，还需要准确、恰当地进行任务分配。这些工作也是建立在连接的基础上的。简单地说，你的朋友不仅知道你的电话号码，知道你的姓名，还需要知道你能干什么，在此基础上，朋友之间才能建立恰当的协作。要不然，可能只是酒肉朋友。机器拥有智能的行动能力其

实也是如此。所以连接不仅有横向多实体连接的内涵，还有纵向多层次连接的内涵。在德国工业 4.0 参考架构中，提出了一个管理壳的概念，就包含了标识、连接接口和功能结构的含义。

回过头，人们需要知道，所有的连接是建立在价值驱动的基础上的，没有价值，连接也没有意义。而所有的连接在价值链上实现端到端的连接也是必要的，在这个连接链条中，每个单独的智能机器又是承担某一方面价值的客体。而控制中心作为智能价值的代理，控制价值链条的连接，实现人对智能的需求。

德国工业 4.0 战略中描述了三大集成：横向集成、纵向集成、价值链集成，它们是实现智慧生产和智慧工厂的基础。横向集成、纵向集成、价值链集成又如何实现呢？德国工业 4.0 战略强调需要建立在 CPS（信息物理融合）系统之上。CPS 通过把计算、通信、控制融合为一体，完成对赛博空间智能机器的精确控制。但如果没有多层次的网络连接作为基础，满足计算、通信、控制的需要，CPS 也就只是一个概念。

可以说，没有连接，智能什么都不是。

6.2.2 虚实融合

虚实融合是机器智能的另一个基础。借助虚实融合，智能有了全新的表现形式，如数字孪生体。同时，基于虚实融合，机器能够迅速地实现从数据到生产力的转换，能够以多种产出形式更灵活地满足人们的需求。建立在虚实融合基础上的智能机器，可重组关系，重建社会分工，让社会运行效率得到最大化的提升，同时满足多样化的用户需求。从聪明地帮助人类解决问题的角度来看，机器智能必须生存于虚实融合的时空当中。那么，什么是虚实融合？

关于虚实融合，前文已经有解读。当万物连接在一起时，现实世界的万物在数字化虚拟世界中都有一个表达，这种虚拟化的表达与它们在虚拟世界的关系构成一个网络状的虚拟世界。同时，虚拟世界的万物都与实体世界的实体一一对应，构成一个虚实融合的一元世界。这个世界由于实体的空间性与时间性，而具有了时空的性质，所以整体上必然形成一个虚实融合的时空结构，这一时空结构称为虚实融合时空。在万物互联的时代，从本质上看，万物生存在虚实融合的统一时空当中。

虚实融合之后的世界与以往是完全不同的。过去的世界是一个物理世界和虚拟世界割裂的二元世界，各有各的规则。数字世界的存在仅是实体世界运行的辅助，为了实现更有效率的信息传递。例如，人们在数字化的电子商务平台进行交易，但实体的运行按照实体世界的规律。虽然数字化加速信息传递能够提升实体运行的效率，但从结构上并没有改变实体之间的关系。人们通过登录的方式进入数字化世界，完成信息处理后再回到现实世界。世界整体是二元割裂的。在移动互联网与物联网发展起来之后，实体在虚体世界被定义，形成信息物理融合的闭环，虚体和实体有机地融合在一起，无论是从实体，还是从虚体发起的任务，最后都在虚实融合的闭环中运行。

基于实体的数字态，人们可以重组实体世界的关系。虚实融合对实体世界的重构示意如图 6-3 所示。例如，可以把广州一家工厂的一台设备与北京一家工厂的设备重新组合起来，构成一个虚拟工厂。因为虚实融合，世界万物具有了全新的属性和关系。在虚实融合世界中，任何人数字化的想法都能够瞬间在物理世界得到执行，任何物理世界的执行都会数字化地传送给任何需要的人。从原理上看，在虚实融合世界中，实体的任何想法、需求、行为、状态，都能够以光的速度传递给其他实体，并能够得到响应和执行。

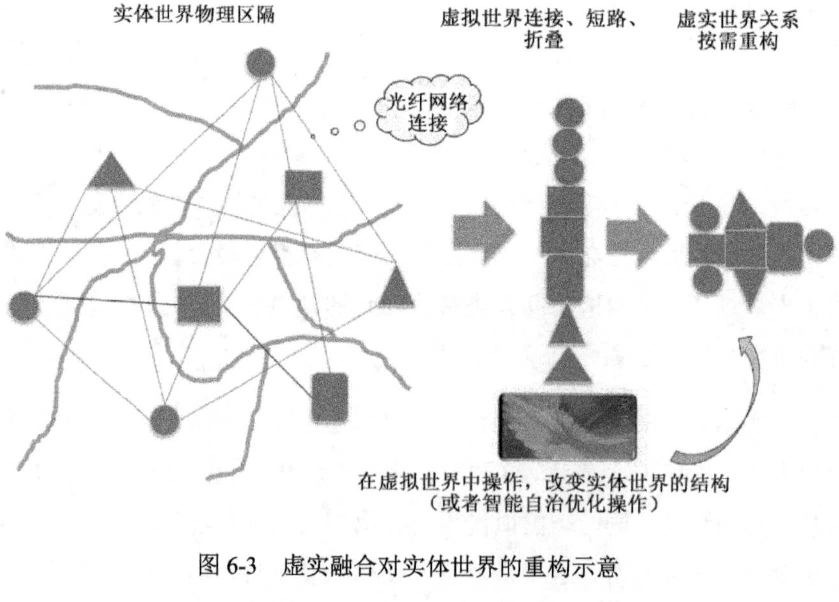

图 6-3　虚实融合对实体世界的重构示意

在虚实融合世界中，借助虚体，实体将呈现全新的特征。例如，原来刚性沉重的实体在虚拟世界是一个软件化的虚体，实现了硬变软。现实中，人们要搬动一个机床到另一个工厂，需要花很大的力气和成本。借助虚体，人们什么都不用搬动，就可以实现两个工厂中的机床联合协作生产。在虚拟世界当中，人们仅需要一个智能终端或仅一部手机，就能够实现万物在一个平面的折叠，无论这些实体在什么地方，在手机屏幕上，它仅是一个数字化节点。这样就实现了实体世界的远变近和可重构。而且虚拟世界高效的特征，能够对实体世界的关系实现全面的“短路”。例如，实体的销售通道包括工厂、分销、批发、零售、用户等环节。但在虚拟世界当中，人们可以把工厂和用户直接连接起来，实现“短路”，从而节约大量的资源。另外，由于数据的存储和传输以及不可抵赖性，人们可以追踪虚拟世界的数据，从而掌握实体世界的运行。也就是说，在虚实融合空间中，一切都是可追踪的。

借助虚实融合的万物重构，开始可能是人为设计的结果，但逐渐规则化以后，人工智能就可以帮助人们实现最优化的关系重构和产能匹配。例如，如果一项个性化需求需要物理分布多产能的协同生产，开始的时候可能依赖用户自己来寻找，但人工智能程序可以通过大量的数据分析，给用户提供更加精准和低成本的解决方案，并自动化建立连接。在这一点上，人工智能将在虚实时空万物关系重组中发挥巨大作用。

如果在虚实融合统一时间、空间中，人和万物都被表述为一个虚实时空节点（参考第 2 章的内容），任何万物的关系就是这些节点之间的连接和重新组织。如果大家能够理解上述表述式，未来万物的智能活动将能够很简单地表达，可以用不同节点的相互作用来简化表示。

上述描述的本质就是社会化的信息物理融合。在工业生产环境中，虚实融合表现为信息物理系统的应用。在德国的工业 4.0 中，CPS 是一个重要的技术基础。其就是一个虚实时空世界的产物，确定了智能机器和工厂资源在虚实时空里的运行机制。CPS 是建立在云计算、物联网、移动网络、智能机器、大数据等计算机、通信、控制技术之上的融合系统。它把实物体、数字虚体、计算和通信进行一体化设计，来完成虚实时空中的生产制造任务。CPS 是基于虚实时空的软件平台，这与传统的自动化系统和管理信息系统是完全不同的。这样做的好处就是能够根据各种个性化需求，如质量、时间、风险控制、成本、坚强性等，进行动态配置，从而满足个性化生产的需求。所谓动态配置，不单纯是指生产设备，还包括原料、产品、供应链等，实现了整个生产流程和工艺的自组织。CPS 的重要性在于通过它把设备、资源、信息、产品、人互联在一起，为工厂提供了一个完全智能的环境，智能制造才能够得以实现。基于 CPS 就形成了一个全资源的协同网络，这些资源至少应包括生产资源、员工资源及社会智力资源，所有资源都能够被这个网络有效地组织起来。CPS 概念示意如图 6-4 所示。

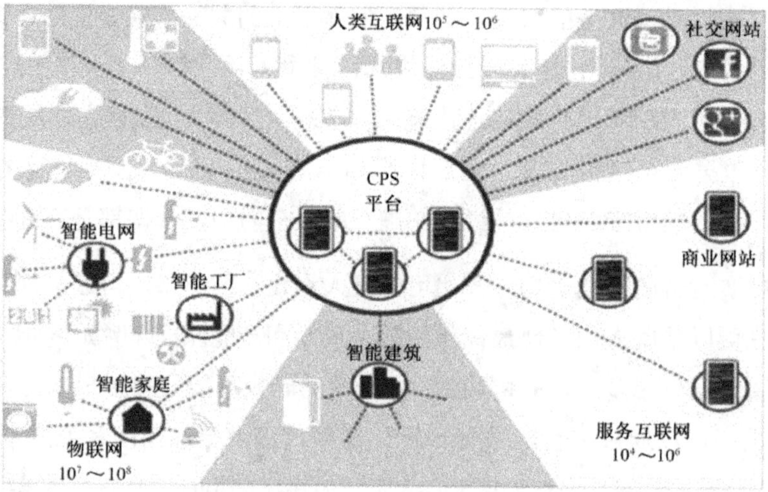

图 6-4 CPS 概念示意

资料来源：博世软件。

基于虚实融合的世界构造，近年来人们创造出数字孪生的概念，从而创造出机器智能的全新表现形态。简单地说，数字孪生就是一个实体和虚体共存的概念。人们通过实体运行检测来改进和优化虚体，通过虚体的优化改进并与实体同步，来提升实体运行的价值。基于数字孪生的概念，人们能够建立相伴相生、互相促进的闭环。数字孪生存在于虚实融合时间和空间中，是虚实融合的特殊产物。这种特殊的形态能够不断建立数据和优化的闭环，对于提升人工智能算法价值具有重要的作用。而且，通过对虚体的赋能，进而实现对实体的赋能，人工智能也能够建立更加有效的赋能方式。

另外，由于实体与虚体的共生，生产者可以表现出更加灵活的产品和服务交付方式，既可以保留实体、交付虚体，也可以保留虚体、交付实体，或者既保留虚体，也保留实体，用共享经济的方式在实体、虚体合一时提供共享服务。

现有实体的虚拟化可以实现与数字孪生类似的效果。例如，云计算可以视为把计算资源的虚拟化，实现一个虚体交付给用户。服务商通过不断改进实体来优化改进虚体服务的效果。

基于虚实融合的时空结构，智能机器能够表现出虚实体不同组合的多元形态，这对于提升机器智能的效能和价值具有重要的意义。机器智能构建在虚实融合的空间中，与单独实体的智能化存在很大的不同，机器智能的相互关系、空间的布局结构都会发生巨大变化。从机器智能的角度来看，虚实融合是实现它的基础，CPS 就是一个实例。从人工智能算法的角度来看，虚实融合能够增加人工智能算法的价值，实现多样性的赋能方式。

6.2.3 可伸缩的算力

在瓦特时代，所有的机器都没有智能，连自动计算也没有。在动力的驱动下，马克思笔下的工作机开始连续不断地工作。为什么这么工作，机器是不知道的。但在那个时候，人们看到这些机器时仍然欢呼自动机器来了。在当时的人们看来，没有人肩拉手扛，机器就能运转，自然很“自动”。但很快人们就意识到，人们需要的不仅是机器一直运转，而是实际的生产目标与预期目标相一致，具有过程控制和结果控制的含义。

不过，也不能说瓦特时代完全没有实现机械控制的应用，但这种应用完全是工作中自发性质的，针对的是一个具体问题的解决，其中的道理并没有上升到理论的层次。例如，在瓦特的蒸汽机上有一个叫离心调速器的装置，可以通过这个装置来调整发动机的转速，实现动力恒定。

在瓦特之后长期的实践中，人们自发地创造了很多具有控制作用的装置。在这个过程中，科学家也开始研究其中的道理。1868 年，因创立电磁理论而著名的英国物理学家 J.C.麦克斯韦，为解决离心式飞摆控速器的控制精度和稳定性之间的矛盾，发表论文《论调速器》，提出了用基本系统的微分方程模型来分析反馈系统的数学方法；1892 年，俄国数学家 A.M.李雅普诺夫的博士论文《论运动稳定性的一般问题》从数学方面给运动稳定性的概念下了严格的定义；1934 年，苏联科学家 N.H.沃兹涅先斯基提出自动调节理论；1938 年，苏联电气工程师 A.B.米哈伊洛夫应用频率法来研究自动控制系统的稳定性，提出著名的米哈伊洛夫稳定判据。

基于早期控制理论的发展，科学家开始研究真正的具有自动运行能力的机器。

1834 年，英国数学家查尔斯·巴比奇创造性地提出了分析机原理，他尝试用穿孔卡方法来实现分析机的程序控制。不过后来由于英国政府没有继续支持，查尔斯·巴比奇的分析机并没有实现。1936 年，英国数学家图灵提出著名的图灵机理论，用来定义可计算函数类，建立了算法理论和自动机理论。在图灵的想象中，图灵机能够代替人类进行数学运算。图灵机有精巧的设计思想，计算机发明就是受到了图灵机的启发。1938 年，信息论之父香农和日本数学家中岛，分别独立地建立了逻辑自动机理论，用仅有两种工作状态的继电器组成了逻辑自动机，实现了逻辑控制[7]。在这些伟大先驱的不断研究中，机器慢慢从一个冷冰冰的被动者，变成了具有一定计算能力的装置。

在第二次世界大战当中，美国科学家诺伯特·维纳（见图 6-5）接受了一项美国军方关于防控预测器的研究。简单地说，就是研究如何用火炮打掉敌方的飞机。有一个故事能够非常形象地描述这个工作，就是鸭子射击。鸭子是会飞行的，其每一时刻的位置都在移动，但是有经验的猎人总是能够把鸭子打下来，其中就蕴含了自动控制的道理。如果把鸭子当成敌方飞机，把高射炮当作猎人，猎人的研究就是感知单元；猎人大脑可以实现对飞行轨迹的预测，然后通过手扣动扳机，这就是行动单元。作为智能的猎人打下来鸭子是完全没有问题的，问题在于如何用机器实现类似猎人的行为。据说维纳很受这个故事的启发，不过在第二次世界大战中，维纳并没有完成防控预测器这项具体的任务。但在研究过程中的不断思考，使得维纳创造了改变世界的理论——控制论，并在 1948 年出版了《控制论——关于在动物和机器中控制和通信的科学》一书。这本书开启了一个全新的学科——控制科学，维纳也因此被称为控制论之父。

图 6-5　控制论之父诺伯特·维纳

7 https://baike.so.com/doc/9642216-9988081.html.

控制论有三个核心思想：第一个核心思想是关于控制的思想，维纳把控制定义为系统与环境交互而塑造环境的能力，这其实就是控制论的世界观；第二个核心思想是关于反馈，维纳认为反馈描述了任何一种机制使用传感器接受实时性能信息，而不是预期性能信息的能力，反馈是能够使用过去的性能来调节未来行为的一种属性；第三个核心思想是关于人与机器的紧密关系，强调人和机器的融合，并把机器拟人化，如把传感器对应于眼镜和耳朵，执行器对应于肌肉，而机器控制对应于人脑的思维。总体上，维纳把控制论看成一门研究机器、生命社会中控制和通信的一般规律的科学。《控制论》出版后引起了广泛的影响，当时的《时代》杂志写道："大脑的行为与机器十分相似。构建和操作越来越复杂的机器将帮助科学家理解大脑本身是如何运作的。没有理由阻止该理论适用于所有的复杂系统。"控制论不仅影响了机器的自动控制理论，而且影响了计算机、社会、管理、政治等学科。单就计算机领域来说，计算机体系的提出者冯·诺依曼就深受其影响，现在的深度学习算法也蕴含着控制论中反馈的逻辑。可以说，控制论为如何实现机器智能提供了理论基础，并由它进一步发展了自动化、计算机、人工智能。

有了控制论，当时很多人认为智能的机器马上就能制造出来，从而诞生了人工智能的行为主义理论。人工智能行为主义者强调判断一台机器是否智能的关键不是这台机器是否具备思维能力，更重要的是它是否能够做出某些行为。1948 年发明智能机器（不同于计算机，是工作机）——"同态控制器"的英国科学家阿什比提出："大脑不是一台思考机器，而是一台执行机器，它获得某些信息并据此做出相关的行为。"他甚至认为，智能机器就是一台输入加输出的设备，目的是使机器与环境相适应。当然，现在看来阿什比的观点有失偏颇，机器会思考与机器的执行行为没有矛盾，机器强大的思考能力能够让机器的执行能力更加强大。

沿着控制论这条路走下去，慢慢产生了工业自动化和工业机器人，并在 20 世纪 80 年代与计算机结合产生了智能机器人。让本来没有任何智能的机器能够像人一样思考，与专门用来模拟人类智能的机器——计算机是不同的。控制论、计算机、人工智能大约产生于同一时代，但此后几十年当中分别走向不同的方向：控制论导向更加自动化、更加智能的生产机器；计算机导向更加强大的算力革命；人工智能导向模拟人的智能思维。现在，在智能革命的旗帜下，自动化、计算机、人工智能重新融合为一个问题——机器智能。

1946 年，世界上有了第一台真正的计算机，随后计算机的一些技术就与控制论相结合，被广泛应用于工业自动化领域。从自动化的演进历程来看，到目前为止，共经历了四个阶段：20 世纪 40—60 年代的单机自动化阶段；20 世纪 60—70 年代的生产线自动化阶段；20 世纪 70 年代到 2006 年前后的综合性自动化时代，以 DCS、CIMS 的应用为代表；2006—2016 年可以视为传统的工业自动化向智能化过渡阶段，工业自动化与云计算，以及物联网开始融合，并在德国工业 4.0 战略中整合为基于 CPS 的智能工厂和智慧生产解决方案。由于自动化的实用性，与人工智能领域经历了诸多挫折不同，自动化领域一直在不断进步，成就非常显著。

过去常见的自动化装备数控机床就是一种装有程序控制系统的自动化机床。人们把加工信息输入数控装置，数控装置发出各种控制信号，自动控制机床的动作，自动地把零件加工出来。在这个过程中，数控机床中一般使用 PLC（可编程逻辑控制器）来实现机器大脑的作用，其本身可以看成一个微型的、高可靠性、工业级应用的计算机。PLC 诞生于 1968 年，一直在自动化领域发挥着巨大作用。对过去的单独的一台机器来说，它就是让机器表现出智能的关键部件。当然，随着自动化的发展，自动化领域也形成了一个复杂的体系，包括大量的传感器、监测装置、计量装置、集散控制系统、数据采集与监视控制系统、工业组态软件、工业网络等复杂的组成部分。

与计算机发展的历程一样，早期的机器自动化或者说早期的机器智能主要是从单台机器的能力来衡量的。例如，人们衡量一台计算机的能力，就看这台计算机的 CPU 是哪一代、几核的、多大硬盘等。衡量机器自动化的程度也往往与自身 PLC 的性能有关，机器的智能是孤立的。后来虽然出现了网络化的自动化系统，如集散控制系统、数据采集与监视控制系统等，但这些系统主要偏重于数据采集和监控，并不对机器智能本身产生影响。

先不说机器，就作为终端的个人计算机来说，在云计算时代到来之后，人们看待它的方式已经完全不同。例如，在虚拟桌面（云计算的一种应用）中经常用到的瘦客户机，可能只有一个肥皂盒大小，中低端的 CPU 加上很小的内存就能承担终端应用的需求。人们完全不用管瘦客户机是几核几代的 CPU、多大内存等问题，因为它与你获得的实际算力已经没有多大关系。还有每个人的手机，可以随时下载应用软件，扩展人们的存储空间，甚至上传计算任务，增加人们的算力。终端的计算能力变得不再重要，云计算将是终端智能的坚强后盾。

云计算时代的机器也一样，机器智能本身算力的大小、数据存储空间并不受限于自身的能力，而是取决于它连接云端能力的大小。通过云端来赋予机器强大的计算能力和数据存取能力。人们不能再孤立地思考单台机器的智能程度，而是放在云-网-端的系统中考虑机器的智能程度。而且，基于 CPS 单台机器将成为更庞大的智能生产系统中的一部分——一个局部的行动单元。它自身的智能程度变得不再重要，而是需要更加强大的弹性可伸缩算力的支持。

当然，云计算平台、智能机器都是前面谈到的虚实融合时空中的节点，它们通过网络连接在一起。智能机器可以通过云计算平台进行远端赋能，也可以通过对其数字孪生体赋能而实现同步的智能升级。由于云计算的开放和弹性的特征，除了平台和机器，这个过程可能还会有更多的参与者，如大量的社会开发者参与到机器智能的升级当中。云计算与智能机器的关系，如图 6-6 所示。

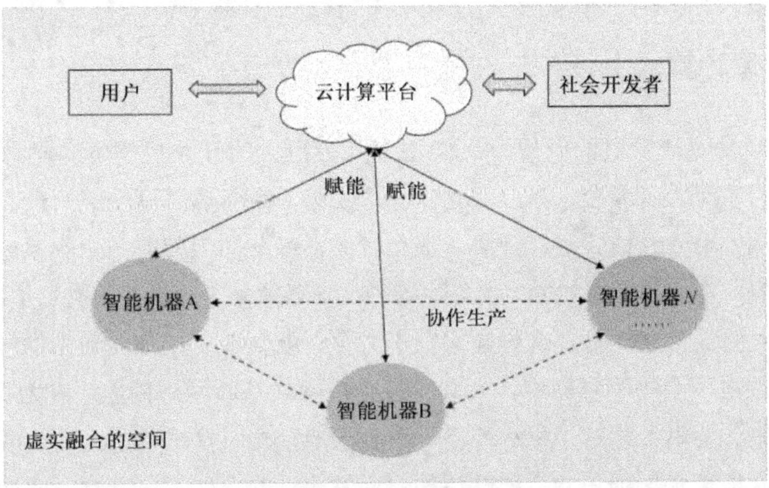

图 6-6 云计算与智能机器的关系

2012 年，沈阳机床厂制造的 i5 智能机床就是一个典型的例子。这台智能机床已经不能看作一台孤立的智能机器，而是一个智能系统和平台。这个系统具有 Industry（工业化）、Information（信息化）、Internet（网络化）、Integrate（集成化）、Intelligent（智能化）五个方面的特征。从云计算和这台智能机床的关系来看，机床就是云计算的终端，数据和应用都可以从云端获得强大的支持，数据在云端进行处理，应用可以从云端下载。从智能内涵来讲，它已经超越了传统的操作运行的智能，还包括编程智能、维护智能、管理智能、协同智能等。更重要的是，借助于云制造平台，这台智能机床可以和虚实空间中的其他智能装备进行生产力整合和协同生产，并实现虚拟工厂。甚至通过这台智能机床可以实现制造资源共享的共享经济。同时，借助云平台可以整合大众创新和设计能力，构成一个制造生态。可以想象一下，如果没有云计算的支持，智能机床的很多功能就无法实现，它的智能程度就会大大降低。

未来的机器智能并不单纯是由它自身的智能程度决定的，而是来源于网络另一端的可伸缩算力的支持，这种能力来源于云计算。人们现在来看机器智能与维纳时代会有非常大的不同，那时候维纳看到的是单台机器的孤立系统，而现在是构建在虚实空间的网络化机器。在网络当中，机器和智能赋能单元又进行了全新的分工。换句话说，就是“脑子长在了头外边”，或者可以想象一下“灵魂出窍”的情形。基于这种全新分工，机器具备了前所未有的、超出其本身的能力。

6.2.4 边缘计算

在刚刚发明计算机的时候，人们围绕几台巨大的计算机进行科学计算就很开心。后来有了个人计算机（PC），也有了局域网，每个部门再安装一台服务器，装上一点应用，用 C/S 模式进行计算。那个时候，每个部门都有一个小系统。用现在的眼光来看，这就是分布式的，也是边缘的，但不是分布式计算，也不是边缘计算。再后来，人们觉得这样管理运维起来很不方便，就创造了一个大集中的概念，所有服务器都放在一个物理空间中，大家通过企业网或互联网访问应用和数据，B/S 开始流行起来。大集中之后，既然有了一个大水池，人们就想着怎么样才能让这个装满算力的水池更加智能一点，能够按需供应算力，就发明了云计算，弹性可伸缩地提供计算资源，云-管-端成为计算机应用的通用模式。遇到大的计算任务的时候，在云中再部署上一个分布式计算的平台，数据处理也能很快完成。到云计算时代，计算资源走完了从分散到集中的道路。但随着物联网开始提上议程，万物开始联网，无穷多的终端都要去云端进行计算和数据处理，还有数据量巨大的视频数据和语音数据，网络就成为一个瓶颈。再快的网络也有时延，带宽成本还巨大，再加上现在本来网络资源就不平衡，不是所有资源都能保证足够的带宽。怎么办？

时延确实是个问题，想一想自己就知道了。如果你家里出现了歹徒，而且逼近你，你是先去找人和报警，还是先想办法快速应对一下再去叫人和报警？当然，你得先用聪明才智应对一下，因为歹徒就在你身边，你来不及做那些事情。还有就是如果发生紧急火灾警情，除了报警，就是尽快组织人做一些现场处置，因为消防人员赶过来还需要时间。再如，如果你用手机去遥控电视换台，你是希望尽快看到电视内容，而不是等云端计算一下再把信息传输给电视。总之，在物联网的环境下，需要大量的就近处理的情形，这就催生了边缘计算的概念。

虽然一些人把边缘计算的历史回溯到 CDN（Content Delivery Network），也就是内容分发网络，主要用来网络加速。CDN 的主要做法就是把内容缓存到当地，用户上网就会感觉快。如果你知道 CDN 是什么，就知道这实质上与现在讲的边缘计算根本不是一个概念。如果一定要追溯边缘计算的历史，最多追溯到雾计算。雾计算于 2011 年左右最早由网络巨头思科公司提出，其核心的想法就是：把云分散式部署，形成无穷多的小云就近提供计算支持。这个概念一方面与思科做网络产品有关，另一方面是云计算应用推广之后慢慢也发现了时效问题。但雾计算这个概念在云计算强大的力量之下，一直没有达成共识，也没有被大众熟知。在这个过程中，随着物联网设备的增多，有人就会想到，与其做一个中间状态的雾计算，还不如直接在物联网边缘，也就是远程工作现场或智能家居环境部署一个边缘计算。这个概念提出来后，听起来很合理，很快就得到了共识。再加上一些行业巨头参与进来，近两年来，这一概念迅速流行开来。当然，有了边缘计算，并不是说不要云计算，如果那样的话，就会回到计算机发展早期的分布状态，而不是进步。边缘计算要与云计算配合，对云计算来说，它就是一个端，它下边还有更多端。边缘计算解决实时就近、短周期数据、本地决策的问题，云计算提供弹性可伸缩计算资源，解决非实时、长周期数据、业务决策等问题，各有各的价值。如果套用雾计算的概念，一个边缘计算平台就可以视为一滴雾，也就是一个分布式的小云中心。从云化雾，从雾升腾为云，两者的逻辑清晰可见。

根据边缘计算产业联盟与工业互联网产业联盟共同发布的《边缘计算参考架构 2.0》，边缘计算被定义为：它是在靠近物或数据源头的网络边缘侧，融合网络、计算、存储、应用核心能力的分布式开放平台，就近提供边缘智能服务，满足行业数字化在敏捷连接、实时业务、数据优化、应用智能、安全与隐私保护等方面的关键需求。它可以作为连接物理和数字世界的桥梁，使能智能资产、智能网关、智能系统和智能服务。边缘计算具有五个主要价值：海量的异构连接、业务实时性支持、数据优化、应用智能、安全与隐私保护。

在世界知名研究公司 Gartner 2017 年发布的新兴技术成熟度曲线（见图 6-7）

中，除显现出的人工智能无处不在外，物联网平台、边缘计算等也被重点列出，而且认为与物联网应用紧密关联的边缘计算将在 2～5 年内被主流采用。这说明了边缘计算的重要性和推进的急迫性。

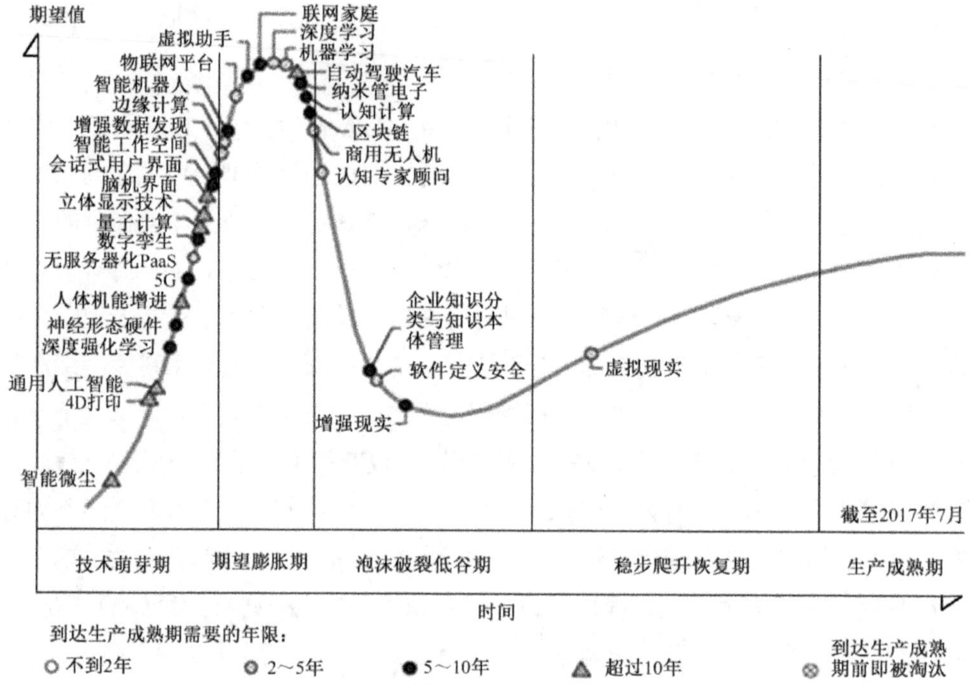

图 6-7　Gartner 2017 年发布的新兴技术成熟度曲线

资料来源：Gartner。

另一家世界知名研究机构 IDC 也预测：到 2020 年，全球将有超过 500 亿的终端与设备联网，未来超过 40%的数据需要在网络边缘侧进行分析、处理与存储。这预示着边缘计算有着庞大的市场现实需求。不过，虽然 Gartner 和 IDC 都认为边缘计算将很快实用化，但仍在 Gartner 技术成熟度曲线中指出它处于技术萌芽期。到目前为止，国内外都有一些初步的进展：2016 年 11 月，华为技术有限公司、中国科学院沈阳自动化研究所、中国信息通信研究院、英特尔公司、ARM 和软通动力信息技术（集团）有限公司联合倡议发起边缘计算产业联盟（Edge Computing Consortium，ECC）。2017 年，IEC 发布了 VEI（Vertical Edge Intelligence）白皮书，介绍了边缘计算对于制造业等垂直行业的重要价值。ISO/IEC JTC1 SC41 成立了边缘计算研究小组，以推动边缘计算标准化工作。全球性产业组织工业互联网联盟 IIC 在 2017 年成立 Edge Computing TG，也将定义边缘计算参考架构。

从目前主要推动者的意图来看，边缘计算主要应用于三大场景：①个人边缘，主要针对与个人相关的智能家居、服务机器人、智慧健康、智能手机、无人驾驶汽车等；②业务边缘，针对工作场所的物联网应用，对工业物联网尤为重要，在工业生产环境中，大量的生产数据会集中在现场的边缘计算系统，进行就近处理；③多云边缘，就是指服务提供商或企业网络边缘，在这个边缘之外原来可能没有任何网络。例如，无人机飞到人迹罕至的危险区域，执行抢险、农业等领域的任务，边缘计算就能发挥作用，及时检查数据和响应数据。还有无人驾驶汽车要降低安全隐患，就必须进行现场的数据处理以及车与车之间的交互，而这些无法通过云端来进行。

按照《边缘计算参考架构 2.0》中的内容，边缘计算要把智能分布到四类元素当中：①智能资产，通过融合网络、计算、存储等能力，具有自主化和协作化能力；②智能网关，通过网络连接、协议转换等功能连接物理和数字世界，提供轻量化的连接管理、实时数据分析及应用管理功能；③智能系统，基于多个分布式智能网关或服务器的协同构成智能系统，提供弹性扩展的网络、计算、存储能力；④智能服务，基于模型驱动的统一服务框架，面向系统运维人员、业务决策者、系统集成商、应用开发人员等多种角色，提供开发服务框架和部署运营服务框架。

在智能生产环境中，现场生产机器通过智能网关或智能资产连接到智能分布式系统中。在这个过程中，边缘计算所具有的虚拟化和业务逻辑编排功能发挥着巨大作用，它们实现了生产设备在数字世界的虚拟化和模型化。进一步借助边缘计算和云计算的协同完成网络资源、生产设备、生产工艺的智能编排，最终使智能制造过程具有自感知、自决策、自执行、可预测性维护等能力[8]。

现在，有关边缘计算的解决方案正在试图把人工智能的最新技术——深度学习融合在内，实现更加强大的智能或智能边缘计算。边缘计算与人工智能的关系具有两重性：一方面，边缘计算给深度学习算法提供大量的现场数据支持，但由于数据的局域性，不适合作为深度学习的训练数据，所以深度学习训练还需要在云端进行；另一方面，从应用的角度来看，深度学习算法就近应用能够增强现场计算的智能水平，这就需要深度学习的算法或深度学习芯片部署在边缘计算平台当中。综合这两方面的因素，人工智能与边缘计算的结合可能需要针对不同的情况进行不同的部署考量。2017 年，一些智能手机发布的新产品中已经安装有人工智能芯片，这

8 边缘计算产业联盟（ECC）与工业互联网产业联盟（AII）. 边缘计算参考架构 2.0，2017-11.

可以看成边缘计算与人工智能结合的一种尝试。

边缘计算的快速崛起意味着未来边缘计算与云计算将协同实现对智能机器的赋能，一个实现实时的现场赋能，另一个实现远端的长效赋能，再加上机器自身的智能控制能力，就形成了智能机器所能表现出的综合性智能。从这一点上看，边缘计算也是未来机器产生智能的一个重要基因。不能只看到智能机器的运行，还需要知道它的后边还隐藏着看不见的云计算和边缘计算。

6.2.5 智能控制与人工智能

未来的生产机器是网络化、虚实融合、能力超越自身的超级机器，它在虚实空间中被云计算和边缘计算赋能，同时与其他机器动态协作形成一个基于网络的超级虚拟机器或虚拟工厂，这就是未来机器智能的图景。

基于外部赋能智能机器“灵魂出窍”，但是它自己也不可能是一个“没有智商的笨机器”，而是需要自己足够聪明，能够自治运行并能接受外部赋予的能力。6.2.4节讲到了边缘计算解决近场实时性的问题，但它的实时性替代不了机器自身的实时性处理。机器必须有足够的能力处理自己手头上的生产任务，在这个基础上，它才能和其他机器进行协作。在工厂中常见的智能机器包括智能装备和智能工业机器人，智能装备主要完成需要特殊工艺的生产任务，工业机器人主要是用来代替人工的操作，如焊接、冲压、热处理、涂装、塑料成型、搬运、机械加工等工作。另外，未来工厂可能还存在大量的3D打印机，它们也是一种智能的生产机器，只不过是增材生产技术，而不是传统减材生产技术。当然，从智能的角度来看，未来所有的生产机器都可以看成工业机器人。近两年，在机器换人和智能制造的大势所趋下，大量的工业机器人必然会应用到工业生产领域。它们更加吃苦耐劳，更加精准有力，在替代人类体力劳动的过程中发挥着中坚作用。但机器换人是否有经济价值，还存在争议。不过有一点是确定的，机器人代替人的进程正在加速。

以常见的工业机器人为例来看现代的智能机器如何运行与如何实施控制。一般来说，工业机器人由主体、驱动系统和控制系统三个基本部分组成。其中，主体包括机座和执行机构，包括臂部、腕部和手部，有的机器人还有行走机构。驱动系统包括动力装置和传动机构，用以使执行机构产生相应的动作。控制系统按照输入的程序对驱动系统和执行机构发出指令信号，并进行控制。工业机器人的运动自由度主要是通过轴的运动来实现的，通过控制系统来实现工业机器人的功能和效用。

工业机器人内部实施控制的核心就是一台微型的计算机，有 CPU 还有存储设备，所有智能计算都在计算机中进行。所有的数据都通过接口连接到控制计算机进行处理，如传感器数据、网络数据、现场总线数据、同步数据、示教盒数据、操作面板数据等。当然，控制计算机的数据也需要输出，除上述这些接口之外，还有专门的输入/输出单元，如打印机输出。计算机处理完数据，控制信号要通过控制器来实现对工业机器人工作的有效控制，工业机器人控制器的主要功能包括轴控制和辅助设备控制。

从控制系统结构来看，为实现更精确、更高速的控制，由多计算机组成的主从控制系统和分散控制系统逐渐成为主流。所谓主从控制，就是一台主计算机作为主控制系统，另一台从计算机实现关节的动作控制。分散控制系统由一台主计算机和多台单片机构成，不同的单片机控制不同的控制对象和设备。分散控制系统往往部署在工业网络之上，各个子系统通过网络相互通信。与传统的一台计算机集中控制相比，分散控制系统能够更加开放、精准和实时控制。

按控制系统的类别又可以分为程序控制、自适应控制、人工智能控制。程序控制就是预先设定好程序，机器人按照要求的轨迹运作。自适应控制就是能够根据状态和误差进行调整，系统的结构和参数能够随着时间和条件自动改变。人工智能控制就是针对事先无法编程的情况，根据状态信息实时确定控制程序[9]。

总之，现在智能机器的控制已经是一个复杂的系统，一方面，需要读入、输出大量的数据；另一方面，由一个复杂的控制系统来实现实时的精确控制。在必要的情况下，智能控制要与人工智能技术结合，以实现对不确定程序的作业进行处理。单一机器本身已经与计算机融合一起，是一个强大的智能信息装备，而不是一个单纯的工作机。操作只是它的表现形式，而智能和信息是它的本质。与其说一台工业机器人在进行工业生产，还不如说它在进行信息处理和智能活动。所谓智能活动，就是说机器具有了数据采集、数据传输、分析和决策、精确执行的能力。机械只是它的执行单元，而控制系统是它的核心。

在 19 世纪中后期，早期工厂中由不同工作机器构成的机械体系在一台蒸汽机

9 http://www.sohu.com/a/159892856_608360.

的带动下，成为一个庞大的自动机。但那时候所有的机器主要是由于动力不自由或生产的顺序约束而非主动地连接在一起。现在，在信息能（或者说在智能）的驱动下，所有的工作机器按照最有效的方式，在网络上构成一个可随时动态调整的大自动机，这与早期的机器及机器构成的生产方式相比，已经发生了本质的不同。智能机器能够更加灵活地响应外部用户的需求和环境的变化，并根据变化对生产过程进行最优化的控制。

现代的工业机器人已经把人工智能考虑在内。而且人工智能的赋能未来将越来越简单，可以像用电一样从云端获取人工智能服务，也可以通过嵌入一块固化的人工智能芯片来实现。机器智能能够以超出原来无穷倍的速度增长，而不受制于自身的计算能力。

谈到人工智能与机器控制的结合，很多人误以为是今天才开始的，其实它已经有几十年的发展历史。从 20 世纪 60—70 年代开始，就有科学家提出来要把控制论与人工智能结合起来，实现人工智能控制，到 1967 年已经产生了智能控制的概念。到了 20 世纪 70 年代，人工智能领域经历了第二次浪潮，逻辑推理逐渐势弱，专家系统风起云涌。当时的控制理论发展正面临着一个要突破的困难：早期的单一设备控制已经发展为复杂的系统控制。随着系统变得复杂，系统的变量就变多了，往往很难描述系统的动态，而传统的精确控制需要详细的动态控制信息，这时控制理论就急需一个突破。结合人工智能逻辑推理的思想以及创立不久的模糊数学与模糊控制理论，控制领域的科学家创造出模糊控制器，而且在实践中获得了成功。顾名思义，模糊就是不那么清楚，但在有限状态信息的支持下，可以实现有效的控制。模糊控制其实就是以知识库、逻辑推理、专家的操作经验等作为基础，结合模糊数学原理，实现对系统的有效控制，它是智能控制最早的成功实践。

1985 年 8 月，在美国纽约召开了第一届智能控制学术讨论会，智能控制原理和智能控制系统的结构成为这次会议的主要议题，这标志着智能控制作为新学科的诞生。1986 年，瑞典科学家 K.J.Astrom 发表了题为《专家控制》的论文，其中提出把人工智能中的专家系统技术引入控制系统，构成了另一类控制系统——专家控制。再后来，神经网络、机器学习、遗传算法等人工智能领域的技术也逐渐被引入智能控制领域。机器控制和人工智能其实一直并肩在一起，只不过在过去的实际应用中，传统控制仍然是自动化的主流，智能控制主要用于复杂系统的控制。

现在讨论的机器智能，必然建立在机器自身的智能控制之上，这意味着智能控制不再是复杂系统的专用，而是普及所有的机器。想象一下，如果所有机器都具有了自学习能力、自适应能力、自组织能力，那么人们所面对的生产场景就会变得完全不同。

6.2.6 自治的智能机器

可以列出很多机器具有智能的条件，如自我感知、数据分析、自我决策、精确运行等。但对外部使用者来说，上述条件都是机器的内部活动，智能机器应该能够呈现出自治运行的状态。也就是说，在没有人为干预或极少干预的情况下，机器能够遵照整体需求分解后的要求，自主地完成系统分配给它的工作任务。同时，在机器自身出现故障或即将出现故障时，机器能够自我预警与自我维护，在遇到严重故障时，能够智能且及时地通知运维人员实施运维。自治可以进一步解读为自控制、自维护、自学习、自适应、自组织、自保护等。自治的智能机器与外部环境的关系示意如图 6-7 所示。

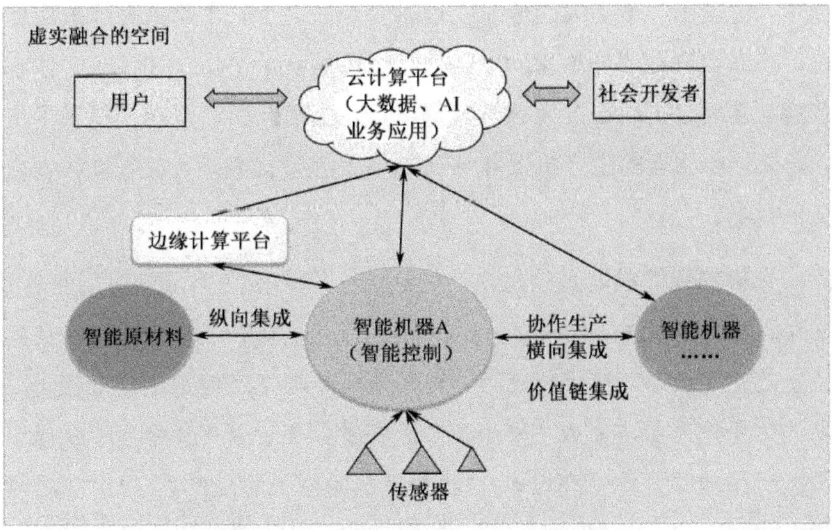

图 6-7 自治的智能机器与外部环境的关系示意

智能机器要实现自治，第一，自身必须拥有强大的智能控制能力，并借由人工智能赋能获得自学习、自适应、自组织能力。智能控制建立在内外部数据获取或感知、数据分析和处理、决策并形成控制信号、精确自动控制之上。同时，智能机器能感知自身的运维和安全问题，并把相应的信息传递给其他相关服务机构。

第二，智能机器自治能力的不断提升，需要建立在云计算和边缘计算持续不断的外部赋能上，使它实现超出其自身能力的强大能力。而且借助云计算平台，智能机器能够从用户或社会获得新增价值，如新的 APP 应用、新的算法支持、新的需求设想等，这些新鲜血液都能扩大智能机器自身的能力，使得机器展现出来的能力远大于其自身的能力。

第三，智能机器实现智能的生产自治，就必须与处于同一工厂或其他工厂的机器实现横向集成和价值链集成。横向集成的意义主要在于并行生产和提高生产效率，而价值链集成的意义在于实现精准的需求满足，确保价值能够在生产过程中被精准传递。

第四，智能机器需要与云计算平台连接的用户需求、产品设计、生产计划、智能生产材料等与个性化相关的要素形成纵向集成。纵向集成的意义在于个性化生产的实现。

第五，智能机器要发挥价值，实现以上所述的四个目标，它必须处于虚实融合的时空当中，构建在一个更大的信息物理融合系统之上，才能更有效地实现自身的智能价值。在虚实融合的网络空间中，智能机器是一个节点，并存在实体态和数字态两种状态，这为它实现更方便的机器重组、远端赋能和远程维护提供了更多样性的选择。如果一台物理的生产机器能够在网络中虚拟化表达，也可以认为它是一台软件定义的机器。

第六，未来的智能机器必须建立在广泛的网络连接之上，包括工业总线网络、物联网、互联网、移动互联网等多元的网络连接。它能够连接用户，以及其他的处于不同位置的生产设备、连接传感器，它甚至还要与生产对象进行连接，以便按照生产对象的信息代理要求完成生产。例如，在德国工业 4.0 战略当中就提出来，生产中的智能产品能够告诉生产设备：“我是什么时候被制造的”“哪组参数能够被用来处理我”“我应该被传送到哪” 等，这些信息不仅能够被智能机器识别，而且能够被生产设备准确地执行。

今后，谈到智能机器这个词时，人们不能再固执地认为它就是一台孤立的但很聪明的机器，而是要把它看成存在于虚实融合空间中的具有多重智能基因的复杂系统，这个系统能够根据需求自治运行。智能机器是系统的一部分，系统是智能机器的使能。自治是智能机器最终表现出的状态，也是智能所实现的效果。

另外，还需要认识到人工智能只是机器产生智能的一个局部因素，连一个独立因素都算不上。人们不能认为有了深度学习就有了一切，尤其针对这种需要精确控制的机器，还需要其他能力的支持，其中很重要的一点就是智能控制。人们要从自治运行的角度去认识智能机器，而自治运行又建立在多重智能基因的基础之上。

一个智能工厂往往是由许多智能机器构成的。但未来，一台智能机器也许就是一个微型工厂，它展现为开放的服务，并与处于远端的其他机器一起构成更大的虚拟工厂，沈阳机床厂的 i5 智能机床已经展现出这样的能力。无论一台智能机器多么强大，它只是虚实融合空间中的一个节点，一个节点就很难完成现实的生产任务，它还会与大量的其他机器连接组合构成全新的工厂及超级工厂——工业互联网，从而完成更复杂、更艰巨的生产任务。

6.3　智慧工厂

现在，在地球上生活着的这一代人，从一出生起，所看到或所想到的工厂就是具有庞大空间的厂房、轰隆隆的流水线和围绕流水线忙忙碌碌的工人。虽然随着技术的进步，工厂更加干净、整洁和整齐有序，但工厂的关键特征没有发生根本性的变化。过去，工厂就是被大家理解为很多工人集中去生产的场所。

从现在开始，有关工厂的一切都将开始变化。新一代工厂蓝图出现了，这就是智慧工厂。什么是智慧工厂？简单地说，就是由智能机器构成实现智慧生产的基础设施，目标是满足未来人类关于效用产品（参见第 5 章）生产的一切可能。

近年来，好像人类忽然之间开启了智慧工厂的切换模式，一下子涌现出了很多智慧工厂的案例：有的突出互联网工厂，有的突出机器换人，也有的突出柔性生产线和定制生产。当然，人们首先得肯定这些正向、积极的尝试。但问题在于智慧工厂的目的是不是清晰，设计是不是合理，是不是具有前瞻性。智慧工厂意味着巨大的投资，如果在 5 年内就失去它的价值，就可能造成极大的浪费。从现状来看，很多智慧工厂还是在传统工业模式下进行的智能改造，这是一个需要认真思考的问题。如果人们对传统工业还有需求，是不是智慧工厂其实并不是非常重要？但如果人们对传统工业没有需求，以传统工业为蓝本的智慧工厂注定会面临失败。

构建一个智慧工厂必须从它的基本问题出发，需要构建什么样的用户关系及生产什么样的效用产品，为什么样的生产方式提供支持？现在智慧工厂建设蓝图的选择更多了，而不是更少了。

建设智慧工厂必须消除传统有关工厂的一切概念，站在全新的时代来打开脑洞想一想未来工厂有哪些可能？一个人拥有一台共享的3D打印机或类似i5的智能机床算不算一个工厂？几台是否就是工厂了呢？假如一个社区中几户人家分别拥有一台3D打印机，通过网络组织在一起，是否就是一个工厂？跨地区协作的情形呢？原来的传统大工厂，解构为小型模块化工厂，每个小型模块化工厂与归属于其他企业的模块化工厂协作，是否构成一个新工厂？

从工厂与用户关系的角度，是否支持用户个性化定制？能否实现产用融合？用户自主生产是不是可行？工厂要不要共享？是否支持用户眼中的虚拟工厂？

未来工厂的蓝图存在很多种可能，选择合适的定位比具体的技术应用更重要。

6.3.1 立足于社会化协作生产

理论上，社会化协作生产是未来可见的未来。在全社会范围内配置工业资源自然比在一个企业中配置更有效率。从目前来看，实现社会化生产的技术途径就是工业互联网，智慧工厂给工业互联网提供支持就是必要条件。未来的实体工厂只是工业互联网中的一个资源模块，它能够通过工业互联网与其他资源模块协作实现生产。

智慧工厂的实体蓝图应该有足够的包容性，允许各种可能的存在。而智慧工厂从整体上来说应该是支持社会化生产的，在社会化生产的大框架下，构成虚拟工厂蓝图，每一个实体工厂都是虚拟工厂的模块，能够在虚实融合空间中精确标识，具有合适的功能定位和使能接口，能够随时被连接和调用。

虚体的智慧工厂并不像传统工厂一样，局限于生产商的私有资产边界内，而是多个生产商资源的共同协作结果。智慧生产的多工厂实现蓝图，如图6-8所示。在用户或第三方创客的眼中，无论是个性化定制、自主生产、产用融合，都是基于虚拟工厂，而不是基于一个个传统实体工厂。实质上，现在的工业生产本来也是建立在不同企业工厂的协作之上的，只不过是通过线下协作来完成的。从一定意义上来说，如果实体工厂没有变化，未来要做的工作是把这些线下的协作转化为线上的协作。例如，苹果公司并没有生产工厂，它的手机产品是通过布局在中国的富士康工厂来代工完成的，用户是通过苹果公司建立了与生产工厂的连接的。

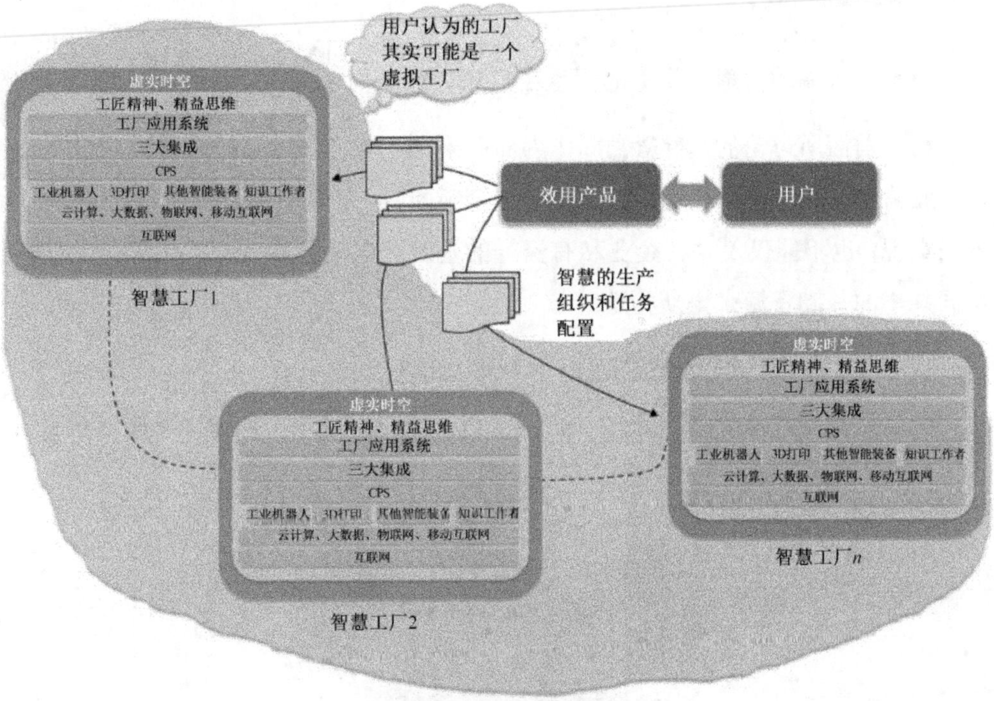

图 6-8 智慧生产的多工厂实现蓝图

除规模庞大的大型工厂之外，基于 3D 打印技术的小微智慧工厂也是未来智慧工厂世界的组成部分。对于未来，不能一谈到工厂就认为一定是规模庞大的厂房和大量机器，这是一定要抛弃的传统思维定式。3D 打印技术的出现全面革新了生产技术，将是制造业的终极颠覆。3D 打印技术为构建基于互联网组织的小微工厂和用户的桌面自助工厂的实现提供了现实可能性。虽然，目前 3D 打印技术还受制于材料科学进步和自身技术进步的约束，但已经被证实可以在独立的零部件和单一材料产品生产中发挥作用，很多个零部件可以组装成复杂结构的产品。例如，3D 打印的汽车 Strati 只有 40 多个部件，如果由小微 3D 打印工厂生产，每个小微工厂只生产一个部件，最多只需要 40 多个小微 3D 打印工厂就可以协作完成。不能否认，3D 打印工厂也是未来的智慧工厂蓝图之一。

现实中可能有各种各样的工厂形式，但面向未来，不能封闭起来，都需要定位为社会化协作生产的一个单元，是未来虚拟工厂世界和工业互联网世界的一部分。

6.3.2 超越互联与智能

不考虑极端的情形，常见的大型工厂该如何面向未来？

正如前面所讨论的，智慧工厂作为面向未来工业生产的基础设施，不能在旧有的工业格局下考虑它的构造，必须赋予它全新的特征，用全新的思维并用全新的技术来实现；也不能仅仅站在企业私有资产的基础上定位智慧工厂，而是应作为未来协同共享的基础资源来全新构造。

从目前的发展趋势及德国工业 4.0 战略描绘的场景来看，一个面向未来的智慧工厂应该具备六大特征：智能、互联、分布、精益、模块、自治，如图 6-9 所示。

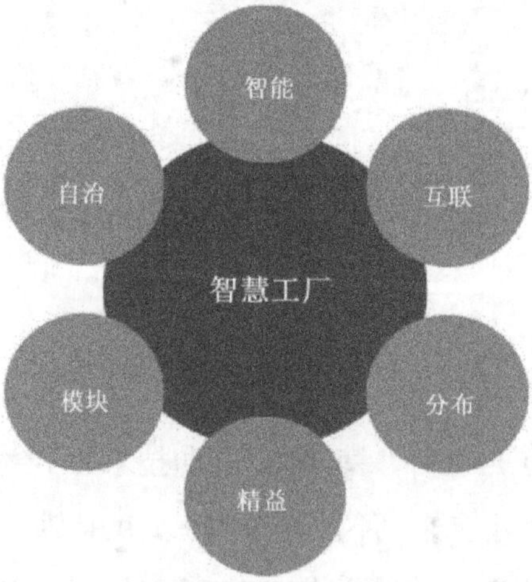

图 6-9　智慧工厂的特征

1．智能

智慧工厂的“智能”的含义应该至少包括六个方面。

（1）应用智能。智慧工厂能够做到四知，即知道生产什么产品或部件，知道产品和材料从哪里来、到哪里去，设备知道该如何精确操作，员工知道如何优化改进。

（2）智能技术利用。智慧工厂在设备级、模块级、系统级三个层次上都具有信息感知、传输、分析决策与执行的全方位智能。尤其在覆盖整个工厂的系统级层面，对工厂具有全方位的信息感知、传输、分析决策和执行能力。

（3）在纵向、横向、价值链三个维度上能够自治实现技术集成、事务集成及应用集成。自治实现的意义在于无须人工干预即可自主实现自动连接、传输、分析和决策执行。

（4）人机接口智能化。人机接口智能化包括电子看板、移动终端、虚拟现实等，帮助知识型员工理解和优化生产系统。

（5）运维的智能化。运维的智能化包括运行监测、故障预警、故障应急处理、现场及远程维护支持等。

（6）动态的智能配置。在智慧工厂内，所有生产元素都应该支持根据不同产品生产需求所产生的动态的智能配置要求，并在生产完成后生产元素都能够被自动释放。动态的智能配置应具备支持用户在生产过程中更改需求的能力。

2. 互联

智能工厂的互联应包括三个层次。

（1）在工厂内部构建工业互联网，能够把所有生产设备、知识型员工、原材料、输送装备连接在一个网络之中。

（2）集成互联。通过网络来支持三大集成的实现，并能够与企业内部工业互联网连接和进行信息交互。

（3）社会化互联。智慧工厂能够通过虚拟化的方式把生产能力资源在互联网环境下释放，并与社会化的智慧生产、智慧产品、智慧物流、智慧建筑等系统网络连接，能够自主接受和完成生产任务需求。

3. 分布

智慧工厂将改变传统的一个厂房完成所有生产任务的格局，为应对个性化定制和产用融合挑战，智慧工厂必须进行单元化、模块化的改造。一个工厂将只是智慧生产任务中的子任务单元，也对应着一组工艺组件和 IT 模块。从完成一个生产需求的角度，将由分布式工厂共同协同完成任务。这些分布式工厂可以分布在一个企业内部的不同地理位置，也可以分布在不同企业中。

4．精益

精益思维将渗透智慧工厂的所有单元、所有流程及所有活动，成为智慧工厂设计必须遵循的原则。尤其在智慧工厂的系统级层面，必须保持生产过程中的最低成本和最高效率，并能够建立不断优化改进的机制。所有的 IT 模块组件及工艺组件，以及它们的任意组合必须符合精益思维的要求。传统工业、企业围绕人机配合形成的精益管理方法，将主要由智慧工厂、智能机器的自治运行来实现。

5．模块

以产品标准化为基础的传统工厂无法满足个性化定制的要求，为了应对个性化定制的挑战，智慧工厂必须从结构上进行根本性的变革。借助智能技术的支持，分布式的智慧工厂模块及模块组合具有了可行性。模块化的分割是为了扩大个性化定制的空间，但最终是为了模块间的组合能满足用户的总体需求。所以，智能工厂模块的信息交互要如同在一个机器内部传输一样流畅。借助模块化，传统上串行的生产方式就可能变为串并行结合的方式，将大大提高生产效率。工厂级的模块、机器级模块及工艺操作级的模块都将与相应的 IT 模块相对应，从而通过 IT 模块的重新组合来实现个性化的生产。

6．自治

智慧工厂是一个高度智能化的系统，自治是其必备的条件。“自治”的意思就是能够模仿人类分析决策和执行过程自动完成任务。工厂自治化的原因主要有两个：一方面是因为要实现大规模的个性化定制生产，人工已经无法做到让连续不断的不同产品协调生产，必须依赖机器和系统的自治；另一方面是因为自治能够减少人工的干预，减少由于人机交互导致的偏差，提高生产效率，对质量保证和生产率提升都有现实意义。

从以上六个方面的要素来看，智慧工厂是一个全新的组织和结构逻辑，单纯的机器换人是远远不够的。没有系统级的全新工厂思维，就不可能实现一个能够满足智慧生产需要的智慧工厂。

6.3.3　面向未来的技术架构

实体智慧工厂是分布在虚实时空中的一个节点或若干节点的动态组合，为智慧生产实现提供基本的能力。持续创新和精益求精是智慧工厂的基本要求，也是涵盖一切的指导方针，是所有技术应用和所有生产细节应贯穿一致的基本要求，也就是要求工匠精神和精益思维在智慧工厂层面能够充分体现。

不能把智慧工厂简单地想象成一个庞大的厂房里面有很多智能机器人，需要知道这只是未来智慧工厂的一个可能图景。未来的智慧工厂也包括那些由几台或数十台 3D 打印机构成的微型工厂，甚至拥有一台 3D 打印机的一个家庭工厂。只要它们连上网，构成了虚拟智慧工厂的一个节点，就应该把它们也视为智慧工厂世界的一部分。当然，微型工厂是一个较为中远期的图景，而作为共享基础设施的大型工厂的智慧化改造仍然是现阶段的主要任务。

智慧工厂必须构建在智能技术群之上，是云计算、大数据、物联网、移动互联网、人工智能等技术的综合利用。智能技术群是智慧工厂得以实现的基础，为智慧工厂的具体需求，如工业云计算、工业大数据、工业互联网构建，提供了一个公共技术平台。

工业机器人、3D 打印、智能装备、知识工作者及知识自动化构成智慧工厂中基本的执行单元。工业机器人、3D 打印、智能装备是核心的生产装备，知识工作者充分利用人类智慧的优势及个体知识的积累，借助人机接口装备、知识自动化工具监控生产的运行、提供改进优化方案。机器和人在智慧工厂中处于高度融合的状态，信息通过各种智能技术在人和机器之间自由地流淌。所有执行单元都不是孤立的，它们处于智慧工厂所构建的基础网络之中，并能够根据具体的生产需求按照工艺组件及 IT 模块化的需求进行动态的配置组合，来实现高度的生产灵活性。所有执行单元的操作及其组合操作应符合精益化的要求，以用户为中心，实现拉动式的 JIT（just In Time，准时制生产方式）和单件流生产方式，确保价值流的浪费环节被彻底消灭。由于建立在智能技术之上，精益思维在智慧工厂能够比传统工厂更容易落地和得到执行，并减少了人为因素的影响。从目前来看，虽然 3D 打印技术是革命性的生产技术，有希望从根本上优化和升级工业生产，但受制于材料技术的发展及 3D 打印机功能的单一化，还不能广泛普及使用，但建议工厂还是在所有可能的领域引入 3D 打印技术，以提高生产环节的灵活性，增加个性化生产的空间。

CPS 技术是智慧工厂能够实现的关键技术，通过它能够把智能生产单元连接起来，并实现信息、通信、计算和执行的全面融合，使复杂的个性化生产任务能够连续、精确地进行。相对企业熟知的 ERP、MES、DCS、CRM 等信息系统，CPS 是一个需要全新设计和开发的信息系统。CPS 可以视为一个庞大的软件定义工厂系统，所有物理的工厂元素、信息资源通过它进行系统化的连接和重新组织，它们能够相互独立地自动交换信息、触发动作和控制，是一个庞大的自治系统。基于 CPS 技术，一个智慧工厂可以被看成一个巨大的、一体化的智能机器。但到目前为止，CPS 技术还在研究和探索当中，一些企业成立了 CPS 研究中心，来研究更有针对性的 CPS 系统。

三大集成技术可以被认作 CPS 技术实现的目标，也可以被认作 CPS 技术之上的应用。三大集成，即基于价值链的端到端集成、不同企业或工厂间的横向集成、工厂内的纵向集成，如图 6-10 所示。通过三大集成，实现客户价值的一致化、生产效率的提升、个性化需求的满足。与 CPS 相比，CPS 是技术实现，而三大集成强调业务逻辑的组织。如纵向集成，德国工业 4.0 战略中指出："取而代之的，是根据个性化需求定制的一组 IT 结构化模块，根据不同情况下产品生产的需要，自动搭建出特定的结构（包括模型、数据、通信和算法等所有相关需求）。"三大集成一般是通过一系列的应用软件及它们的集成来实现的。从目前来看，传统 ERP、MES、DCS 等信息系统具有一定的价值链和横向集成能力，但与德国工业 4.0 提出的基于 CPS 的集成还有一定的差距。一些人把纵向集成理解为传统 ERP、MES、DCS 系统的集成，这是不正确的。这种集成不能支撑信息物理的融合，当然也不会满足个性化生产的需求。当然，ERP、MES、DCS 等传统信息系统也在演进中，组件化和云计算化是其最重要的趋势。如果工厂能够对传统的信息系统进行部分改造，适应智慧生产的需要，这也许是快速构建智慧工厂的方法。

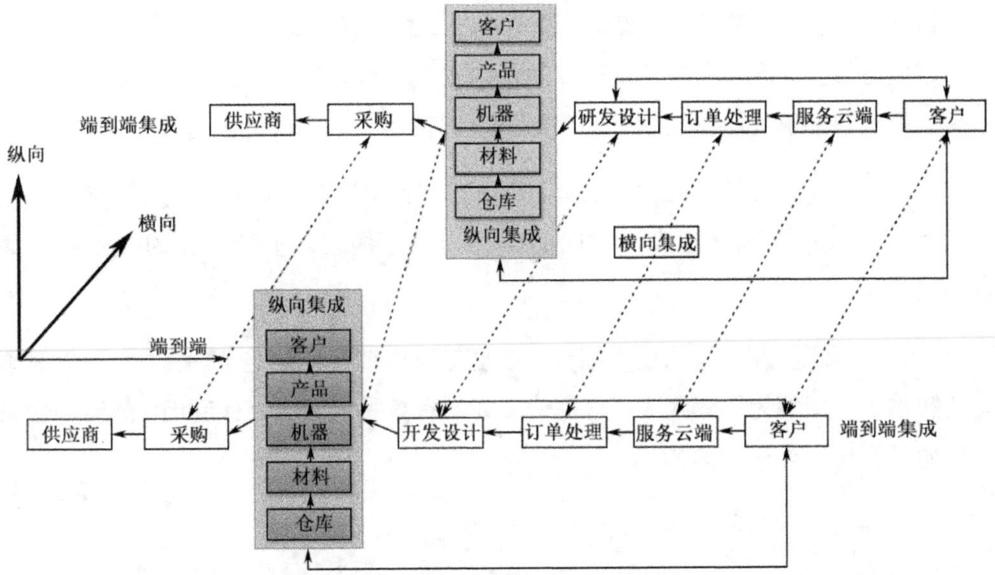

图 6-10　三大集成的逻辑

在三大集成之上，智慧工厂应该拥有工厂级的应用系统，如生产执行系统、面向工厂全局的工艺组件库与 IT 模块库、模拟仿真、大数据分析和优化、资源管理、需求与任务管理、与企业级应用的接口等。这一层次相当于工厂的大脑，控制一个独立工厂的按需自治运行。同时，工厂级的应用系统也是一个使能工具，实现智慧生产系统提出的生产任务需求。

工厂级的应用系统应该是一个全新的基于 CPS 的应用设计，不是传统企业的 ERP+MES。在传统企业的 IT 架构中，工厂应用级的任务主要是由 MES 系统实现的。传统的工厂是某一个企业的附属物，主要任务是生产执行，所以很少有独立的工厂级应用系统。传统企业必须明白，智慧工厂未来作为虚实世界的重要共享基础设施，现有的 MES 系统作为工厂级应用是远远不能够满足需要的，更不能认为智慧工厂就是 MES 主导。就市场现状来看，还没有完全满足智慧工厂需要的工厂级应用系统解决方案，工厂级的应用系统应该是智慧工厂领域需要研究的主要方向。

从智慧工厂的角度，工厂级的应用系统与传统上以 MES 系统为主执行生产任务不同，它应该具有自主决策，实现工厂按需自治运行和优化的能力。例如，根据不同的个性化生产需求，能够结合工厂的能力，形成 IT 模块组合和工艺组合，一方面反馈给智慧生产系统，另一方面能够把相应的控制系统和指令发布给所有的智慧机器与工厂知识工作者，并监测和优化执行过程。工厂级的应用系统需要对具体的生产任务负责，确保在工厂层面以最优的成本与效率实现生产。另外，工厂级的应用系统应该能够支持把工厂能力释放到互联网中，实现跨界的协同生产。

智慧工厂作为一个物理上的实体，在虚实世界中应该能够表达为一个连接即生产的虚体，最终实现在虚实时空中的虚实一体化描述。智慧工厂的技术架构如图 6-11 所示。

智慧工厂还涉及大量的技术细节，这里就不详细展开论述了。总之，不能简单地把智慧工厂理解为机器换人，它是一系列的智慧技术的综合性利用，能够为未来工厂的社会化协作做好准备。

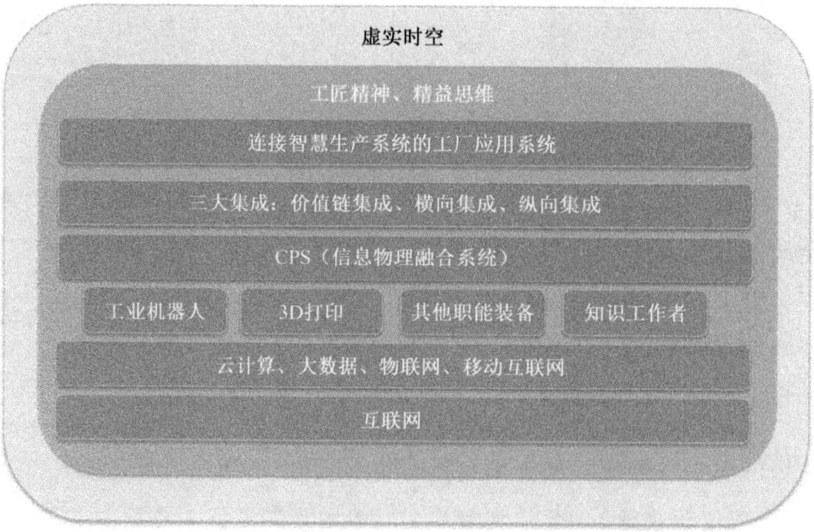

图 6-11　智慧工厂的技术架构

6.4 共享工厂

面向效用产品生产以及建立生产和用户的新关系，未来的实体工厂必然是共享工厂。

为什么未来的工厂必然是共享工厂？这是一个需要论证的问题。在大规模生产模式下，基于社会需要大量的同质产品假设，生产围绕企业的生产计划进行，工厂只要连续不断地生产就可以了。而在以用户为中心的新工业生产模式下，生产取决于用户的选择，生产需求变得不可预测。如果不能建立与用户需求的有效连接，再智慧的工厂也可能面临停产的窘境，企业也无从按计划组织智慧工厂进行生产活动。因此，必须打破智慧工厂从属于一家企业的边界，让智慧工厂成为互联网上一个云端共享制造资源。把智慧生产的组织者和智慧工厂解耦合，让大规模社会化的生产组织者能够利用所有互联网上开放的制造资源。只有这样，才能在整个虚实世界中达到生产和需求的平衡，建立全新的生产和用户之间的互动关系。

基于共享工厂的理念，未来实体工厂将发生根本性变化。这些变化可以归结为三个方面。

6.4.1　工厂即资源

智慧工厂应视为具备某种产品制造能力的一个物理资源，在虚实时空世界里能够表达为一个节点。它的任务在于接受数字表达的用户需求，并转化为物理世界的输出。

按照共享经济的理念，一项资源并不是在私有状态下实现价值最大化，而是通过共享的模式实现价值最大化。未来的智慧工厂应该如同滴滴专车一样，在一个平台中共享为一个资源，任意有制造需求的用户都能够在线找到并使用服务。与专车的接近同质化服务不同，工厂资源需要更加精确的能力描述，并能够在线完成资源连接。

智慧工厂资源的利用可以参考云计算的模式，提供弹性、可伸缩的服务，按需使用，按使用付费。若干的同类智慧工厂资源可以形成制造资源池，成为新工业生态的一个基础设施。

智慧工厂是一种能力资源，具有特定产品或部件的个性化生产制造能力是其本质。在最新的工业互联网理论中，智慧工厂制造能力资源可以展现为一种工业互联网服务。在制造资源虚拟化及制造资源池化的基础之上，通过软件对虚拟化制造资源和制造资源池进行封装，并通过能力+服务的方式展现出来。智慧工厂资源与工业互联网平台的结合，将赋予智慧工厂全新的特征，具体如下。

✓ 随需供应：根据用户需要提供实时服务，服务以标准化的形式呈现出来。

- ✓ 异构整合：基于 SOA 理念，异构资源被服务化封装，所以能够很方便地实现异构整合。
- ✓ 即时性：服务永远就绪，能够即时响应服务需求。
- ✓ 动态性：制造资源动态匹配，需要则连接，不需要则关闭，资源也可以动态接入。
- ✓ 能力性：将制造资源池化，并封装为服务，最终表现为制造能力。
- ✓ 全周期：工业互联网能够对制造生命周期全部过程进行服务化，所以就能够实现跨阶段的资源配置。例如，A 的研发服务与 C 的生产服务进行资源配置。
- ✓ 商业性：制造资源服务将被准确地计量和定价，并进行合理化运营。

智慧工厂作为一种共享资源，与工业互联网平台相结合，将形成全新的智慧工厂运营模式和商业模式，从而实现资源的价值最大化。

6.4.2 连接即生产

智慧工厂作为一种面向未来的制造基础设施，建立在数字化和智能化的基础上，为工厂资源转变为工业互联网服务提供了基础条件，但并不意味着它就可以直接连接网络转变为制造服务。

要实现连接即生产，就是要让整个工厂像一个大型机器一样操作。但实质上又有所不同，工厂是由大量元素和单元组成的集合，不同的生产任务需要调用的资源不同，也就是只需要这台大型机器部分部件工作，而不是全部部件。这就要求工厂内的所有元素和单元能够准确标识，支持自由调用，从而通过不同组合实现像一台机器一样使用。

在云制造相关理论中，认为需要把工厂资源池化和服务化才能实现连接即生产。而制造资源的池化的实现则必须建立在制造资源的虚拟化之上。服务器虚拟化是通过一套虚拟化软件来实现的，而工厂资源的虚拟化比它要复杂得多。服务器虚拟化只面对一种资源或少量的其他资源，而工厂资源虚拟化需要面对海量的、异构的、功能差异巨大的资源，还需要一些关键技术的突破。

理论上，工厂资源虚拟化就是实现物理的智慧工厂到虚拟工厂资源的透明映射。所谓透明，就是供需各方都能清晰明了它们的对应关系。一般来说，由工厂服务的提供者根据相关规范，对工厂资源进行语义化描述，并把工厂资源注册加入工业互联网资源池中，服务的需求方能够对虚拟工厂资源进行查询和使用。

工厂资源虚拟化是连接物理资源和服务的中枢，它的目的就是便于资源的在线服务化的提供及对资源利用率的提升。如果不方便或没有人使用服务，或者使用服务的效率不高，这些问题都可以追溯到资源虚拟化层面。目前来看，工厂资源的虚拟化包括资源分类、资源信息层次模型、资源利用模型、资源语义结构、资源的注册及发布等内容。现在，这些问题都在研究阶段，已知的方法是把工厂资源发布为一个 Web 服务，然后统一注册。通过这种方式来建立供需方的连接，需方应该能够通过网络来调用虚拟工厂资源。如果工厂虚拟化能够实现，对于建立在 CPS 技术基础上的智慧工厂，从理论上来说，用户可以连接即生产，自主完成制造服务过程。

在德国工业 4.0 参考结构当中，提出了管理壳的概念，其示意如图 6-12 所示，与云制造关于工厂资源虚拟化的思路大同小异。管理壳整体上是一个软件管理系统，功能是对德国工业 4.0 组件的资产特性及技术功能进行数字化描述，像罩在物理资产上的壳，所以称为管理壳。它既是一个工厂资源的说明书，也是一个可以随意搜索的对象，更是管理和操作资源的接口。

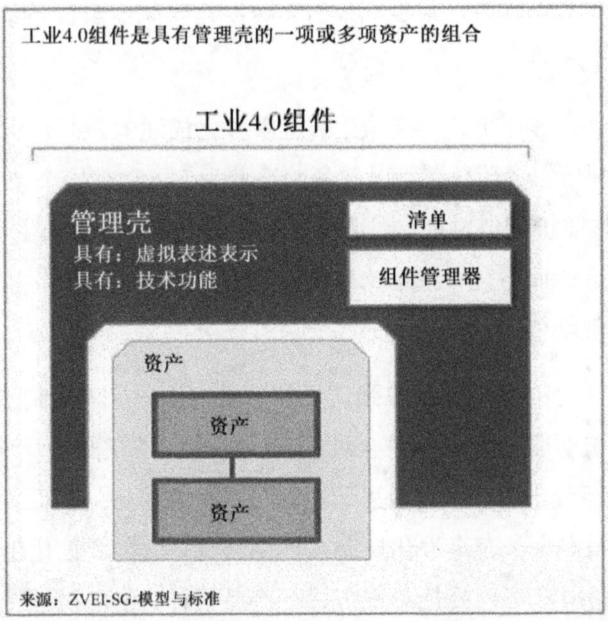

图 6-12　德国工业 4.0 管理壳的概念示意

管理壳基本构成包括“清单+组件管理器”。清单用来表示组件的内容目录，如功能、信息、通信等业务活动的层次范围；组件管理器用来管理组件范围内的相关资产。管理壳清晰界定了该组件所在的层次、价值流、级别，确认了所需的数据、功能与安全要求，规避了因为不按标准建设组件系统而在未来可能发生的信息失控问题[10]。

如果工厂的所有元素和组件关联的物理资产都拥有一个管理壳，就能够实现真正的互联互通和任意调用与组合。再进一步结合 CPS 和三大集成，就能够实现连接即生产的价值目标。

目前常见的方式还是用户通过在线提交订单，由工厂主导完成生产任务，还不具备完整的用户主导生产的能力。但随着技术的发展，相信未来的某个时间，用户远程自主连接和生产可以成为现实，就如同用户操作一个桌面 3D 打印机一样方便，实现连接即生产。

6.4.3 制造即服务

如果能够实现智慧工厂的虚拟化，用户能够实现连接即生产，制造就会成为真正的服务，制造本身将围绕产品创新展开，而不再受制于资源的约束，制造业也将成为一个服务性创造业。

制造即服务要区别于制造服务化。制造服务化描述的是制造业服务比重增长的过程，强调增强制造服务附加值。以装备制造业为例，它有一个被称为“微笑曲线”的价值规律图。按照价值链顺序，制造的两端附加值最高，中间生产环节价值最低。传统上所说的制造业服务化，就意味着向微笑曲线的两端转移，增加资金投入和其他资源，从而实现增值。

传统制造服务化的核心还是在强调增值服务，并没有改变制造的本质。与制造服务化不同，制造即服务强调制造全过程的服务化，不仅是设计服务和售后服务，尤其在智慧工厂环节，也将转变为基于互联网的制造服务。在智慧工厂云端共享的基础上，生产过程本身具有个性化定制生产的特征，这种个性化生产的过程就是一项针对性的服务。用户可以委托第三方进行产品设计，也可以直接由智慧工厂提供

10 https://gongkong.ofweek.com/2017-04/ART-310008-11001-30121185_2.html.

产品设计，或者用户自主进行产品设计，最终产品设计能够通过在线连接的智慧工厂生产出来，这就是未来的制造即服务蓝图。基于这个蓝图，制造业将演变为制造型服务业。

6.5 虚拟工厂

用户其实并不关心实体工厂在哪里，其关心的是产品是否满足需要，质量是否可靠，是否可以按时送达。实质上，在用户眼中根本就没有实体工厂的概念，而是更加关注他眼中的虚拟工厂。未来的工厂，无论大小，最终都会成为用户眼中虚拟工厂的一个组件。

6.5.1 沙漠工厂

现在，有着近 250 年发展历史的工厂将呈现出前所未有的不同。在一个虚实融合的世界里，工厂将不是人们习惯性理解的身处闹市、庞大厂房、成排的机器，以及有围绕机器工作的无数工人。未来工厂可能只是一个虚拟的工厂视图，是若干个实体工厂在数字世界中的连接，而不是一座在现实世界中存在的庞大工厂。虚拟工厂是分布在虚实时空中的一个节点或若干个具有生产能力的节点的动态组合，通过这种组合来给生产提供基本的能力。

即使在虚拟工厂视图中的一个物理的实体工厂节点，可能只是由几台或数十台 3D 打印机构成的微型工厂，甚至是仅拥有一台 3D 打印机的一个家庭工厂，或者是没有一个工人的无人工厂。工厂非常有可能部署在沙漠中，而不是人们习惯的闹市。因为在那里，更加节省成本，还可以减少污染和获得便利的太阳能。

建设在美国内华达州的特斯拉超级工厂采用了零能耗设计，不消耗任何化石燃料，也没有天然气管道网络或柴油发电机为其提供电力。整个工厂的屋顶被太阳能电池板覆盖，多余的电能将通过特斯拉储能设备储存，以便在没有光照时使用（见图 6-13）。当然，该工厂也配备了多种紧急能源方案，包括可再生能源与储存产品。现在可能还没有那么完美，但它开了一个先例，让人们认识到工厂不仅可以处于城市，也可以处于沙漠。当然，就现状而言，特斯拉的工厂并没有抛弃人力资源，而是带来了更多的就业机会。

图 6-13　特斯拉建设在沙漠中的工厂

资料来源：互联网。

沙漠工厂，人们要去现场看看吗？没有必要，其实人们更关心的是需求的满足。

当然，在虚拟工厂的视图中，不都是简单的工厂节点，也会有类似传统工厂的复杂节点来实现复杂产品的生产。这样的工厂当然也不会是传统工厂的网络连接，而是类似在德国工业 4.0 战略中所描绘的智慧工厂。但从整体上来说，这样的工厂也将被制造虚拟化技术连接到互联网中，用户可以很方便地连接并使用它的能力。为实现工厂的智慧化及产用融合的蓝图，一个智慧工厂需要复杂的技术体系来构造。

无论如何，未来的智慧工厂建设应立足于满足效用产品的生产需要，要能够在用户视野中实现一个虚拟工厂的视图，支持用户完成可视化生产，甚至自主生产。

6.5.2　软件定义

如果实体工厂都是智慧工厂，并能够在互联网中表达为共享工厂，这样的共享工厂一个和多个的组合在用户眼中就呈现为虚拟工厂。无论其后边是否对应着一个实体工厂或分布在不同地理位置的多个实体工厂，对用户来说，其实没有分别。

那么如何实现用户眼中的虚拟工厂？很显然，它是软件定义的结果。如果大家都是遵从标准的，智慧工厂和其中的模块化组件能够被生产软件系统识别，并根据用户需求组织在一起，动态组织并实现用户的需求，那么，虚拟工厂将普遍存在，一个软件定义工厂的时代就会到来。

软件定义工厂目前在工业互联网中已经描绘为一个蓝图，协同生产就是实现这一蓝图的具体方法。现在所说的协同制造，与传统上少数的、基于供应链的生产协同不同，而是在互联网环境下，根据用户需求被组织在一起的协同生产。

由于现实中工厂环境的复杂性，智能程度的差异，软件定义工厂可以分为不同的层次。例如，集合用户订单，并在线与生产商协作实现订单层面的协同，核心是匹配用户需求与产能供给；在线组织生产，但不深入具体的生产单元，协同任务落实到实体工厂的整体层面；全过程、全要素的生产协同，要求协作工厂全面智能化，支持连接即生产。产能匹配层面的生产协同在国内外都已经有成功案例，如美国的 MFG 和中国的航天云网。

虚拟工厂一定是软件定义的工厂，它是一个可见的未来。

6.5.3　互联网上的工厂

工业互联网正在给人们展现出软件定义工厂的未来。

如果工业互联网能够理想化地实现，其中的信息物理融合系统能够可靠地运行，那么任何一个人都能够在这个网络上实现一个人们所期望的工厂——一个基于互联网的虚拟工厂。在生产组织者眼中，所有智能机器和其他生产资源是他可用的组件，他只需要在网络中进行图形化的连线就能构成一个其需要的工厂。而在消费者眼中，他能够给这样一个工厂提出需求、下订单、跟踪生产过程，并获得最终的产品和服务。在消费者看来，这个工厂是完全透明的也是组织有序的。在实体世界当中，实体的生产资源可能分布在物理上不同的地方，资产被不同的人或实体企业所拥有。但是，只要实体生产资源的拥有者愿意在网络中开放共享他所拥有的资源，这些资源就能够在工业互联网中显示出来，并能够被生产组织者所利用，也能够被最终消费者所跟踪。

这样的虚拟工厂将是未来要实现的工厂，而不是现在处于“围墙”当中，为不同企业所私有的工厂。虚拟工厂是动态组织的，在某一段时间属于某一个生产组织者，而下一段时间属于另一个人。消费者或用户也可以视为一个生产组织者，只要他愿意花费时间来做这件事。所有实体工厂将是共享工厂，只要它空闲并开放共享，它就将能够被其他所有人使用。

应该如何理解未来虚拟工厂的生产过程？它是如何具体实现的？以下还是用一个例子来看一看可能的未来，未来虚拟工厂与生产过程如图 6-14 所示。

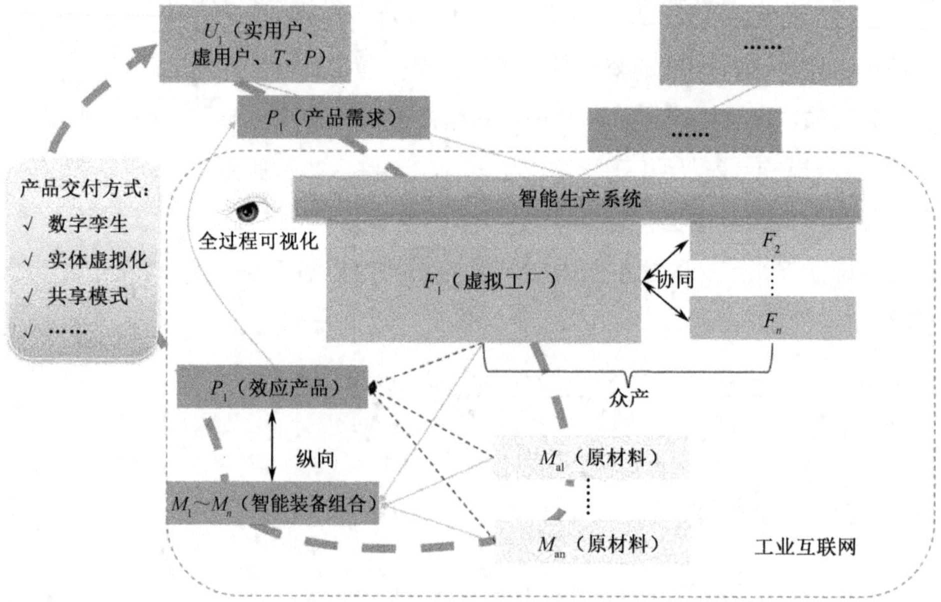

图 6-14　未来虚拟工厂与生产过程

先假设一个条件，基于工业互联网的设计师资源服务，用户（用 U_1 表示）能够明确他对一个产品的需求，如拿到了一个产品设计图纸或确认了设计师给他的产品描述，这个产品需求用 P_1 表达。在最初的时候，P_1 虽然还没有生产，但根据虚实融合世界的一致性，可以认为用户已经获得了一个产品孪生态，P_1 应该和预期实际生产出来的产品 P_1 是同一事物。进一步，P_1 的需求被工业互联网中的智能生产系统所识别和确认，将由生产系统进行自动化分析、决策、规划和组织生产，若干实体工厂从 F_1 到 F_n 被动态组织成为一个虚拟工厂。这个虚拟工厂的每个节点都将获得产品的目标蓝图及分解的工艺组件模块，它们将按照所承担的生产任务控制原材料的供应（从 M_{a1} 到 M_{an}），自动监测产品 P_1 的状态，并自治地组织生产设备（M_1 到 M_n）按照工艺模块进行协同生产。在这个过程中，半成品 P_1 是控制的中心，是一个信息的代理，基于智能工厂能力的支持，自己组织和协调生产过程，最终按照用户的需求完成 P_1 的实体生产。如果用户不再追求多形式的交付，P_1 这个产品实体将由完成最后一道工序的实体工厂通过物流运输的方式交给用户。当然，如果用户有需求，由于产品虚实双态的存在，用户可以获得更多的产品交付方式。

用户眼中的虚拟工厂对应的实体工厂可能是某一家企业所独有的，如海尔集团工业互联网平台实现的洗衣机定制，用户在互联网平台中面对的虚拟工厂对应着海尔集团自己的洗衣机生产工厂，这种情形也可以看成 C2F（客户直连工厂）的模式。用户眼中的虚拟工厂也可以是多家工厂生产能力的组合，在这种情况下，工业互联网平台不仅需要对实体工厂资源进行连接，还需要实现在线的生产规划和组织，目前国内航天云网平台就在做这样的工作。

把实体工厂改造成智慧工厂，把智慧工厂共享出来变成共享工厂，然后借助工业互联网平台，用户将得到他真正关心的虚拟智慧工厂，这就是工厂的未来。

6.6　工业互联网："超级生产机器"与"超级工厂"

有了智能机器和智慧工厂，就能组织全新的工业吗？还不能，还需要一个有机的动力系统把这些智能机器和智慧工厂有序地运行起来，这个动力系统就是工业互联网。

6.6.1　联网工业

瓦特时代有蒸汽机和生产机器构成的机械体系实现大机器生产，福特时代有电动机+流水线实现大规模生产，再后来有计算机+精益生产线和模块化工厂实现大规模定制生产，未来靠什么生产？是智能机器吗？再智能的机器，单台也完成不了稍微复杂的生产。是智能化的现有工厂吗？它们如何通过有限的产能生产无限的个性化产品？未来人们都要依靠这个被称为工业互联网的新生事物进行生产活动，工业互联网就是这个时代的蒸汽机和电动机，它燃烧的是数据，输出的是信息能和知识能。

工业互联网就是一个把工业生产要素组织起来的互联网络，它就是未来工业生产的基础设施，或者说就是工业生产的操作系统。它就像一个复杂一点的滴滴平台，但不是把出租车组织起来为人们提供服务，而是按照每个人的不同需求，把各种各样满足需求的生产要素组织起来，满足个性化生产的需求。工业互联网可以看成虚实时空当中的一个局域网，按照主题来实现特定需求的任务。如果把所有工业互联网连接起来，世界上所有工业生产活动就都可以囊括其中。从理论上说，任何人只要连上此网络，并且有合适的支付手段，就能实现他所需的任何生产，无论他是一个企业主，还是一个消费者。

工业互联网世界有什么样的网络“居民”，为何它能实现生产？工业互联网至少有四类元素：①人，包括工业人和消费者，工业人包括设计师、仓储管理者、生产组织者、技术工人、物流服务者和机器维修专业人员等；②实现各种工业生产任务的模块化智慧工厂、智能机器、智能流水线和设施，包括智能机床、3D 打印机、专用的智能生产设备、工厂设施等；③生产所必需的各种智能材料和智能产品，或者可以被智能管理的生产资料，如水、电、气等；④实现赋能和运行支持的各种智能系统和平台，如云计算、大数据、边缘计算、生产系统等。如果把一个工业互联网平台所有网络“居民”形成的空间视为一个局部的虚实融合空间，那么所有的“居民”将存在虚实双态，并通过虚拟态实现动态的重组，一次可实现的组合唯一定义一次有效生产。

工业互联网为所有网络“居民”定义游戏规则，所有参与要素在规则下进行自治运作。工业互联网最主要的规则可能是无形的手，而不是具体的条款，如网络空间的市场和交换。智能机器组合和生产过程按照智能、动态的方式自治组合实现，利益按照市场规则自治化分配。工业互联网连接的线下物理资源的拥有者可以在平台确定服务的价格，并按照供需规律自然形成交易。价值在不同的人之间流淌，就像河流一样自然流向所有低处。产能资源对工业互联网平台来说是共享的产能，每个连接者在资源空闲时都可以共享这些资源。工业互联网靠什么来驱动网络“居民”之间的合作，只有一个答案，那就是数据。

工业互联网的技术基础是信息物理融合，没有它的支撑，所有的工业要素就不可能在工业互联网中实现自如地运行。信息物理融合把实体世界和虚拟世界的元素融合在一起，虚体和实体在这一系统中能够迅速转换，既能得到实体的可获得性，也能得到虚体的敏捷性。工业互联网从网络技术上看是多种网络技术的集合，既包括面向生产环节的工业窄带网络，也包括面对消费者的传统互联网。但无论技术如何实现，对用户而言，人与机器之间将是透明的，即人们看不到网络的任何阻碍。

工业互联网的终极目标应该是联网工业，即所有的工业元素成长和运行在这个网上。但现在只能从工业联网开始，一点点地将工业生产要素向网络空间迁移。现在人们看到的工业互联网平台正是这个迁移过程的阶段性结果，它们有的可能从产品服务的网络化开始，有的从制造过程协作开始，而有的从工业云服务平台开始，但最后它们都是联网工业世界的一部分。而现在，人们称它们为发展工业互联网的若干种模式。

人们必须认识到，智能时代的生产机器，不是看到的一台台物理机器，而是工业互联网驱动的虚拟的“超级生产机器”。物理的机器将在工业互联网中重新组织，形成虚拟、动态的“超级生产机器”。这些“超级生产机器”也可以视为操纵实体工业生产过程的操作系统，通过它们来实现实体工业生产的组织和实现。当然，这只是视角的不同，是从俯视图看还是从仰视图看的问题。但无论人们把工业互联网视为“超级生产机器”还是操作系统，它都将是未来工业运行的核心。

2017 年 11 月 27 日，国务院发布《关于深化“互联网+先进制造业”发展工业互联网的指导意见》。其中提出了工业互联网三步走的战略目标：“到 2025 年，我国基本形成具备国际竞争力的基础设施和产业体系；到 2035 年，建成国际领先的工业互联网网络基础设施和平台，形成国际先进的技术与产业体系，工业互联网全面深度应用并在优势行业形成创新引领能力，安全保障能力全面提升，重点领域实现国际领先；到 21 世纪中叶，工业互联网网络基础设施全面支撑经济社会发展，工业互联网创新发展能力、技术产业体系及融合应用等全面达到国际先进水平，综合实力进入世界前列。”相关部门在随后的解读中，对工业互联网的意义进行了进一步诠释：“工业互联网是连接工业全系统、全产业链、全价值链，支撑工业智能化发展的关键基础设施，是新一代信息技术与制造业深度融合所形成的新兴业态与应用模式，是互联网从消费领域向生产领域、从虚拟经济向实体经济拓展的核心载体。”这说明工业互联网不仅对工业变革意义重大，对互联网发展同样意义重大，它是工业实体实现虚实融合的关键载体。

现在看来，工业互联网承担着驱动未来的伟大使命，它是机器的机器、系统的系统、工厂的工厂。它将用社会化生产的“新机器”，打开旧有的工厂之门。

6.6.2 “超级生产机器”和“超级工厂”

从用户角度来看，工业互联网是新工业生产的基础设施；从实体生产机器的角度来看，工业互联网是操作系统，通过操纵实体工业要素，实现虚实融合时空中的生产。对于未来，工业互联网是如此重要，但为什么是它，而不是其他东西承担重任？要回答这个问题，人们必须要明了这样的“超级生产机器”是如何诞生的。知道它是如何诞生的，就知道了它为什么是必然的。

工业互联网这一“超级生产机器”可以视为一种全新的技术，它是在旧有的技术基础上融合重构产生的。但它的意义在于，它是对旧有技术组合的重新域定，未来的技术必须在它域定的范围里演化和发展。从工业互联网的技术细节来看，人们能够看到很多旧有技术的组件，如云计算、大数据、智能控制、人工智能、工业技术等。工业互联网的本质是一种全新的、颠覆性的工业生产技术。

工业互联网的成长基因至少有六个方面的来源，既包括计算技术的演进、智能机器与控制技术的持续进化、大数据的利用、深度学习的崛起，也包括工业生产技术的发展、互联网消费习惯的兴起。现在，这六个方面最精华的成果围绕满足现时代消费者的需求和提升生产效率这两个核心目的而聚集在一起，形成了一个全新的技术集群，这一技术集群内部重新界定价值和关系，紧密融合，从而形成一台全新的、有着复杂零部件结构的“超级生产机器”。这台机器的产生标志着一个全新制造时代的开始，后续生产技术的进化都将围绕这台机器展开。

以满足消费者需求及背后隐藏的生产效率提升为牵引，生产技术、生产机器与生产方式处于长期的互动和相互促进当中。新技术产生后一般都会迅速运用到生产机器的改进和生产方式的优化当中。同时，生产方式的进步需要新的生产机器和新技术支持，以促使机器不断改进、新技术不断发明。这个过程将持续不断，直到外部环境和价值观彻底改变，制造范式必须做出根本性的跃变。如果此时最新的技术与机器能够通过新组合满足需求，这个转变过程将极快地发生。现在，一个新时代正在到来，新技术与智能机器正在促成全新的制造范式。但要完成这一过程，它们必须组合成全新的结构和形态，形成新的生产基础设施，来满足新时代的消费者需求。

智能技术群的崛起改变了人们看待机器和工厂的角度。机器不仅是网端，还是云端，且通过大数据分析能够不断优化机器性能，深度学习结合智能控制技术把机器变为真正的智能机器。同时，计算、通信、控制技术融为一体，构成 CPS 系统，智能机器成为 CPS 的一个应用节点。基于 CPS 技术，德国提出了工业 4.0 战略，其中两大主题就是智能工厂和智慧生产。在智能工厂的设想中，德国工业 4.0 战略提出横向集成、纵向集成、价值链集成的观念，以此来实现个性化的高效、低成本生产。不过现在看来，德国工业 4.0 的出发点是从下向上，从现有工厂出发按照线性进化的思维规划工厂的未来的，可能限制了战略本身的价值。

人们很快发现，基于互联网的生产思维能够超出现有的工厂，构造虚拟化的“超级工厂”并实现互联网生产和社会化生产，这样就能够把智能机器的价值进一步发挥出来。也就是说，新技术的发展与德国工业 4.0 战略打开了大家的思路，人们已经明白网络化、虚拟化、社会化的生产从技术上完全可行，工业互联网就是实现这一目标的基础设施。

传统的工厂是个瓶颈，因为有限产能的工厂无论如何都不能实现无穷尽的个性化需求，必须在全社会、全网络中配置生产资源，才有可能应对。进一步地，人们也知道，机器是智能的但不是万能的，要实现无限的个性化需求，必须在更大的范围内实现机器的全新组合。同时，由于个性化需求的不确定性，这种组合应该更加动态，无法用一个组合实现无限的可能。但是，工业生产不仅是机器的组合，而是生产全要素和资源的集约组合。什么能够帮助人们实现这样的动态、全方位生产要素和资源的集约组合？答案也是显而易见的，全世界只有一个工具能够做到这件事，那就是互联网。人们在互联网中组织工业生产，必须在其中最大化集约和共享生产要素和资源，实现工业实体资源在网络中的全方位映射和虚实融合，人们现在把这件工作称为工业互联网。现在，工业互联网也已成为互联网世界的“超级工厂”。

有了工业互联网这样的构想，剩下的就是如何把生产要素整合进去，以及如何让它发挥作用。从实体工业到虚拟世界的迁移是一个庞大而复杂的工作，迁移之后还需要保证工业互联网的组件配合良好，生产能够有效运行，这更是一个艰巨的工程。

如果把工业互联网比作“超级生产机器”和“超级工厂”，这台机器要能够可靠运行，还有大量的工作要做，它的所有零部件还需要磨合。有些问题是基础性的和技术性的，如网络基础设施和安全性问题，包括异构网络的协议解析问题、网络地址的满足问题、窄带物联网与工业无线网络问题、软件定义网络问题、所有机器和其他生产要素的标识和识别问题、网络安全问题等。还有一些系统级的平台问题：如何实现系统级、超系统级的 CPS，如何组织跨区域的协同生产，工业能力如何进行交易，跨企业主体如何组织生产等。这些问题在国务院发布的《关于深化“互联网+先进制造业”发展工业互联网的指导意见》中已经提出了有针对性的解决措施，相信假以时日都会解决。工业互联网是一个新生事物，还需要人们慢慢理解和接受，成长需要一个过程，人们也不能急于求成。就目前的实践来看，很多主体企业已经从不同侧面开始了工业互联网世界的构建。就如同互联网早期一样，刚开始时只有一些简单的页面，很快就丰富起来，再后来又在互联网上衍生出大量的新生事物，相信工业互联网的世界演进也会如此。

现在国内外已经有一些工业互联网平台在运行，能够证实它是有价值和有必要的。例如，美国 PTC 公司借助工业互联网 ThingWorx 平台帮助芯片制造公司 ATI 实现从生产环节到使用环节的全打通，为产品售后服务提供支持；美国 MFG.com 实现在线的制造资源配置；家电巨头海尔集团依托 COSMOPlat 平台来组织实现大规模定制洗衣机产品的生产；三一重工通过建设根云平台给企业提供资产管理、智能服务、预测性维护等工业应用服务。

总之，人们现在正在见证一个被称为工业互联网的“超级生产机器”和“超级工厂”的诞生过程，已经看到了它的一些开创性的实践，而更重要的是它还蕴藏着无穷可能性。

6.6.3 全网制造资源配置

工业互联网的一个突出价值就是实现在虚拟空间全网配置制造服务资源，突破传统上主要依靠企业配置制造资源的瓶颈。

在传统工业时代，制造资源的配置是在产品市场中进行的。人们对不同产品的需求量不同，进而对某个企业的产能需求就不同。进一步地，以企业为主体，根据市场的产品销售规模进行制造资源的配置。那么就会出现一个问题，如果一个公司的产品销售不畅，它的产能就会出现空闲，大量的制造资源就会被闲置。但实质上，一个公司的产品销售又受制于很多因素，如品牌、市场能力、管理能力、市场竞争、产品设计等，这些因素与制造资源本身的价值并没有直接的关系。例如，一条生产线，生产企业自己的产品可能卖不出去，反推回去生产线没有价值，但如果生产线共享出来，给别人生产产品，可能它又是有价值的。同样的道理，传统制造企业中的大量资源按照传统的价值链组织，为企业自身的产品生产服务可能很有价值，也可能完全没有价值。但如果把这些资源横向共享出来，为需要者服务，那么它们一定都是有价值的。

凡存在的大多数都有价值，只是往往没有用对地方。就如同每个人一样，如果没有找到自己可以发挥价值的领域，看起来是没有价值的，但如果找到可以发挥价值的领域，则可能又是无价的。如何让资源和使它的价值最大化的需求匹配起来，这就是资源配置的意义。

更重要的其实并不是匹配过程，而是如何看待资源。例如，制造服务化就是一个看问题的良好视角。如果还是传统地把制造看成生产产品的过程，那就限制了人们的视野。因为产品一旦卖不动，企业就得倒闭。反过来，如果制造是一个服务，制造的每个过程都可以视作服务，如研发是服务、生产是服务、运维是服务、物流是服务、产品是服务等，如果制造的每个环节都是服务，那就意味着既可以对内服务，也可以对外服务。如果每个制造资源都能够对外服务，那就打开了制造资源利用的新方式。

过去为了高效率的大规模生产，制造企业往往按照价值链条进行单维度组织，所有资源都是为最终大规模产品制造服务的，强调价值链的强耦合和竞争优势。制造资源的全方位服务化本质上就是网络化的制造资源重组，它与单维度的制造资源组织的价值不同，更能够满足多样性、个性化的需求。但是，如果每家制造企业都把制造的每个环节开放为服务，就需要足够大的市场来为这些服务提供市场空间，工业互联网就是这个市场的载体。

那么工业互联网如何在线配置制造资源？MFG.com 网站就是一个典型案例，它目前是世界上最大的在线制造资源配置平台。

MFG 就是制造业（Manufacturing）的缩写，这个网站平台就是一个关于制造的网站。它主要为两边服务，一边是供应商，另一边是采购商。在对采购商方面，平台上的采购商能通过发布工程 CAD 文件或提供产品技术规格等方法对需要采购的工业零部件及纺织品/服装类产品创建询盘。网站平台针对询盘细节，自动为采购商在全球范围内匹配具有先进设备、优秀工艺及充足产能等符合采购商标准的供应商，并邀请报价。另外，网站还为采购商及供应商双方的合作沟通、询盘报价、尽职调查、查询订单成交状态及监测货物物流状态提供平台服务。

MFG.com 配置资源的特点比较鲜明：支持的生产工艺非常丰富，有 300 多个，包括机加工、钣金及结构件、成型、铸造、挤压、锻造、金属冲压、组装和纺织品等；通过系统的智能计算，能够帮助采购商精简采购流程，并让采购实现多个采购零件的组合，能够大大地提高效率；全流程在线自动化操作，如在线提交询盘、与供应商洽谈、在线授盘、比较供应商、进行尽职调查等[11]。从表面上看，MFG.com 促成了零部件采购双方的交易，但实质上交易的是零部件制造能力，实现了制造能力的在线配置。

类似地，在国内也有猪八戒网等平台提供设计师资源能力的共享和配置，海尔集团的工业互联网平台围绕洗衣机定制在线配置设计师资源与生产资源。

如果能够实现全网配置资源，也就实现了在社会极大范围内配置资源，工业互联网这一“超级生产机器”和“超级工厂”将给工业生产全要素效率带来极大的提升，人类的生活水平也会再次飞跃。

6.6.4 初始演进：工业互联网的若干种模式

工业互联网世界正在孕育发展中，目前呈现自下向上的成长态势，主要以行业领军企业为主导进行建设。这与互联网发展早期的路径基本相似，先是一些个别网页出现，再是一些门户网站出现，后来又出现了电子商务和 Web2.0 网站，再后来又衍生出云计算服务、大数据服务、物联网等纵深的互联网服务。工业互联网是互联网的进一步纵深发展。不过，工业互联网建立在新技术革命和消费互联网已经较为充分发展的基础上，呈现出高起点、快发展的特点。

目前，工业互联网以行业领军企业为主导，已经初步形成多种不同类型的工业互联网平台。同时这些工业互联网平台又构筑在互联网之上，通过互联网间接地连接在一起，人们也能够很方便地通过互联网访问这些工业互联网资源，初步形成了“网中有网”的格局。从互联网的角度来看，工业互联网平台是一类专门的应用网络。

---

11 https://www.mfg.com/cn/about-mfgcom.

工业互联网平台的建设主体主要有四类：一是装备与自动化企业，从自身核心产品能力出发构建平台，如 GE、西门子、ABB、和利时等；二是生产制造企业，将自身数字化转型经验以平台为载体对外提供服务，如三一重工/树根互联、海尔、航天科工等；三是工业软件企业，借助平台的数据汇聚与处理能力提升软件性能，拓展服务边界，如 PTC、SAP、Oracle、用友等；四是信息技术企业，发挥 IT 技术优势将已有平台向制造领域延伸，如 IBM、微软、华为、思科等[12]。

工业互联网平台的建设主体不同，价值出发点就不同，目前主要形成了四种模式：资源匹配协同、企业管理决策优化、生产过程优化、产品全生命周期管理（见图 6-15）。每种模式又有不同的具体应用场景，如在资源匹配协同模式下，有协同制造、个性化定制、众包众创、制造能力交易等具体应用场景；在生产过程优化模式下，有生产设备的预测性维护、制造工艺优化、能耗管理、质量管理优化、生产流程优化等具体应用场景；在企业管理决策优化模式下，有生产管理一体化、供应链管理优化、企业决策管理等具体应用场景；在产品全生命周期管理模式下，有产品溯源、产品装备远程运维等多个具体应用场景[13]。

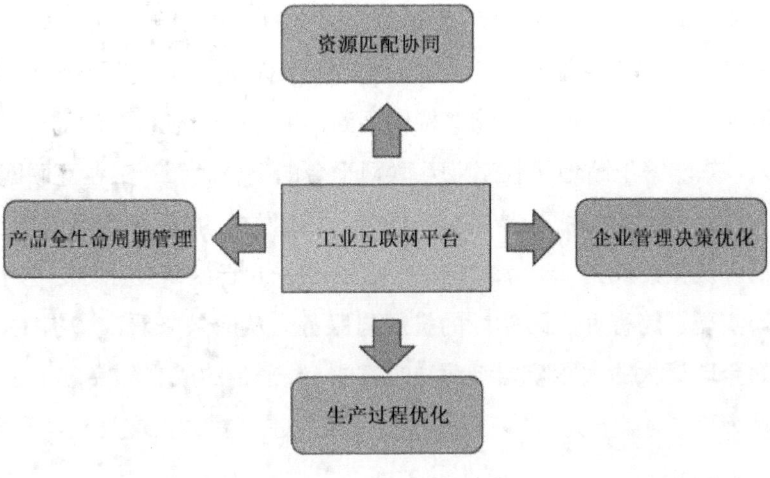

图 6-15　现阶段工业互联网平台的四种应用模式

不同的工业互联网应用模式与应用场景，意味着针对不同问题在智能革命时代的不同解决方案，这就是工业互联网的价值性和目的性问题。自下而上的成长路径决定了目前工业互联网平台的价值和目标明确，这为持续成长提供了动力基础，也

12 工业互联网产业联盟（AII）. 工业互联网平台白皮书. 2017-11.
13 工业互联网产业联盟（AII）. 工业互联网平台白皮书. 2017-11.

为更广阔的赋能提供了能量来源。例如，海尔 COSMOPlat 平台重点解决大规模制造和个性化定制的矛盾，实现了从大规模制造向大规模定制的生产模式转型升级。同时，通过工业互联网平台把家用电器从电器变成“网器”，提供给消费者的价值也从提供工业产品提升为提供美好生活的服务方案。再如，三一重工的根云平台是最早建设的基于设备的全球物联网平台，主要目的是降低服务成本，提高服务效率。根云平台演化为工业互联网平台后，不仅是设备互联和服务的价值，基于大数据分析还创造出智能生产、智能研发、产业金融创新等增值服务，解决了更多的具体问题。

从建设路径来看，工业互联网平台往往可能是从一个具体问题出发，但在成长中利用云计算、大数据、物联网等潜在衍生价值，从解决老问题到解决新问题，不断创造出更多的新价值，从而打通了工业互联网不断螺旋式上升的通道。工业互联网天生内在价值的成长属性，为工业互联网的快速成长奠定了基础。

工业互联网不同的应用模式也意味着不同产业生态的形成。就目前的实践来看，任何一个工业互联网平台都是松耦合的生态资源的聚合体，这些资源不仅包括智能机器、技术资源，还包括用户、研发者、生产商、供应链等多主体的生态资源。这些资源聚集在一起产生生态反应，爆发出前所未有的能量。有了庞大的生态体系，工业互联网才有了活力，创新才能够持续不断。生态是开放和灵活的，不断地有新生力量加入，就能够不断地增长工业互联网平台的整体力量。工业互联网的生态力量成长与传统企业的力量成长是完全不同的，是爆发式的，短期内可能成长几百倍，甚至上千倍。例如，2017 年，海尔 COSMOPlat 平台已经聚集了 3.2 亿用户和 390 万家企业，实现了跨行业、跨领域的扩展与服务。从成效来看，海尔 COSMOPlat 平台已成为全球最大的大规模定制解决方案平台，平台的成交额突破了 3 133 亿元，定制定单量突破了 4 116 万台[14]。按照传统的工业生产模式，这是完全不可想象的。

在运行机制上，工业互联网是未来的“超级生产机器”和“超级工厂”，但这台机器不是由某一家企业驱动的，而是聚众智、汇众力的生态体系中所有主体共同驱动的结果。因模式而建立生态，因生态而创新模式。生态是模式之果，也是模式之因。生态和模式是一个问题的两个驱动轮，最终目的都是让人们在新时代得到最满意的工业服务。

---

14 http://qd.ifeng.com/a/20180227/6398246_0.shtml.

基于工业互联网的生态特性，将改变传统上用户和企业的多对一的产品生产与供给关系。未来，人们将通过工业互联网平台实现需求的满足，而不是面对某一家企业。平台的背后是某一个领域众多供应商形成的生态体系，在工业互联网构筑的这一虚实融合空间中，用户与供应商之间形成了多对多的关系。正是这种多对多关系的实现，才实现了用户个性化需求的极大化满足。工业互联网平台实现了无穷多的个性化需求与无穷多生产能力组合的匹配，众造应对众需，带来人们生活水平的持续进步及社会生产效率的持续提升。

目前工业互联网的若干种模式只不过是成长中的早期形态。根据互联网发展的强者愈强、赢者通吃的规律，这些模式还会持续演化，直到成为一个领域全范围、全生态的通用平台。

一切美好才刚刚开始，需要耐心等待工业互联网这一“超级生产机器”和“超级工厂”建设完成。

第 7 章

Chapter 7

有边界的个性化智慧生产

在当前的专家和大众语境当中，基于智能机器和智慧工厂，大规模个性化定制往往被默认为第四代生产方式，作为大规模定制生产方式的升级版。德国工业 4.0 战略中一个隐含的目标也是大规模个性化定制，或者说在用户只需要一件的情况下，工业也能合理化生产。

用户往往误认为大规模个性化定制就是任意定制，但这一点都不实际。技术是有限的，工业能力是有边界的，在可见的未来，工业生产还无法变成“魔法师”，满足人们的任意需求。关键的瓶颈其实并不是智能技术，而是工业技术本身。当下工业生产侧的智能化改进包括智能机器、智慧工厂和工业互联网，实质上仅能实现最大化的多样化供给，而不是任意需求的满足。例如，手机的操作系统主要有谷歌公司的 Android 系统和苹果公司的 iSO 系统，即使用户对两者有很多诟病和抱怨，但也不可能有第三种系统供选择。

所谓的个性化，实质上是一个空间问题，不同的产品策略使得个性化空间有大小，但绝对不可能实现任意定制。另外，个性化定制往往在经济上也不可行，用户事实上也并不追求纯粹的个性化。正是基于这些原因，本章不强调定制的概念，而是强调最大可能的个性化生产，即追求个性化空间的最大化。

大规模个性化生产作为一种生产方式是可以说清楚的。但它构成与大机器生产、流水线生产、大规模定制相并列的制造范式吗？能称为人类制造范式的第四次革命吗？或许不能，这一问题在第 8 章将做出回答。

7.1 个性化的智慧生产

个性化智慧生产与传统生产显然不同，其强调的核心是个性化生产，用智能技术来实现，目的是很聪明地实现用户需求的满足，即智慧的含义。

7.1.1 个性化与大规模的统一

德国工业 4.0 战略之所以要采用一个精细的设计，并把智慧生产当成核心主题之一，一个核心目的就是解决生产过程中个性化与大规模的统一。这种统一意味着在合理成本和合理时间的要求下，能够连续不断地实现个性化产品的生产。

个性化就意味着在最极端的情况下，用户只需要一件而且是连续不断的单件生产流。这就意味着不同的产品，其蓝图、工艺过程、材料明细、装备使用都会完全不同。大规模就意味着在个性化的基础上，生产流能够连续不断，不会因为某个环节占用时间而使生产不能进行。

个性化还意味着成本剧增。在传统生产模式下，一些环节可能成为成本的制约因素，如模具。传统的生产方式是通过大规模来消解瓶颈成本的。如果采用传统的生产方式，进行大规模个性化生产，不能说绝对无法实现，但意味着这些瓶颈成本被持续地放大，从而让生产在经济上变得不可行。

在没有瓶颈成本制约的情况下，德国工业 4.0 战略已经提出了一个清晰的解决方案。它的核心构想是在三大集成的基础上，以 IT 模块化和工艺组件化为基础，通过智能产品主导或半主导生产过程的方式，实现个性化的连续生产。

对于生产过程中存在瓶颈成本的环节，目前看来主要有两种解决方法：一是生产过程中改变生产工艺，如采用 3D 打印技术，减少模具的使用；二是通过全局的生产过程改造，实现部分过程的大规模生产与个性化定制生产的组合。例如，参照法国依视路眼镜的模式，把眼镜制作过程分为大规模生产膜片阶段和定制化生产阶段。

由于成本和效率的原因，大规模和个性化的统一在传统生产模式下是不可能得到解决的。但对于智慧生产，解决大规模和个性化的统一是一个关键的、全局性问题，是首先就必须思考清楚的。在目标清楚的情况下，该采用3D打印技术的就必须采用3D打印技术，该做生产工艺全局分段改造的，就必须进行分段改造。只有在疏通大规模和个性化统一的基础之上，才能实现真正的智慧生产。当然，工业企业都知道，生产的核心进步取决于工业技术本身的发展，并不取决于计算机技术。但从依视路眼镜的模式来看，在充分考虑智慧技术利用的背景下，企业可以从总体上进行生产的全新布局，从而弱化由于工业技术发展瓶颈所形成的障碍。

另外，如果智慧生产能够与全新的商业模式相配合，瓶颈成本也能够通过生态的规模得以消解。也就是说，如果制造商通过新的商业模式，不以直接成本作为赢利基础，而通过其他方式获益，成本就不再是一个瓶颈因素，成本的阻碍也会得到部分消解。

7.1.2 社会化生产

智慧生产是基于网络化的虚实融合时空中的连接、配置，以及信息交互完成的。满足普适的、碎片化的、自主生产、社区生产、特定场景的用户需求，交付的产品是一个效用产品，即效用突出、价值最大化的产品。而实现一个效用产品，往往需要社会化的协作及全新的商业模式配合。

必须认识到，未来的智慧生产并不是导向某一家特定企业的，而是社会化的生产。它要完成的任务是大众用户需求所表达出来的效用产品，以效用最大化为核心，而不是以某一家企业的生产能力为核心。如果一家企业的生产能力不够，德国工业4.0战略为此提出的解决方案就是通过横向跨企业的集成来实现。所以，智慧生产描述的并不是一个单独企业的场景，而是一个社会化协作生产的场景。

一方面，智慧生产以网络化的智慧工厂为基础，以代理用户需求的产品为中心，在产品的自主或半自主制造控制下完成。基于这种网络化的基础设施，即使一个企业完成，一定也会涉及多个智慧工厂的协作。智慧生产的优化也是在整体网络环境中的优化。如前面讨论过的例子，如果没有技术瓶颈，工厂应该就近组织生产，这就需要在整体网络环境中根据具体用户需求进行动态优化配置。

另一方面，智慧生产过程是用户全程参与的过程，必须建立技术和组织机制，能够让用户参与到产品的创意、设计、生产、服务等全生命周期中。因此，它也是用户主导的生产。在用户具备桌面生产工具的情况下，这种生产也可以部分由用户自主完成。也就是说，智慧生产不仅是企业中的员工完成的，而是制造商和用户一起来完成的，所以必须建立在社会化的连接之上，而不是局限在一个企业中。

现在，蓬勃发展的工业互联网正在实现社会化的智慧生产蓝图。

7.1.3　全过程的智慧化

智慧生产过程至少应包括智慧的生产规划、智慧的生产组织、智慧的生产过程、智慧的监测与生产优化。智慧生产不是一个环节的智慧化，而是全方位的智慧化。只有实现全过程的智慧化，智慧生产才不会在一个环节停下来等待，从而让生产过程变得不可行。

智慧的生产规划：识别用户需求，并把用户需求转化为产品的生产需求，为特定的产品生产确定蓝图、工艺模块与组合、工艺路线图、材料明细表、生产周期、生产位置、连接的工厂等。这个规划的蓝图应在获得用户需求信息后，由系统自动计算和规划。在红领集团定制生产西装的案例中，用户需求所表达的 18 个数据传送到企业后，在大数据平台进行计算，形成打版的数据，这个过程其实就是一个智慧生产规划的过程。与传统工程的生产计划不同，智慧的生产规划在极端的情况下针对的是连续不断的单件流，每个个性产品都需要一个有针对性的生产规划。因此，智慧的生产规划是一个动态的实时过程，必须依赖智能系统进行。

智慧的生产组织：过去的生产组织是由工厂里的管理人员来实现的，包括机器、材料和人员的安排。而在智慧生产蓝图中，生产组织是通过信息发布和反馈智能实现的。当一个产品生产任务被计算和规划之后，相关数据就会自动发布给相关生产设备和知识工作者，即使在生产过程中任何环节的需求出现变动，都能有随时变更的解决方案，变更也是自动完成的。在德国工业 4.0 战略中，IT 模块化在生产组织中起到了关键媒介作用。通过 IT 结构的模块化，可以根据个性化需求定制一组 IT 结构化模块，按照不同的产品生产需要自动搭建出特定的结构（包括模型、数据、通信和算法等所有相关需求）。这种模块化提供了动态重新配置生产资源的可能性，从而使得生产流程的智能应变能力大大增强。IT 模块化的动态重新配置的过程就是智慧生产的生产组织过程。

智慧的生产过程：当生产规划和组织都自治完成后，一个智能化产品开始进入生产过程。在这一过程中，除智能机器的自动化运作之外，智能产品在生产过程中也起到了关键作用。由智能产品确定它所处生产过程的位置、完成情况，所需要的操作和材料，并与智能生产装备进行信息互动，自主或半自治地完成生产。这里的智能产品与最终输出的智能产品不同，强调产品只有一个部件的时候，它也具有智能。例如，通过附加二维码或附加 RFID 的方式成为一个智能产品。在智慧生产的过程中，产品是被特殊定义的。它是一个信息载体，熟知有关自己的一切；它也是一个信息代理，来调度执行任务，主导生产过程；它还具有自监测功能，能够对自己的完成情况进行监督检查。智慧生产还需要知识工作者和智慧产品、智能生产装备形成全新的互动状态，以便随时让知识创新工作加入智慧生产过程中。

智慧的监测与生产优化：除上面谈到的在生产过程中产品对自身的监测功能之外，生产全过程、生产装备及人机互动状态等数据应该能够有效地被工业大数据平台收集起来，并进行实时的分析和预测，以便进一步优化生产过程，同时也能够支持用户参与到生产过程中。

总之，智慧生产不能仅理解为智能机器的使用，而是生产过程的全程智慧化及人机互动关系的智慧化。

7.1.4 动态的配置

传统的大规模生产是围绕一张图纸、一个产品、一个 BOM（Bill of Material，物料清单）、一个分工机制、一条流水线展开的生产，在一个生产周期中，所有这些东西都是静态不变的，只要能够按时、按量准确地操作就能够实现。而智慧生产所强调的个性化生产，在极端情况下只生产一件产品，下一件产品可能与上一件完全不同，而且连续不断。这就要求生产过程的配置活动必须是动态的，而不能是静态的。从这一点来看，依赖围绕流水线的工人的分工管理，很难实现这种动态配置过程，必须依赖智能机器来实现。

这种动态配置过程在德国工业 4.0 战略中有一个实现的方法，类似于软件定义网络技术，通过不可动的装备在 IT 层面的模块化，或者说生产装备和工艺组件的软件化表达，从而实现对生产过程的动态重组。每次动态配置过程可以在系统内进行动态的 IT 模块连接来实现，而不用在物理上反复调试设备和组合设备。这种智慧生产过程，用计算机的术语来说，也可以理解为软件定义的生产。智慧生产动态配置过程和结果在大数据系统中被记录下来，然后进行分析、优化，形成可以持续改进的知识资产，为后续的产品创新提供基础。

7.1.5　虚实融合空间的生产活动

智慧生产的实现是基于 CPS（信息物理融合）所提供的能力。所有智慧生产相关的产品、材料、装备、工艺过程，都在虚实时空中被定义和连接。从传统的角度来看，信息是在物理和虚拟世界的传输和交互，以及在物理世界的执行。按照本书前面讨论的虚实时空的概念，产品、装备、材料都可以被表述为虚实时空中的一个点，而智慧生产就是对这些点进行连接、信息交互和重新组织的过程。在这个过程中，信息与实体世界融为一体，不可区分。例如，产品可以表达为（实体、虚体、时间、位置），装备可以表述为（实体、虚体、时间、位置），材料可以表述为（实体、虚体、时间、位置）。工艺过程就是对这些虚实时空元素进行连接和组合的过程。

在智慧生产的过程中，初始阶段，产品只是用户和一个工厂组合连接过程的信息表达，然后在虚拟工厂的组合中，进一步通过若干虚实融合的机器组合、材料组合和不可见的工艺模块组合实现物理产品的输出，并交付给用户。整个生产过程是由基于虚实空间的智慧生产系统自治化完成的，用户并不用关心具体的工厂、机器和材料在物理上位于何处。对用户来说，产品的生产过程应该如同操作桌面打印机一样便利和可视化，所有的生产复杂性应该由智慧生产系统和智慧工厂来智能解决。

7.1.6　匹配商业模式

在效用产品的讨论中谈到过，未来的效用产品需要与适合的商业模式相配合，效用才有可能最大化，才能实现用户期望产品、核心产品、潜在产品的一致化。例如，云计算对计算机产品的改变、生态电视对传统电视机的改变、智能汽车对传统汽车的改变，以及 Uber 和滴滴出行对传统出行服务的改变。智慧生产不能被孤立地认为仅包括制造环节，还应该包括对商业模式的统筹考虑。同时，一个智能的效用产品不能孤立地看成一个物品，而是在生态中用户需求的统一表达。

智慧生产被定义为指向效用产品的生产，在生产一开始，就必须明确产品以何种形式、在何种生态中价值最大化，而不是生产出来才寻找商业模式。这种商业模式的配合也应该包括用户参与机制，让用户充分参与到智慧生产的过程中，并具有足够的主导权。

商业模式的主导者是多样的，可能是制造商、平台服务商，也可能是终端服务商。商业模式的主导者也需要准确地描述对智慧生产的需要并建立直接的、技术上的虚实连接，从而打通价值链全程。

7.2 工匠精神与精益思维

7.2.1 工匠精神

工匠精神是生产者无论何时都应该保持的最基本的生产态度。

工业时代之前的人类文明时代，是一个纯粹的工匠时代，产品生产是手工业艺人的专利。能做好一个产品，才意味着口碑，意味着生存和发展。不是所有的手工艺人都可以称为工匠，只有手工艺人当中具有创造力和生命力的那些人才能称为工匠，他们有工艺专长且精益求精。

进入工业时代以后，工匠精神变为一种时代的气质，融入工业化大生产的各个细节当中。成功的工业企业无一不是具有工匠精神的，虽然不一定每个工匠都能拥有一家企业，但企业可以拥有无数工匠，并把这种工匠精神代代传承。

从古至今的每个时代，包括工业文明之前及历次工业革命，都有无数的少数关键人演绎着工匠精神的传奇。

《史记·五帝本纪》记载："舜陶河滨，河滨器皆不苦窳。一年而所成聚，二年成邑，三年成都。""舜诚制陶，精美不窳"，所以黑陶称之为"舜陶"。用现代话来说就是，在中国上古五帝时代，舜帝在黄河边上制陶，河边的陶器没有粗制滥造的，一年后他所居住的地方就聚集起来，两年后成了一个小镇，三年后就成了一个都市。舜帝用诚心制陶，非常精密，一点都不粗劣。用现在的观点来看，这就是人类文明早期关于一个传奇工匠及工匠精神的影响力的故事。这个故事也告诉人们，工匠精神不仅是工业时代的产物，还是人类从上古传承至今的财富。

在历次工业革命中，同样闪耀着工匠精神的光芒。

大家都知道第一次工业革命是蒸汽机革命，也知道是瓦特发明了蒸汽机，但很少有人知道瓦特是用了 16 年的时间，经过三次重大的技术飞跃才最终发明了具有实用价值的蒸汽机，并最终引发了轰轰烈烈的第一次工业革命。在瓦特发明蒸汽机之前，已经有了比较原始的蒸汽机——纽可门蒸汽机，但这种蒸汽机效率非常低，不具有普及价值。从 1766 年开始，在三年多的时间里，瓦特克服了在材料和工艺等方面的困难，终于在 1769 年制出了第一台样机。同年，瓦特因发明冷凝器而获得他在革新纽可门蒸汽机过程中的第一项专利。1781 年年底，瓦特以发明带有齿轮和拉杆的机械联动装置获得第二项专利。1782 年，瓦特试制出了一种带有双向装置的新汽缸，由此瓦特获得了他的第三项专利。把原来的单项汽缸装置改装成双向汽缸，并首次把引入汽缸的蒸汽由低压蒸汽变为高压蒸汽，这是瓦特在改进纽可门蒸汽机过程中的第三次飞跃。经过这三次关键的技术飞跃，蒸汽机的效率提高了 3 倍多，现代意义的蒸汽机才真正诞生了。

第二次工业革命中出现了流水线生产，这是一直延续至今的大规模生产的关键所在，也是影响现代企业生产管理方式的关键基础。现代工厂分工理论就是基于流水线生产发展起来的。现在工厂中随处可见的流水线，在亨利·福特时代却是一项划时代的发明。

亨利·福特是福特汽车公司的建立者，是世界上第一个用流水线进行大规模生产汽车的人。在流水线生产之前，汽车工业完全是手工作坊型的，每装配一辆汽车需要 728 个人工小时，当时汽车的年产量大约为 12 辆，这一速度远不能满足巨大的消费市场的需求。福特的梦想是让汽车成为大众化的交通工具，提高生产速度和生产效率是关键。只有降低成本，才能降低价格，使普通百姓也能买得起汽车。1913 年，福特应用创新理念和反向思维逻辑提出，在汽车组装中，汽车底盘在传送带上以一定速度从一端向另一端前行。前行中，逐步装上发动机、操控系统、车厢、方向盘、仪表、车灯、车窗玻璃、车轮，这样一辆完整的汽车就组装完成了。第一条流水线使每辆T型汽车的组装时间由原来的12小时28分钟缩短至10秒钟，生产效率提高了4 488倍！从此，人类生产进入了大规模生产时代。

除瓦特、亨利·福特这些离我们年代比较久远的伟大工匠之外，在信息时代，也一样有伟大的工匠存在。下面讲述一些信息时代的伟大工匠们的故事，大家一起来体会新时代所应该坚持的工匠精神。

比尔·盖茨：微软公司的创始人之一，31岁成为世界首富，曾连续多年登上《福布斯》全球富豪榜榜首。在19世纪70年代早期，比尔·盖茨写了一封著名的《致爱好者的公开信》："有谁会在没有任何报酬的情况下来做这些专业的工作？什么样的爱好者可以为他的产品投入三年的开发时间，并且发现所有的错误、编写文件及免费发布这个产品？"19世纪70年代末，IBM正在计划进入个人计算机市场，并在1981年正式推出了IBM个人电脑。IBM需要为自己的产品查找合适的、基于英特尔 x86 系列处理器的操作系统。微软购买了一个系统，将该软件更名为PC-DOS，卖给了IBM。1983年11月，Microsoft开发了新产品——基于图形用户界面（GUI）的Windows视窗操作系统，宣告MS-DOS时代慢慢终结。1990年5月22日，Windows 3.0发布，由于在界面、人性化、内存管理等方面的巨大改进，终于获得用户认同。然后统治了整个时代，直到智能手机时代的到来。

史蒂夫·乔布斯：苹果公司联合创办人，公认的世界级的伟大工匠。他的名言："我根本不在乎市场占有率，我所关心的是怎样制造出世界上最好的微电脑，只要能够达成这个目标，我们的市场占有率自然能够提升。"乔布斯认为，应该重视产品的每个细节，使产品设计和制造的每个环节都能做到完美无瑕。《福布斯》评论说："史蒂夫·乔布斯一直致力于改变这个世界。他自己常这样说，也经常以此勉励其他人。他的产品一次又一次地震动全球，也为其他创作性产品的面世奠定了基础。""iPhone像一道闪电瞬间震动了整个电信世界，它深刻地改变了移动计算。虽然它不是市场上第一款带触摸屏的手机，但它是第一款让人看了便爱上的手机，也是第一款无论硬件、软件都无懈可击的超级智能手机。""苹果宣布将推出一款名为iPad的平板电脑时，许多评论家都觉得这个名称十分可笑，但当iPad真正推出后，再也没人会嘲笑它了。"

当然，伟大的工匠在中国也从不缺位。在中国互联网界，除商业模式创新之外，还有一些伟大的工匠。小米的雷军、腾讯的马化腾就是其中两位。很多人以为谈论互联网和互联网思维，就是商业模式，就是赚钱，其实完全不对。互联网思维的核心内容还包括工匠精神，就是把服务和产品做好。人们只是看到了他们互联网商业的成功，但很少有人关注他们身上所拥有的工匠精神。

以下看一看雷军描述的几个细节：

“因为操作系统的稳定性与手机的稳定性紧密相连，所以如果质量做得不好，对客户使用的影响会非常大。一周快速迭代意味着两天规划功能、两天开发、两天测试，一周工作六天，周六升级。原来都是周六升级，最后改到周五下午五点升级。如果没事周六休息，如果有事周末就不能休息。在过去两年的创新工作中，我们都是每周六天上班，就是为了适应每周的快速迭代。”

“我们认为最好的营销，就是做好产品、做好服务。如果你真的把这件事情做好了，其实其他一切都顺理成章。”

“比如说找一张壁纸，为 MIUI 找一张壁纸，我们看了接近 100 万张照片，甚至开办了一个软件，挑选壁纸。然后发现找一张好壁纸很难很难，因为好的壁纸是要放到锁屏里面好看。逼着我们所有的设计师去画壁纸，反正过去的八个月，我把所有的设计师都逼疯了。最后画了五张壁纸，其实不错，但距我的要求还是有差距的。”

有没有其他人这样做过产品？如果没有，就不要嫉妒别人的成功。

注重细节的马化腾，要求腾讯所有的产品经理都要“做最挑剔的用户”。他表示，发现产品的不足，最简单的方法就是天天用你的产品。并要求产品经理必须要在感觉、触觉上经常琢磨，有困惑时要想到去改善。

例如，QQ 邮箱的“返回”按钮该放哪儿？如何才能让用户尽可能地少移动鼠标？又如，对同一个用户发信，在这个用户有多个邮箱的情况下，如何默认选择最近用的一个账号？马化腾强调，虽然这些都是一些细小的需求，但公司一旦真正做出来了，用户就会说好。

小米科技 CEO 雷军曾经这样评价马化腾：“世上能有几个人做到脚下踩着百亿财富，半夜了还淡定地坐在电脑旁边安静地研究产品？”

无论是古文明时代的舜帝制作陶器，还是工业革命时代瓦特发明蒸汽机、亨利·福特发明流水线生产，以及信息时代比尔·盖茨发明 Windows、史蒂夫·乔布斯创造苹果、雷军打造小米手机、马化腾打磨 QQ，都如同古代工匠一样对产品有着精益求精的追求。当然，在中国互联网界还有很多具有工匠精神的精英，如奇虎 360 的周鸿祎、百度的李彦宏、微信的张小龙，他们用技术和工匠精神创造了互联网的奇迹。

工匠精神是人类宝贵的财富，它与生产方式、智慧程度无关，表面上是人们对待产品和服务的态度，本质上是人们对待用户的态度。智慧工业时代是一个用户主导权无比强大的时代，做不好产品就意味着被淘汰，因此比以往更需要工匠精神。

7.2.2 精益思维

在智慧工业时代，除工匠精神之外，精益思想也是必须坚持的人类财富。与工匠精神所描绘的生产态度不同，精益思想更多体现出来的是人类积累的知识财富。它的核心就是解决一个问题：如何用更低的成本和更高的效率生产，让生产者更好地获益？“精”有“精确”“精进”的含义，而“益”所表达的意思就是“好的收益”。

广义上的精益思想是从人类文明一开始就拥有的思维方法，工匠精神本身就含有精益求精的含义。但从系统的理论体系和方法体系来看，精益思想是第二次工业革命和第三次工业革命以来逐渐具体化和理论化的。有关“精益”的概念很多，包括精益生产、精益管理、精益管理系统等。但由于每个时代的技术条件不同，具体精益的实现方法也会不同，智慧工业时代同样如此。例如，对 3D 打印而言，精益思想已经融入 3D 打印设备自身的技术性能和技术要求中，确保产品能够精准、低成本、高效率地生产。精益思想从具体的理论和方法角度可能有时代特征，但其思想的本质仍然有效。

现代的精益思想来源于 1953 年日本丰田公司提出的 JIT（Just in Time，准时制生产方式）。JIT 的核心思想包括消除无效劳动和浪费；持续改进，追求完美；关注个性化的需求；以人为本；降低库存，甚至到零库存。通过这种方式希望能够实现在正确的时间，生产正确数量的产品。JIT 生产方式通过一系列的具体方法来实现，如看板管理、全员质量管理等。

精益生产是 JIT 的扩大版，对日本丰田公司早期做法进行了总结和完善。20 世纪 80 年代，在麻省理工学院教授的领导下，组织了一批专家，对西方的大批量生产方式和日本丰田公司的 JIT 生产方式做了详细的比较和研究。1990 年，研究团队出版了《改变世界的机器》一书，书中首次把日本丰田公司的生产方式定名为“精益生产”。精益生产的内涵超出了 JIT，贯穿了企业生产经营活动的全过程，包括产品开发、协作配套、销售服务、财务管理等领域。精益生产以“多品种”“小批量”为核心，提出对企业结构、组织、运营管理、供应链等全方位的变革，确保生产系统能够满足用户需求的不断变化。在这个变革过程中，强调消除一切无效劳动和资源浪费，实现零浪费、零库存、零不良和多品种柔性生产。

在实践中，专家们认识到精益生产的思想不仅对生产相关的环节有效，而且对企业的整个价值链管理也有效，从而发展出了“精益管理”的概念。1996 年，世界著名的精益管理大师（也是研究日本丰田公司的 JIT 生产方式的团队成员）詹姆斯·沃麦克和丹尼尔·琼斯出版了《精益思想》一书，提炼出精益管理五原则，即客户确定价值、识别价值流、价值流动、需求拉动、尽善尽美。当然，精益管理的核心仍然是消除浪费、创造价值，也就是精益思想。

客户确定价值，就是强调以客户的观点来确定企业从设计、生产到交付的全部过程，实现客户需求的最大满足。

识别价值流，就是针对价值链的全过程的活动，包括从概念、设计和工程，到投产的技术过程；从订单处理、计划，到送货的信息过程；从原材料到产品的物质转换过程，以及产品全生命周期的支持和服务过程。找到能够增值的活动，去掉不增值的活动，也就是去掉了浪费。

价值流动，就是指在批量的创造价值的连续活动中，采用持续改进、JIT、单件流等方法。为了实现这种连续流动，就必须要求每个过程和每个产品都是正确的，全面质量管理、6 Sigma、5S、TPM 等是实现价值流动的管理方法。

需求拉动，就是强调按客户的需求投入和产出，使用户精确地在他们需要的时间内得到需要的东西。拉动的过程就是按需生产的过程，也就减少了中间环节的浪费和效率瓶颈。拉动的方法主要是 JIT 和单件流。

尽善尽美，就是要强调闭环和不断优化改进，直到实现尽善尽美的价值创造过程。

近十年来，围绕精益管理，相关信息系统也被开发出来，并成为企业创造价值的重要工具。而且，精益管理的思想也被融合到企业的所有信息系统中。现在，精益管理已成为被企业广泛接受的先进管理理念。

从最早的JIT，到现在的精益管理系统，精益思想最终形成了包含多方面内容的管理理论和相应的软件工具的一个体系。未来，虽然这些具体的管理方法和软件工具可能发生很大的变化，但精益思想本身将与智慧工业融合在一起，通过全新的人机结合的方式来实现。智慧工业的所有元素，如智能机器的设计，智慧工厂的构造，智慧生产的规划，组织和运行，智慧的产品与服务等，都将吸收和融合精益思想。可以确定，未来有关精益思想的一切都将通过智能化的方式自动进行。精益思想是智慧生产和智慧工厂设计必须具有的基本原则。

具体技术和方法，甚至商业模式和管理模式都可能过时，但工匠精神和精益思想不会过时，它们将从传统工业继承过来并融合到智慧工业之中，成为智慧工业成功不可缺少的基础成分。

7.3 工业基准和个性化空间

7.3.1 工业基准

工业基准是一个工业产品成为这个世界上一个元素的基本条件。工业基准确保了产品工程实现的可行性、产品的基本质量保证、产品的安全性等工业基本要求的实现，是一个基线。突破这个基线，要么是一个跨界的新产品，要么就是废品。也就是说，个性化生产的汽车首先得具备汽车的基本要求，如有合适的发动机、底盘、控制系统、减少风阻的科学外形设计，否则汽车就不能称为汽车。

当然，工业基准也并不是一成不变的，但它的变化取决于工业基础技术本身的革命及人类科技的进步。如果没有云计算技术的出现，人们要定制一台计算机，CPU、存储器、内存、电源就是它必不可少的部分。而CPU的性能取决于集成电路的进步，人们可以选择落后的CPU，但不能任意选择更高性能的CPU。虽然摩尔定律告诉人们，每 18 个月芯片性能会提高一倍，但在这 18 个月当中，用户必须等待。现在，采用云计算的全新模式，用户可以自主选择 CPU 的数量、存储空间、内存大小，计算服务产品的工业基准发现了变化。

工业基准具有历史阶段性，与人类科学进步相关，也与人们的使用方式相关。随着软件定义一切的推进，工业基准的不可变部分，将被软件封装在软件平台之下，用户通过软件操控，从而实现对实体世界的重新连接和组织，进而将给用户带来更多的个性化选择。

工业基准对用户需求选择边界的影响既包括显性的影响，也包括一些隐性的影响，如图 7-1 所示。例如，不同材质的汽车座椅，耐用程度、安全系数、舒适程度都会有很大不同。但只要在工业基准之上，而且能够用现有的技术生产出来，不影响用户的使用，用户都可以任意选择。与此相关的工业基准就是隐性的，用户主导权就会大一些。例如，汽车的不同外形与风阻相关，直接影响汽车的性能，用户必须接受制造商的建议来选择合适的汽车车厢外形，而不是用户任意想象汽车的造型，这就是显性的影响。对于与显性影响相关的部件，制造商尽可能预先设计出可选方案供用户选择。对于与隐性影响相关的部件，可以让用户自由提出需求，制造商给出一些辅助性的建议和技术参数，便于用户做出合理选择。

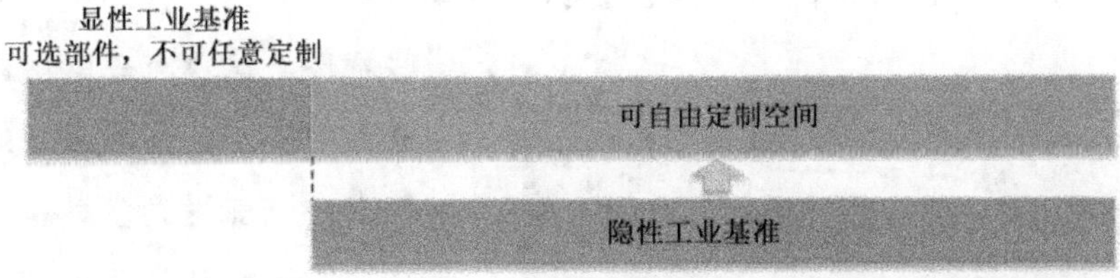

图 7-1　显性工业基准与隐性工业基准

不同行业的自身特点不同，技术发展阶段不同，工业基准就会存在不同。例如，服装、汽车、家电、建材等行业就存在巨大的行业差异，不同的行业有着完全不同的工业基准，具体产品的可定制范围就会存在较大的不同。

除不同行业的一般性的工业基准之外，具体的制造商专有技术，如企业获取的专利，对于个性化空间也会产生正向的影响。专利越多，释放的能力就越大，个性化的空间也就越大。另外，不同企业的创新能力及装备水平，也决定了它的工业基准。很简单，一个柔性高的生产线可以支持用户更多的选择，而一个柔性差的生产线支持用户的选择就比较少。因此，不同企业的工业基准范围会有很大的不同，所释放的个性化空间也就会不同。这也是实现个性化生产必须建立在跨企业的社会化协同生产之上的一个原因。

7.3.2 个性化空间

除仅有少数部件组合而成的简单产品之外，大多数复杂产品都会有个性化空间问题。个性化空间就是在工业基准之上允许用户自选部件或自由定制的部件组合，并确保这些部件能够成为一个有效产品的组成部分。

2014 年 10 月，在美国纽约街头突然出现了一辆怪异的汽车，它的名字叫作 Strati，如图 7-2 所示。它是由美国 Local Motors 公司用 44 小时生产出来的一辆 3D 打印汽车。一般汽车需要 20 000 多个零件，而它的全身只有 40 多个零件。这辆汽车除轮胎、线缆、电池、悬挂、电动引擎、挡风玻璃采取了传统的生产方式之外，它的车架、车身、座椅、中控台、仪表盘、发动机罩都是用 3D 打印技术生产的部件。采用 3D 打印技术后，汽车除少数部件成为不可任意选择的工业基准之外，如果有足够多且充分考虑工程可行性的数字设计图可供选择，大多数部件都可以由用户自由打印出来。这也意味着，如果用户有 3D 打印机，只要采购一些部件，这辆汽车就可以由用户完成自主生产。采用全新的 3D 打印技术，以前受到模具生产限制的一些部件工业基准变得失效，不再是限制个性化空间的因素。由此可以看出，工业基准虽然受制于工业技术本身，但技术的进步会让个性化生产的空间更大。反过来，个性化生产需求也会促使制造商加快基础技术的创新发展。

图 7-2 3D 打印汽车 Strati

3D 打印技术用于生产环节，现在还在开创性阶段，还有很多问题等待解决，大多数的现有产品仍然会按照传统的方式进行生产。未来，智能互联和共享是智能化产品的必要特征，产品将增加智能的部分及软件部分。

一个常见的智能产品的结构一般由六部分构成：物理部件、智能部件、连接部件、附加部件、基础软件、应用软件。每类部件都可以根据工业基准的情况，确定一个可定制的方式和定制的范围。对于不可变部分，制造商可以提供组合方案，帮助用户理解使用方式和范围；对于选件部分，制造商可以按照部件标准化的方式生产；对于可自由定制部分，制造商应提供技术支持与用户一起完成定制过程。个性化的定制空间分析如表 7-1 所示。此表可以用来与用户沟通达成共识，也可以用来指导制造商进行智慧生产模式设计和智能工厂设计。准备为用户提供个性化定制产品的制造商，首先需要结合自身能力与资源能力，针对不同的产品类别确定不同的个性化空间，从而进一步细化产品生产方式和产品生产的边界。

表 7-1　个性化的定制空间分析

产品结构	说　明	定制可能性	以汽车产品为例
物理部件	维持产品的工业基准	对于小型产品可自由定制，复杂产品可选方案但不可任意定制	发动机、底盘、储电设备
	可换部件	工业基准上的定制	轮胎、车厢、座椅、方向盘、电控、颜色、轮圈
智能部件	实现产品智能化的部件，增强物理部件的能力	工业基准上的可选定制	传感器、微处理器、数据存储装置、控制装置、引擎控制单元、防抱死智能系统、雨水感应自动雨刷器、触摸显示屏等
连接部件	与外部环境的连接	工业基准上的可选定制	接口、天线及有线或无线连接协议等
附加部件	装饰性部件	任意定制	汽车附加装饰
基础软件	智能部件的运行与控制，以及产品智能化的实现	可选但不可定制	操作系统软件、汽车操控与运维软件、用户界面
应用软件	用户可自行下载的应用软件，提升用户的舒适度	任意定制	支付、娱乐、生活等应用软件

人们必须认识到，智慧生产是有边界的个性化生产，而不是任意生产。个性化生产是有空间范围的，并不会成为漫无边界的任意定制。在现有工业基准的限制下，任何产品都有个性化生产空间问题，制造商需要进一步明确问题，并与用户达成共识，用来指导智慧生产体系的建设。随着人类科学技术的突破，新的生产技术应用到生产环节，个性化定制空间将进一步扩张。

7.3.3 “董雷对赌”分析

2013 年的 CCTV 中国经济年度人物颁奖典礼高潮不在其颁奖过程，而在一场著名的对赌。在这次年会上，被誉为两代营销高手、两个经济模式代表人物的董明珠和雷军，现场下了一场对赌。这场对赌被业界称为“董雷对赌”。雷军说：“我 5 年后要超过你。”董明珠说：“不可能。”雷军：“全国人民作证，5 年之内，如果我们的营业额击败格力，董总输我 1 块钱就行。”董明珠：“1 块钱不要在这儿说，第一，我告诉你不可能。第二，要赌不是 1 个亿，我跟你赌 10 个亿。”对于年度营业收入超过 1 400 亿元的格力电器和 700 多亿元的小米集团来说，这个赌注不算大。

截至 2018 年第三季度，根据公开的财报数据，小米集团公司前三季度总营收 1 304.94 亿元，同比大增 64.1%，但仍然落后格力电器前三季度 1 486.99 亿元的营业总额 182 亿元。截至本书写完，两者虽然最终输赢尚未分，但小米集团的快速成长已经说明一些道理，需要传统企业反思。其实也不在于最终输赢结果有多重要，关键在于人们要从中领悟背后的道理，为未来新工业的发展提供借鉴。

在我看来，“董雷对赌”之所以引起广泛的关注，其实并不在于两个人的知名度，也不在于赌注金额，而在于对新模式和旧模式的看法。在很多人看来，小米集团的雷军是新经济的代表，采取了基于互联网的模式，有快速发展的潜力。而格力电器的董明珠则是传统模式的代表，有雄厚的核心技术，但增长缓慢。正如雷军所说，小米的盈利模式最重要的是轻资产。第一，它没有工厂，可以用世界上最好的工厂。第二，它没有渠道，所以它可以采用互联网的电商直销模式。第三，因为没有工厂，它可以把注意力全部放在产品研发上，放在和用户的交流上。

很多评论主要是从新旧模式的优劣势角度来讲的，这样的对赌好像可以说得通，但又没有什么意义。问题在于，现在是一个开放的时代，互相模仿很容易，却没有永远成功的模式。模式完全可以互相借鉴，格力电器如果也采取互联网的模式，是不是能够很快打败小米集团呢？模式之争，也不会给用户带来核心价值，没有核心价值就不会有营收增长，所以本质上并不是模式之争。如果一方在说产品技术，另一方在说商业模式，那也不是有效的对赌，因为说的根本不是一回事，就更没有对赌的意义了。

实质上，“董雷之争”的本质是产品价值之争，如图 7-3 所示。格力电器拥有强大的技术专利和工业能力，具有强大的工业基准塑造能力，并因此拥有产品的核心价值塑造能力。小米集团的优势是充分利用公共的工业基准能力，通过强大的个性化研发能力并借助互联网模式让用户充分参与，从而为产品争取到更大的个性化空间。正是因为彼此各有优势，两个人其实都没有错。

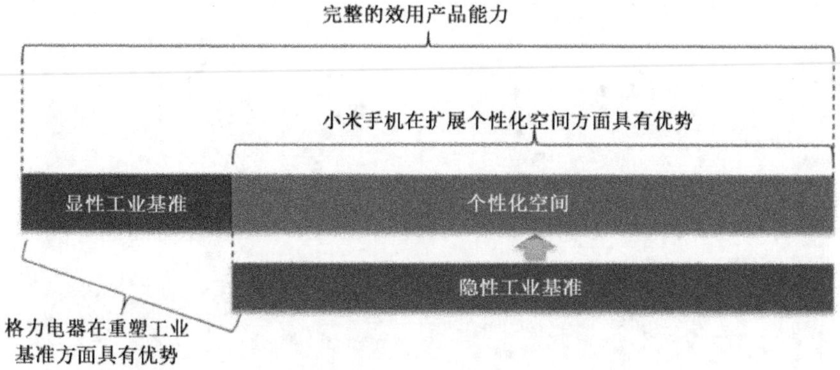

图 7-3　小米集团和格力电器的产品价值之争

一个价值最大化的效用产品，在工业基准和个性化空间之间存在着关联。工业基准塑造能力越强大，给予用户的个性化空间就会越大。反之，在工业基准不变的基础上，如果能够想办法扩展个性化空间，如让用户参与、解决痛点问题等，同样也能够让价值最大化。两者同等重要，并不是其中一个办法比另一个办法更优越。未来，工业基准的塑造能力和个性化空间塑造能力也同样重要。具有工业基准优势的传统企业需要扩大个性化空间能力，而具有个性化空间扩展能力的新兴企业需要强化工业基准的塑造能力。双方都不能互相忽略对方的优势，而应该展开积极的学习和合作。

总之，传统企业并不是没有优势，积累的技术和工业能力也同样重要，不要一谈到颠覆，就把这些核心价值也丢了。互联网企业也一定需要认识到，补齐短板，塑造核心技术能力仍然任重而道远，绝对不能轻视基础性技术，认为模式能改变一切。

第 8 章

Chapter 8

构造第五制造范式：产用融合

简单地说，范式是某个领域共同认可的通用范例，每个领域成员通过范例的学习，都一样能够成功。科技领域的革命，可以用范式的跃变性转换来解释。这是科学哲学家托马斯·库恩提出的范式理论的基本观点。

人们说的新工业革命，或者说其中最重要的制造业智能革命，当然是一个科技领域，自然能够用范式理论来解释。毫无疑问，现在处于新旧范式的转换过程中，旧范式不断改进且仍有强大的生命力，而新范式尚未形成。新工业范式的求解是人们讨论未来工业所有话题当中顶级的问题，这个问题现在等同于讨论智能技术群与工业领域融合之后的终极蓝图（或者说在一段时间内相对稳定的蓝图）。

新工业将是工业各个领域、各个要素的深层次变革，而新工业范式的求解是其中最重要的问题。因为，如果这个问题有解，新工业未来的方向就明确了，从旧工业到新工业的路径自然也会清晰，所有不同观点的争论也会平息，剩下的就是不断地进化，而不是革命。现在，新工业领域的问题在于，大量的实践已经广泛存在，而终极蓝图尚不明朗，盲目的跟风投资和实践非常有可能带来巨大的损失。

新工业范式问题太过于庞大，还是从一个局部领域开始探讨。制造业是工业最重要的领域，本章重点以制造范式的讨论来帮助大家思考新工业范式的未来。那么，未来制造范式究竟会是什么样的？

有人说，智能制造难道不是未来吗？虽然智能制造是未来，但未来不能用智能制造来解释。例如，人们说智能汽车是未来，但汽车的未来用智能汽车来解释是远远不够的。按照布莱恩·阿瑟所说，经济是技术表达。技术塑造经济没有错，但单独的技术因素会塑造出若干种不同可能的经济未来，而哪一种才是真正的未来呢？

比智能制造具体一点的大规模个性化定制，在很大范围内被默认为未来范式，包括德国工业 4.0 战略也默认它是未来。在第 7 章讨论过，大规模个性化定制实质上受制于工业技术的约束，并不能实现任意定制，而是有边界、有空间的个性化生产。也就是说，大规模个性化定制其实是一个不存在的存在，它的实质仍然是生产的多样性，而不是任意需求的满足。用德国工业 4.0 战略的语境来说，最多只能达到工业 3.9，也就最高级别的大规模定制（工业 3.0），再也不能往前了。而且用户也并没有普遍要求个性化定制，这实际上是一个小众的市场。工业 3.9 还有前进的可能吗？基本没有，前面是工业技术的边界。这个边界不是由智能技术决定的，单独的 3D 打印技术的成熟也不可能改变。个性化生产作为具有工业 3.9 水平的生产方式没有问题，这是当前技术能够实现生产侧改进的极致，但还不能作为与大机器生产、流水线生产、大规模定制并列的新制造范式，因为它是大规模定制的进化，而不是革命。

除了个性化定制，现在还有一些其他探索，如服务型制造、制造业共享经济、协同制造，但看起来都不能称为未来制造范式。

如果现在的都不是终极蓝图，那么革命性的新制造范式究竟会是什么？本章给出的答案是产用融合，即构建生产和用户一体化的大制造系统。个性化生产仍然是生产侧的生产方式，是构造新制造范式的一部分，而不是新制造范式的全部。

8.1　范式理论与制造范式演进规律

只能从科学推导出科学，而不能从非科学推导出科学，范式理论是科学，人们就用这门科学来科学地求解未来制造范式。人们先试着用范式理论来理解过去的三次范式革命，然后再试着去推论出新制造范式。

8.1.1　范式理论

1962 年，科学哲学家托马斯·库恩在《科学革命的结构》中提出了范式、常规科学、反常、科学革命等概念，并通过这些概念之间相互作用的关系为人们揭开了科学革命的奥秘。托马斯·库恩指出："世界上任何一次科学革命，本质上都是范式的跃变性转换。这为人们提出一个科学的制造业未来提供了基本的思考范式。”

什么是范式？在《科学革命的结构》一书中，托马斯·库恩指出：“范式是一定时期内科学共同体的思维原则、方法论和价值观；范式是科学共同体一致接受的某一专业学科的基本理论和取得的重大科学成就。不同学科各有自己的范式，每一学科在不同的发展阶段，也会有不同的范式；科学共同体拥有工具和操作运演方式；范式拥有的范例是典型的具体题解，每个科学共同体的成员通过范例的学习，才能掌握范式并学会解决同类的问题。”

范式如何演进？《科学革命的结构》一书中提出：“首先是具有一个范式和致力于解谜的常规科学；其次，常规科学遇到严重的反常，并引发危机；最终由于一个新范式的诞生，危机得到平息。世界在这一过程的循环往复中不断前进和发展。”托马斯·库恩指出：“一个新范式代替旧范式，不是真理代替谬误，其本质是一种世界观和价值观的转变，这种观念转变能够与世界更加融洽地互动。”

运用托马斯·库恩提出的范式科学，制造范式可以简单地定义为：一定时期内制造业全体关于如何制造的思维原则、方法论和价值观。由一定时期内制造范式所形成的范例，具有通用性，制造业主体通过范例的学习能够解决同类的问题。

制造业从人类早期文明到现在，已经经历了三次公认的范式转换：手工制造到大机器生产，大机器生产到流水线生产，流水线生产到大规模定制。在这个过程中形成了四个范式：手工制造、大机器生产、流水线生产、大规模定制。其他不用解释，需要特别指出的是，很多书往往把手工制造忽略了，直接从第一次工业革命来讨论制造业，这是不科学的。实际上，第一次工业革命对制造业而言，正是手工制造到大机器生产的范式跃变。从现在开始，制造业面临再一次的范式跃变，将最终形成第五制造范式。

如果智能时代没有来，大规模定制已经是人们能想到的最好的制造范式。现在，人们也能够运用智能技术群，把大规模定制演绎到极致。但正如一句俗话所说：“没有最好的，只有更好的。”只有符合时代的制造范式，没有永远正确的制造范式。一场汹涌而来的智能革命，正在把人类导向全新的未来。在这个全新的未来当中，智能技术群将驱动制造范式如何跃变？人们将迎来一个什么样的制造业未来？

过去是未来的镜子，要从历史中找到规律，用规律来回答未来。

8.1.2　制造范式的三次跃变

在通常关于制造范式的讨论中，人们往往习惯性地把第一次工业革命作为起点。但如果对比制造范式的定义，占据人类历史最长时间的手工制造同样是一种制造范式。原始社会人类已经有了原始的制造活动，而后经过近 1 万年的发展，到第一次工业革命之前的 200 年左右，手工制造已经形成了相对完善的范式结构，也出现了非常细致的社会化分工或工场内分工。虽然手工制造时期生产力低下，但仍然满足了同时期人类的基本物质生产需求。手工制造是制造范式演化的起点，但它并不能归零，而是一个最基本的基准，它为后续的历次工业制造范式演进提供了基本制造原型和基本制造知识，其他的后续制造范式的形成都能追溯到手工制造对它的影响。而且，人类手工制造活动中积累的知识、方法和工具并没有消失，而是分散地隐藏在工业革命之后形成的制造范式当中。即使到现在，手工制造仍在现实生活中大量存在。

把手工制造也包含在内，从人类文明开始至今，制造范式经历了三次重大的跃变，形成了四个在一定时期内相对固定的制造范式：手工制造、大机器生产、流水线生产、大规模定制。人们把四种制造范式的主要元素用表格的形式进行对比，如表 8-1 所示。

表 8-1　四种制造范式的主要元素对比

类　别	生产装备	生产方式	生产场所	生产资料	生产知识	生产产品	生产价值	面向市场
手工制造	手工工具	手工分散制造	家庭+手工工场	手工业者自己控制	个人掌握完全知识	手工个性化产品	自用与剩余交换	区域小市场
大机器生产	大机器及其组合	动力机+配力机+工作机生产	早期小型工厂	资本家控制	完全知识由组织掌握	大批量物美价廉的产品	商品交换与资本利润最大化	国家或世界大市场
流水线生产	流水线与专业化生产设备	流水线大规模标准化生产	大工厂	资本家控制，后转变为现代企业控制	企业完全控制知识	大规模标准化廉价产品	资本家利润最大化与规模化用户需求	全球性市场
大规模定制	柔性生产线	多品种部件标准化生产+整体组装	模块化小工厂	现代企业控制	企业与用户分享部分知识	多品种可定制产品	用户多样性需求	全球性的细分市场

另外，历史资料说明了一个事实，从手工制造到大规模定制，制造范式的演进并不是在某一家企业连续演进的，也不是前一个范式发生量变且最后质变为后一个范式这么简单的。大机器生产方式并不是诞生在手工制造相对更为完整和成熟的钟表业，而是对英国来说完全新生的棉纺织业。福特在手工制造汽车的生产条件下创造了流水线生产，而不是当时更为先进的大机器生产。大机器生产没有直接演进到流水线生产，而是因为效率低下被反向淘汰。大规模定制的核心——精益生产也是因为丰田汽车公司不具备条件复制福特生产方式而创造出来的，并不是大规模生产直接量变演化的结果。

无论是按照范式理论，还是从实际发生的情况来看，不同时代的制造范式之间，存在着本质性的不同，相互之间是不可通约的。这一点对现在制造业的启发就是，试图通过在现有制造范式的基础上渐进变革是不可能创造出新制造范式的，而必须跳出现有制造范式对思维的束缚，从新工业革命时代最基本的关键影响因素出发，才有可能找到答案。

8.1.3 四个关键影响因素

无论是舆论，还是大众认知，往往过分突出技术的作用。但如果回到范式理论本身，就会发现一个事实：范式强调的是思维原则、方法论和价值观，不同范式转换的核心强调的是价值观的转换，而不是技术的转换。尽管技术作为一个环境因素影响了价值观的形成，而且为新范式提供了构造内部结构的手段，但毫无疑问，价值观是时代的产物，还受到技术之外其他环境因素的影响，如当时的政治、经济、社会等。

必须澄清一点，制造范式并不等同于生产方式。生产方式可以认作最终形成的制造范式的内部结构，而不是制造范式本身。人们把手工制造、大机器生产、流水线生产、大规模定制归结为制造范式，只不过是后验的特征描述，并不是从生产方式推导出制造范式。这些生产方式适应了当时的环境和价值观，才被当时接受为制造范式的内部结构。

制造范式的历次演进证明了范式理论的科学性，范式理论的科学性也论证了制造范式的演进规律。

从手工制造到大规模定制的演进历史证明，起到决定作用的其实是时代背景下人们对制造事物的需求，而影响需求的关键因素就是不同时代的价值观。不同的价值观会产生不同的需求，这一点是显而易见的。要追溯人们为什么产生这样的需求而不是那样的需求，都会追溯到价值观。而价值观是社会发展的产物，是人们在时代发展中对价值的公共认可。其实这一点与范式理论的结论一致，托马斯•库恩就认为范式的本质是一种思维原则、方法论和价值观。是价值观决定了制造范式成立的唯一性，也是价值观决定了人们对制造范式的需要。伴随福特创造流水线生产的福特主义，强调“高工资、高消费、高产量的统一”，其实质就是反映了当时人们的价值观。

人们的价值观又是怎么来的呢？毫无疑问是社会环境塑造的。社会环境包括当时的政治发展、经济发展、社会人文发展、技术发展等复合因素，不同时代的这些复合因素最终让人们拥有了一个相对统一的价值观。但同时，社会环境也直接作用于制造范式的形成，使得制造范式满足社会环境的需要。例如，资本主义社会的萌芽和发展促使了第一次工业革命的发生，并在无形的影响中塑造出适合资本价值的大机器生产制造范式。从总体上说，具体的价值观决定了技术构建的制造范式内部结构的唯一性，而社会环境则综合性地影响了制造范式的形成。

技术对生产方式的构造有若干种可能，但只有适应时代环境，满足价值观需求的某一种生产方式，才最终成为制造范式的核心。技术的多种塑造可能性，使得它不可能是制造范式的决定性因素。同理，现在如果简单地把智能技术群演绎出来的生产方式——个性化生产当成制造范式，而不说明当前的环境和价值观的决定性作用，就可能把制造业的未来引向错误的方向。例如，本章讨论的产用融合也可以解读为用智能技术群实现的一种生产方式，强调生产过程和使用过程的一体化，是一种由生产者和用户构成的制造大系统，与个性化生产的强调重点完全不同。在产用融合制造范式中，个性化生产只是生产侧的一种选择，而不是全部。

一些反面的事实也能说明，单纯技术影响制造范式是无法自圆其说的：其一，人类发明了大量的新技术，只有部分新技术促使了制造范式的颠覆；其二，新旧制造范式转换并不受制于新技术发明的时间。

制造范式还有一个重要的影响因素——制度，包括宏观政策、行业规范和企业管理制度。它们起到的作用是使已经初步形成的制造范式进一步强化，使它更加具有持续性和生命力。

综上所述，制造范式并不是由技术因素唯一决定或影响的，而是时代环境、价值观、技术和制度综合影响的结果（见图 8-1）。在《未来制造：人工智能与工业互联网驱动的制造范式革命》一书中，引用了前三次制造范式跃变过程的大量事实来证实这个结论，读者可以进一步参考。

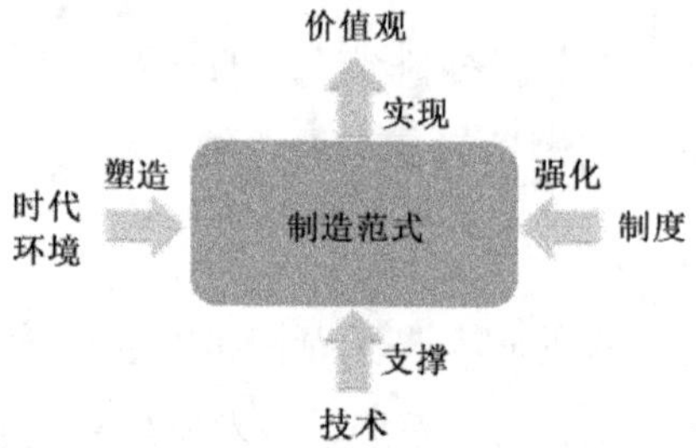

图 8-1　影响制造范式形成的四个关键因素

除四个重要的影响因素之外，制造范式的演进还有四个重要的规律。

不同制造范式之间存在不可通约性，难以通过当时主流的制造范式量变来形成新制造范式。新制造范式的形成表现为跃变，即跳跃变化。这种跳跃变化可能建立在更基本的制造范式基础上，如手工制造。

制造范式演进具有逆向淘汰的规律，即新制造范式的形成，逆向淘汰了旧制造范式。旧制造范式不会自我淘汰，而是顽固地寻求生存。一旦一个全新的制造范式确立，旧制造范式就会随之土崩瓦解。遵从旧制造范式的企业要么自我革命以适应新制造范式，要么会因为失去竞争力而慢慢消亡。但一般并不会在旧制造范式运行最好的企业或领域中跃变出新制造范式。

早期的制造范式形式往往依赖于大量的企业家实践，而不是预先有专门的研究。从大规模定制开始，专家们开始发挥作用并对制造范式的兴起起到了关键作用。这种现象的出现与工业结构的复杂性和知识结构的多重融合性有关联。

制造范式的形成需要一个较长的时间，而不是新技术一出现就会立刻形成。新技术先会应用于社会的其他领域，而不是先与制造业生产过程相结合。例如，人们在 1870 年就发明了电动机技术，从技术上，电动机使得生产机器拥有独立动力，实现工厂的结构重构。实质上直到 40 年以后的 1913 年，福特才充分利用电力技术的优越性创造出流水线生产。而且，在流水线生产出现之前，电动机已经在社会各个领域广泛应用。

8.1.4　新制造范式形成的可能性

既然找到了影响制造范式跃变的因素，人们就用它来分析当前形成新制造范式的可能性。

1．社会环境条件已经日趋成熟

从经济和社会来看，尽管 10 年前世界上爆发了金融危机，人们生活的环境还是发生了巨大变化，物质极大丰裕与财富快速增长是两个显著的特征。经过 250 年左右的工业化生产，100 多年的大规模生产，全世界的产能在不断扩张，生产效率不断增长，全世界已经能够生产出大量的物质产品。现在，人们已经从早期的物质稀缺变为物质极大丰裕，而全世界的生产机器还在不间断地生产物质。有几个数据能够证明这一点：2017 年，主要家电产品的全球生产量为 75 284 万台，考虑到家电是耐用品，以 10 年为寿命周期，那么 10 年当中会卖出 75 亿台家电新产品，相当于全世界每个人（而不是家庭）都得至少买一台家电产品；全球一年的手机产量达到 14 亿部，3 年就覆盖全世界的一次上网人数；2017 年，全世界生产的服装达到 900 多亿件，其中中国生产了全世界一半的服装。在物质极大丰裕的同时，人们的财富也在快速增长。根据世界银行发布的《国民财富的变化 2018》：1995—2014 年全球财富增长了 66%。其中，中国的财富增长更快，1995 年，中国人均 GDP 为 5 091 元，到 2016 年则达到了 5.03 万元，增长 9 倍左右。一方面，物质极大丰裕；另一方面，随着人们财富的持续增长，传统的物质生产已经无法满足人们的需求，这意味着必须进行一场全方位的消费升级和产业升级，需要一次全新的制造范式跃变，才能持续地满足人们对追求美好生活的向往。

从政策环境来看，世界对迎接新工业革命已经达成共识。2016 年的二十国集团（G20）领导人峰会发布的《二十国集团新工业革命行动计划》就是一个例子，证实了世界大国对推动新工业革命的一致认同。在具体行动上，中国、美国、德国、日本等世界大国均发布了大量的具体政策来推动新工业的发展。例如，中国发布的“互联网+”行动计划中国制造强国战略和大量具体推进政策，美国发布的先进制造业国家战略计划、制造业创新网络计划等，德国发布的工业 4.0 战略及相关参考架构等，日本发布的超智能社会相关计划。这些战略政策及细分执行计划的推进，为新工业的推进创造了前所未有的良性政策环境。这与以往的历次工业革命有些不同，体现出人类社会迎接新工业革命到来的主动性。

从技术环境来看，随着智能技术群的崛起，包括智能终端在内的大量智能产品广泛使用，微信与微博等社区网络全面普及，以及电子购物、电子支付、共享经济等新数字经济的崛起，人类生存的实体世界已经变成了一个虚实融合的世界，人们在其中生活、工作和娱乐。人们对新技术崛起持热烈的欢迎态度，并积极、主动地拥抱新生活。

2. 新价值观要求新制造范式来满足

现在，与大规模定制被提出的 1987 年相比，价值观和消费观念发生了根本性的变化。物质极大丰富，人们的财富快速增长，按照经济学的效用理论，人们对基本物质的兴趣逐渐减弱，开始追求深层次、非物质的需求。对于深层次、非物质的需求的满足构成了现时代最核心的价值认同。那么什么是当前人们深层次、非物质的需求？按照心理学家马斯洛的需求层次理论模型，开始的时候人们追求的是基础的生理、安全的需求，进而需要社会交往和尊重，最后就是自我实现的顶级需求。参照马斯洛的模型，在当前的新时代，人们的需求已经到了更加高级的非物质需求满足层面，社会交往、尊重和自我实现已经成为需求满足的一部分。

在非物质层面，与低级阶段的物质需求层面不同，人的需求差异会非常显著，个性化需求特征会非常明显，个性化就成为需求的核心特征之一。另外，随着虚实融合时空的形成，个人的位置、时间、场景也构成个性化需求的一部分。这也是实现个性化生产方式的主要驱动力。

从需求的角度，深层次、非物质、个性化需求成为最主要的组成部分，所有的物质生产和物质交付都要与这些内涵融合在一起。所谓深层次，就是强调价值交付，给人们带来更好的效用获得。所谓非物质，就是满足用户参与感、尊重感、协作、主导权、精神、文化等非物质需求，而不仅是一个有形的物品。所谓个性化，就是根据每个人的动态差异性提供有针对性的产品和服务。对于深层次、非物质、个性化等需求的满足反映了当前人们普遍的价值认同，也就构成了时代价值观。

需要认识到，个性化是当前价值观的一个附带特征，是由个人差异的客观因素造成的，并不是唯一和核心的诉求，人们需要的实质是带来更多的效用价值及非物质的需求。认识到这一点很重要，就不会在个性化生产问题上思维被锁定，难以突破。

简单地说，当前价值观的变化，需要一个新制造范式来满足，这是一个必要性问题。

3. 智能技术群拥有足够的潜力和技术可行性

前面大量的章节已经充分论证了智能技术群具有足够的潜力来满足当前价值观的需要，为新制造范式的形成提供了充分的可行性。具有充分的可行性，并不意味着就能够轻易地构造新制造范式的内部结构。不过，智能技术群的潜力不仅是改变生产侧的结构和用户的生活方式，更重要的潜力是实现生产和用户关系的全方位改变，使得传统通过市场调节的生产侧和用户能够统一在一个系统中，而不是不同的系统中。可以预见，有形市场将被存在于虚实融合时空的、无形的、流动式的市场所代替。

目前，把智能技术群仅定位在实现生产侧的个性化生产，是一种没有充分发挥技术潜力的表现，也没有充分发挥虚实融合时空的价值。在全新的时空架构下，还存在各种巨变的可能性，包括生产者和消费者的合一、生产者和使用者社区化、生产和使用的融合，这些都是智能技术群的潜在能力。需要认识到，个性化生产完全不能概括这些巨变的可能性。本书把这种基于更大的制造系统而形成的新制造范式称为产用融合，即生产者和使用者、生产过程和使用过程、生产场景和使用场景的全方位融合。最终也将形成一种全新的生产方式——基于价值环流的流式生产，即“边生产、边使用；边使用，边生产”。

4. 新制度探索与演进已经在同步发生

适应新制造范式的制度探索其实已经开始。在政府层面，从国家到地方，已经发布了大量的政策来鼓励制造业变革的各种探索，加速新制造范式形成。在企业管理制度革新层面，大量的组织变革和管理制度变革已经发生，来适应各种新变化。历史已经证明，制度变革同步或滞后于新制造范式的形成，目前主要表现出与新制造范式的同步探索。

总之，形成新制造范式的条件已经成熟，人们将要迎来第五制造范式时代。本书 8.3 节将进一步论证产用融合就是正在形成的新制造范式，并将详细讨论它的构成要点。

8.2 从商业模式探索开始：C2B 到 C2M

尽管制造范式跃变的条件已经成熟，但最终演变的终极蓝图目前还没有达成共识。近年来，制造业进行了大量的变革探索，除了新生产方式的探索，更多的还是商业模式的探索，即从生产和用户的商业关系角度进行变革。

C2B 和 C2M 是制造业商业模式变革的典型代表。它们的探索价值在于从以用户为中心出发，优化价值链环节，革新生产和用户的关系，为构建集生产和用户于一体的大制造系统进行了有益的探索。

C2B 和 C2M 有点像未来的样子，但不与生产方式变革相关联，它们带来的一切变化都可忽略。

8.2.1 C2B：用户权利的崛起

C2B（Consumer to Business，客户到商业）首先在营销领域崛起。所谓 C2B，就是实现聚合客户，形成拉动式生产。最常见的具体实现方式就是团购。在团购模式中，哪个产品成团，哪个产品不成团，客户聚集已经形成了向商家倒推的力量。这个力量的结果就是，生产不再是由企业发起，而是由聚合的客户发起。新营销的重点在于聚合客户资源，并把客户需求转化为企业的价值，从而形成从客户需求出发到企业生产的倒推价值流。也就是说，先有客户价值，后有企业价值。

C2B 对企业的价值是非常明显的。由于在 C2B 模式中，客户的集中需求已经形成，企业能够按照客户需求实现零库存、零浪费、零不良的精益生产。对企业来说，生产更加精准，成本更加低廉，效益也更加明显。而且通过客户的聚合，品牌价值得到放大，对企业的长远发展来说也是有益无害的。在这个逆向的价值流中，由于客户已经在那里，所有的中间渠道环节变得没有必要，从而减少了成本，促使进一步地薄利多销，聚集更多客户，客户也能买到更便宜、更好的产品。所以说，C2B 模式充满了正能量，能够促进整体社会正向循环。

C2B 也意味着客户权利的崛起，客户具有了反向杀价的能力。反向团购成为近两年来兴起的最新模式。这种模式允许客户自己提出自己愿意出的价格，然后通过团购平台向供应商反向议价，在双方都满意的情况下才能成团。这意味着客户在未来的销售活动中将具有主导权，企业必须通过全面变革来应对这种主导权的变化。如果不变革，就可能被市场赋予的客户权利淘汰，也就是说，再也没有客户购买你的产品。

当然，C2B 的内涵要远远超过团购在销售环节的价值，它还包括让客户参与产品设计、参与生产过程、参与定价等内涵。客户的需求不仅体现在价格上，还在于产品本身。总之，C2B 要强调的就是先要有客户需求，然后再组织生产。客户参与设计和参与生产的过程，也是一个群体创造的过程。

C2B 意味着制造的主导权转移，从制造商转移到客户。可能有人认为这会对制造业不利，其实不然。制造商的核心价值就在于制造，整合资源提供优质产品和服务是它的基本能力。本来制造商就是要把产品卖给客户的，当然由客户说了算。但它的前提是客户愿意买，而制造商的价值仍然没有变，而且通过满足需求的产品交付，让它的能力变得更有价值。由于 C2B 模式建立了客户和制造商的直接连接，受到冲击最大的将是线下零售商店和中间渠道商。

实现 C2B，需要信息精准、快速、海量地从客户端传递到生产端。实现这个过程就需要充分利用互联网、移动互联网、云计算、大数据等新兴信息技术，这样才能够使效率和价值最大化。C2B 是属于新技术时代的商业模式，充满了新技术的基因。例如，客户参与设计进程，不同的客户提出不同的需求和意见，如何寻找到价值最大化的方案，就是一个大数据问题。还有就是，必须借助移动互联网才能够最大限度地聚集客户。

需要特别强调的是，C2B 的核心仍然是基于大规模生产的客户模式。虽然制造商让渡给客户部分权力，但并没有改变推式生产的本质。它的核心词是“客户”，而不是“用户”。客户针对的是大规模的商品销售，潜在的含义包括交易的达成。用户的含义则不仅是购买，而且也是生产的参与者。用户不是一个既定产品的交易对象，而是意味着对潜在需求的掌控。

8.2.2 C2M：用户主导生产

C2B 对传统的推式生产是一个改进，让用户获得了部分主导权，但没有改变大规模生产的本质。在智慧工厂的配合下，一个全新的商业模式出现了，那就是 C2M。

C2M（Customer to Manufacturer，用户直连工厂）按照纵向的思路，打通了用户手机端定制—平台—设计师—生产工厂之间的纵向联系，实现了用户的个性化定制。C2B 和 C2M 看起来只是一个字母的差异，很容易混淆，但实质上并不是一回事。C2B 可以认成 B2C 的逆推，在不改变生产方式的情况下，从营销角度让渡给客户定价主导权和选择权，从而让生产需求显性化，实现拉式生产。而 C2M 不仅会影响需求规模和价格，还会影响生产的内容，使定制生产成为可能。

对传统制造业而言，C2M 还是一种新兴的模式。但对于计算机领域的公有云定制服务（见图 8-2）来说，C2M 是它的本质。看明白公有云模式，人们就能够很容易地理解 C2M。在云计算出现以前，用户购买计算机时只能选择计算机厂商销售的既定型号的产品。而在后台云计算技术的支撑下，用户登录公有云平台，只要实现了网络连接，计算资源就可以以连续扩展的定制服务模式提供给用户，用户可以根据需要定制选择自己的 CPU、内存、存储、网络需求，享受完全个性化的计算服务。

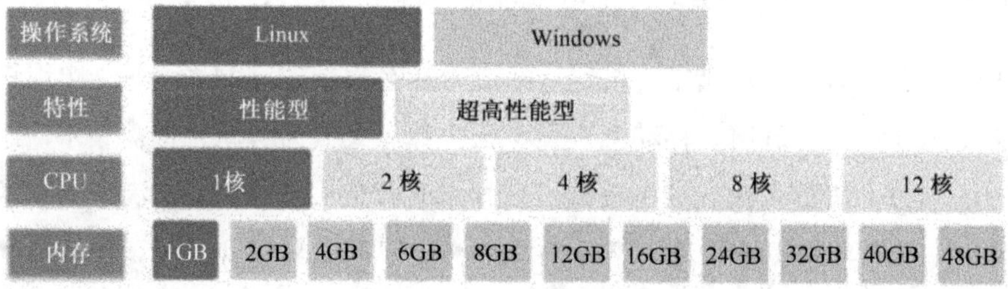

图 8-2　公有云定制服务示例

C2M 针对的不是一个企业的已有产品，而是工厂的个性化生产能力。工厂通过互联网上的 C2M 门户网站，释放个性化定制生产的空间，用户根据个性化需求，与制造工厂的能力进行匹配，达成一致后，制造工厂按需生产。在这个过程中，与 C2B 不同，价格往往不是决定性因素，而与用户个性化定制的范围相关。不同用户的个性化需求不同，价格之间没有可比性。C2M 门户网站首先给出的不是一个确定报价，而是一个最低基准，用户在此基础上通过添加个性化需求来实现最终定价。

一个独立的 C2M 网站只能与具有个性化生产能力的企业合作，建立从定制到生产服务的闭环。从市场来看，目前 C2M 模式还处于初期的发展阶段，能够提供的定制产品数量还比较有限，最终能否成功，取决于传统工业向个性化生产工业转型的进程。这与 C2B 纯商业领域的运作不同，目前还不能适用于传统的所有工业产品。

一个 C2M 网站能否成功，取决于与制造工厂间垂直集成的实现程度，所发布的信息需要与制造工厂的能力达成完全一致。在这个模式中，制造工厂成为一个基于互联网共享的基础设施，根据用户的需要建立连接并完成生产。生产完成后，相应的产能重新释放，可以满足其他的用户需求。

就目前来看，现有 C2M 模式释放的个性化空间还比较小，可供选择的产品种类还比较少。但从发展趋势看，它代表了新工业的趋势。除目前看到的有第三方 C2M——必要商城模式外，一些制造商（如青岛红领集团、海尔商城）也开始开通自己的 C2M 门户网站。

C2M 对传统的电子商务是致命的颠覆，它与智慧工厂一起把人类生活带到了个性化生产的时代，而且对传统制造模式的渠道链条直接短路，可以节省社会资源，提高生产效率。传统的电商本质上是一种销售渠道，而 C2M 构建的是工厂接口。过去是把销售渠道放到网上，而现在是要把工厂直接放到网上，从而形成全新的社会化供需结构。C2M 模式如图 8-3 所示。

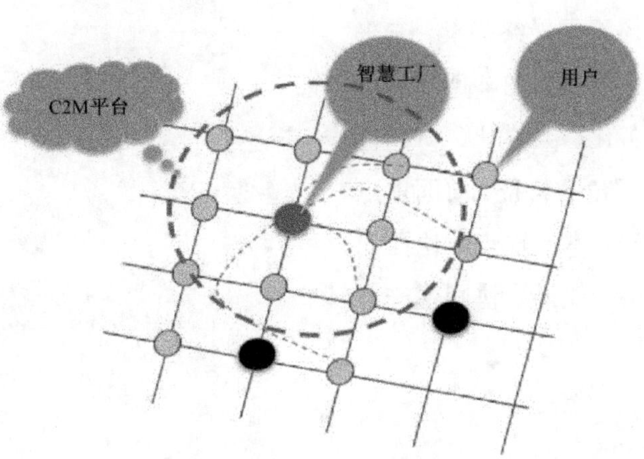

图 8-3　C2M 模式

C2M 并不排斥在传统电子商务发展中形成的成功模式，而且可以与这些成功模式进行结合，从而产生更高的效率。例如，C2M 与 O2O 的结合、C2M 与团购模式的结合。个性当中有共性，C2M 不能狭隘地认为每个人都是个性的，也可以集约共性需求，形成规模效应。关键在于，商业模式的设计是以个性化需求为出发点，还是以大规模生产为出发点的。例如，小米集团的成功之处就在于它的反推生产，虽然产品单一，看起来是规模生产，但是以个性化需求为出发点的，对分布在网络中的零散的需求进行了聚集，从而产生了规模需求，从本质上说还是个性化生产。理解一种全新的商业模式，不能用僵化的思维，而是应充分吸收各种模式的优点，C2M 也是如此。

C2M 模式优化了生产和用户的关系，压缩了中间环节。但核心是商业模式的改变，与制造范式跃变并没有直接的关系。虽然一些企业也强调个性化生产，但只是特色而不是具有普遍性的本质。

8.3 未来制造的魔力拼图

新制造范式就像一个魔力拼图，人们猜出了很多外围的图块，但最中间的图块一直没有被揭晓。除了 C2B 和 C2M，人们还在进行其他的一些尝试，如个性化生产、面向共享的生产、服务型制造、协同生产。现在看来，它们只是未来制造的外围拼图，都还不是最终答案。未来制造范式的魔力拼图如图 8-4 所示。不过，个性化、服务化、共享化、协同化给出了未来不同视角的特征。前面重点讨论过个性化生产，本节重点讨论面向共享的生产、服务型制造、协同生产为何不是最终蓝图。

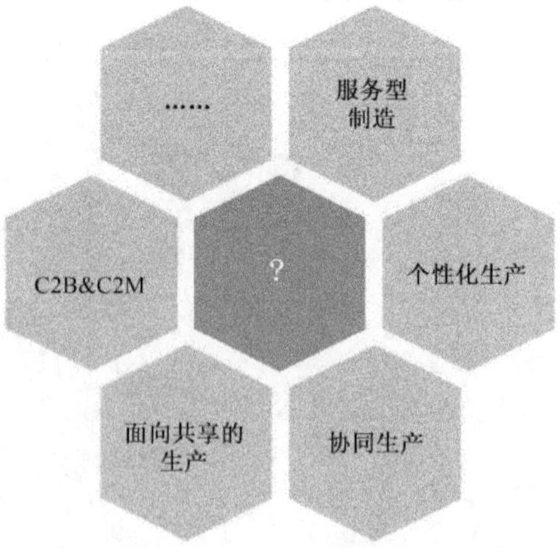

图 8-4　未来制造范式的魔力拼图

8.3.1　面向共享的生产

何为共享，何为共享经济？

简单地说，共享就是闲置资源的使用权转移。共享经济就是强调使用权让渡的经济收益性。

共享经济有四个关键特征：闲置资源、使用权转移、获益、互联网平台。闲置资源有三重含义：一是这个资源所有权已定，二是长时间闲置，三是这些闲置资源归不确定的个人或企业所有。如果资源本来就不是你的，也就谈不上是你的闲置资源。共享经济中使用权转移的观念影响深远，使人们认识到世间的所有东西关键在于使用，而不在于拥有。基于使用权分享，人们可以创造出全新的产品交付方式和全新的生活方式。如果利用了闲置资源，也进行了使用权转移，但没有获益，也不能归为共享经济，最多可以说是一种共享服务。当然，现在人们所讨论的共享经济必然建立在互联网平台之上。互联网平台促成了广泛连接和网络效应，为实现共享经济创造了可能性。滴滴出行、Airbnb（爱彼迎）、小猪短租等就是典型的共享经济，实现了众人共享、众人所用。平台收取服务费，而资源收益主要归提供者所有。在纯粹的共享经济模式下，各个参与者都是获利者，互联网平台只需要很少的投入用于建设系统，资源提供者实现了闲置资源变现，使用权获得者实现了低成本的按需经济。

共享经济的发展给制造企业带来了灵感。

如果一家制造企业把自己生产的产品以共享经济的方式交付给用户，实现面向共享的生产，这与纯粹的共享经济和仅有使用权转移的商业操作又有不同。对用户来说，这种产品交付方式能够让用户获得低价格使用权，而不用因为拥有所有权而带来高资金占用、各种维修维护的麻烦。而且，过去人们购买产品来获得相关效用价值，但实质上，拥有产品的时间远远超出使用的时间，实际效用价值被大量浪费。从生产商角度来看，产品共享交付至少有三点好处：一是制造企业向消费者直接交付共享产品，没有任何中间渠道，可以节约大量的营销成本，使用费用也会降低；二是产能本来就存在，无论是面向销售交付，还是面向使用权交付，本质上并没有不同；三是以共享的模式可以创造出多样化的产品交付方式，给用户多种选择，可以促进产品的销售。现在，一些汽车制造商都有类似的计划，这种产品交付方式的变化看来会逐步成为现实。

不过，这种产品共享交付模式与纯粹的共享经济仍然不同，会产生一些全新的问题。而且，这些问题正在阻碍产品共享交付的实现：①产品共享交付就需要考虑产品的通用性，还有结实耐用问题，而不是个性化诉求，这就降低了产品本身的吸引力，如何平衡共享需要和个性化需求是一个问题；②共享经济要实现自我循环、实现收益，需要一定的临界规模，单一制造商很难靠一己之力达到足够的规模；③制造商面向共享资源池投放产品，看起来产品流向市场，但实际上还在自己的资产边界之中。如果产品没有使用，生产商就失去了对消费者需求的敏感性，良性生产循环就不可延续。另外，从过去人们拥有资产本身到未来仅拥有使用权，是人类的一次思想革命，很多人接受它可能还需要时间。正是这些问题的存在，面向共享的生产制造，尤其在消费品领域，还没有特别成功的案例。

面向共享的产品制造的相关问题也不是完全没有解决的办法，制造商和共享平台的结合可能就是一种解决的办法。共享平台提供消费者需求的数据支持和海量的资源分享，制造商以数据驱动来实现产品共享交付。同时，共享平台广泛的资源连接，也解决了制造商自身资源覆盖不足的问题。

制造企业面向共享的生产制造，它的意义在于通过与消费者在特定场景下的效用需求相融合，深入每个消费者的生活场景和生活方式本身，这与个性化生产仅在定制界面实现产用融合不同，是一种较为深层次的产用融合。

如果一家制造企业生产的产品出现过剩，产品共享也没有市场，怎么办？那就只有共享产能，让有本事的人把产能充分利用起来，这就是共享工厂。关于共享工厂的内容，在其他章节讨论过，这里就不详细讨论了。如果工厂共享也没有需求怎么办？那就真的对全世界来说是百分之百的过剩产能，只能关门大吉了。

目前，在消费品领域，面向共享的生产面临大量的挑战，如共享单车企业陆续倒闭。与消费品不同，在大型制造装备的共享交付领域，通过共享经济与服务型制造模式相结合，更加突出服务，而不是仅强调共享，正在取得一些成功。

共享是用户的一种选择，但它一定不是全部用户的选择。对未来制造而言，它只能是局部，而不是全部。

8.3.2 服务型制造

个性化定制当然也可以看成一种服务型制造，或者称为制造型服务。面向共享的生产，也可以看成面向服务的制造，称为服务型制造好像也不为过。不过，强调的重点不同，创造的价值不同，适应的领域也就不同。

服务型制造就是从制造全流程、全要素服务化的角度提出的概念。用普通人的想法可以这样理解，与把其产品卖给别人卖不动，干脆免费送给别人，或者以成本价给用户先用着，收个服务费、赞助费、广告费也未尝不是一种可行的做法。在这个过程中，也许用户觉得产品挺好，彻底买了，再收点售后服务费那就再好不过了。不过，服务型制造的内涵比这些普通人的想法要丰富很多，不仅包括产品的服务化，还包括研发过程、测试过程、生产过程等全方位的服务化。

2016 年 7 月，由工业和信息化部、国家发展改革委、中国工程院联合发布的《发展服务型制造专项行动指南》中，对服务型制造做出了一个官方的定义：服务型制造是制造与服务融合发展的新型产业形态，是制造业转型升级的重要方向。制造业企业通过创新优化生产组织形式、运营管理方式和商业发展模式，不断增加服务要素在投入和产出中的比重，从以加工组装为主向“制造＋服务”转型，从单纯出售产品向出售“产品＋服务”转变，有利于延伸和提升价值链，提高全要素生产率、产品附加值和市场占有率。

换个角度来说，服务型制造就是制造企业以产品和服务的提供为依托，向用户提供从需求调研、技术开发、产品设计、工程、制造、交付到售后服务等产品服务系统全生命周期的价值增值服务。原来的企业生产资源和产品制造能力成为基本资源，产品生命周期的所有制造活动都变成了面向用户的服务。如果主体企业把卖产品转变为制造全程服务，相应的供应商为适应这一转变也将成为服务型制造的一个环节。

从对共享经济的讨论中知道，未来的关键在于使用权的转移，而不在于物质的所有权，用户在享有使用权的同时，获得了物质所蕴含的内在效用价值，而不受到外部载体的负累。简单地说，就是围绕用户如何使用产品，把整个产品生命周期的所有活动都封装进去，方便用户直接获取价值。服务型制造通过制造活动服务化的方式与用户使用场景中的具体需求融合起来，这本身就是一种产用融合的表现，实现了生产者和使用者双方价值的共同最大化。

在长期的摸索实践中，服务型制造已经形成了众多模式并存的局面，如个性化定制服务、全生命周期管理和维护服务、整体解决方案服务、合同能源管理服务、设备共享服务、产品云服务、协同制造服务、智能设计服务等。当然，由于服务型制造的泛在特征，以及未来所有的人类活动都有着必然的服务化趋势，其他的制造模式也都可以归结为服务型制造的范畴。

所有的服务业都是产用融合的，你需要什么，服务就可以提供什么，这是服务业与制造业的不同。制造业与服务业相结合，使刚性的制造业具备了软性因素。不过，从产用融合的角度来看，服务型制造主要是围绕主体企业的制造活动展开的，与完全围绕用户使用场景和生活方式展开还是有所不同的。如果纯粹以用户为中心展开，制造业将离散为无穷多的制造服务能力碎片和模块，而不是一个完整的结构。

共享经济是用户端（消费端）的概念，而服务型制造就是供给端的概念，从不同角度给出了未来制造范式魔力拼图的不同部分。

8.3.3 协同生产

个性化需求对传统上以大规模生产为核心形成的制造能力是一个巨大的挑战，虽然从精益生产开始就不断强调生产线的柔性，但再柔性的生产线也只能应对有限的需求，无限的个性化需求就需要无限的制造能力协同。协同生产是个性化需求能够被满足的前提条件。

福特时代，很多大型企业强调后向一体化，也就是产品的零部件都要自己来生产，因为这样可以减少交易成本，确保供货效率和部件质量。甚至福特在自传中也说道，福特公司已经不是一家生产汽车的公司，而是一家生产零部件的公司。到精益时代，丰田公司发现并不是自己生产零部件才高效，而是需要依赖快速、高效的供应链支持，即使一些零部件不是自己生产的，也能保证质量和效率。而且，从生产的角度来看，对一个主体企业来说，一定会有一些零部件不值得自己生产，有一些零部件自己没有能力生产。在很长一段时间里，供应链管理和优化成为企业保持竞争优势的一个关键因素。但是，随着技术的发展，人们发现不单是供应链管理问题，而是不同供应商与主体生产企业不同生产部门之间的协同生产问题，这样就会优化库存和生产成本，给大家带来好处。所以说，协同生产并不是今天才提出的问题，而是现代制造业一直都存在的问题，只不过面对个性化生产，这一问题变得更加突出。

德国工业 4.0 战略强调，在极端情况下要满足个性化生产的需求，多个分布式制造工厂的协同生产就是其必要性内涵之一。在德国工业 4.0 战略中，协同生产建立在以 CPS 技术为基础的横向集成之上。所谓横向集成，就是指企业内部不同职能之间或企业之间通过价值链及信息网络所实现的一种资源整合，提供实时产品与服务。通过横向集成，确保了在不同情形下生产效率的实现，不会因为企业内部环节的不足就降低产品交付的效率。同时，在德国工业 4.0 战略中还有端到端集成和纵向集成的概念与之配合，最终实现智慧工厂。基于分布式的智慧工厂及工厂之间的集成，就能够实现所谓的智慧生产。智慧生产包括企业内部跨部门与跨企业协同生产两重含义，本质上是一种社会化的生产，目标是满足个性化需求。

在工业互联网的相关内容中讨论过，基于工业互联网能够实现全网范围的制造资源配置，也就是实现基于互联网的协同生产。不同的制造能力单元在工业互联网网站被标识、被连接和被组织，最终形成基于互联网的虚拟工厂，不同的虚拟工厂能够进一步组合形成更大的虚拟工厂，实现更大的生产能力。工业互联网支持分布式的制造能力集成，为个性化生产提供能力支撑。在用户看来，只是在某一个工业互联网平台上下了订单，但实际上后台是由多个分布式工厂协同生产实现的。

协同生产也分不同的层次，包括商业层面的协同、企业层面的协同、工厂层面的协同、设备层面的协同等，不同层次的协同技术要求的难度是不同的。如果仅是商业层面的协同，人们只需要在出卖制造能力的网站下订单，并约定好时间交付零部件到约定的位置即可，生产的协同实质上是由生产组织者自己决定的。但就是实现这一点也很重要，一个人可以在一个互联网平台订购分布在世界上不同地方的生产能力，然后组装零部件，就能生产出任何产品。只要有信用卡和重组资金，而且有图纸，每个人瞬间就可能成为生产商。关于商业层面的协同生产，前面介绍的 MFG.com 就在做这样的事情。

如果是智能的生产设备，能够被标识和联网，而且支持远端的生产管理和维护，那么这些生产设备也能够很方便地被工业互联网组织起来进行协同生产，只要人们有合适的工业互联网平台和工业软件就可以。但是现在世界上还有大量的非智能化设备、流水线和工厂，这就需要更复杂的技术实现从物理的生产资源到网络虚拟化生产资源的转化，以便实现基于互联网的协同生产。协同生产对用户来说，好像在针对一家工厂组织生产，但实际上可能是若干物理上分布的产能组合。

协同生产与个性化生产、共享经济、服务型制造等概念也有关系，协同生产可以看成个性化生产的后端技术手段，可以看成服务型制造的实现方式。协同生产建立在产能共享的基础之上，也是一种共享经济的表现形式。

协同生产更多的是一个供给端的概念，目的是让建立在互联网上的未来生产具备更多的柔性，满足各种可能的用户端的复杂需求。基于工业互联网的协同生产，实现了超级能力组合，为无穷多的产用融合需求提供了可能性。可以说，没有协同生产作为基础，个性化生产、服务型制造、面向共享的生产都要打一些折扣。

协同生产作为一部分构件，用来描绘未来生产本已不足，用来描绘未来制造的总体蓝图自然远远不够。

8.4 产用融合：第五制造范式

到目前为止，为找到未来的制造蓝图，人们从商业模式到生产方式进行了大量尝试，但最终一定会发现产用融合才能描述最基本的蓝图，它能包容有关个性化、服务化、共享化与协同化的一切尝试，并给制造业的未来提供一个确定的答案。

8.4.1 为什么产用融合是未来

价值观是制造范式的核心，由它来决定哪种生产方式才是具有生命力的。

当前时代的价值观是有共识的，即满足每个人深层次、非物质的个性化需求，实现人们对更美好生活的渴望。基于这一价值观，制造业进行了大量的生产方式变革实践，如个性化生产、面向共享的生产、服务型制造、协同生产等，人们可以从这些实践中总结出定制、共享、协同、服务等关键词。制造业进行了商业模式的变革尝试，如 C2B 和 C2M，它们告诉人们未来制造范式一定是以用户为中心的直接连接。综合这些实践，人们可以勾画出新制造范式的大概特征：前端用户与生产的直接连接；后端生产的个性化、共享化、服务化、协同化。

但这些实践看起来都不是最基本的。在《未来制造：人工智能与工业互联网驱动的制造范式革命》（读者可以参考详细论证过程）一书中提出，产用融合才是制造业所有变革实践的共性，也是最基本的变革逻辑。产用融合，即充分利用智能技术群及在其上构造的工业互联网的价值，在虚实融合时空中，重构生产者与使用者（或者说消费者）之间的关系，实现生产者与使用者之间全过程、全场景、全要素的融合。目的是构造一个正向有益的价值环流，实现实时永续的按需生产，在价值目标上满足用户的深层次、非物质、个性化需求。产用融合制造范式整体逻辑示意如图 8-5 所示。

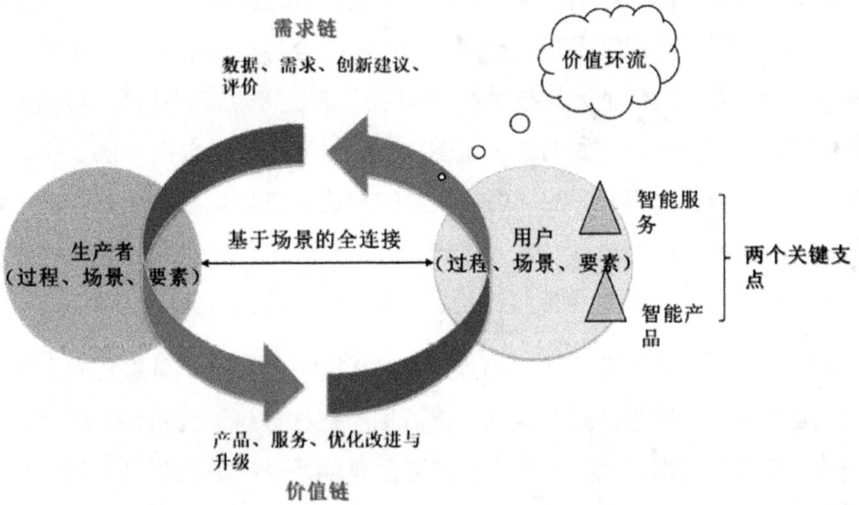

图 8-5　产用融合制造范式整体逻辑示意

正确认识价值观是构造未来制造范式的关键。很多人往往把个性化当成主要因素，而忽略了深层次、非物质需求。正如前面的讨论，个性化是一个附加因素而不是绝对因素，纯粹的个性化也是不能实现的生产任务。不拘泥于个性化，而是强调生产者与用户之间的价值交换与效用获得，这就是提出产用融合制造范式的意义。在产用融合制造范式当中，个性化、共享化、协同化、服务化是特征，需要包容而不是绝对遵从。强调产用融合而不是个性化，是制造业演进的最可行、最具包容性的方向。

从技术角度来看，智能技术群的潜力绝不仅局限于生产侧的改进，它还应用于用户侧，改变人们的生活方式。更重要的价值潜力，是把原来分割于市场两侧的生产侧和用户侧统一为一个整体系统，在虚实融合时空中构建价值环流。把智能技术群的价值局限于生产侧，是一种没有充分发挥智能技术群潜力的表现，也没有充分发挥建立在其上的虚实融合时空的价值。很显然，产用融合制造范式有助于把智能技术群的潜力发挥到极致。

基于智能技术群和目前生产侧工业互联网的形成，产用融合将涵盖产消合一、用户参与创新、用户主导生产、用户效用最大化等多重含义，也包括了产品革命、创新变革、生产方式变革和商业模式变革等多维变革。在构造价值环流的基础上，用户的数据、需求、创新建议、评价等信息传递给生产者，生产者不断改进和优化产品与服务，实现正向的价值增值。生产者和使用者之间的关系在价值环流的促进下更加紧密，产用融合程度不断得到深化。产用融合势必形成生产者和使用者之间你中有我、我中有你的局面，打破生产者和使用者之间固有的边界，实现一种全新的社会化的、无边界生产。如果这一蓝图实现，将彻底改变自第一次工业革命以来生产者和使用者互为“黑箱”的局面，人类的制造业将呈现出前所未有的形态和价值。再进一步，基于产用融合，人人生产、人人用户、人人服务的全新局面将逐步形成，如果这个局面形成，将深层次地影响整个人类社会的社会结构。

产用融合是真正的按需生产。德国工业4.0战略包含一个很重要的思想就是按需生产，但什么是按需生产存在歧义。按需生产往往被解读为按订单生产，而用户需求是动态变化的。很显然，一个静态的界面来满足动态的变化是不可实现的。因此，产用融合要实现的是实时的流动式的按需生产，或者说随需而动的按需生产，不是具体的订单，而是各种潜在需求的实时满足。理解产用融合框架下的按需生产，重点需要认识到订单只是一个付费的依据，而不是生产的目标，生产的目标是动态需求的满足和用户获得效用的最大化。

在产用融合范式构建的过程中，用户往往处于被动的位置上。生产者应积极、主动地创造条件与用户建立稳固的产用融合关系，如创造便利的连接；提供数字孪生的产品、建立社区和开发相应的工具包，创造条件让用户参与到创造过程中；积极利用人工智能技术优化和改善产用融合的效率。

需要特别强调一点，产用融合制造范式最重要的并不是如何实现，而是一种思想观念的转变。思想观念转变的核心，就是充分利用智能技术群和工业互联网，构造生产者和使用者一体化的大制造系统，并使得这个系统有机化和充满活力。

人们听说过很多融合，包括两化融合、虚实融合，那么产用融合在其中处于什么位置？可以用一句话来概括，两化融合是基础，强调智能技术群的应用；虚实融合是时空，强调智能技术群塑造的时空结构；产用融合是制造活动的范式，强调虚实融合空间的制造经济运行方式。它们构成了三层次结构，是人们未来世界运行的整体蓝图。

现在，产用融合还处于初期构建阶段，虽然已有的实践已经能够提供很多局部范例，智能技术群与工业互联网的发展也提供了技术条件，但要实现这一蓝图还需要做大量的工作。

从总体上看，产用融合制造范式有几个关键特征：

- ✓ 智能技术群广泛而全面的应用；
- ✓ 生产者和使用者处于一个整体的、基于虚实融合的网络化系统中；
- ✓ 边生产边使用，边使用边生产；
- ✓ 包容生产侧的个性化、共享化、协同化、服务化；
- ✓ 包容产消合一，即生产者和消费者的角色互换；
- ✓ 实时、永续的按需生产；
- ✓ 价值环流及更复杂的价值网络的形成。

到目前为止，经过三次跃变，已经形成了四个制造范式：手工制造、大机器生产、流水线生产、大规模定制。按照上述逻辑，产用融合就是第五制造范式。

8.4.2　走向产用融合的道路

实现产用融合除了思维的转变，还需要大量的技术实现，是一个复杂的系统工程。这个系统将由以下要点构成。

1. 生产侧与需求侧的全连接

在虚实融合的时空当中，连接是一切活动的基础。生产者与使用者之间要实现产用融合，也必须建立在连接之上。这种连接不同于以往生产者与使用者之间的简单联系，而是更深层次的全景式连接。整体上，生产者和使用者之间全景式的连接可分为四个构成部分：全过程的连接、全场景的连接、全生命周期的连接和全渠道的连接。

所谓全过程的连接就是制造活动的全部过程都与使用者之间建立网络化连接，这种连接可能基于物联网、移动互联网、社交软件、电话等方式。

人们生活在不同的场景当中，每天都会在多个场景中不断切换。场景连接的价值显而易见，实现产用融合就必须建立在全场景的连接当中，想办法让生产者的服务与各种不同的场景连接起来。

用户从关注和浏览、决策，到购买、使用、升级、维修、回收，以及再购买的整个循环，称为用户使用全生命周期，它是产品生命周期在使用者一端的部分。生产者不仅关注用户的购买行为，更重要的是关注购买前的消费行为决策，以及使用过程中的感受、创新建议、批评意见等，这些关注可能更加有利于产品和服务的改善。用户使用全生命周期是一个具有时间性的长周期过程，生产者需要在这个时间线上保持与使用者的连接，并及时响应用户提出的任何问题、需求和建议，这对于建立价值环流，改进产品和服务，深化产用融合具有重要的意义。

在新零售实践当中，全渠道连接是指消费者在整个购物过程中，可以利用智能手机、电脑、社交网络服务、传统媒介、产品销售目录、物联网等销售渠道、信息渠道和物流渠道购买货物。产用融合全渠道的概念比新零售的全渠道还要复杂一些，因为要实现生产价值和生产过程的优化，除以上渠道连接之外，重点是要建立人和工厂、人和智能生产机器的连接，反过来也要建立生产者和用户正在使用的产品的连接。另外，基于数字孪生的概念，还需要借助物联网，建立实体产品和虚体产品之间的数据连接和交换。此外，还需要建立赋能中心，如人工智能、云计算、大数据分析、工业应用等与智能生产机器、用户端产品、智能服务等建立连接关系。不过，基于工业互联网对工业资源的封装和池化，人们与具体生产要素的连接已经可以非常简化。只要人们与工业互联网平台建立连接，其他的连接都应该可以透明实现。也就是说，理想状态下，底层工业全要素的连接工业互联网已经做好了，人们不需要专门寻找一台设备进行连接，设备连接被嵌入具体的应用中并成为一项服务。

生产者与使用者之间的连接，不是一个平面维度的连接，而是构建在虚实融合时空中的多维度的网络化立体连接，既包括实体之间的连接，也包括虚体之间的连接。所有的连接只有一个目的，就是为实现全方位的、无缝隙的产用融合提供基础条件。

在建立 360 度连接的基础上，有两项基本的工作是要实现的：一个是要明确使用者是谁，即为谁生产；另一个是使用者的行为有什么特点，以便提供有针对性的服务。明确使用者是谁，现在一般用用户画像来表示；要了解使用者的行为有什么特征，还需要进行消费心理和消费行为分析。

对消费心理和消费行为的分析，除常规的分析之外，生产者还需要积极吸收和利用行为经济学对消费者行为的最新研究成果，以便把握消费者真实的行为倾向，如禀赋效应（消费者拥有一件东西会让他高估它的价值）、锚定效应（人们在对某人某事做出判断时，非常容易受到第一印象或第一信息的支配）、交易效用（参考价格与实际价格差额达到的效果）、心理账户（每个人心中都有自己独特的一本账）等。越真实地了解消费者的行为倾向，越能帮助生产者和使用者之间建立有效的连接。

连接不是目的，连接的目的就是打通。打通是什么？就是让价值流动起来。

2. 支点：智能产品与智能服务

对稳固的生产者和使用者关系来说，如果能够多安装几个智能产品和智能服务 APP 到用户智能终端，就建立了产用融合的基础。智能产品和智能服务是两个支点，如果至少能够让用户接受其中一个，就已经非常成功了。每个连接可能都会对应着相应的智能产品或智能服务，但如果一条连接通路成立，根据网络的外部效应和赢者通吃的法则，其他的连接也就不是问题。

关于智能产品前面的章节讨论过，《智能爆发：新工业革命与新产品创造浪潮》一书中讨论得更加详细，有兴趣的读者可以参考。所谓智能产品，不是简单地把智能芯片放到一个传统的产品中，而是智能技术与产品效用的交叉融合。从使用者的角度来看，每种有形的产品都是一种效用的载体，智能技术带给产品的要么是创造出一种全新的效用，要么是对原有效用的扩大。智能产品就是一个管道，负责把这种效用传递给使用者。同时，智能产品还可以采集数据、自动上传数据，为产品效能提升提供大数据支持。

此轮新技术革命和新工业革命必然带来一次新产品创造浪潮，其中的关键就是大量的智能产品将被创造出来。其中既包括对现有产品的智能化升级，也包括大量新生事物的创造。智能产品本身就是对世间万物的一次再造，从而呈现出前所未有的特性。

过去工厂和用户分布在市场的两头。工厂与用户的边界是自然分离的，产品从工厂生产出来，经过批发、零售、电商等渠道交付到用户手中，用户只能通过售后服务建立与工厂的联系。智能产品作为一个终端，以不同方式部署在使用者一端，构建了一个系统和生态，打破了传统工厂和用户之间的边界，形成了生产中有用户，用户中有生产的相互融入的局面，这种局面本身就是产用融合。而基于产用融合的交付方式进一步扩大了智能产品的效用价值。例如，无人驾驶汽车提供了全新的交通效用服务，人们不用掌握驾驶技术即可实现交通服务。无人驾驶汽车与共享经济的融合，将进一步实现按需供应的交通服务，扩大产品本身的效用价值。

在工业互联网的宏大蓝图中，智能产品往往是工业互联网的实现模式之一——全生命周期管理和服务平台管理和服务的对象。生产者通过工业互联网构建智能产品的范式，对智能产品进行管理和维护，并基于智能产品的运行数据进行优化工业互联网服务。而使用者通过智能产品终端与专属的智能服务与生产者建立连接，智能产品和工业互联网构成了生产者和使用者之间的连接通道，实现了产用融合的价值循环。

针对智能产品，生产者往往还配有一个专门的智能服务 APP，给用户提供产品+服务的支持。智能服务支持用户对智能产品的重定义、管理和基本的维护，同时，智能服务构建了一个生产者对智能产品和用户的服务通道，生产者能够及时推送服务信息或进行系统升级程序，实现对使用者和智能产品的自动化服务和自动化运维。基于智能服务应用，生产者可以进一步推送给使用者潜在的需求信息，为建立新的连接提供支持。

除与智能产品捆绑的智能服务之外，还有可能是一项独立的服务，并不一定与智能产品关联，如概念设计、产品设计、定制服务、运程支持、物流运输、商业服务、电子商务、支付服务等。随着制造业服务化的发展及工业互联网平台的广泛建立，大量的智能服务将与使用者关联起来，这些智能服务应用部署在使用者一端，在产用融合框架下与智能产品的价值基本相当，能够构建一个生产者与使用者之间的连接闭环，实现服务价值的不断优化和提升。

不仅是制造领域的智能服务，甚至娱乐、餐饮、旅行、购物等跨界领域的智能服务，因为掌握了前端大量的用户，只要与后端的生产者建立联系，就有可能建立生产者和使用者之间的连接。现在，电商巨头在制造、零售等行业的跨界发展，已经反映出即使跨界领域的智能服务，也有可能打通生产者和使用者之间的连接形成闭环。可以说，只要有一个智能服务在用户一边，就有构造产用融合的可能性。想尽办法在用户终端安装一个智能产品或一个智能服务应用，就可能创造财富。

3．构造价值环流

如果生产者与使用者之间建立了连接，并在用户终端至少安装了一个支点，接下来的工作就是建立一个价值环流，使得连接能够不断创造增值，并不断扩大产用融合的领域。

传统的制造企业往往强调价值链，强调企业价值和产品价值是由设计、生产、销售、发送和辅助其产品的过程中进行的各种活动等组成的价值链条创造出来的，这个链条越有价值，企业和产品就越有价值。在新技术条件下，加上互联网思维的兴起，传统的价值链观念由于其串行性导致的低效率满足不了互联网环境中对产品创造的快速性要求，价值环的概念被提了出来。

价值环的中心是客户网络（见图 8-6），强调制造链条的各个环节不再是串行的，而是并行围绕客户网络提供服务。这一概念的合理性在于互联网企业往往掌握了大量的客户资源，而又没有制造重资产的负担，它可以“携客户以令诸侯”，与诸多制造环节协同并行，实现快速的产品迭代。而制造诸环节处于不同的实体当中，都单独与互联网企业协作，相互之间并没有协作障碍，能够快速完成各自不同的工作。现在，随着制造服务化理念的广泛被接受及服务型制造的不断创新，传统制造企业内部各个环节也在逐渐分解为不同的横向服务，这与价值环的理念也有异曲同工之处。

价值环强调以客户为中心，确实有着重要的价值，它描述了价值生态的宏观结构。不过，从产用融合的角度来看，单单强调价值环是不够的，没有说明生产者与用户之间的相互关系，尤其没有强调充分发挥客户自身的创造性和在生产活动中的价值贡献。另外，单单强调以客户为中心，完全让客户满意，但实质上生产者并不能实现万能的生产，最终就会让以客户为中心再次沦为一句空话。真正提升生产者价值，让使用者满意的方法不是一方迁就另一方，而是双方透明、关系对等、共同创造，要让双方互相融合、共同创造价值，这也契合人人生产、人人使用、人人服务的未来工业蓝图。

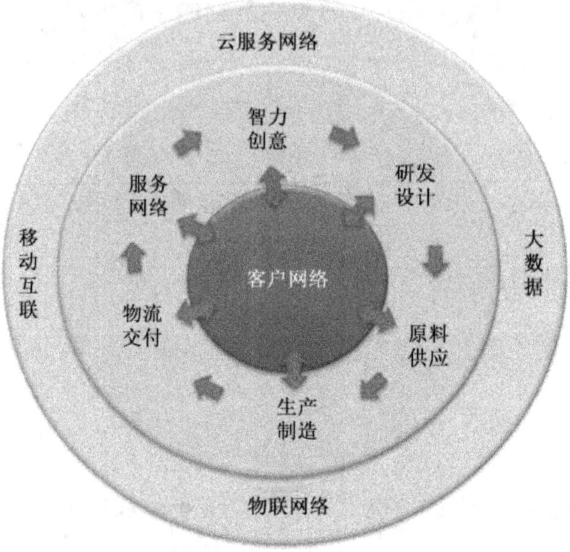

图 8-6　价值环示意

从产用融合的角度来看，价值环流可以看成价值环的进一步发展，或者说是完善，不是以某一个角色为中心，而是强调生产者与使用者之间建立一个不断增值的循环。同时，价值生态内部的相互服务和作用也可以用价值环流来描述，是一种相互作用力的描述。生产者通过智能产品和智能服务启动价值环流，使用者的数据、需求信息、创新建议、评价等通过连接通道环流到生产者一边，生产者结合这些一手的使用者信息进行集约，对共性问题进行及时处理，并对一对一的需求根据生产能力与使用者及时沟通，确保双方对问题与解决方式达成共识。

在价值环流当中，生产者需要充分利用大数据、人工智能等工具，对智能产品和智能服务的数据进行有效分析，并基于数据分析的结果，给使用者提供更有针对性的产品和服务，以及实现产品与服务的优化改进和升级。生产者在设计数据环流过程中处于主导地位，要对采集数据的构成、数据分析的模型及数据的应用进行详细设计，并确保价值环流的形成。当然，除大数据和人工智能之外，价值环流的构建也离不开物联网、移动互联网、工业互联网等众多智能技术的支撑。从智能属性上看，价值环流也可以称为智能价值环流。

在价值环流当中，生产者需要主动创造条件让用户参与创新。当然，用户参与创新的方式有很多种，不单纯是提出一个比较复杂的创新需求，还包括用户对终端服务和产品功能的自定义，参与定制过程，对生产者的概念产品提出意见和建议等，这些都可以视为用户参与创新的范畴。对于简单的用户创新，生产者应该在智能服务应用、论坛、产品购买渠道等连接通道中设计好用户参与创新的入口和参与方法。对于复杂的用户创新，生产者应该开发出创新活动辅助工具包，方便使用者在不具备全面的专业知识的情况下，也能够实现创新。用户参与创新是价值环流增值的重要组成部分，是新时代用户自我需求满足的组成部分。创造条件让用户参与创新，增加用户的自主性，对于价值环流持续运转具有重要意义。

构造价值环流是实现产用融合的必要条件，也是产用融合效率提升的关键。在价值环流价值提升的过程中，人工智能将发挥重要作用。例如，给智能产品和智能服务赋能，提升用户体验；学习用户习惯，自动执行操作，减少用户劳动；分析用户行为，提供更有针对性的服务；优化生产过程和服务过程，提升产品和服务的价值等。通过人工智能的强化赋能，提高价值环流的运行效率，进而就能够提升产用融合的价值。

基于价值环流，个性化生产、共享服务、协同生产、服务型制造等具体的产用融合应用模式都将更加富有效率。

价值环流可以是数据驱动，也可以是用户驱动，一旦开始运转，就能够给人们带来源源不断的价值。如果说第一次工业革命是蒸汽机驱动，第二次工业革命是电动机驱动，第三次工业革命是信息驱动，那么未来的制造范式将由这个智能的价值环流驱动。当然，未来制造范式也可以解读为数据驱动和用户驱动，本质上并没有什么不同。只要价值环流在生产者和使用者之间奔腾不息，价值就将源源不断地产生。

可能有人会问，流动式价值生产如何交易？很简单，看看智能电网或有线电视最新的付费模式就会得到一些启示。总之，在价值环流中，生产、价值和交易是三位一体的，都是流动式地进行的。

从具体实现价值环流的角度来看，从用户侧到生产侧可以通过需求链管理的相关工具（例如，一些新一代 CRM 系统已经囊括需求链管理的内容）实现支撑，从生产侧到用户侧采用价值链相关系统就可以实现，实现价值环流最重要的难点在于实现需求链和价值链的集成，这一点可以参照德国工业 4.0 战略中三大集成思想和技术。关于什么是需求链，在前面的章节已经讨论过，这里不再重复。

4．生产侧整合：工业互联网

未来的所有工业要素都将被工业互联网整合在一起，为生产者和使用者提供服务。从生产的角度来看，工业互联网就是未来的智能生产机器，就是未来的生产工厂，所有的生产活动都将由工业互联网来完成。在产用融合制造范式蓝图当中，工业互联网就是支撑这一制造范式的基础设施。例如，工业互联网就是马克思在 19 世纪看到的由工作机构成的机械体系，就是福特眼中的流水线，也是丰田英二实现的精益生产工厂。

产用融合制造范式面向一个个的使用者，其生产具有个性、共享、协同、服务等特征，它必须是一种社会化的生产，才能实现时代给予它的价值期待，而社会化生产的高效率必须建立在最大化利用物理上分布的工业资源之上，工业互联网为此提供了条件。

工业互联网简单地说就是一个工业全要素网络，目的是实现工业要素的按需配置，从而构造出远远超出传统制造的、灵活的工业生产能力。形象地理解，工业互联网就是工业资源的滴滴平台，按需组织工业生产要素进行工业生产服务。在理想状态下，无论是一家主体企业、创客、个体生产者，还是最终用户，都能够很方便地利用工业互联网组织并实现工业生产。当然，这是一个最终蓝图，目前还在成长当中。

理想状态的工业互联网，就是联网工业，其中涵盖了智能机器、智慧工厂、共享工厂、虚拟工厂、智慧生产、知识创造、智能产品、智能服务等多重要素，这些要素按照层次和关联关系构成工业互联网。从技术上看，工业互联网是智能技术群与工业生产侧融合应用的结果。

产品作为价值载体从工业互联网中产出并传递给最终用户，用户的使用场景、使用过程、使用者本身等相关数据要与工业互联网进行交互，实现用户价值与生产价值的共同最优化。从用户出发的数据可以用需求链进行有效管理，需求链涵盖用户参与创新、用户参与生产、用户主导生产、用户需求管理等多重含义。工业互联网的价值交付全过程可以用价值链来运行，与需求链一起构成价值环流。

总体而言，工业互联网可以理解为生产侧能力进化的最大化。生产侧的能力要足够强大，才能应对从使用者一边涌来的价值环流。现在，从生产者的角度，单靠喊一喊“以客户为中心”是不够的，还要满足客户现实的和潜在的价值需求，这就需要充分挖掘工业互联网的潜能。利用这些潜能，提高生产端的执行能力和执行效率，使得价值环流在生产侧能够实现快速增值。

工业互联网与价值环流的关系如图 8-7 所示。

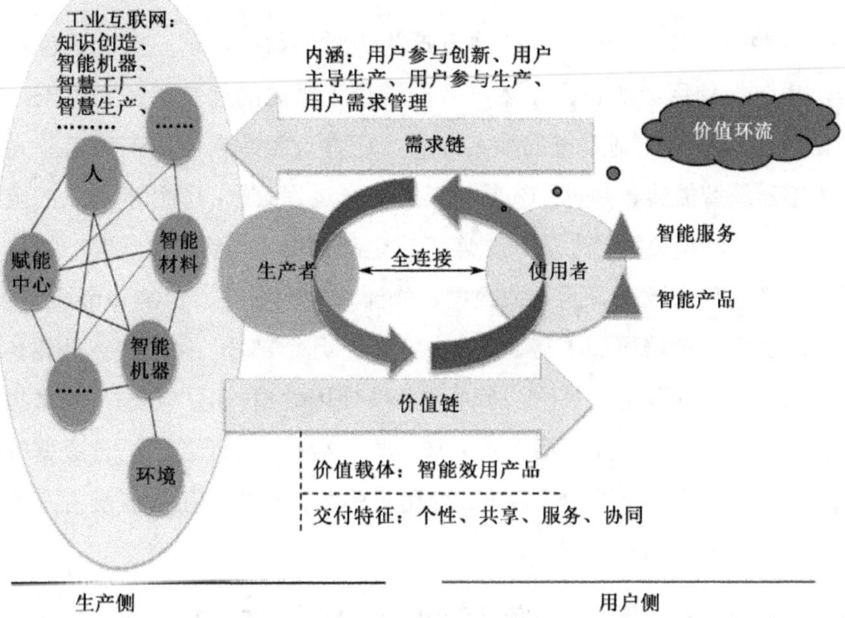

图 8-7　工业互联网与价值环流的关系

工业互联网就是一个虽然直接看不见实体，但能够立刻使用的“超级生产机器”和“超级工厂”。它被生产者所拥有，但被使用者所使用，通过它来实现对工业世界的操作及用户需求的即时满足。正如前面提到的，工业互联网是机器的机器、系统的系统、工厂的工厂，它的所有潜能都应该释放到产用融合制造范式当中，促使生产者和使用者之间的价值环流增值，实现最终需求的最大化满足。反过来说，没有价值环流，工业互联网的能力就不能充分发挥。

就现阶段而言，企业应认识到工业互联网的重要性，加快建设工业互联网平台，挖掘工业互联网的潜力，为产用融合制造范式准备好可以实时就绪的生产基础设施。

5. 大数据驱动与人工智能赋能

现在对大数据有一些很好的比喻，如石油、财富等。就未来制造而言，大数据就是能够生产物质的生产要素，输入的是数据，输出的是满足需求的实体产品。同时，大数据还是以深度学习为代表的人工智能算法的原料、输入数据、输出规律，然后再用规律指导人们新的实践。

在产用融合的核心价值环流当中会产生大量的数据，这些数据既包括生产者的数据，也包括使用者的数据。生产者一端最为重要的就是工业大数据，除传统上自动化设备和自动控制系统的数据之外，还有五类数据可以归为工业大数据范畴：①传感器及智能装备数据；②原材料及生产过程数据；③智能产品的全生命周期数据；④工厂环境数据；⑤用户直连工厂定制数据。当然，生产者一端除了工业大数据，还有管理大数据、服务大数据、物流运输大数据、营销和市场大数据等。使用者一端大数据范畴更加丰富，最少包括以下几个部分：用户个人数据、用户行为和心理数据、互联网足迹数据、产品和服务使用数据、用户参与创新数据、改进建议和评价信息，其中可能包括用户人像数据、活动视频数据、语音数据等非结构化数据，也包括网页等半结构化数据。使用者的数据分析结果会影响生产者运行和生产者数据，数据是相互关联的。

生产者应充分利用这些在价值环流中自然产生的数据资源，对大数据进行分析和处理，不断对产用融合全过程进行优化，智能、主动地满足用户现实和潜在的需求，提升使用者的满意度。具体地说，通过对使用者的大数据进行分析，能够挖掘和分析用户行为习惯、消费倾向、潜在需求、个人偏好等，从而对于生产者提供更有针对性的服务指导。通过对生产者一端的大数据分析，能够实现优化生产过程、优化产品和服务、节约成本、降低经营风险等价值。当然，本书主要想让大家认识到构建产用融合范式时大数据分析的重要性，具体的大数据分析有一系列专业技术和工具，如分布式计算平台、行业建模、非关系数据库等，这里不再详细介绍。

人工智能可以看成大数据分析的一种算法工具，或者把它当成大数据的一项具体应用。在产用融合的价值环流中产生了大量的数据，这些数据通过大数据分析可以直接运用于具体活动，但其中一些数据具有更重要的价值，它们能借助人工智能算法，实现从数据到知识能的转化。这种知识能运用到具体的场景和产品中，能够对场景和产品进行强化赋能，从而获得更好的使用者体验。例如，在使用者一端，人工智能可以用于人脸识别、语音支持、用户习惯学习、智能控制等。在新零售场景当中，人工智能能够进行购买行为预测、客流路径分析、柜前行为分析、供应链优化分析等，从而更好地构建新零售人货场关系，也使得生产者和使用者的连接更加自然。在生产者一端，人工智能已经在产品设计优化、生产计划优化、设备的预测性维度、智能机器的智能增强、产品优化、仓储分析、基于视频识别的质量控制、工业现场管理等领域发挥作用。另外，人工智能技术也会应用于给智能机器强化赋能，实现生产活动的自治化和无人化。

借助大数据分析和人工智能，能够使产用融合过程更加智能，用户体验得到大幅度提升，从而强化生产者和使用者的关系，从整体上提升产用融合的效率。

在旧有的制造范式中，没有无处不在的万物互联，也没有大数据分析和人工智能，主要依赖人类制订的规则和人类的劳动来运行制造过程。现在有了万物互联、大数据和人工智能，人们不仅能重构制造活动的内部结构，还能重组生产者和使用者的关系，更能够通过数据发现和学习，不断优化新结构和新关系，这是前所未有的进步。如果说万物互联还可以用人工传递信息模拟的话，那么用好大数据和人工智能人们就掌握了未来制造与传统制造之间最大的比较优势。

6．终极蓝图：智慧价值网络

前面主要以一个生产者和一个使用者为基本框架，讨论产用融合制造范式的各种可能性和建设重点。但世界上有大量的生产者，也有称得上海量的使用者，而且基于生产基础设施的共享，生产者和使用者的角色存在随时互换的可能性。

创客运动的崛起就已经证实了未来任何人都有可能既是使用者，也是生产者。生产者和使用者基于互联网、移动互联网、物联网、工业互联网等像邻居一样生活在一起，所有的产品和服务，以一种无形的价值环流在不同的人之间流淌。也许有一天根本区分不了谁是生产者，谁是使用者，那就将是人人生产、人人使用、人人服务的终极蓝图。

未来，所有的人、工业资源、服务资源都将生存在一张称为智慧价值网络的网上，在这个网络之上，不断形成价值环流，然后消失，再形成新的价值环流，生生不息，构成人们生活的五彩缤纷的世界。

在未来由产用融合形成的无穷多价值环流构造的世界中有很多可能性。生产者不一定是过去熟知的传统制造企业，而是一个独立的第三方创客，他利用工业互联网中共享资源构建的虚拟工厂提供服务。生产者之间可能构成生态联盟共同对一个使用者服务。生产者在一个价值环流中可能是生产者，而在另外的价值环流中可能是使用者，但无论是哪种角色，在不同的价值环流中，他都能享有产用融合所带来的价值。使用者与生产者之间可能并没有严格的界限，在价值环流当中，使用者会参与到创新和创造活动中，即使用者也参与了生产，是生产活动的一部分，并享受创新和创造带来的价值。无论使用者是否对此有兴趣，生产者都应该尽最大可能创造条件让使用者参与到创新和创造活动中，这是价值环流的必要组成部分。使用者可能在不同的场景和社群中组成群体，他们互相影响并形成对价值的判断，这种群体化影响，生产者在设定价值环流时应考虑在内。

由无穷多价值环流构成的智慧价值网络示意如图 8-8 所示。

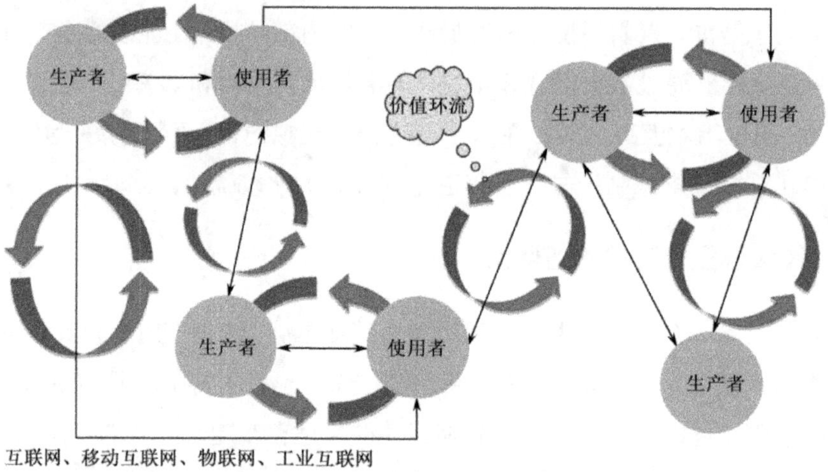

图 8-8　由无穷多价值环流构成的智慧价值网络示意

智慧价值网络是一个网络中的网络，是一个价值创造的应用网络。它构建在互联网、移动互联网、物联网、工业互联网之上，是在价值创造中自然形成的网络，在生产者和使用者背后有更基础的网络支持运行。在生产者和使用者的背后，工业互联网的支撑至关重要。它把所有的生产要素聚集在一起，如人、智能机器、智能材料、智能产品、工业知识、工业能源、工业基础设施等，让它们能够被轻易操作，使得生产者能够自由、灵活地利用这些资源。基于工业资源的共享和虚拟化利用，使得非资源所有人的第三方能够很方便地利用这些资源，从而使得每个人都有成为生产者的可能，同时，也会让产能价值得到最大化的发挥。

在这个由无数价值环流构成的价值网络当中，云计算、大数据、人工智能将无处不在，对其中所有的元素和活动进行赋能，使得整体网络运行得更加聪明、更加自治和更加富有价值和效率。它是一个智能并自治的价值网络，并不需要人为的过多干预。如果人们认为产用融合制造范式是未来，那么一定会形成这样一个智能的价值网络。人们在其中不断创造价值，在创造价值的过程中使得整个网络更加智能。

就如同第一次工业革命之后，工厂与工厂之间的关系构成了工业世界，而未来智慧价值网络将构成产用融合时代的工业世界，所有的工业生产活动、用户使用活动、价值增值活动都将囊括其中。

总之，基于产用融合制造范式，人们将构筑一个前所未有的未来制造蓝图。

第 9 章
Chapter 9

全员激活：建立创客化组织

新工业是一场工业领域全方位的革命，不仅是生产和用户关系、技术、创新产品、生产方式、制造范式等与生产直接相关领域的变革，还包括组织结构、管理模式与竞争优势的变革。

组织结构、管理模式与竞争优势等方面的变革，可以看成生产关系或制度的调整。通过调整生产关系和制度来适应新工业领域生产力的变化。从本章开始，将开启想象力，对未来的组织结构、管理模式与竞争优势进行充分的思维实验，给未来工业的生产关系变革一个最有可能的蓝图。

从新制造范式的角度，组织结构、管理模式与竞争优势等方面的变革体现出范式跃变的制度因素。通过制度变革，来强化新制造范式，使之具有更强大的生命力。

从企业管理来看，组织结构是一个协调活动系统，目的是达成目标、激发创新和发展的活力。在生产关系的所有变革当中，组织结构变革是一个开始。什么样的组织结构才能适应未来工业的需要？本书给出的答案是创客化组织。

现代企业本来就是来源于社会分工的内部化，提升了生产效率，但降低了个人的创造力。在智能技术群的支持下，企业现在可以把内部分工社会化，在不降低生产效率的同时，激发每个人的创造力，这就是创客化组织的本质。而智能技术群的应用和知识资本为创客化组织的出现提供了基本条件。

创客化组织不一定适合所有企业。这里讨论创客化组织，并不是让未来企业千篇一律，而是通过它给所有企业一个启示：想办法从内部激发活力，让企业组织在万物智能时代适应生产力的发展。最终不同企业内部创业的程度可能不同，但激发每个人的创业斗志一定是未来。把传统的强管控组织作为零点，创客化组织作为百分点，未来的企业组织形态一定处于零点和百分点之间。

9.1 众造应对众需

9.1.1 不可逆转的趋势

“创客”的原意是指有想法和创意并努力把想法或创意变为现实的人。但现在，随着技术应用的普适化，让每个人都可以成为创客，而不再是精英的专利。创客天然有活力，一方面是因为做的事情是基于自己的兴趣和特长；另一方面是因为创客是为自己工作，自己决定一切。从这一点上看，创客是自驱动的，而不是外力推动的，所以能够自我成长。基于信息新技术的利用，创客的这一优势正在使它成为激发经济活力的全新力量。

在讨论企业全员创客化趋势之前，首先看一个类似的众造应对众需的例子。在云计算领域，大家都知道一个模式，那就是 SaaS（Software as a Service，软件即服务），它的发展经过就很好地演绎了众造应对众需的必然性。

SaaS 并不是一开始就有的模式，它只有十几年的历史，是经过 ASP 发展而来的。ASP 即应用服务提供商（Application Service Provider），它的思想是由一个集中管理应用服务的服务商通过互联网提供应用租用服务，用户按照合同和服务水平获得服务的。应用服务商负责企业应用的建设、管理和服务，从而让企业专心于自己的业务发展。这应该是最早的应用交付方式和使用方式的变革。这样还有一个好处就是，ASP 可以专注于一个领域的应用，形成专业价值，降低应用部署风险。在 ASP 刚出现时，它引起了风险投资的追逐，认为它代表未来趋势。但随着时间的推移，ASP 的缺点开始逐渐暴露。例如，基于技术上一对一的服务，商业上的一对多服务，不能有效地解决成本问题；用户对信息安全的不信任；服务范围和服务内容太宽泛，不容易定义；没有很适合的软件作为服务，结果什么都做但什么都没做好。从总体上说，ASP 的最大问题就是一家软件服务商永远无法应对无穷多的用户需求，导致性价比无法控制，从而最终被用户抛弃。

而 SaaS 一出现就非常明确地把软件作为服务，建立了一个平台，实现多应用多用户的模式。多应用就是通过开发平台，支持多个软件开发商提供更加丰富的应用软件。而多用户是指通过同一种软件平台，租用给不同的用户，从而降低用户的费用。SaaS 的成功为云计算的提出提供了关键性的启发，由软件即服务迅速发展为现在的 X 即服务。应该说，没有多供应对需求多样化的机制，SaaS 就不会成功。

现在，传统工业企业面临着同样的问题，一个统一出口的单一企业是永远无法应对无穷变化的个性化需求的(见图 9-1)。即使一个企业采用智慧生产和智慧工厂，虽然企业具备了个性化生产的能力，但随之而来会产生诸多的瓶颈问题：渠道限制、创意限制、运营限制等，而且没有足够主动的人来满足个性化需求。传统的垂直金字塔式的组织结构，把生产限制在一个条块当中，即使企业拥有了智慧生产能力，也无法进行操作，或者成本效率低下。这就意味着企业要是没有演变为共享平台，平台没有众多的供应接口，就不可能应对无穷多的个性化需求。

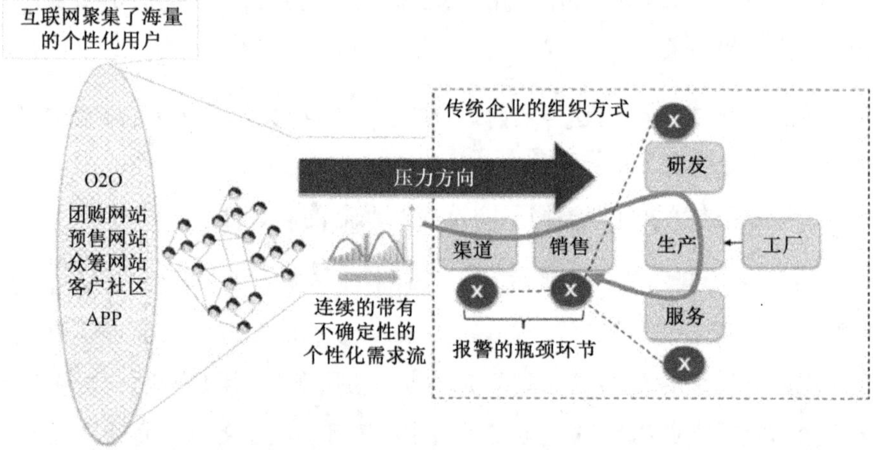

图 9-1 传统组织模式无法应对个性化众需

如果用无穷多的个性化需求向后拉动生产，而不采用合适的组织方式，是没有办法做到有效应对的。这就意味着传统工业必须缩减中间环节，构造内部对外的多接口，同时要让内部充满创业的活力。传统的命令式组织结构无法做到多接口和活力的双重保证，而创客就是最好的方式。众产应对众需的创客模式如图 9-2 所示。

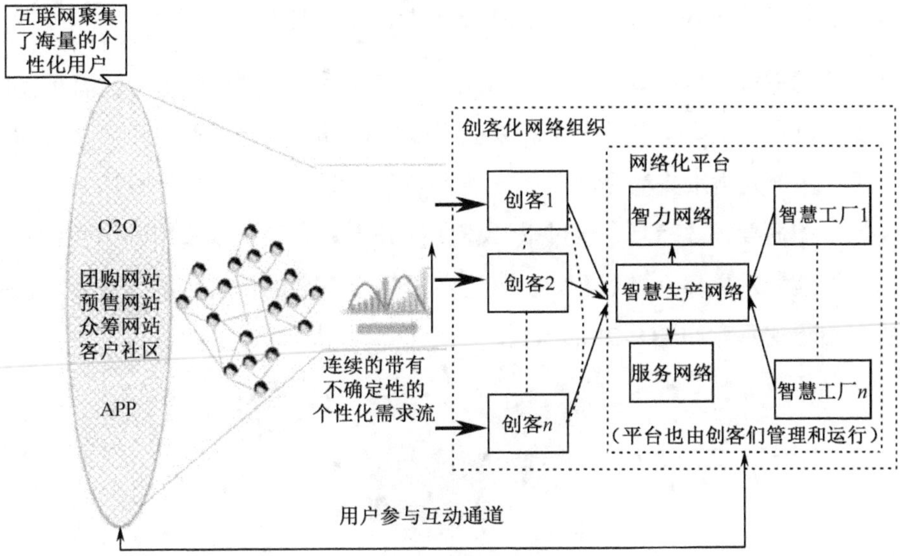

图 9-2　众产应对众需的创客模式

9.1.2　众造与众需的双重动力

智能技术群的高端化和广泛应用，必然可以让用户使用得更加便利，应用也会变得更加具有普适性，这就为人人成为创客奠定了基础。同时，智慧生产系统的平台化及智慧工厂的开放共享，为工业创客提供了生产条件。有创意、有想法的人都可以成为创客，并利用互联网中的共享资源完成生产。基于全新的新技术环境和智慧工业体系的建立，创客不再是精英的专利，创客的平民化是这一次创客浪潮最突出的特征。正是因为创客的平民化，意味着这个群体有着庞大的基础，拥有巨大的发展潜力。正是由于智慧工厂成为共享的基础设施，使得创客的生产活动能够做到虚实一体、产用融合。智慧工厂共享化的目的，在很大意义上就是要满足越来越多的工业创客们的需求。

从制造范式的角度，未来是产用融合。产用融合本质上是满足无穷尽的动态个性化需求，也意味着无穷尽的财富。并不会因为用户需要个性化产品，很多人就会失去工作，而是不改变现状才会失去工作。产用融合本质上需要更多的人工作，来应对这样的巨大挑战。创客们的财富就蕴藏在产用融合当中。从创意设计、生产制造到物流运输、用户服务，每个领域都是创客们的乐园。只要创客能够在人人生产、人人服务的新工业时代找到属于自己的新位置，就一切都有可能。

创客化的进程一经启动，就不可休止。从工业生产的角度来看，创客就意味着众造，或者说人人生产。用人人生产来应对众需，即个性化需求是一个具有内生动力的进程。基于人类未来潜在需求的无止境特性，即使人类实现了众造，也不可能彻底满足众需的要求。而且，通过众造模式提升用户体验，激发用户潜在需求，新的需求会继续触发更多众造进程，也就意味着需要更多的创客力量来实现。众需和众造的互相驱动示意如图 9-3 所示。

图 9-3　众需和众造的互相驱动示意

9.1.3　拆除边界，迎接浪潮

创客对传统的大企业来说，意味着组织结构、技术结构的全面重组。创客意味着与用户直接对接，传统大企业服务和支持创客就是以用户为中心、资源效用最大化的表现。传统企业必须转变为一个创客生态乐园，让创客获得足够的资源、充分的服务、足够的自主空间，这就需要企业建立全新的组织来为创客服务。同时，传统企业需要把工厂、基础设施等硬的资源通过工业互联网等软件可定义的方式转变为共享的基础设施，以便为创客的生产活动提供足够的基础平台支撑。面对创客，需要建立的软性新组织应至少包括创客投融资平台、创客支持服务中心等，也需要建立智慧工厂等全新的基础设施，以便为创客提供共享的生产资源。

传统企业创客化的一个蓝图就是，创客们将群体拆除传统企业的边界篱笆，让传统企业成为真正的社会化企业。传统企业的硬资源将变成共享资产，传统企业的概念将只有资产的边界，但没有业务活动的边界。在众造和众需的双轮驱动下，人们逐渐就会看到这样一个图景：无论一个传统企业资产规模如何大、资源如何丰富，但都会最终到达“天花板”。也就是说，一个传统企业有限的资产和资源将成为制约众造的瓶颈。在这种情况下，内部创客一定会突破传统企业的边界，充分利用社会化的资源，并与社会化的创客合流，成为大众创客中的一员。创客化就意味着企业不能保持传统的清晰边界，与其如此，企业还不如在一开始就拆除企业自身的篱笆墙，让自己成为一个开放共享的社会化企业。当然，在初始阶段，对于内部创客，企业可以给予资源和资产利用的优先权或优惠权，并保障自己的投资权益。

3D 打印技术、激光切割机等新型制造装备的发展，将对创客化浪潮起到积极的促进作用。基于桌面的数字制造技术，意味着任何人都可以成为一个生产者，一个家庭就可以成为一个小型的智慧工厂。创客们不需要租用共享的大型工厂，创客们将更加独立，能够把精力更多地转移到创意服务领域，成为一个创新服务制造商。桌面生产工具为社会化的工业创客提供了可能性，基于智能技术群，创客们的产品将与大公司没有区别。而且，众筹平台为社会化创客们提供了融资渠道，让产品真正具有竞争力。传统大企业如果不从内部进行创客化改造，外部创客力量就会最终冲破传统企业的篱笆墙，形成致命的冲击。与其被创客们外部攻破，传统大企业不如抓住先机，内造创客，开门迎客。

在国家层面，2015 年 6 月 16 日国务院发布《国务院关于大力推进大众创业万众创新若干政策措施的意见》，提出一系列的推动“大众创业、万众创新”的优惠政策和措施。自此，创客化运动不再是民间的自发运动，成为一项国家战略。可以预见，创客化运动将迎来新一波浪潮。

企业创客化的演进也意味着企业传统管理模式的彻底颠覆，创客利益机制不再受制于内部薪酬体系，而是来源于用户的贡献和与企业达成的分利机制。这就是后面章节将要谈到的分利、自治和协同的未来管理模式。

9.2　塑造有活力的小团队

9.2.1　从科层制到创客化组织

传统企业管理核心有两点：一个是劳动分工，另一个是管控体系。劳动分工是让每个岗位的人能够更加熟练地操作，从而提高效率。而管控体系的目的是让企业的运行过程减少偏差，从而实现管控目标。就工业企业而言，劳动分工和管控体系都是围绕大规模生产模式形成的，是大规模生产的最佳匹配。通过合理的劳动分工和精细的管理，就能让大规模生产以高效率、低成本的方式完成，从而实现企业效益的最大化。而组织结构就是实现分工管理和管控体系的载体，目的是对工作进行合理分工、组织、协调及管控。

在创客化浪潮出现之前，传统企业组织结构模式发展经历了两个阶段：第一个阶段是自第一次工业革命以来，在信息技术广泛应用以前，大约有 200 年采用科层制管理模式。这期间虽有局部变化，但本质没变。第二个阶段是信息技术广泛应用于企业之后发展起来的扁平化组织。现在，随着智能技术群的应用推广及新工业的崛起，企业组织结构模式正在进入第三个阶段：全员创客化、组织无边界阶段。

科层制是一种类似金字塔结构的组织方式，以少数精英为中心，把权力按照职能和职位进行分工和分层，从而建立一个管控体系。科层制起源于政府机构的管理模式，理论的代表性人物是德国社会学家马克斯·韦伯。

马克斯·韦伯提出了一个理想型科层制，提出建立明确的权威等级，命令和任务层层下达，上一层给下一层分派任务并对下一层的执行情况进行控制和监督。同时，每个组织成员都有明确的分工，权力和责任都有明确的规定。每个层次都有严格的规章制度，要求组织成员按章行事。另外，科层制还有公私分离、量才用人、职权对等、资产公用等特点。在马克斯·韦伯看来，科层制在当时具有技术上的优越性。它的合理性在于，把一个企业变成了一个庞大的机械化的机器，所有零部件都按照各自的分工根据规则运转。只要最高领导者的战略决策没有问题，战略目标就能通过科层制得到执行。

但问题在于，科层制中的所有人就如同一个庞大机器上的螺母，每个人都被紧密地关联在一起，个人变得可有可无。每个人除努力升级之外，并没有其他的动力来完成工作任务。在大多数情况下，除企业的最高领导者之外的员工都渐渐养成了机械地照章办事的习惯，创造力慢慢消失殆尽。最后的可能情形是所有人都看着企业高层热烈地宣扬企业的战略目标，但并没有人觉得和自己有关。这是因为每个人更关注的是具体分工任务的实现，实现了就能拿到薪水或升职，而战略与此并没有直接关系。时间久了，传统企业的组织内已经没有一个员工真正地关心企业战略是否实现，也没有人会给战略提供改进和优化的建议。科层制在员工之中建立了垂直的强连接关系，所有人都固化在一个垂直链条上，就连简单的横向合作也难以实现。

科层制在发展过程中，也出现了职能制、事业部制等多种变形，但只是在精英之中的分权，并没有改变科层制的本质。

在信息技术出现以后，尤其是互联网出现以后，把整个世界拉平了，人们能够更加方便地横向联系，这时候就出现了扁平化组织的概念。扁平化组织就是借助信息技术的手段，减少层级，同时保障企业运行管控的有效性。

关于扁平化组织，有个管理半径的道理很能说明问题。按照科层制层层管控的思路，在传统模式下，每个人一般只能有效管理 7～8 个人，如果管理半径能够扩大，管理效率就能显著提升。很简单，如果一个组织是 3 层结构，管理半径是 7 个人，组织就可以管理 49 个人；如果管理半径扩大到 10 个人，组织就可以管理 100 个人。没有信息技术辅助的时候，如果一个组织有 100 个人，按照 7 个人的管理半径，需要建立 4 层的组织结构。而借助信息技术，管理半径扩大到 10 个人，只要 3 层组织结构即可。通过信息的手段，增加管理半径，减少冗余人员，提高组织效率，这就是扁平化组织的逻辑。

扁平化组织的好处也是明显的，层级降低就意味着组织响应速度更快、信息失真更少、执行精度更高。从 20 世纪 90 年代末期开始，扁平化组织逐渐成为大型企业的主流组织结构模式。信息的利用还有一个附加作用，就是人与人的横向联系更加方便了。人不仅可以在纵向链条上工作，还可以与其他部门进行信息交流，并由此产生了网络化组织，一些信息技术利用较好的企业逐渐建立了网络化组织结构。由于网络化组织的出现，一定规模的企业组织结构可以更加扁平，而且可以运行得更加有效。

常见的网络化组织结构形式是按照职能和项目任务组织成二维结构，在这个二维的网络结构中，每个人都成为一个网络节点。同时，按照传统的制度化、层级化管理模式，每个人都会受到两个维度的管控，成为网络中被固定的一员。

从科层制到扁平化组织，再到网络化组织，组织结构越来越扁平，也越来越有效率。问题在于，每个员工虽然更加灵活，沟通也更加便利，但以分工理论和科层制管控体系约束的本质并没有变。每个员工从垂直线条的约束到网络化双线条的界定，人都是被分工和权责牢牢地固定住了，对员工创造力进行破坏的因素并没有消除。而且从单线的任务驱动到横纵双线的驱动，员工需要疲于奔命完成任务，根本没有时间思考，也没有活力创造。虽然是在网络当中，但这样的网络是一个面向管控的职能分工网络，人被紧绷在网络中的每个节点上。按照梅特卡夫定律，网络的价值与节点平方成正比，但一个紧绷的网络就如同一个节点一样，并不能真正产生网络的价值。

现在到了让网络化组织的每个节点爆发活力的时候，也到了为组织创造全新活力的时候，那就是让这个强连接、紧耦合的管理网络变成一个创造网络和价值网络。唯一的做法就是释放每个节点，给予其完全自由。节点上的员工不再对命令负责，只对用户和自己负责。这样的节点就是创客，这样的组织就是创客化组织。

企业的组织结构从科层制组织、网络化组织，终将演变为创客化组织，如图 9-4 所示。创客化组织是不同于以往面向管控的职能网络的能力协作网络。

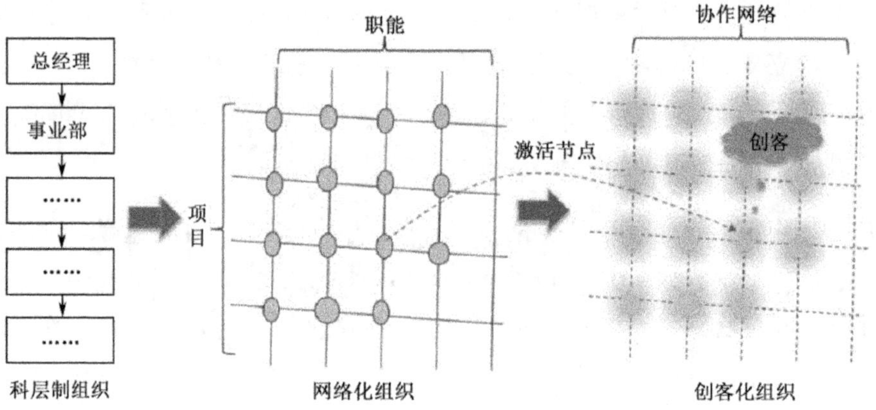

图 9-4　从科层制到创客化组织的演进

9.2.2　理论解释：内部分工社会化

分工是社会的进步，是生产力提升的重要来源。每一次大的人类进步，都意味着分工的进一步细化。亚当·斯密在《国富论》一开篇就说："劳动生产力上最大的改良，以及在任何地方指导劳动或应用劳动时所用的熟练技巧和判断力的大部分，都是分工的结果。"

分工并不意味着人与人的隔绝，而是协作的开始。由于细致的分工使得一个人无法独立完成生产，他就必须通过与他人的协作来实现自身的价值，分工和协作的结果就是促使生产效率的大幅度提升。亚当·斯密在《国富论》中已有分析："通过分工和协作，10 个工人每天能完成 48 000 枚针的制作，每人平均完成 4 800 枚。但如果分别制作，可能一个人一天一枚针也制作不出来。”分工细密是生产力进步、社会进步的表现。

在手工工场出现之后，分工演变为企业内部分工和社会外部分工两部分，原来社会化的手工业分工部分转化为企业内部分工，内部分工通过内部协作来提高生产效率。大机器生产出现以后，围绕机器生产，企业内部分工更加细化。再加上企业之间的竞争，分工引起进一步分工，分工不断深化。

到了流水线生产时代，为了提高生产率和降低招募工人的难度，工人以流水线为中心进一步细化分工，每项工作都细分为一项或几项简单的操作。同时，为了配合大规模生产，建立了被称为大规模销售的相关部门。进一步地，为了降低生产成本，企业又建立了产品零部件生产部门。围绕大规模销售，又产生了营销、销售、分销商、服务站、零售商等分工。而且由于大规模生产，企业必须扩大市场范围，必须在全国范围甚至世界范围内建立销售渠道，流通渠道的层级也变得更加复杂，流通环节内部的分工也开始更加具体和详细。

在精益生产、大规模定制时代，围绕小批量、多样性、零损耗的要求，生产企业进行了全新的内部分工，强调内部员工参与创造，分工逻辑和分工结构与大规模生产有了较大不同。同时，提出了拉式生产的概念，从零售商开始，向后传递用户需求，最后在企业内部以销售部门为内部客户向生产工厂提出需求。为了达到精益的目的，分工自然更加具体和细致，责任也更加具体和精准。

产用融合所包括的大量的个性化需求，意味着必须众产来应对。基于智能技术群的支撑，企业内部的众产最终以创客化组织的形式表现出来。创客化组织从劳动分工的角度，是围绕满足用户大量个性化需求的进一步细化分工。很简单，原来企业内部业务本来就是一个分工的结果，内部业务再转化为一个创客化的小微企业，小微企业内部自然也会形成进一步分工，导致分工进一步细化。当然，细化的分工，也意味着更复杂的协作。同时，创客化组织的半独立性，使得企业内部的细化分工具有了社会化分工的特征，可以称为企业内部分工的社会化。

在市场经济当中，社会分工和企业内部分工是劳动分工的两种基本形态，它们相互促进和相互替代，能够共同向前发展。随着经济和技术的发展，近年来社会分工和内部分工呈现融合趋势。一方面是社会分工的内部化，如跨界融合；另一方面是内部分工社会化，如创客化组织。不管是哪种趋势，其本质都是为了实现价值和效率的提升。当然，创客化组织与完全的社会创客体现出的社会分工不同，它是社会分工和内部分工的中间状态，能够兼有不同分工形态的优势，规避相应的劣势。例如，创客化组织能够共享原来企业内部已有的优质资源和服务，内部交易费用也能够通过创客化组织运行的总体规则来控制。

内部分工的好处是减少交易成本，坏处是随着规模的增加，内部协作困难，创新活力不足。社会分工的好处是促进市场交换，坏处主要是交易成本的增加。有了智能技术群的支持，使得企业能够在不增加交易成本的情况下，在企业内部实现社会化分工，这将是一个巨大的进步。既不增加额外成本，也能激发创新活力和提高生产效率，更能满足众需的要求，创客化组织的价值显而易见。当然，相关经济学家对内部分工社会化的价值有更详细的数学分析，本书不再展开。

本节的结论是：创客化组织的本质就是内部分工社会化，是社会分工和内部分工的中间状态，也是人类劳动分工的变革和细化，具有不增加交易成本、激发创新活力、提高生产效率、满足众需等多重价值。

9.2.3 企业创客化，以激发活力为出发点

企业创客化不能简单地理解为企业最高层一声令下，或者用过去常说的一把手工程，强硬地推广下去。企业创客化是一场系统性的革命，需要足够的主动力和驱动力才有可能成功。

第一，每个员工需要接受创客化思想的教育和培训，激发自身的创造性力量，不是“要我干”，而是“我要干”。企业要打破刚性工作制，解除传统管理体制对员工创造性的束缚，形成创客化运动的氛围。

第二，需要员工自身有想法，而且是经过筛选的好想法，并且渴望把想法变为现实，这就拥有了动力之源。不能期待每个人都有好想法，也不是每个人都希望成为创客，认可个体的差异性，让具有好想法的人成为创客团队的组织者，其他人围绕创客展开工作。

第三，好想法是基础，但不能说“你去干吧”，好想法就能变成现实，企业至少得提供三方面的支持，才能让好想法变成现实：资源、资金和机制，如图 9-5 所

示。相信创客团队的主观创造性，并给予最大的支持，就如同一个风险投资商在投资一个项目。企业也可以通过搭建平台，为创客提供外部的融资通道。企业需要对创客实现想法过程的不同阶段有针对性地建立配套的机制。例如，初始阶段、成型阶段、引爆阶段、成熟阶段需要有不同的机制来支撑，为创客化进程提供源源不断的动力。

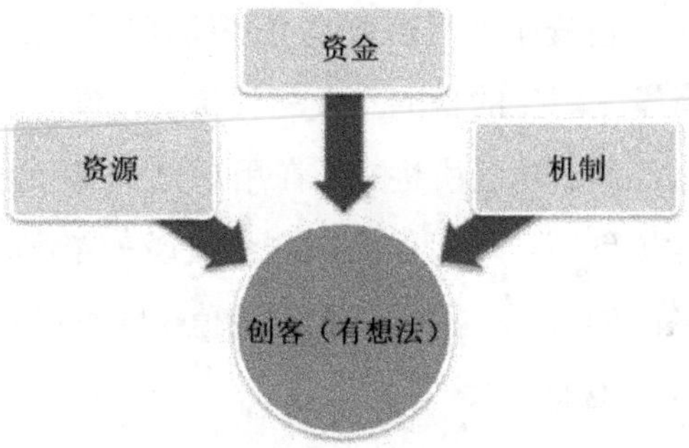

图 9-5　激发创客的活力

第四，为创客们建立服务环境。创客团队规模都比较小，需要很多的公共服务，如财务管理、法律支持、工厂服务、采购服务、物流服务、用户服务等。企业可以把资产性资源和原有的管理资源转变为服务资源。尤其是智慧生产系统和智慧工厂，都可以打造成开放共享的服务，创客们可以通过租用服务的方式获取支持。这样既能让企业资源价值得到最大化发挥，也能给创客团队输入价值服务。由此也可以看出，智慧生产系统和智慧工厂绝对不能按照传统工业模式建设，需要用开放共享的全新思维构造。

目前，国内家电巨头海尔集团正在把制造产品的传统企业打造成制造创客平台，从而激发了全新的活力，海尔集团也由过去 30 多年的企业创业阶段演进到全员创业、万众创新的新阶段，每年创客平台上会诞生 1 000 多个创客项目。现在，海尔集团正在由原来一个核心团队的智慧变成 1 000 多个团队的智慧，由一家公司的力量变成 1 000 多个创客的力量，这种力量剧增带来的潜在财富是无法估量的。

海尔集团也不再是过去理解的一个公司的总部，而是一个创客孵化平台。这个大平台下面还包括三个子平台：第一个平台是 Hope 平台，这个平台主要是把全球的用户需求汇聚起来。同时，能够把全球一流的资源方汇聚起来，让需求方和资源方形成一个充分的交互，在交互过程中，会诞生无数个好的创意和好的项目，是一个产生创客项目的平台。第二个平台是海创汇平台，项目诞生以后就会到海创汇平台上来，风投投资方和项目方在该平台上实现交互，完全依赖市场驱动。第三个平台是海立方，是创客社区，创客们可以在此平台上分享经验、体会和管理思路，在交互过程中得到不断提升和发展。三个平台相辅相成，一体化运营。

同时，海尔集团通过建设另两个平台来激活创客活力：一个是投资驱动平台，另一个是用户付薪平台。投资驱动平台就是有好的项目立项，企业可以投资孵化，管理层可以跟投，这个投资孵化的目的不仅是投资金，更主要的是开放资源，实现系统开放，把一流的创客和资源吸引进来。在用户付薪平台上，不是由企业考核创客，而是完全由用户考核创客，项目做得用户黏度越来越高，用户口碑越来越好，这样使得项目按照互联网的方式，不仅有企业价值，同时还有网络价值，项目成功的概率和创业成功的概率也非常大[15]。

在创客化进展的不同阶段，海尔集团还建立了不同的机制，来推动创客到创业的不断成熟。以薪酬为例，在创业阶段，员工一般只有基本薪酬，大概为四五千元；在项目成型阶段，项目开始进入拐点，产品开始有了用户预约，并且达到了最初签约时的拐点目标和额度时，在基本薪酬以外，还会有超过既定目标部分的利润分享；在引爆阶段，创客公司慢慢形成规模，具有了“江湖地位”之后，创业者可以跟投一部分，如出资 10 万元占股 20%，这时候创业者的收入除基本薪酬、分享薪酬之外，还有分红；在成熟阶段，创客已经演变为一个小微公司，围绕小微公司已经形成小的产业生态圈，商业模式相对成熟，除了海尔集团的天使基金可以跟投，还可以引入外部投资人，帮助企业做大上市[16]。在服务方面，海尔集团帮助创客团队对接外部资源和人才，提供人力资源、财务服务等职能，并提供相应的职能性服务。

从海尔集团的实践案例可以看到，企业的创客化转型绝对不是一次短期运动，而是一个面向未来的新组织蓝图，目的是激活企业全新的活力。

9.2.4 目标一致的弱耦合，塑造有活力的小团队

创客团队不应该被塑造成传统企业的翻版，或者是传统企业的小微版，而是完全建立在万物智能基础上的全新团队。

---

15 http://gd.sina.com.cn/finance/money/2015-03-10/0940152585.html.

16 http://company.chinaventure.com.cn/14/145/1406167909.shtml.

一个创客团队应该是创客们的团队，而不是一个刚性的职能组织。创客团队应该是一个有共同想法的组合，是因为想法一致而团聚在一起，而不是建立在传统的刚性制度约束之上。创客团队中的每个人应该也是创客，这样的创客团队才是有活力的。团队内部由于能力不同，贡献可能不同，会形成不同的分利机制，但绝对不应该形成命令机制。所有的工作形式是通过自愿协作完成的，建立在基于互联网的弱耦合之上。如果创客团队内部是一个等级森严的科层机制，那也就失去了创客的意义。创客的意义在于激活传统机制中被僵化的节点，创客中的成员也应该被充分激活。总之，创客团队应该是一个目标一致的网络共同体，而不是一个班组。

创客团队与外部的协作也应该是打破传统企业边界的弱耦合。抓住用户需求需要社会化网络的力量，整合制造资源也需要外部的力量，这些都不应该建立在传统企业供产销的刚性边界之上，这样显然会限制创客们的活力。海尔集团的内部创客团队已经说明了这一点，他们通过互联网交互平台把握用户需求，寻找产品机会，通过与外部更专业的代工厂和设计资源合作，利用海尔集团的售后服务体系提供服务，最终完成了一个具有价值的效用产品，市场的成功已经证明了这一点。创客团队应站在互联网的全网视野上，开始自己的创新工作，而不是依赖刚性体制，这样才有可能做出完美的产品，才有可能让用户满意和产生市场奇迹。所以，要形成全面的活力，创客团队的外部协作机制也应该建立在弱耦合之上。

以智能技术群为基础，敢于解除紧耦合，打造有活力的小团队，就是创客的力量，这也是新工业时代创客化组织的力量。

9.2.5　趋势：大型企业的碎片化

前面讨论过，每个人正在面临碎片化的环境，包括信息、时间和应用，都将全面碎片化。而现在，围绕传统大企业展开的创客化运动，将把人们一直认为坚不可摧的组织——企业全面碎片化（见图 9-6）。企业碎片将以弱耦合的协作机制靠拢在一起，但作为整体的、铁板一块的企业概念未来将不再存在。传统的企业将只剩下固定资产的边界，其他的所有商业边界都将不再存在，并化为碎片在互联网世界找到自己的位置。

图 9-6　传统企业都将碎片化分解

我和大多数人一样，过去都认为一个大企业除非遇到经营不善才会土崩瓦解，而现在瓦解的过程正在企业内部展开，一切都按照正向的意义在前进，而不是因为企业经营不善。人们之所以认为企业坚不可摧，是因为人们从一开始在书上读到的、亲眼看到的，以及曾经工作的企业看起来都是不可分解的，在潜意识里人们认为分解就意味着倒闭。

但实质上，现代意义的企业是从第一次工业革命之后才产生的，只有 250 多年的历史，如果人类寿命能有 300 多岁，也许就不会觉得企业碎片化是多么不可思议的事了。因为在 250 多年前，世界上的工业、企业还都不存在。在过去的 250 年当中，人类发展了很多关于企业组织和管理的理论，让企业看起来更加完美和坚不可摧，一切都看起来井然有序，严密运行。但是，随着企业创客化组织的建立，终于到了要终结过去认为的完美企业的时刻了。

创客化组织的价值毋庸置疑，符合人类的天性，激发了人类创造的活力，是一种不可逆转的趋势。而且从生产需要来说，众产应对众需也是未来的必然趋势。这两点就必然导致企业创客化组织的建立，传统企业创客化组织建立的进程或早或晚，但看起来都不可避免。所有创客化组织并不是以企业为中心，而是以用户价值为中心。因此，这就会必然导致创客和企业内其他创客、社会创客、企业资源之间是弱耦合关系。企业不能命令一个创客做任何事情，而只能服务于创客来获取最大价值。创客们是完全自由的，可以与世界上任何其他组织产生业务关系，传统企业的边界将完全消失。未来，如果从整个互联网全网的角度来看，传统企业内形成的创客化组织只是网络连接比较频繁的碎片，类似于社交网络的朋友圈，而不是连接成一个紧密的平面。

企业的碎片化与社会化碎片不同的地方在于，企业建设的平台有了一批最初的用户，而创客则拥有基础的依赖力量。但这种结合是非强制的，建立在弱耦合关系之上。也许有一天，创客们可能不再使用孵化平台的服务，如果它足够大的话。这时候，传统企业将会完全碎片化。那么，碎片化后的传统企业将留下什么呢？答案就是股权关系和企业给创客的投资获得的回报，这也是将在本书后面章节谈到的分工到分利的管理模式转变。

当然，分利不是目的，分利是实现个人价值和社会价值的统一。分利的背后仍然是协同创造，而且是基于共同目标的更有活力的主动协同。协同的目的是实现社会效率和社会价值，人们将在更广大范围中配置资源，以更快的效率实现价值。当然，没有智能技术群的支持，分利协同模式也会运行不下去，因为在社会范围的配置资源，需要更复杂、更灵敏、更可视化的机制作为支持。

讨论到这里，只希望告诉传统企业一个未来的事实：为了应对新工业的挑战，传统企业必须开始启动向创客化组织的转变。创客化组织转变的结果只有一个，就是有着近 250 年历史的传统企业将彻底地瓦解为碎片化状态，维系它的将是分利和价值协同关系。总之，传统企业希望固守不变是不行的，必须积极地推进创客化组织，接受碎片化时代的到来，否则可能就不是碎片化的问题，而是面临被时代淘汰的问题。

9.3　构造创客化企业世界

9.3.1　量子物理的启示

传统的企业组织也好，管理模式也罢，本质上都是建立在牛顿物理学的基础上的，也就是可见的实体规律，推动则有加速度，不推动则保持原状态。而虚实世界的发展，越来越接近量子物理。不可见的虚体规律占了上风，庞大的刚体企业变为活跃的创客化企业。世界由以确定性为基础，变得必须以不确定性为基础。例如，大规模生产时代的用户群是确定的、生产是确定的、工厂是确定的，而现在却必须以互联网中不确定的用户需求为基础，构建的生产机制和工厂都是弹性可变的。过去的生产机理是粗放宏观的，而现在需要精细到每个细节。过去的组织是一个大企业集团才有力量，现在是活力团队才有力量。这些不同，人们已经不能从传统的以牛顿物理学为基础的理论中找到答案，而必须以全新的基础来寻找答案。这个基础还是物理学，近 100 多年最新发展起来的量子力学正在带给人们答案。要知道，第一次工业革命发生时，还是牛顿物理学风行的时代，工业只能构建在牛顿物理学之上。人类对世界本质认识的提升，必然产生全新的社会组织观念。未来的智慧工业，将引入人类的最新发现：量子物理学对物质世界的解读。基于牛顿物理学的工业组织时代将要进入尾声，基于量子物理学的工业组织正在建立。

要探索创客化企业世界的运行规律，已经没有现成理论可遵循，人们只能求助理解万物的最基础科学——物理学来寻找答案。现在，近 100 多年最新发展起来的最新物理学——量子力学正在带给人们答案。

量子力学是描写微观物质的一种物理学理论，许多物理学理论和科学，如原子物理学、固体物理学、核物理学和粒子物理学，以及其他相关的学科，都是以量子力学为基础的。它的影响力基本上可以说与爱因斯坦相对论并驾齐驱，是目前人类认识世界和宇宙的两大支柱之一。

所谓量子，就是描述能量只能以最小单位的整数倍来传递的现象。它有几个非常重要的理论和现象，具体如下。

不确定性原理：在人们周边的宏观世界里，每件事情看起来都是可以准确测量的。例如，知道了汽车的速度和位置，那么若干时间以后汽车的位置一定是可以准确预测和测量的。传统上的物理学，核心就是因果论，所有事情看起来都有因果关系。但在量子的世界里，一切好像不太对劲，首当其冲的就是在量子力学中发现的不确定性原理——如果知道微观粒子的能量，那就不能确定它的位置，至于位置在哪里，只是一个概率；反之，确定了位置就确定不了能量。

波粒二象性：在量子力学体系中，基本的粒子都具有波粒二象性，即在测量一个粒子的行为时，它有时候表现为实体粒子，有时候表现为波动图像。而量子力学证明，这种特性本质上是由于基本粒子的量子态表现出来的，由于人们的测量导致波粒二象性的结果。而这一点也说明了一个道理，微观体系中具体的粒子和它的环境是一个整体，不能把它们分开。例如，原子由质子、中子和电子构成，一般想象中电子应该像一个小球围绕原子核转动，但后来人们发现，电子通过一个双缝时也有像水波一样的衍射图像。

薛定谔方程：为了描写微观粒子状态随时间变化的规律，就需要找出波函数所满足的运动方程。这个方程是薛定谔在 1926 年首先找到的，被称为薛定谔方程。力学量取值的概率分布如何，这个分布随时间如何变化，这些问题都可以通过求解波函数的薛定谔方程得到解答。量子力学中求解粒子问题常归结为解薛定谔方程或定态薛定谔方程。简单地说，如果知道粒子现在的状态，那么通过薛定谔方程就能计算其未来的状态。这是不是与现在讨论的大数据预测很接近呢？

量子纠缠：假设两个粒子在经过短时间的彼此耦合之后，单独搅扰其中任意一个粒子，尽管两个粒子之间可能相隔很长一段距离，还是会不可避免地影响到另一个粒子的性质，这种关联现象称为量子纠缠。往往由多个粒子组成的量子系统，其状态无法被分离为其组成的单个粒子的状态，在这种情况下，单个粒子的状态被称为是纠缠的。纠缠的粒子有惊人的特性，这些特性违背一般的直觉。例如，对一个粒子的测量，也会影响到另一个遥远的、与被测量的粒子纠缠的粒子。计算机技术的最新发展，已经把量子纠缠应用到通信领域。

基本粒子：指人们认知的构成物质的最小、最基本的单位。但是因为物理学的不断发展，人类对物质构成的认知逐渐深入，基本粒子的定义随时间也是有所变化的。目前在粒子物理学中，标准模型理论认为的基本粒子可以分为夸克、轻子、规范玻色子和希格斯粒子四大类。其中，夸克和轻子又被称为费米子，规范玻色子和希格斯粒子被称为玻色子。粒子还有另一种属性——自旋。自旋把粒子分成两大类，自旋为半整数（1/2、3/2）的粒子称为费米子，自旋为整数（0、1、2）的粒子称为玻色子。费米子构成了人们所认识的物质世界，典型的费米子有大家熟知的电子，还有构成质子和中子的夸克等。而玻色子是传递作用力的粒子，如光子、介子、胶子、W 和 Z 玻色子等。而量子物理前沿的弦理论，则认为基本粒子可能不是电子、光子、中微子和夸克之类的粒子。这些看起来像粒子一样的东西实际上都是很小的闭合弦，闭合弦的不同振动和运动就产生出各种不同的基本粒子。当然，这个理论现在还有待实验的证实。

自旋：在量子力学中，自旋是粒子所具有的一种内在性质，虽然有时会与古典力学中的自转相类比，但实际上本质是迥异的。古典意义中的自转，是物体对于其质心的旋转，如地球每日的自转是顺着一个通过地心的极轴所做的转动。自旋视为一种内在性质，是粒子与生俱来的一种角动量，并且其量值是量子化的，无法被改变。形象地说，自旋为 0 的粒子从各个方向看都一样，就像一个点；自旋为 1 的粒子在旋转 360° 后看起来一样；自旋为 2 的粒子旋转 180° 、自旋为 1/2 的粒子必须旋转 2 圈才会一样。自旋为 1/2 的粒子组成宇宙的一切，而自旋为 0、1、2 的粒子产生物质粒子间的力。费米子自旋都是半整数，而玻色子自旋为整数。例如，电子、夸克等的自旋为 1/2，而光子的自旋为 1，希格斯粒子的自旋为 0。

泡利不相容原理：泡利原理表述为全同费密子体系中不能有两个或两个以上的粒子同时处于相同的单粒子态。原子核外电子的状态可以用主量子数、轨道角动量子数、磁量子数和自旋磁量子数 4 个量子数决定。泡利不相容原理也可以表述为原子内不可能有两个电子具有完全相同的 4 个量子数。在量子物理世界，费米子符合泡利不相容原理，而玻色子则不符合这个原理。

量子力学的理论还在不断的实验验证中，一些理论还需要等待最终证实。2013 年，欧洲世界最强大的粒子加速器——大型强子对撞机（LHC）发现了量子力学预言的希格斯粒子，引起了全世界的轰动。但与希格斯粒子相关的希格斯机制还在不断的测试验证中，希格斯机制是用来解释其他的粒子为什么有质量的基本理论。至于粒子到底是不是一根闭弦，还在期待获得验证中。虽然量子力学还在不断完善和发展中，但到目前为止已经验证的事实已经对人类的发展起到了巨大的促进作用，是人们已知的大多数现代科学（物理、化学、新材料、计算机等）的基础。

从以上几点可以得到一个结论，量子力学回答了微观世界的运行规律，而且在实践中得到了大量的验证。

9.3.2 创客化企业世界蓝图

如果把已有的传统大型工业企业全面创客化，再加上社会化的创客力量，地球上将形成无穷多的创客化小微企业。这些小微企业就如同浩瀚宇宙中的星辰一样，正在形成一个创客化企业世界。这个世界中的运行规律如何进行？

就如星辰一样，并不是所有的星辰人们都能看得见，人们看不见的情形可能包括孵化中的星辰、没有成熟就死亡的星辰、成熟后失去活力的星辰。只有那些有活力的、闪闪发光的星辰，人们才能看得见。在《智慧的维度：工业 4.0 时代的智慧制造》一书中，把这些具有活力和能量的小微企业称为量子化企业，也就是具有能量的企业。也可以把量子化企业称为活跃的、有力量的创客企业，它是无限创客团队中的一个子集，它们构成了浩瀚创客化企业宇宙中的可见部分。另外，在《智慧的维度：工业 4.0 时代的智慧制造》一书中指出，研究发现这些活跃的小微企业在企业宇宙中的运行规律与量子物理世界的一些规律比较近似，这也是把这些有活力的创客化企业称为量子化企业的原因。考虑到量子化概念的物理性太强，为便于理解，本书把《智慧的维度：工业 4.0 时代的智慧制造》一书中的表述全部改写为创客化语境，便于读者阅读，但需要注意区分有活力的创客和无活力的创客的区别。

一个大型企业创客化之后，会形成大量的不同类型的创客化小微企业，它们具备一定的能力，根据自己的绩效实现自己的价值。这些创客化企业数量很多，围绕核心价值实现了一个创客化企业群，遍布全球的创客化企业就构成了规模庞大的创客化企业宇宙。一般来说，根据价值的不同创客化企业可以分为以下几类，不同类别的企业在创客化企业宇宙中发挥不同的价值。

用户型：以虚实融合时空思维为主要思考方式，并与其他量子企业进行协作，采用互联网商业模式实现零散用户的汇集，建立大量价值环流，把不确定性的用户需求转变为确定的生产任务，这些生产任务成为其他类型的创客化企业的工作目标。这些企业的作用就是将散落在不同时空的个性化需求进行聚集，形成真实的用户需求，并与用户建立价值环流关系。同时，与用户服务型创客企业协作提供价值服务。

创意型：组织内外部的智力资源，基于互联网和智慧工具，根据用户需求进行创业和产品设计。它的最终设计数据与工厂型企业直接交互，并导入生产进程。

工厂型：按照用户需求，组织实现个性化生产，主要基于智慧生产网络和云制造，在体系中被定义为一个虚拟工厂拥有者。

资源型：为生产过程提供原材料支持，主要运行智慧供应网络，对于生产需要制定合理的采购方案，确定合理的库存，准时满足生产需要。

生产服务型：主要是为生产过程提供故障响应、维护维修、物流传送等服务工作。

用户服务型：实现售出产品后的服务，以及把产品价值转为服务价值的过程，它以服务网络为依托。

金融型：为其他类型的创客化企业提供融资支持和支付支持，实现在线的高效资金配置。

管理服务型：为其他类型的创客化企业提供人力资源、财务管理、办公管理、企业资源管理等公共管理服务，这类服务未来将以云服务的方式提供。

孵化器型：培育和培养创客，并提供创客运行辅导和支持。类似于量子物理中的希格斯粒子，为基本粒子赋予质量。

不同类型的创客化企业在经济学意义上都是小微企业，在智慧工业体系中是不可或缺的网络节点。它们的价值来源于网络协作，它们的运行受市场化供需关系的自然规律约束，同时通过适当的价值导向，使整体体系的价值最大化。这里的“价值导向”不是通过强制命令实现的，而是通过平台服务建立的价值环流来实现的。未来企业间的竞争是网络协作能力的竞争和平台能力的竞争。

这些具备完整功能或不完整功能的创客企业在网络化的虚拟世界内被软件所定义，成为一个网络中的应用节点。每个单独的小企业与其他小企业一起构成一个制造工厂、虚拟化子公司、虚拟化的集团，并由不同的行业网络交织在一起，构成类似于宇宙的结构。围绕一个个用户节点，这些节点就像一个引力场，把其他创客型企业聚拢在周围，形成一个价值环。而价值环内部就是智慧价值网络，由大量价值环流构成，价值环流是价值环的内在力量。价值环流把相关的生产和用户连接在一起，形成内聚力。从整体上看，聚集在一起的价值环就如同一个太阳系，它与其他的恒星系不断相互作用（形成新的价值环流），构成更大的网络结构，形成星系，最后大量的星系组成宇宙。在这个过程中，价值环流是内在作用力，价值环是宏观的表现结构。

创客化宇宙与自然宇宙有相似的地方，但它一定有边界，并不是无穷数量的，受人为因素的影响，人们可调控和完善这个宇宙的运行。世界上所有创客型企业最终都是通过互联网连在一起的，只不过有的是生产价值链的关系，有的是价值环流关系，有的是资源协作关系，但最终它们构成了人们丰富多彩的现实世界。

借鉴量子力学的说法，创客化企业之间由价值环流形成的多形态弱耦合关系，有的是强作用力，有的是弱作用力，有的是电磁作用力，有的是引力。

从社会角度来看，遍布全球的、海量的创客化企业构成了一个企业宇宙，如图 9-7 所示。

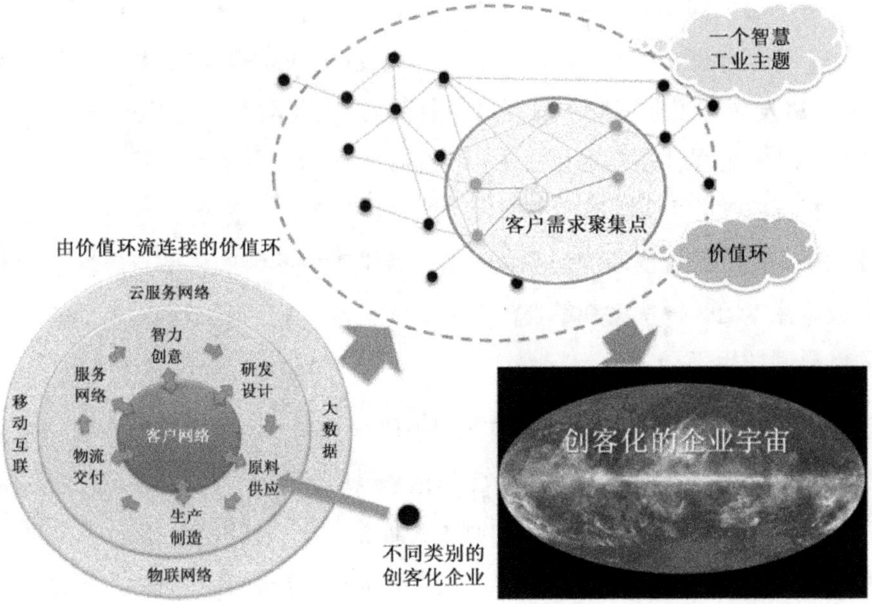

图 9-7　创客化企业世界的构成示意

在由创客化企业构成的企业世界中，无法通过一只有形的手进行调控，只能按照自然规律运行。在网络中的用户聚集形成了一个个动态的价值环和内部作用力——价值环流，这些价值环与价值环流以用户为中心，在智慧工业系统的支持下运行。由无数的价值环流的价值连接形成了智慧工业的一个个主题，这些面向主题的智慧工业网络连接在一起形成未来创客化的智慧工业体系。

9.3.3　自治运行的创客化世界

创客化企业与量子力学的关联在于，由于用户需求的不确定属性，赋予了整个智慧工业网络的量子化属性。

单独的创客化企业就如同一个小粒子一样，类似于量子力学波函数，一定有一个能够表达它的状态函数，也有它在网络中的波粒二象性。创客化企业受到外部环境或平台服务的影响，产生了不同的强弱关系。例如，在同一价值环流当中，同一时刻不会出现同一状态的生产型量子企业，自然排斥冗余。这是不是有点泡利不相容原理的意味？

而经济环境中的蝴蝶效应反映出的就是各种元素的纠缠关系，也与量子纠缠相类似。一个美国小企业的变化，可能引发连锁反应，最终影响到中国一个小企业的变化，从而引发智慧工业网络中的飓风，最终导致工业网络中的局部出现崩溃重组。但我相信，这些过程都是自治完成的。现在很多大型企业的倒闭就是例子，但未来就不会这样。未来的可能情形是一个大企业资产边界中或平台服务中的某一个创客化企业倒闭，相应的价值环流崩塌，但由于智慧工业网络的多节点属性，新的价值环流形成，整体运行很快就能够自治恢复。人们没有看到量子物理世界的崩塌，创客化的世界同样也不会。

创客化的未来已经不能用有限的管理手段来管理，而必须依赖市场的力量，以及自然的规律。虽然人们不知道未来会怎样，但通过量子力学世界，人们其实能够对创客化的企业宇宙中的行为进行预测，从而发现全新的机会。有一点是毫无疑问的，每个人的未来生活都将更加舒适，人类需求都会被创客们的活力充分满足，这就是创客世界的终极意义。

就如同宇宙一样，星辰会有生死存亡，创客化的工业世界也会有生死存亡。创客化企业宇宙是一个动态的宇宙，每一天它里面的创客都在不断动态产生、动态消亡当中。通过这种动态的过程，不断进行优化和改善，最终构造出未来的新工业世界。

9.4 大数据驱动：消除创客化世界的熵增

由于用户需求的不确定性，创客化企业的生产和服务就存在不确定性，创客化企业间的协作也会存在不确定性。对不确定性的度量在物理学领域的概念就是熵，后来被香农引入信息论成为信息熵。

最早“熵”的概念是由德国物理学家克劳修斯于 1865 年提出的，主要针对化学及热力学领域。熵的科学化的解释就是一种测量在动力学方面不能做功的能量总数。通俗地说，熵用来计算一个系统中的无序状态，是描述系统状态的函数。熵的具体值可能意义不大，但它是增大还是减小意义比较大，直接描述了系统混乱程度是增强还是降低，或者说社会的组织性程度是增强还是降低。在熵的理论中得出了两个关键的定理：一是如果系统处在可逆的循环中，系统的熵变等于 0，也就是熵没有变化；二是如果在一个封闭系统中，任何不可逆的过程都会导致熵的增加。熵越增加，意味着系统越乱；而系统越有序，则熵就越小。

在信息论中，熵用来表示信息的不确定性。与物理的熵理论稍有不同，信息熵越大，系统无序程度越高，而信息量越小；反之，信息熵越小，系统有序程度越高，而信息量越大。所以，信息熵往往也称为负熵。

在一个被创客化的大型企业中，或者在整个创客化企业宇宙中，存在大量的创客化企业，这些创客化企业如果完全自由地运行，随着时间的推移，不确定性程度显然会增加，相互协作和竞争就会越来越无序。这种情况不可避免，因为它的来源就在于用户需求的不确定性。而且，由于生产制造是一个不可逆的过程，根据熵的理论，熵只会不断增加。如果一个组织内部失序，就意味着内耗增加，组织的价值就会降低。因此，创客化企业行为的完全放任自由，对智慧工业网络的良性运行也会造成损害，必须要采取一些措施，来降低创客化企业的无序状态。创客化企业的无序状态增强，除源于用户需求的不确定性之外，还来源于由于自身规模小、信息整合能力不足而存在的信息不对称，信息不对称就会导致决策和执行行为的紊乱。虽然市场的供需机制也能够缓慢地改善无序状态，但过程缓慢和效率低下。

现在人类知道，最大化利用信息的负熵效应，对于减少社会系统的无序有一定帮助。利用信息的负熵效应，让整个智慧工业网络中的信息呈现完全对称的状态，这样有助于降低创客化企业的熵增。但仅通过信息对称，也不足以完全实现量子制造的有序，需要一些其他的方式来实现熵的降低，最终实现平衡。

量子物理学就给了人们一个很好的启示。在很长的一段时间内，一群著名的物理学家在研究一个问题：为什么电子不能落到原子核上，而是在相对固定的轨道上运行。最后，通过量子场理论的研究，发现原来只有这样运行才是电子的低能量状态，因此就不会进一步塌缩。想一想也很可怕，如果原子中的电子都不是现在这样运行的，那么整体世界上的物质，包括人们都将不存在。微观的粒子处于量子场中，除粒子的自身属性外，场给它施加了各种无形的外力，使得整体运行处于低能量状态，而不会失序。那么对一个创客化的大型企业来说，建立一个类似物理学的场（在物理学中，它是一个与时空相关的可变物理量，这个物理量能够存储粒子的能量，与整个空间相关但有边界）就很重要，来确保创客化企业的熵不会出现不断增长的状态。在过去，有一个词叫“平台竞争”，但平台是有形和有限的，还不足以描述企业从系统级别施加这种影响。企业的“场”可以理解为一个立体的多维度的平台，比平台更加无形，也更加无处不在，所有的创客化企业都处于这样的“场”中。通过这个多维度平台为创客提供服务，进行导向，最终把无序状态转为有序状态。在社会创客当中，政府的服务起到了类似的作用。

每个小的创客化企业由于视野有限，容易陷入局部正确的思维错误当中。企业需要通过充分利用大数据技术，采集尽可能多的数据，并把数据形成各个层次的数据主题，为体系中创客化企业提供全方位的数据支持。这种数据支持不是片段的，而是随需供应的。

智慧生产系统和智慧工厂也为产生源源不断的数据资源提供了基础，包括末端的传感器数据、生产过程数据、管理数据、用户及产品数据、物流数据、供应数据，以及外部的环境数据等，都是大数据服务的数据来源。

这些数据应该有足够的自动机制来推送数据，让所有需要数据的人能够实时看到。而且，对于缺少的数据还应该有定制的机制，提供数据反馈和纠正机制。总之，要让创客们感受到数据的无处不在，所需即得。在传统企业转型智慧企业的过程中，企业的多维度平台是提供大数据服务的责任方，并把它作为创客公共服务的一部分。平台要能够不断优化，来加速数据的传递和数据流转，增加数据的透明性，最终实现消除创客化世界的熵增，从而让创客永远保持活力。

9.5 创业就是要找到创客化工业世界的位置

现在，如果你打算在工业领域创业，问题就是你要在创客化工业世界中找到位置，并成为一个有活力的节点。可能永远无法像老一代企业家那样固守几十年就做一件事，把一个企业做到规模庞大，但你能用自己的能力把这个浩然宇宙中黑暗的地方点亮。在未来的动态化、协作化、创客化的全球性智慧工业网络中，一切都在变化中，找对位置才能发挥价值。

正是因为一切都在的变化，创客化工业世界才随处都有机会。在虚实融合的智慧工业世界中，每一刻都有可能在某一点聚集起大量用户，形成一次网络风暴。在网络风暴的中心，构造出价值环流的用户型节点迅速通过网络组织起一个价值环，通过建立价值环流加入价值环并成为其中一个节点，其他的创客也就找到了自己的位置。下一次风暴在下一个节点形成，又会形成一个新的价值环。每个价值环都可以视为一个智慧工业的主题价值网络，这个网络在不断变换新的位置，每次变换位置，就会聚起全新的成员结构。以网络协作为工作方式的虚拟化工业组织，不断在创客化工业世界中形成或消失，一切都会以不确定性为基础。

对一个已经存在的企业，识别用户、定位产品比较重要，而对于一个创业者，只有几人的小团队，做好一件事的前提首先是找对位置。只有找对了位置，才有可能进一步准确定位用户、产品和商业模式。创客团队的小规模属性，就意味着只要能做好一件事就是成功，做好一件事的前提就是在准确的时间到达了准确的位置。

一个小规模创客团队，意味着没有能力做详细的市场分析，也没有能力组织规模庞大的资产，但有一点至少是能够把握的，那就是团队自身的能力。当然，这种能力也包括资源整合的能力。在评估好团队自身能力的基础上，需要进一步明确的问题是，究竟适合做 to C 的业务，还是 to B 的业务。如果一个创客选择的是 to C 的业务，那么其选择只有一个，就是努力成为智慧工业网络中的一个引爆点，构筑出大量的价值环流。打造引爆点，构造与用户的价值环流，获取需求信息，并把不确定的需求转化为产能需求就是核心价值。例如，团购、预售、定制、众筹、O2O 等电商就是这种类型的创客。你需要拥有充分的营销策略和能力，穷尽一切互联网的营销方法，并设计精巧的商业模式，来应对个性化用户的挑战。如果一个创客选择的是 to B 的业务，则意味着团队的能力不在于整合终端用户，而是强在专业能力。这样的选项会比较多，如创意型、工厂型、资源型、生产服务型、用户服务型、管理服务型。如果碰巧你还有金融资源和孵化资源，你还可以成为金融型或孵化器型创客。在这些类型当中，结合团队能力选择其中一种，就是一个基本的定位。只有这个定位是明确的，你的预期用户才会明确，产品和商业模式才有可能定位准确。当定位为一个 to B 的业务时，在当下以用户为中心的时代，这类创客必须寻求参与一些价值环，并尽可能靠近价值环的中心——用户型创客，建立紧密的协作关系，在不确定的用户需求流到来之前做好准备，确保价值能够被吸收和传递。创客还需要充分借助平台的力量，并把可驾驭的平台力量作为自身能力评估的一部分。

创客的定位类型如图 9-8 所示。

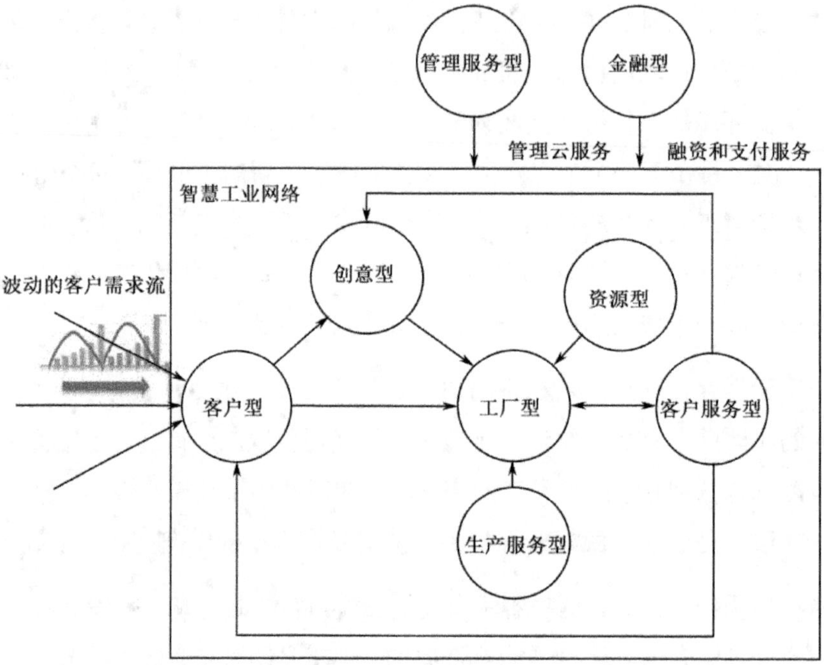

图 9-8 创客的定位类型（其中的所有连线就是价值环流）

创业并不是做什么都可以，而是在团队能力评估的基础上，从定位一个团队最合适的位置开始。无论一个创客最后选择提供什么样的产品或服务，定位都是第一位的，它的本质就是创客在潜在用户心目中的预期价值。

第 10 章

Chapter 10

管理的进化：分利、自治与协同

传统上，管理是一门与人有关的科学。但现在，智能技术群的应用，不仅改变了管理的总体运行机制，还在一些细节管理活动中发挥着重要作用，使管理具有了自治的属性。

知识资本的崛起，要通过参与利益分配来体现它的价值。从组织上，这种全新的利益分配的形成来源于创客化组织的构建，最终表现为分利、自治机制成为管理的核心。同时，传统企业要激活内在的活力，需要把以分权协作为基础的传统管理进化为分利协同，分权机制进化为在分利基础上的全权负责、利益分享。全权负责的外部表现就是自治，即自我赋权、责任自定。传统的人类协作工作演变为目标一致的社会化协同工作，内部协作变为外部协同。总之，分利、自治和协同将是未来管理进化的关键词。

基于智能技术群与生产系统的融合，创客化组织和基于分利、自治和协同的新管理机制，传统企业将演变为全新的智慧企业，即一种能够聪明地满足用户需求的自治体协作组织。

生产关系要适应生产力的发展，新管理要适应新工业的需求，这就是本章要讲的道理。

10.1 管理进化的轨迹：从分工协作到分利协同

10.1.1 早期的野蛮管理：分工协作

分工不是目的，而是实现更好的协作，分工是人类协同工作的开始。人类协作的目的是什么？是为了让人类活动更富有效率地创造价值。

“管理”是一个古老的概念，甚至在人类有文字、能够记录人类活动之前就存在。只要存在组织，组织要实现既定的目标，组织就会希望通过管理来实现集体协作，最终实现组织的利益最大化。从人类的角度来看，这种组织利益最大化满足了人类的需求。管理是一种组织行为，从人类早期开始就用来协调组织和人的关系，激发组织的力量，从而创造价值。

在人类文明早期，人们已经发现与其他人的共同协作能够放大自己的能力，从而让自己的需求也能得到更好的满足。原始部落时代如此，农业文明时代如此，工业文明时代更是如此。在协作的过程中，人们发现对于某一项具体的任务，某一些人会比其他人更适合做这项工作，并因此产生了劳动分工。分工的目的就是更有效地利用不同人的技能。从分工开始，为了完成一个目标，就需要管理和协调不同的工作任务。围绕谁来协调的问题，就产生了管理者。管理者全体还会逐渐分层，形成权力层级。最高层级的人成为组织的领袖，由他来负责具体任务的分配，并由此诞生了科层制。不过，除去行政阶层，早期社会中的分工主要还是建立在人类的天性之上，并没有严格的制度来限制分工的构成和协作任务的实现。

亚当・斯密的分工理论是早期管理理论发展过程中的一个重要里程碑。亚当・斯密是自由主义经济学的奠基人，他认为市场上有一双“看不见的手”来实现资源的最好配置和最有效率的回报，从而实现经济的自然和谐。1776 年，他撰写出版的《国富论》在当时引起了轰动，到今天仍然是人们认识经济规律的重要著作。他在该书中提出，劳动的专业化分工是市场机制的重要支柱，他还用一个小案例证明了劳动分工是效率之源。例如，大头针的生产，书中说：“如果 10 个工人独立工作，不进行专业化分工，这些人最多造 200 根针，甚至有些人可能一天也造不出一根针。而如果进行适当的分工，他们就能造出大量的针。”他认为分工导致生产效率提高的原因有三个：①分工能够让个人的专业性增强，从而提高效率；②工作变化会导致时间消耗，分工后每个人不需要发生工作变化，把这种时间消耗减少了；③机器生产方式只有在分工的基础上才能进行。亚当·斯密把分工上升到了理论的高度，受到了第一次工业革命中新兴企业家的欢迎，被迅速地运用到刚刚兴起的工厂当中，并以此为基础建立了最早的工厂制度。

不过，亚当·斯密也发现了分工存在的问题：“如果一个人一生只消磨于从事一些简单的操作……慢慢就会丧失运用智力的习惯……对特定的职业掌握的程度……似乎是以牺牲其智力、社交等为代价获得的。”问题在当时已经提出来了，效率的获得是以牺牲智力财富为代价的。但是，在资本家决定资源分配的时代，人们忽略了这一点。在工业刚刚兴起时，物质稀缺是普遍现象，只要能够大规模生产、效率足够高和成本足够低，企业就会积累巨大的财富。而随着工业的发展，普通人的生活也得到极大改善。在这种情况下，几乎没有人关注个人的价值，而是更加关注组织的价值。

围绕分工及生产任务的达成，就需要一系列围绕劳动力展开的工作，包括招募、培训、考核和激励。要知道，工业革命之前的大多数人都是农民或手工业者，他们独立和自给自足。工厂围绕分工形成的单调的、年复一年的工作，在当时的情况下是一件没有吸引力的事情。例如，招募工人就是困难的事，尤其是招募熟练工人。甚至当时有一个说法：“最饥饿的工人是最好的工人。”而且，资本的力量希望把工人的工资限制在最低水平，这也限制了工人主动性的发挥。由于人的天性与机器工作的不协调，导致工人用破坏生产设备来应对工厂的机械分工工作。在第一次工业革命中，英国就爆发了卢德运动——英国工人以破坏机器为手段反对工厂主压迫和剥削的自发工人运动。传说第一个捣毁机器的工人的名字叫卢德，并因而记入历史。正因为如此，随后的工厂管理者才开始考虑采取激励措施，如公正的工资。亚当·斯密认为，“工资是对勤奋的激励，人们需要公正的工资”。在没有完成工作任务时，还有严厉的处罚措施，最早的围绕分工的管理理论和方法就产生了。

对于工业文明早期讨论这么多，只想说明一个道理，现在人们所看到的工业生产方式在早期也并不是被大多数普通人所热烈接受的。分工理论并不是完美无缺的，而是从一开始就有着对人类天性的扭曲。人们通过分工被绑定在机器上，固化在组织里，也是在不断的反抗过程中逐渐接受的。

到大批量生产的时代，机器和流水线的普遍使用，使分工协作成为企业管理的主要模式。分工协作理论在流水线大批量生产发展过程中得到了进一步发展。企业管理大师钱德勒就认为，大批量生产的效率来源是“经由技术和组织创新使得少量的劳动就可以生产大量的产品。大批量生产方式的效率来源于企业内部分工体系的深化，来源于在机器代替人力基础上形成的分工协作体系，来源于发展新的机器、采用更好的原料和集中使用资源，以及建立新的组织设计及作业程序”。

在随后的 100 多年中，工业活动中的分工已经深入人们的骨髓，人们也慢慢接受了现实。再加上后续管理学家的不断研究和提出新的理论，让工人得到了足够的福利和人性关怀。1911 年，泰勒提出科学管理理论后，早期的野蛮分工和资本家决定一切的时代逐渐结束。随着科学管理的推行，企业开始重视每个工人具体的工作需要，管理也成为一门独立科学。在这个过程中，中间管理层出现了，组织和人的关系上升到一个全新的阶段。科学管理的副作用是一些科学化的、标准化的管理方法代替了经验管理，但人也被制度化了。

科学管理的早期阶段，主要的研究内容还是如何管理人的问题，人是被管理的对象。1954 年是一个分界岭，被称为“现代管理学之父”的彼得·德鲁克在其著作《管理实践》中提出并明确界定了人力资源的概念。以人为本的时代到来了，关怀人、激发员工活力成为新的管理内容。到现在，人力资源管理理论不断成熟，并在实践中得到进一步发展，为企业所广泛接受。人们开始认识到，员工不是生产线中的一个配套机器，或者是一个螺钉，而是一种资源，可以产生利润，一个分权的时代开始了。

10.1.2　人力是一种资源：分权协作

分权是为了更好地协作，把被动协作变为主动协作。

1954 年，马斯洛在他撰写出版的《动机与个性》一书中提出了人的需求层次论。他提出，人的动机由多种不同性质的需求所组成。在书中，他把动机分为五层：生理需求、安全需求、爱与归属的需求、尊重需求、自我实现的需求。在 1970 年新版的书中，他还增加了知的需求和美的需求。其中，知的需求指对己、对人、对事物变化有所理解的需求；美的需求指对美好事物欣赏并希望周围事物有秩序、有结构、顺自然、循真理等心理需求。马斯洛认为，随着每级需求被满足，它的重要性就会降低，人们会沿着需求阶梯不断上升，直到自我实现的需求满足，反之则不断下移。在马斯洛解开人类动机之谜之后，组织和人的关系开始有了全新的进步，“以人为本”不仅是一个概念，还开始有了有针对性的措施。为个人的自我实现和创造性提供途径，开始成为管理科学的全新内容。

1957 年，道格拉斯·麦格雷戈在《企业的人性方面》一书中提出了人性问题的讨论。他指出，各种管理人员以他们对人性的假设为依据，员工可用不同的方式来组织、控制和激励。基于这种思想，他提出了有关人性的两种截然不同的观点：一种是消极的 X 理论，即人性本恶；另一种是基本上积极的 Y 理论，即人性本善。X 理论阐述了独裁式的管理风格，而 Y 理论则阐述了民主式的管理风格。Y 理论是一个将个人目标和组织目标融合的观点，主要内容包括：一般人并非天生厌恶工作，工作是一种满足的来源；人为了达成其本身已经承诺的目标，能够“自我督导”和“自我控制”；人对于目标的承诺，就是由于达成目标后产生的一种报酬；只要情况适当，一般人不但能学会承担责任，而且能学会争取责任；以想象力、智力和创造力来解决组织上各项问题的能力，本来就是大多数人均拥有的能力，而非少数人所独具的能力；在现代产业生活的情况下，常人的智慧潜能仅有一部分已被利用。以 Y 理论为基础，很多企业开始建立正向积极的氛围，提供员工工作的自主权，减少严格的外部控制，鼓励员工自我控制，以及利用工作本身的挑战性来激励员工。Y 理论让企业逐渐认识到，尊重员工，使员工认同组织目标，才会更有效率，而不是强制控制。

从第二次工业革命开始，大规模生产经由流水线生产的方式更加普遍，产品标准化对应的标准化管理成为管理的核心。大规模生产产生的规模经济吸引企业进一步扩大规模。随着企业规模的扩大，企业创业者已经无法靠自己进行有效的管理，必须让出一些权力给一个庞大的技术管理层，因此各种职能部门不断地成长起来。一项研究发现，1899—1947 年，管理的员工数量与从事生产的工人数量的比例从 9.9% 上升到 22.2%。围绕大规模生产的计划、组织、领导、协调和控制的工作变得更加重要了，具有新想法和创新意识的管理人才成为竞争的重点。而且，随着流水线等新兴生产技术的出现，使得需要更多专业性的人才参与到管理过程中。拥有知识的人开始参与企业的核心管理过程。现在，这些人就形成了人们通常所说的白领阶层。

早期的管理层起到的主要作用就是上传下达，即作为没有信息系统时代的信息系统。随着管理层的出现，他们有知识，不安于接受只是一个庞大系统的螺钉，希望权责对等，能够拥有足够的权力来承担更大的责任。一个庞大的拥有知识、期待自我实现的管理层成为驱动世界前进的力量。马斯洛理论和 Y 理论已经说明，对人的心理需求满足和人性的肯定，是组织有效率的关键。对于这样的一群人，单纯的金钱激励已经变得不再重要，自我实现的需求更加强烈。分权开始进入视野，让管理者拥有更大的权力来满足自我实现的需求。

所谓分权，就是现代企业组织为发挥低层组织的主动性和创造性，把生产管理决策权分给下属组织，企业高层管理者只关心最重要的问题。思科公司的总裁约翰·钱伯斯在实践中提出“分权理论”，认为最出色的领导不是大包大揽，事必躬亲，其关键在于如何对员工进行合理的统筹安排。他说：“很久以前我就学会了如何放手，你不能让自我成为障碍。要想让公司成为高增长公司的唯一办法就是聘用在各自专业领域里比你更好、更聪明的人，使他们熟悉他们要做的事情，要随时与他们沟通与交流，以便让他们不断地找到你为他们设定的方向，然后你就可以走开了。”思科摒弃了指令性管理法，采用科学目标的管理法，有效提升了企业管理的水平和层次。思科公司规定，任何人都不能对员工的具体工作指手画脚，上司只能够大体定制一个方向，具体操作由员工自由发挥。这样一来，在目标的实现上，员工有很大的灵活性。实践证明，员工总是能以自己的方式将工作完成得更好、更快，员工往往会有更多创新的表现。

围绕分权，扁平化组织被广泛采用。一方面，它能够提高组织的效率；另一方面，它也能够实施管理分权，以便让下属有更好的工作态度，鼓励个人责任和主动性。一些企业也开始尝试员工参与企业决策的新模式，如组织一个员工委员会，它的成员能够掌握企业的运行数据，参与企业的战略决策。到现在为止，扁平化组织已经成为企业最主要的管理形式。在扁平化组织发展的过程中，信息技术发挥了巨大作用，削减了交换信息的中间环节，让每个人都能够专注于创造性工作。

从 2007 年开始，美国的软件工程师 Brian Robertson 提出了合弄制，通过类似社区网络的模式把分权思维演绎到了极致。简单地说，合弄制就是大家为了共同的目标一起努力。最初，它来源于一个关于城市的思考：当一个城市越来越大时，这个城市的人均创新会增加；但当一个公司越来越大时，这个公司的人均创新反而会减少。这是因为在城市里，人和商业都是自发组织的；而在公司里，你得听命于上级。“市长”不是城市的CEO，他并不直接或间接管理市民或任何一家公司。一个公司要卖什么产品，一个自由职业者要搞什么创作，自己就可以做主，根本没有“上级领导”可供请示。像这样的自由个体越多，他们之间互相碰撞出火花的可能性就越大，创新当然越强。那么，一个企业有没有可能像一个城市一样，给予创新者充分自由，取消上下级的领导，从而创造出不断成长的活力呢？合弄制就是回答这个问题的尝试，城市的发展给了合弄制一个最好的启示。工业领域主要管理理论的发展进程如表10-1所示。

表10-1　工业领域主要管理理论的发展进程

管理理论	分工理论	科学管理	事业部制	JIT生产	价值链	合弄制
提出时间	1776年	1911年	1924年	1953年	1985年	2007年
提出者	亚当·斯密	弗雷德里克·温斯洛·泰勒	斯隆	丰田公司	迈克尔·波特	Brian Robertson
关注核心	劳动生产率	生产效率	集权与分权管理	高质量、低消耗、生产效率	战略价值环节的优势	个体社会化协作
组织形式	工厂制手工业	大工厂	大集团公司	大集团公司	跨国企业	互联网企业

合弄制的基本想法就是，CEO正式放弃在公司决策和管理中大部分的权利，并且赋予每位员工充分的施行自己创意灵感的权利和足够的保护，这种思路可以一直延伸到基层员工。听起来好像是前面讨论的分权机制，但事实上根本不是一回事，而是一个全新的组织管理方式。

合弄制以有目标的组织为前提，认为所有组织，尤其是公司一定是要实现目标的。围绕目标，通过一种称为管治会议的民主模式，把目标分成很多价值性的功用，与传统的职能部门不同，这种功用是临时的，任务结束就取消了。然后围绕功用会建立一个圈，类似社交圈，圈中有角色，角色有明确的职责和权力，这个角色也是通过管治会议确定的。前面的工作好像与传统的分层管理近似，只不过用管治会议替代了CEO、替代了人力资源部的岗位设置功能。再进一步地，就与传统管理完全不同了。传统的分工是岗位职责固化，把人向岗位上分，是一种被动分工。而合弄制在确定角色责权后，每个角色由每个人自主选择承担，虽然圈也有一个圈主，但其只是一个组织者，决策是由圈中所有角色组织管治会议共同决定的，其余的时间，每个角色自主决定做什么，不受任何人的命令和控制。圈主只有一个权力，就是对于没有完成角色任务的人可以把他踢出圈子，重新寻找自愿者。按照这个办法，圈中可以再有圈，最终包括了所有工作和所有人。圈就与微信群类似，每个人可以加入若干个群，可以在这个群做群主，在另外的群做成员。过去的领导者只能做领导者，现在领导者也可能是员工。通过管治会议让所有人拥有权力，通过人主动选择角色，实现自我主动分工，而不是被动分工。自己的工作能够独立做主，不受制于上级的命令。合弄制建立了一个协作制替代层级制管理的模式，平等和民主替代了命令和管治。另外，它是一个动态的组织，一切以组织目标实现为目的。

合弄制是分权时代的一个巅峰，实现了动态的彻底分权，目的是适应新技术发展，并利用新技术促进内部协作，变被动协作为主动协作。

以上的讨论证明，分权主要有两个原因：一个是因为大规模的生产导致企业规模的增长，需要管理层力量；另一个是因为人类对人本身特性的全新理论发现。

10.1.3 知识资本的力量：分利协同

知识资本要参与分利，分利能够激活创造力。但同时，分利不是使人们之间分离，而是更好地协同。协同与协作有些差异，协同强调主体目标的一致，而不是具体工作的配合。人类从具体工作的协作，到目标一致的协同，揭开了束缚人类创造力的所有枷锁，是一大进步。基于知识资本的力量，人们正在进入一个分利协同的新时代。

大规模生产进行了近 250 年，人们围绕大规模生产建立的管理理论也发展了很多。但回到最初的问题，人们再认真想一想，企业的目标是什么？是创造财富。财富的来源究竟是什么？是提高效率、降低成本，还是从创新中获得巨大财富？哪一个是主导性力量？在应对物质稀缺的大规模生产时代，人们需要快速地生产产品，越多越好，越便宜越好，所以只要能够提高效率、降低成本，生产出符合工业标准的高质量产品即可。而在个性化定制的智慧工业时代，劳动被机器替代，人们专注于创新工作，创新是企业的核心竞争力，而不是成本和效率。正是由于创新的重要性，知识资本开始崛起，知识工作者成为推动世界的主导力量。只有知识工作者的创新，才是未来财富的根源。知识成为资本，而不是可以随意支配的资源。对于未来的知识工作者，被动的分工不可接受，分权也已经没有吸引力，终极的分权就是全权负责，从而没有分权，分权再也没有了激励作用。分工和分权已经不能激励知识工作者，他们需要足够的空间来实现自己的想法。

看看在前面讨论的合弄制，企业不再是一个分工和薪酬激励的地方，而是一个分享创意、创造知识、协作创富的地方。Y 理论已经告诉人们，每个人都有创造力和自控力，每个人的智慧都没有充分发挥，不需要一群人管理另一群人，只要把人群中每个人的智慧发挥出来，就是巨大的财富。

合弄制对传统管理来说是一个巨大进步，为个人发挥自主创新创造了条件。但是它有一个前提，所有人都必须围绕企业共同的目标努力，不能任意选择目标。所有人虽然没有层级的限制，但还是处在各种角色的框架中。目标和角色职责构成了全新的管理机器，只不过给了每个人主动分工选择权、参与决策权、自主工作权。合弄制的问题有两个：如果一个人希望有更独立的目标，并希望为独立目标而奋斗，是不是就要被踢出去呢？如果一个人有很好的创意性工作，那么他的价值如何在利益上体现出来？人们不能只考虑进行工作权力的平等分享，而不考虑每个人的利益分享。

合弄制是分权的极致，但分权走到极致后，一个显而易见的问题就是如何分利？是通过一只有形的手进行分利，还是通过无形的手进行分利？有形的手就是传统上的薪酬管理机制，而无形的手就是市场规则。

创客化运动是对合弄制的进一步发展，是在分权机制上与分利机制的结合，可以认为创客化运动就是合弄制的分利模式。人们不可能只让员工与自己分享平等的工作、贡献他们的创意，而不把这种创意贡献与个人的权益关联起来。当然，合弄制中围绕目标的民主原则、平等原则、自主原则仍然是有益的组成部分。合弄制的社区化运作方式，也可以作为创客们的协作工作模式样本。与合弄制不同，创客化运动的好处是最终要把每个人的创意落实到一个小微公司的孵化上，从而让每个人都成为创业家和合伙人，从而实现终极分利。

前面讨论过，随着智慧工业时代的到来，在众造与众需的双重动力的驱动下，创客化运动不可逆转。传统管理的主要职能在智慧工业时代都会发生根本性的变化，这也意味着全员创客化不仅是一种全新的组织形式，还是一种全新的管理模式。表 10-2 比较了传统工业与智慧工业管理职能内涵的不同。

表 10-2　传统工业与智慧工业管理职能内涵的不同

管理职能	传统工业	智慧工业
计划	计划部门根据目标进行规划和安排	用户、创客、系统协同生成
组织	科层制或网络化组织	创客化组织
人力资源管理	招募、培训、绩效、薪酬、沟通	人的网络协作、绩效自负
指导和领导	管理者对员工的引导和影响	自学习、自治管理
控制	监督、检查、纠正措施	自治、大数据、自纠正

传统的管理主要有五项职能：计划、组织、人力资源管理、指导和领导、控制。而在智慧工业模式下，计划并不由企业自己做主，一切都来源于市场，来源于用户的个性化定制需求。计划应由用户、创客互动形成需求目标，并借助系统自动产生。个性化定制的相关案例就说明了这一点，生产计划来源于用户提交的个性化定制需求，系统后台自动计算生成数据，一切都是实时发生的。过去的组织方式是以制度为基础的层级管理，而在智慧工业时代，由具有自主能动性的创客化组织自治实现。过去的人力资源管理职能，在智慧工业时代通过全新网络化协作实现，人的加入与否是从个体的主动性出发实现的自主分工，绩效的实现通过市场来获取，并自动完成分配。原来领导和被领导的关系变为创客间和投资人间的对等合作，以及创客内部的自学习、自管理。过去需要建立复杂管理制度的控制措施，而创客化组织借助大数据支撑，通过自治和自纠正来实现工作目标。总之，传统的管理职能将被创客化组织的自治管理和大数据系统的支持所替代。

没有人管理创客，也就意味着创客们的管理需要建立在自治的基础上。显而易见，创客们的价值实现不是通过绩效考核和薪酬体系来实现的，而应该来源于市场机制，由用户给予。创客们从市场上的获益按照合伙人的规则再进一步与资源平台和投资人分享。创客们不再是员工，而是利益分享者，或者说合伙人。

在海尔集团创客化的实践当中，创客走向成熟的每一阶段，都有相应的分利机制。例如，在成熟阶段，创客已经演变为一个小微公司。围绕小微公司已经形成了小规模的产业生态圈，商业模式相对成熟后，除海尔集团自己的投资之外，还可以引入外部投资人，直到创客企业做大上市。创客最终成为一个不受制于平台的合伙人，其与母公司建立在股权关系之上，而不是上下级管理关系之上。

从创客的类型来看，用户型的创客可以直接从市场上通过满足终端用户需求，来实现自身利益的分配，而其他类型的创客可以通过价值环流的协作，从需求方那里获得相应收益。这些收益完全在市场化的原则下，按照供需平衡原则自动完成分配，无须用一个薪酬体系来管理。如果所有的交易过程和支付都在互联网上完成，利益的分配工作就通过市场交易行为自动完成了。现在，智慧制造理论前沿的云制造就是致力于解决制造资源在线配置和协同的问题，并且已经有商业化网站在运作。云制造的基本功能就是实现在线的制造能力协同、在线的交易和支付。创客化还有一个好处就是，分利机制是建立在自治的市场规则之上，无须企业为此承担成本。企业要做的事情就是孵化创客、服务创客，让创客成长起来，然后通过市场规则来实现利益的分配。

创客团队内部当然也是创客，可以根据股权比例获得利益的再分配，并最终使分利机制覆盖到所有人。本质上，这种利益分配也是前面谈过的知识资本分配财富的过程。

当然，创客化运动可能只是一种最有可能的分利模式，或许还有更好的模式。回顾企业管理理论的发展过程就会发现，在早期的资本主导时代，由资本主导分工，追求资本价值最大化，员工为了薪水被动分工。随着中间管理层的崛起，劳动力变为人力资源，人性特质被充分关注，分权模式盛行。但随着智慧工业时代的到来，智能技术群迅速发展，创客化运动崛起，最终就会进入人人分享财富的人人分利阶段，伴随社会进步的财富将通过新的模式进行再一次的重新分配。

在智慧工业时代，基于创客化组织的分利模式将成为主要的企业管理模式，分工不是不存在了，而是由被动分工变为个人自由选择的主动分工；分权也不是不存在了，而是权力以更加民主化的方式被平等分享。

分工、分权、分利，用通俗的语言来说就是责、权、利。人们常说要实现责、权、利相一致，但是以谁为出发点，结果则完全不同。问题在于，早期以分责为管理的中心，权力和利益是责任的附加，是为完成责任的必要权力和必要利益。中期阶段，以分权为中心，责任和利益是分权的结果，分责变为权力上的自主选择，利益是权力上的责任绩效。而现在和未来阶段，以知识资本为出发点，知识资本和金融资本进行利益博弈，以利益分配为管理的主干，分责由个体主动选择，权力建立在对等基础上的自动授予而不是被动给予。分工、分权、分利只是不同时代的焦点问题，它们之间没有非彼即此的关系。人类每一次对自我认识的升华，总是建立在已有知识之上，原有的知识也不会消失，而是会以全新的方式融入新时代。

分工、分权、分利背后的实质是集体效率和个人创造力的协调。促进人类协作和协同，并激活个人的最大创造力，才能创造出更大的价值。早期工业的特征使得强制分工协作成为主流，限制了人们的创造性；中期工业激活了人们的部分创造性，强调分权协作，但仍然以集体效率为中心。现在，技术为全面激活人的创造力提供了可能，同时虚实世界的协同化，使得集体效率进一步提升，提升集体效率和激活个人创造力可以实现统一，从而为分利协同提供了可能。基于分利协同，知识资本终于可以发挥其应有的力量，获得其应得的利益。

10.2 大数据驱动的自治管理

10.2.1 数据驱动创客

管理的主轴从分权转变为分利，并不是说传统的管理都没有了，而是通过自治的方法把传统的管理活动转变为一个数据自驱动的体系。

从用户开始，以用户为中心，驱动一些人围绕用户工作，其他的人再围绕这些人工作，一环扣一环，所有人都在以用户为中心的价值环流当中。如果用户不接受一项服务，所有的自治环节都产生一个向后的自驱动，价值环流就会中断。那么这个价值环流就失去了价值，应该被淘汰掉，从而建立一个新的价值环流。这就是一只无形的手——市场规则决定的管理规则。在价值环流的每个细节中，传统的管理方法不是没有用，而是融合在每个责任者以用户为中心实现价值的过程中。

海尔集团 CEO 张瑞敏举了这样一个例子：“原来你有上级，现在没有上级了，用户就是你的上级，如果能够找到用户就找到了你的上级，你必须要给用户创造价值。举一个例子，我们给用户送货，过去有一个比较大的考核体系，通过信息了解用户的意见，然后确定送货员的工作怎么样。现在公开告诉用户，如果送货员给你把货送晚了，这些货就不收钱了，超时免单，这就是最大的考核。这就等于把所有人都驱动起来了，用户驱动力量最大。过去我们靠电话、信息系统，那里面可能有很多造假的内容，非常复杂，而现在这些系统都不需要了，直接由用户考核。如果我给用户创造的价值大，就可以从超值里面分享利益；如果没有创造价值，就不应该在这里干了，我们把这个叫做解约驱动。是用户和你解约，不能创造用户价值的必须解约。”这个例子告诉人们，创新不是管理出来的，而是通过建立一个业务和数据的自驱动机制来实现的。

如何驱动这个自治体系的运行？依赖用户打电话？依赖一个管理考核文档？依赖精明管理者的指导？都不可能做到，唯一依赖的就是客观数据。所有未来的管理工作都必须建立在数据之上。市场规则是无形的手，但市场的手往往是后验的，数据的手发挥着比市场的手更大的作用。企业创客化形成了庞大的创客化企业世界，支撑这个世界运行的关键就在于数据。前面讨论过，大数据能够降低创客化世界的熵增，本质上就是通过数据本身及数据分析对创客决策行动进行理性的引导，从而减少创客化组织的盲目性。

作为一个不具有强大整合能力的创客团队，要实现合理自治管理，建立一个数据驱动体系是非常关键的。所有必要的内外部元数据应该能够被收集到一个随时取用的数据湖中，以此来应对各种可能的分析需要。虽然创客团队很小，但如果有了庞大的数据支持，它就能够像一个大公司一样采取理性行动。在初始情况下，创客组织依赖平台数据驱动，然后创客组织会进入自治管理循环过程：创意、实施、监测、改进。在这个过程中，创客的行动会产生新的数据，这些数据进入数据湖中，与平台数据融合在一起，产生更大的价值，驱动着创客自治管理的不断改进。这个不断循环的过程，让数据更加丰富和更加有价值，创客获取的支持就会更加丰富，最终形成一个自驱动机制。数据驱动的创客自治行动如图 10-1 所示。从管理的角度来看，创客的自治行动并不是随意行动，而是在数据支持之下的理性行动。

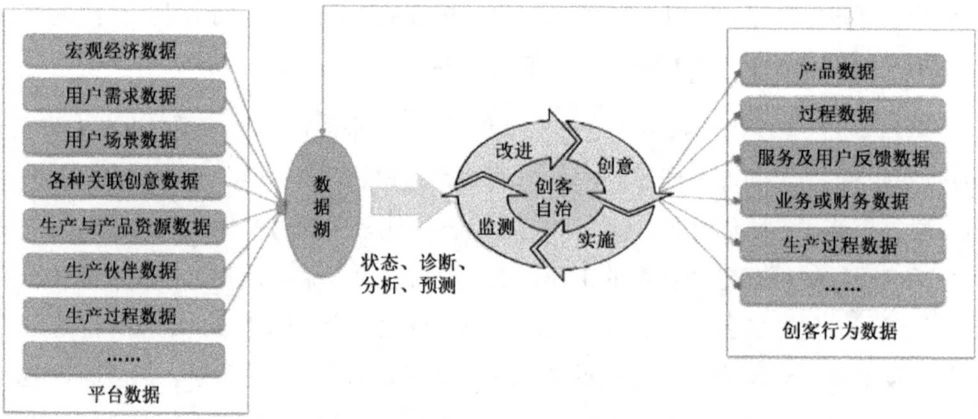

图 10-1 数据驱动的创客自治行动

10.2.2　实时性与自成长

企业需要认识到，实时的数据才是价值最大化的。国外的信息专家对数据生命周期进行了研究，发现一般情况下，随着时间的推移，数据的引用次数会下降，信息的价值就会衰减，如图 10-2 所示。机会转瞬即逝，利用实时数据是成功的关键。传统企业的数据获取从决策、研发、调查中心到用户，会有很多轮的论证反馈，看起来管理得很系统、很科学，但实质上完全没有用。等论证清楚了，机会也就没了。新兴公司的做法则完全不同，它们通过论坛、微博等社交工具直接接触用户，能够在第一时间获得用户的反馈体验，工作人员也能在第一时间对产品和服务进行改进。数据存量不是最重要的，保持数据的新鲜度才是关键。

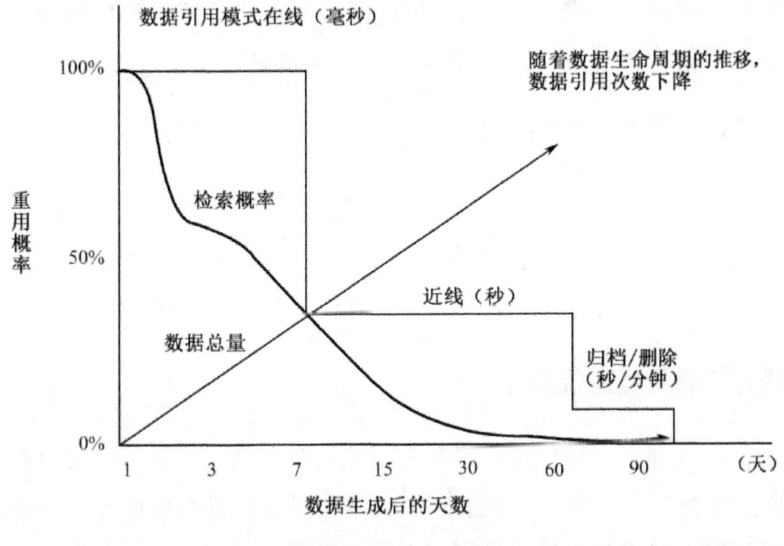

图 10-2　数据价值会随着时间衰减

要实现数据的实时性，关键在于数据自我成长机制的建立。数据飞轮效应，就是一个数据自成长的规律。在《飞轮效应》一书中写道：“当达到一个数据积累的临界点后，数据飞轮的重力和冲力转化为推动力的一部分，此时，企业无须花费更多的力气，甚至无须费力，轮子依旧会不停地快速转动，企业就会进入管理无领导的自动巡航状态。”这也说明，如果数据能够自动成长，数据将足够丰富，从而能够替代传统的管理，进入数据驱动的无管理阶段。而且，由于数据自我成长机制的存在，只要新工业体系健康运行，数据就会源源不断地产生，实时的数据就会不断地进入数据飞轮当中。

当数据的自成长机制建立后，所有管理活动就可以利用这些数据进行自驱动，而无须通过管理指令。在庞大的智慧工业体系中，所有的环节都建立在自治运行的基础上。整个价值链活动，包括用户需求的提出、创意设计、生产运行、物流运输、产品服务，整个链条都被数据所包围，由数据进行自主驱动。

数据驱动具有比传统的管理方法更强大的优势，不仅表现在超越少数精英的智慧方面，而是具有全新的特性。这种特性主要表现在三个方面，具体如下。

1. 过程的可视化管理

传统的管理往往是基于结果导向的，而智慧工业通过对所有智能机器和材料、活动、人、环境数据的实时采集，能够帮助用户实时地了解到所有资源及生产过程的情况，并且能够通过可视化的工具让用户更加一目了然地了解机器的操作和体系运行状况，这样就避免了直到生产完成后才发现问题。

2. 更精确的问题分析和解决

传统的管理工作也有分析，但是基于少量的数据结合管理者的定性判断完成的。而智慧工业可以基于历史数据和实时数据，更加深入地确定问题的根源。同时，通过因果性和相关性数据分析，能够更快地找到解决问题的方法。

3. 超前预测与超前行动

预测是传统管理很难做到的，更不要期望实时预测。而基于历史数据和实时数据，可以通过建模仿真工具，对未来可能的演化进行精准的实时滚动预测，从而帮助提前预知问题，采取更有针对性的优化改进措施。

应该说，基于数据的管理比传统上基于制度的管理更加具有优越性和实时性，便于管理者采取更加精准的行动，从而应对多变的用户个性化需求。

10.2.3 5M1E 的数据驱动分析

5M1E（人、机器、材料、方法、测量、环境）是传统工业企业非常重要的生产现场管理方法，也是自第一次工业革命以来，历次工业革命不断改进和完善的重点。在质量管理当中，有关现场的这六个方面被认成影响质量波动的可能原因领域。

这六个方面也往往以被画成鱼骨图的方式来识别不合格产品形成的原因。

（1）人（Man）：操作者的技术熟练程度、习惯等。

（2）机器（Machine）：精度、自动化和生产能力等。

（3）材料（Material）：材料供应、材料特性和功能。

（4）方法（Method）：包括加工工艺、工装选择、操作规程等。

（5）测量（Measurement）：测量标准、测量方法。

（6）环境（Environment）：工作地的温度、湿度、照明和清洁情况等。

针对这六个方面，以下来分析一下智慧工业是如何实现数据驱动管理的。很明显，在未来的智慧工业环境中，具体的管理活动将被数据驱动和智能机器的自治行动（本质上也是由数据驱动的）所替代。传统的管理活动变为数据驱动，并依据数据采取准确和优化的行动。通过对 5M1E 的分析，就能够认识到数据是如何驱动智慧工业管理活动的，如表 10-3 所示。

表 10-3　5M1E管理的数据驱动分析

5M1E 管理	管理目标	传统管理方法	数据驱动的管理
人	要求所有人能够熟练操作	培训考核； 持证上岗； 制度文件； ……	传统的执行工作被智能机器替代，知识工作者并不在具体操作过程中，其主要工作是监控过程数据，并采取改进行动
机器	机器完好，且能满足生产需求	设备管理办法； 设备管理台账； 定期检查和维护 ……	智能机器具有智能感知、自治功能，具有柔性，能支持预测性维护和故障报警，并能够支持远程的监控和维护。通过数据驱动确保设备处于就绪状态
材料	材料准确，供应及时，并满足需求	材料管理制度； 材料变更制度； 不合格品隔离； 材料可追溯保证； ……	所有材料被智能化识别和管理，不合格品通过数据驱动自动隔离，所有数据都可以自动追溯
方法	所有操作按照标准化的工艺要求进行，工艺操作规程明确	工艺操作规程； 作业指导书； 现场看板； 质量控制点设置； 变更控制； ……	所有的工艺组件被 IT 模块化，工艺程序通过 IT 模块的全新自治组合实现。组合需求来源于个性化产品的生产需要

续表

5M1E 管理	管理目标	传统管理方法	数据驱动的管理
测量	产品测量方法与产品特性相适应，并能够准确测量	测量器具与测量技术； 测量规程； 检测记录； 标识和区分不合格； ……	基于全程的智能化，包括智能产品的自治监测功能，测量活动不再是独立的管理活动，而是实时进行，并且能够自动滚动预测，辅助工厂知识工作者采取行动
环境	满足生产需求的环境要求，并改善措施	管理制度； 生产技术环境要求； 记录表格； 现场 5S； ……	所有的环境数据被传感器自动采集，实时数据被用来监控及预测分析，驱动智能机器或人力资源保持良好的环境

除在 5M1E 每个细节方面实现数据驱动之外，在智能工业环境中，所有的数据都被采集，还可以进行六个方面的综合性分析和预测，从而采取全局性的优化改进措施。在德国工业 4.0 战略中还描述了这样的场景：处于生产过程中的智能产品就是一个信息代理，它能够告知生产设备状态如何，还需要安装什么部件，从而触发生产设备完成工作。这些活动的完成都建立在基于 CPS 的自治生产系统之上，数据在不同生产元素间进行自由交互，从而完成了智能化的操作。

5M1E 只是传统工业企业管理的一部分，但与此类似，可以看到，在未来智慧工业时代，传统的管理活动的一部分会融入智能元素的自治化操作当中，另一些与人有关的工作将转变为数据驱动。智慧工业的数据驱动如图 10-3 所示。传统上用管理文件系统构造的管理体系，将被多维度的数据系统替代。

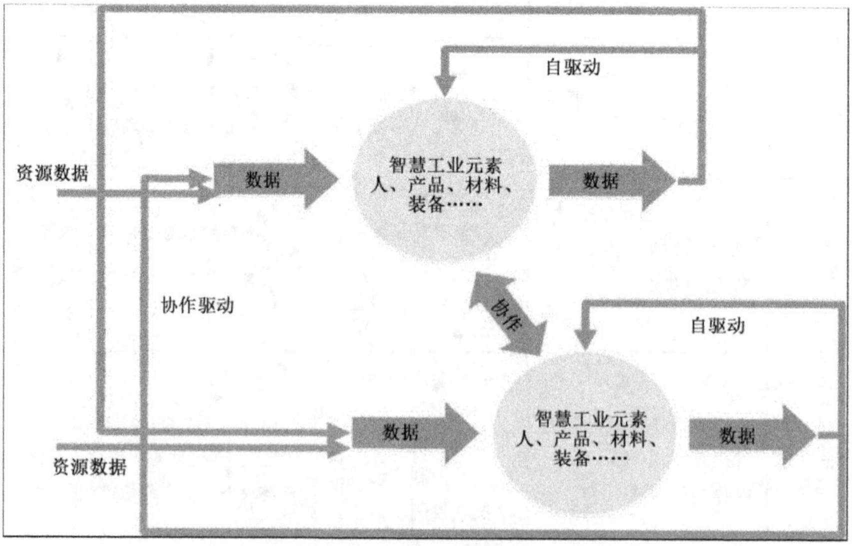

图 10-3　智慧工业的数据驱动

在确立智慧工业时代的分利机制之后，传统的管理活动大多数将被多数据驱动的活动所替代，管理原则和方法将融入全新的人和机器、机器和机器的互动关系当中。企业中的人与人之间，只要利益机制确立，就再无管理和被管理之分，而是被全新的协作机制替代。

10.3　基于技术的自治是未来管理的细节

10.3.1　自治系统

一个系统如果能够自动采集数据、分析数据、自主决策和自动运行，人们就认为这个系统是自治系统。

前文讨论的 CPS 就是一个自治系统，这里不再详细讨论。参照 CPS，自治系统不单是整体的自治，而是层次化的自治，包括机器级的自治、单元级的自治、车间级的自治、企业级的自治，以及社会协作层次的自治。自治的层次结构是未来工业的一个显著特征，表现在每一个细节当中。

自治系统不是盲目的，而是有目的性的。例如，生产的自治系统是应对个性化生产的需要；而出行服务系统的自治是实现专门的商业服务。

自治系统的自治特性是智能技术群塑造的结果，离开智能技术，自治系统将不存在。

自治系统包括技术和管理的双重含义，技术上的自治往往对应系统的自动化运行，而管理上的自治则对应系统运行规则的目的性、组织性、计划性、可控性和可优化性。

自治是新工业时代普遍存在的特性，它将会无处不在。

10.3.2　机械外骨骼

传统管理的基本原理就是戴明循环，通过计划—执行—监督—优化四个过程实现系统的不断优化。企业管理层希望员工能实现企业目标，就通过这四个过程来实现对员工的有效管理。而基于智能的技术平台，这四个过程会瞬间完成，这就是自治管理，其实现了技术平台与管理的融合。

机械外骨骼又被称为“外骨骼装甲”或“外骨骼机甲”，其结构类似昆虫的外骨骼，能穿在人身上，给人提供保护、额外的动力或能力，增强人体机能。它的用途很多，可以帮助残疾人运动，让士兵举起重物或健步如飞，但不会感到疲劳，也不会受伤。

机械外骨骼增强人体机能的核心技术就是 CPS，通过传感器以每秒几百次，甚至几千次的速度把测量到的数据传给中央处理器。在中央处理器中存储了一个计算模型，这个模型能够计算外骨骼手臂、腿和背部方位及运动。通过计算分析出人的动作意图，并模仿人的动作，让每个机械关节内的每块人工肌肉准确地执行动作，从而给人增加了外部力量。看起来很简单，但这些动作是在瞬间完成的，实质上包括了信息感知、信息传输、信息分析、信息决策、动作执行的全过程。同时，每次执行动作的数据和效果可以记录下来，对下一次的动作进行优化改进。

前面讨论过，未来的智慧生产系统和智慧工厂正是以与外骨骼类似的 CPS 技术为基础的，每个生产过程也将在瞬间完成。这个过程是自治发生的，并不需要人来发出指令。人类对生产活动的管理要求（计划—执行—监督—优化），将融合在这一瞬间自治完成的动作当中。很多机器协同起来，就构成了智慧工厂。同样，智慧工厂整体识别生产任务、感知生产状态、执行生产工艺、监测和改进都会以自治的方式完成，传统的管理细节均已融合在这一自治生产过程中。

10.3.3 3D 打印

3D 打印技术在 20 世纪 80 年代就已经诞生了，但直到今天才受到重视，根本原因在于它终于成为一项普适技术，而不是一种小众技术。

3D 打印与以往的制造技术不同，它能够做到把虚拟世界看到的东西输出到现实世界，这种能力是前所未有的。3D 打印技术实现了虚拟世界和现实世界的融合，这就是不同于以往之处。用 3D 打印进行直接制造，改变了人们传统上对制造的看法，是从根本上颠覆传统制造的力量。

与传统制造模式相比，3D 打印具有显著的特性，使得它比传统制造显得更有价值。

复杂和简单变得统一：一般来说，复杂和简单是相对矛盾的，复杂意味着更长时间、更长工序和更多人力成本。而从 3D 打印技术来看，由于无须组装、一次成型，这意味着复杂产品生产和简单产品生产变得一样。例如，塑料的俄罗斯套娃玩具如果按照传统加工方法，得连续做很多个大小不一的套娃，然后组装在一起。而 3D 打印技术就可以实现一次性完成。

多样化与成本无关：现在制造业都面临着用户个性化需求产生的多样化产品的挑战，按照传统的生产模式，每种产品都需要不同的模具、加工工艺，成本增加是很显然的。而 3D 打印让多样化产品只与三维设计图有关，而与生产成本没有直接的关系。

突破传统的制造限制：3D 打印能够跨越结构的限制，如球中套球，可以一次性成型，无须考虑复杂的工艺去实现。另外，制造工艺往往需要特殊的生产技能，对工人的技能水平要求较高，而 3D 打印不需要这样的技能，只要有设计文件，一切就都可以由机器来完成。

实现制造服务化，即时生产：只要有三维设计图导入，3D 打印技术就能在线即时完成生产，实现真正的按需制造，这对于传统制造来说是不可想象的。

精准制造：传统制造一定会产生一些偏差，所以会有精益方面的要求，而 3D 打印技术只要技术精度足够，就能所见即所得，完美复现设计目标。

无限创造性：3D 打印只要材料允许，从原理上能够打印一切，不受生产设备的约束。因此，它能够实现对无限创造性的支持。一句话，只要你能设计出来，3D 打印就能够制造出来。

从以上特性可以看出，用 3D 打印技术进行生产，只要拥有产品数字图纸，输入进去，就能输出产品，无须任何的管理工作。如果 3D 打印生产的只是一个独立的单件产品，传统工厂的工艺管理、生产管理、质量管理、现场管理等管理工作就变得毫无价值，产品的质量只与 3D 打印机的性能和功能相关。如果用户期望产品达到一定的技术要求，就只能选择精度更高的 3D 打印机。3D 打印机的软件一般还具有工艺规划、故障自诊断、故障自停机等功能，有关工厂生产的所有细节都可以融合到 3D 打印的技术当中。对 3D 打印制造过程的管理，主要建立在 3D 打印机本身的特性之上，与外部环境关联不大，这就是基于技术的自治，而不是外部的管理手段。

虽然现在 3D 打印技术还在探索中，还不能打印一切，但从 3D 打印这个例子可以得到一个结论：在智能机器遍布的智慧工厂中，基础的管理自治与智能机器自身的性能相关。当你选择了相应的技术平台之后，也就决定了产品的生产效率和质量。

10.3.4 滴滴出行

在没有滴滴出行之前，出租车和人的合作达成主要有两种方式。一种是等待模式，人站在路边等，或者车在大楼前等，直到对方过来。另一种是预约模式，人打电话给出租车公司的客服，然后客服呼叫司机到指定位置接客人。要确保服务质量的话，预约过程就需要一个管理流程，来协同用户、出租车和客服之间的关系。

而滴滴出行则不同，出租车和用户的关系是在技术平台上自动达成的，并不需要第三方的干预。当用户在某一时间某一地点登录时，个人的位置信息就会自动地显示在地图上，同时，附近的出租车也都会基于位置显示出来。当用户输入到达位置和出行时间后，附近的司机就开始抢单，抢到订单的出租车就和用户形成了交易关系。系统也会记录用户订单成功的次数和爽单次数，司机可以看到用户的诚信度，然后决定是否抢单。而服务完成后，用户也可以评价司机的服务。在这个过程中，出租车和用户合作的达成、过程的监督、优化改进都包含在系统的技术设计当中，并不需要为此设定额外的管理程序，除非是有投诉等例外情况发生。从这个过程中可以看出，对用户的租车过程的管理融合在技术设计当中，或者说融合在商业模式当中，是由系统自治来完成的。滴滴出行的工作流程如图 10-4 所示。

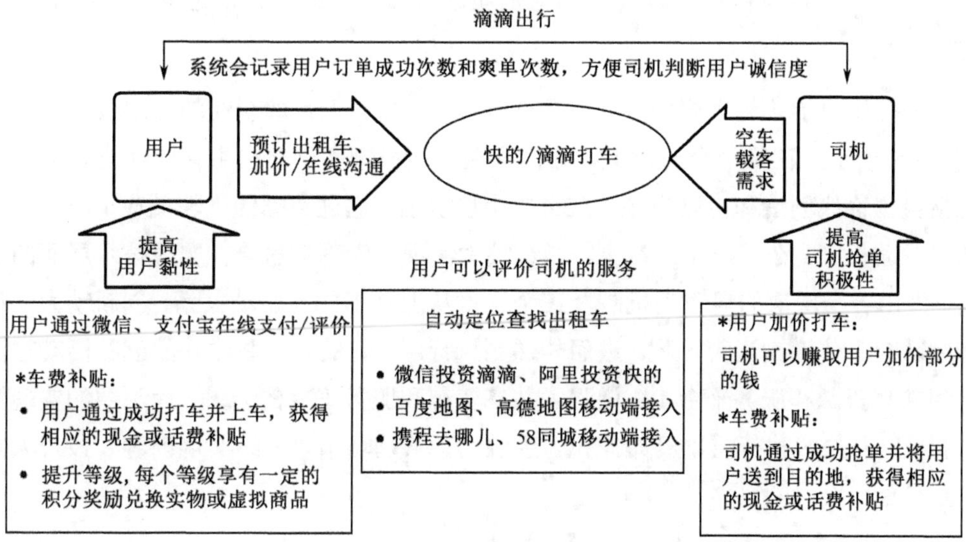

图 10-4 滴滴出行的工作流程

资料来源：互联网。

滴滴出行的模式同样可以应用到个性化生产的商业模式中，如用户和工厂的双向选择和交易达成，都可以采用类似的模式。制造价值环中不同团队的协作过程也可以采用类似的模式，并不需要建立专门的管理制度。通过建立规则，系统自治实现将是未来的一种常态，传统上的管理活动将会被固化为技术平台的一种商业模式设计。以技术自治来代替管理的模式已经很常见，还有很多例子，如微信公众号、维基百科、团购、预售、云制造等。总之，基于技术的自治管理将是未来管理的基本问题，把管理融入技术平台当中是企业设计技术平台时必须要考虑的要素。

10.4 分利、自治和协同的共生机制

前面从不同层面探讨了企业自治化管理的未来蓝图。在主干上，或者说在第一层次上，通过建立一个分利机制，激活创客的活力，从而建立创客团队的自治协同管理框架。在创客业务运营和协作层次，即第二个层次上，通过数据驱动让创客能够在创新管理、运营管理层面上实现自治。第三个层次是管理细节，或者说在执行层面，将通过新技术、智能机器、技术平台等融合管理理念的方式实现管理自治。

当然，自治包含着协作，因为协作也是通过自治完成的，自治意味着更有效率的协作。

在每个自治化管理层面上，都具有自驱动机制。无管理企业的三层自治体系如图 10-5 所示。在第一个层次上，通过利益分配机制和创客自主化实现自我驱动，包括自主价值创造和协同资源；在第二个层次上，通过数据的飞轮效应，产生数据的自驱动机制。在第三个层次上，通过技术实现与管理的融合，实现技术层面的自治。借由各个层次的自驱动机制及三个层次从上到下的互驱动关系，创新动力从创客团队自身传递到运营过程，进而传递到执行层次，最后一些成功的创新活动被沉淀到共享资源和服务平台上，增强了共享资源和服务平台的力量。而利益的实现恰恰相反，从技术执行层次开始产生，经过运营管理环节，最终实现创客和投资人的利益分配。

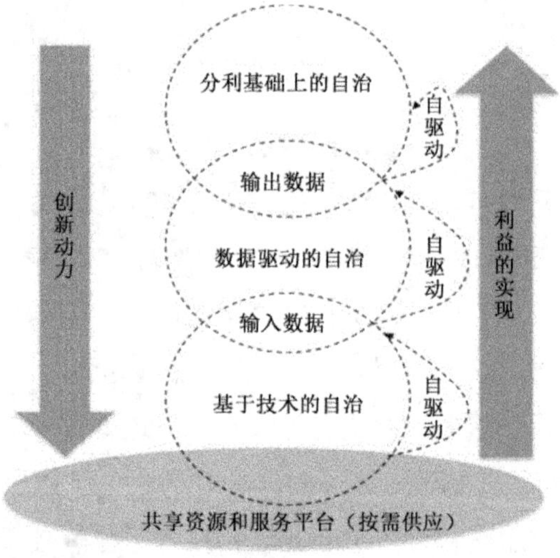

图 10-5　无管理企业的三层自治体系

这个过程的实质就是，创客以自身的知识资本为基础，以满足用户的效用最大化为创意出发点，通过分利机制激发活力，充分利用数据驱动进行创意和运营，协同其他社会资源，并通过智能技术提供产品或服务来满足用户需要。在这个过程中，创客通过分利获取了价值，用户通过创客服务获得了效用最大化的产品和服务，企业也通过与创客的分利获得了自身的价值。无管理的自治和协同机制，就是让创客、用户、企业三方都能获益的机制。

无管理的自治和协同机制，就是通过激活企业全员的创新活力来创造财富的机制，也是一个知识资本配置资源创造财富的机制，更是一个满足用户效用最大化的机制。接受无管理的自治协同机制，就是接受了智慧工业创造财富的机制，也就是接受了未来的管理。企业也需要明白，形式上的无管理本身就是一种全新的管理模式。

当然，分利和自治的核心目的不是让人们分崩离析，而是让人们在充满创造力的基础上团结在一起，实现更好的协同一致，来创造出人类更美好的未来生活。

由分利、自治和协同所形成的管理机制实质上就是共生机制。共生就是在利益共享、权利自治、目标协同的基础上，实现未来企业“场”（参见第 9 章的相关论述）与大量创客化企业的共同生存和共同繁荣。

10.5　人工智能：自治的强化

人工智能在深度学习领域的成功，证明它的实用化时代已经到来。但需要认识到，现在的人工智能还很弱小，与人类智慧存在根本性的区别，更不具备人类情感理解和随机应变的能力。从本质上说，当前人工智能的成功是算法、算力和大数据的成功，其核心原理是通过算法把大数据转化成知识能来发挥价值。这种知识能从目标上看是实现类人智慧，来代替人类的智能劳动，但实质上只是来代替体力劳动。那些程序化的体力工作，通常只需要少量的人类智力，反而是最有可能被代替的。

结合 10.4 节的未来管理总体运行机制的讨论，以下对人工智能在未来管理中的价值做一个简要分析。

在未来管理的最高层级，即创客的分利协同层面，还更多地取决于人类的智慧、创造力和情商，人工智能除能够提供辅助数据分析之外，还没有更多的价值。

在基于大数据的自治管理层面，人工智能可能替代程式化的管理工作。管理的很重要的工作是决策，基于大数据，人工智能工具对大数据进行分析，进行知识推理，实现对管理决策的支持。而管理活动中的程序化工作和轻量级决策，都将可能被人工智能程序所代替，如会计做账、任务指派、文案撰写、巡查监督、物流监控、操作层级的决策等。

在基于技术的自治层面，人工智能有可能发挥重要的作用。前面讨论过，人工智能能够对万物进行赋能，把人工智能在图像识别、图像理解、视频识别、语音识别、语义理解、机器翻译、情感分析、决策支持、大数据分析等细分专用领域的成熟能力赋能给场景、物或人类，实现环境智能、机器智能、产品智能，进而实现对人类活动的增强或帮助。这种赋能能够增强自治系统和智能机器的自治运行能力，减少人类介入。例如，通过人工智能赋能实现的智能运维，能够自主分析机器状态、优化机器性能、进行智能分析和预警，从而大量地减少人为管理活动。也就是说，在工厂和机器层级的自治管理与人工智能的赋能紧密关联。

2017 年，知名咨询机构德勤有关人工智能与未来企业管理关系的调研报告，也做出了类似的结论：人工智能将在未来的管理工作中发挥积极的协助作用，但替代绝大部分管理工作的情况在可预期的未来仍不太可能实现。该报告的数据显示，在具体的管理工作领域，80%以上的受访者认为财务管理最有可能应用人工智能协助；超过 60%的受访者认为风控监督和科技管理方面也容易应用人工智能，但组织与人才发展工作难以应用人工智能。工作特征为“细致严谨”的受访者认为工作可以被人工智能替代的比例明显较高；而要求专业知识、逻辑分析及沟通协调能力这三项特质的工作被替代的程度相对低于前者。而需要“人文关怀、决断力、创造力”特质的工作则很难被替代[17]。简单地说，越需要人类智慧参与的管理工作，越难被人工智能替代，只需少量人类智慧的程序化、体力化的管理工作，则可能被人工智能替代。

从总体上说，如果说分利、自治和协同是未来管理的三个关键词，则人工智能的价值就主要体现在自治方面。对于技术层面和管理程序化层面的自治，人工智能将发挥重要的作用；而对于主要基于人类智慧的人的行为自治，人工智能智能只能发挥部分辅助作用。

10.6 智慧企业——有能量并聪明的工“场”

企业是社会的基本单元，基于全新的企业组织和管理，现在的大型企业将演变为全新的智慧企业，即能够聪明地应对各种用户个性化需求的企业，能够充满活力

---

17 https://www2.deloitte.com/cn/zh/pages/about-deloitte/articles/pr-ai-new-revolution-of-new-generation.html.

持续创新、创造的企业。

在企业全面创客化，实施分利自治管理之后，企业将如同一个多蛋黄的鸡蛋，孵化出的无数创客构成一个智慧工业世界的局部协作网络。蛋清则是企业能够提供的共享资源和服务。而蛋壳就是企业资源和服务的边界，因为包括合作伙伴的资源和服务，所以这个边界应该大于企业资产的边界。从整体上看，创客化的企业就如同摊在电饼铛上的多蛋黄煎蛋，将是一个基于共享资源和服务的自治体协作组织，或者说共生组织。集团企业资源和服务共享如图 10-6 所示。

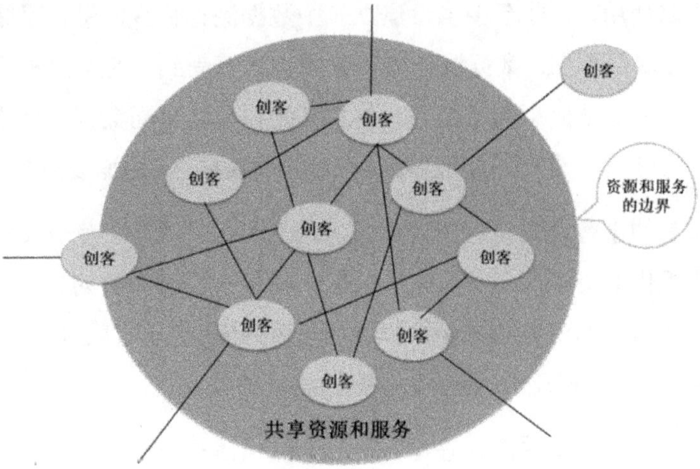

图 10-6　集团企业资源和服务共享

在煎蛋模型中，所有的共享资源和服务按照表现形式可以分为两种类型。其一，有形的资源和服务，与云计算、大数据、移动互联网结合，形成无处不在的云服务，创客可以利用这些资源，实现连接即计算、连接即生产、连接即数据、连接即流程、连接即创意、连接即网络、连接即采购、连接即社区、连接即金融……一切基于连接的资源服务都在其中。其二，所有无形资源和服务，成为所有创客共享的资源，如企业的价值观、企业的品牌、企业的文化、企业的历史。

智慧工厂将是新工业时代的共享基础设施。在大规模生产模式下，基于社会需要大量的同质产品的假设，生产围绕企业的生产计划进行，工厂只要连续不断地生产就可以了。而在以用户为中心的个性化生产方式下，生产取决于用户的选择，生产需求变得不可预测。如果不能建立与用户需求的有效连接，再智慧的工厂也可能面临停产的窘境，企业也无从按计划组织智慧工厂进行生产活动。同时，任何一个创客都不可能连续占用一个智慧工厂的全部产能，工厂必须与具体的经营活动分开。因此，必须打破智慧工厂从属于一家企业的边界，让智慧工厂成为一个互联网上的共享制造资源。把智慧生产的组织者和智慧工厂解耦合，让大规模社会化的智慧生产组织者能够利用所有互联网开放的制造资源。只有这样，才能在整个虚实世界中达到生产和需求的平衡，建立全新的生产和用户之间的互动关系。

大数据也必须成为资源和服务的一部分。大数据不仅是消除创客化世界熵增的工具，还是数据驱动的自治管理来源，也是一切创新活动的基础。即使没有好的数据分析工具可以使用，企业至少也得建立一个数据湖，能够采集和存储足够多的元数据，以便随时取用数据。数据服务应该让需求者感受到的是数据的无处不在，所需即得。由于自治体是很小的一部分，不具有能力获取全局数据，企业才是提供数据海洋服务的责任方，只有它才能够获得全局性数据，并为需要方提供数据服务。

并不是所有的创客都在企业资源和服务的边界范围内，还有一部分创客可能部分使用了企业提供的资源和服务，同时也有一些外部资源力量的参与；还有一些创客没有使用企业内部的资源和服务，但与企业边界内的企业存在协作关系，相关关联数据会被存储利用起来，成为资源和服务的一部分。

资源和服务是自治体的生存基础，它的价值也在不断增长中。如果它永远如初始状态一样，那它也会逐渐失去价值。所有生存其中的自治体不仅从其中获取资源，而且自治体的所有创意、运营、数据、产品等创新性活动都会最终沉淀到平台之中，成为全新的资源和服务。无形的资源也是如此，自治体的价值成长也会让平台的无形资源变得更强大。企业提供的资源和服务也会随着服务自治体的增多和增强而变得更加丰富。这种机制也类似于数据飞轮效应，提供服务的数据越多，增加的新数据也会越多，进而能够提供服务的数据就会更多。

所有的共享资源和服务，一般通过若干平台方式展现出来，创客通过注册成为平台的一员，享受相关的服务，并通过效用价值的方式支付费用。在《智慧的维度：工业 4.0 时代的智慧制造》一书中，把这种多平台的资源服务机制命名为“场”，就如同电磁场一样，为运行在其中的自治体提供无形的赋能力量。“场”是立体的，不是一个平面，其中的自治体能够无处不在地感受它的力量。“场”既是束缚，也是能量。这种束缚是一个软性的力量，对其中的创客进行正确的导向。当其中一个自治体的能量足够强大时，它就可以脱离“场”的束缚，成为一种独立的力量，从而构建出新的“场”。例如，在海尔集团创客化实践中，就建立了多个平台，包括创意孵化的平台、投资平台、创客交流平台、服务平台等。这些无处不在的平台就是一个个的“场”，企业变为一个由众多自治体构成的工“场”。

未来的智慧企业将由“场”、创客化小微企业、共享的生产资源三部分构成。“场”既是赋能，也是服务，从赋能的角度，企业给创客化小微企业提供计算、数据和人工智能的支持；从服务的角度，企业给创客化小微企业提供孵化、投资、信息交流、品牌支持、公共服务等。创客化小微企业是“场”中最为活跃的自治化经营体，融合“场”的赋能、自身的知识资本和创造力、协同共享资源为用户提供服务。不同的创客化小微企业，互为协同共享资源关系，因价值连接在一起。未来的智慧工厂和智慧生产系统将是基于工业互联网的共享资源，给创客化小微企业提供生产和服务的基本条件。

要成为智慧企业，传统大企业必须做好这三方面工作，即建设好赋能“场”、内部组织创客化、建设智慧生产体系和智慧工厂并共享，用户服务和价值创新将会由创客化企业完成。新工业需要智慧企业，智慧企业会推动新工业持续发展。

可以总结为简单的一句话：在新工业建设大背景下，智慧企业就是满足新工业时代需要的资源和服务共享的自治体协作组织，它是一个工“场”，是一个有能量并聪明的工“场”。

第 11 章
Chapter 11

未来竞争优势：新工业能力与“黑洞效应”

近年来，出现了一些前所未有的现象：一日实现 2 000 多亿元的销售额；新事物突然之间流行；新公司以前所未有的速度称雄世界；曾经无懈可击的巨人瞬间就倒下了……那么这些现象背后的本质是什么？

现在是大众创业、万众创新的时代，未来将是创客化企业的世界。微小的创客如何在这样充满竞争的世界中生存？如何快速成长？又如何不重蹈旧时代巨人们的覆辙？

从已经发生的众多现象中，本章将提出一个新工业能力模型，给创客化企业说明在未来什么是核心能力，什么是不重要的。本章也将证明，新工业能力必须通过“黑洞效应”，才能把力量展现出来，才能实现能力到能量的转换，才能形成相对稳固的竞争优势。新工业能力与“黑洞效应”就是创客化企业未来获得竞争优势的关键，使创客化企业避免重蹈旧时代巨人们的覆辙。

做大企业的规模已经不重要，小企业大能量才是关键，这就是本章要讲的道理。

11.1 凭空塑造的力量：“双 11”的竞争力解读

11 月 11 日，本来只是一个普通的日子，把这一天称为“光棍节”，也不过是 20 世纪 90 年代高校中年轻人的一个趣味性叫法。可能的原因只有一个，就是 11 月 11 日有四个孤单的“1”，和光棍们形单影只的形象很贴切，因而被富于创意地称为光棍节。最早只是一小群人这么称呼这一天，但因为有趣，被热情的年轻人迅速传播开来。即便如此，在 2009 年以前，只在单身年轻人中有这个说法，还不是一个正式的节日。而从 2009 年以后，“双 11”不再是单身年轻人的节日，而逐渐成为一个全民购物的狂欢日。

2018 年的“双 11”，仅阿里巴巴旗下天猫的销售额就达到了 2 135 亿元（见图 11-1），很多超大型工业企业一年的销售额也不过如此。当然，从增长率来看，已经呈现逐年降低的趋势，后续增长潜力有限。

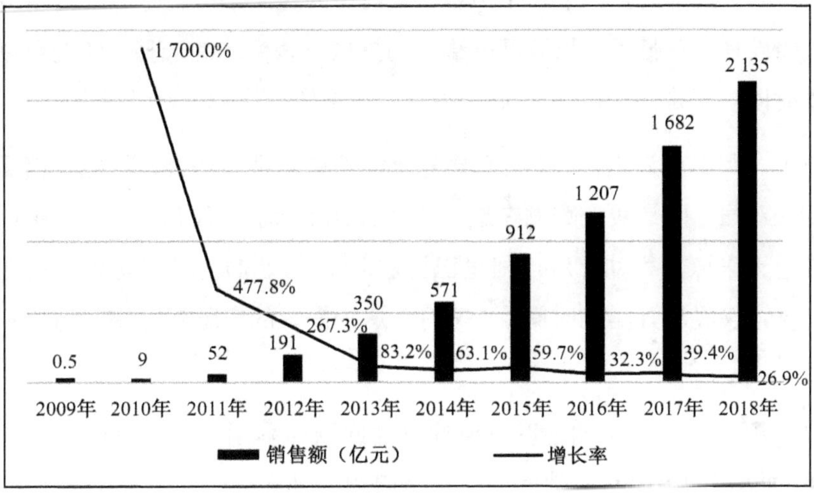

图 11-1 阿里巴巴旗下天猫“双 11”历年销售额

那么，奇迹到底是如何发生的，背后有着怎样的逻辑？何以把超人型传统企业一年才能完成的销售额在一日之内就完成？

在 2015 年天猫“双 11”活动的启动仪式上，阿里巴巴 CEO 张勇曾经这样介绍它的起源：

“在刚开始的时候，我们认识到，也许第四季度非常合适，为什么呢？原因很简单，因为第四季度是传统的消费旺季，不仅是在中国，在全球也是如此。并且我们也相信，11 月是一个非常好的选择，为什么呢？因为在中国，10 月有中国国庆黄金周，中国人民会在 10 月第一周享受假期，这对于中国零售业来说是一个黄金期。12 月，我们的消费者会享受到年末清仓的优惠。而在 11 月，有一个安静的窗口。对我们来说，我们可以在 11 月举行这样的促销活动，因为消费者有非常强大的需求。在中国北方，很多人已经开始购买换季产品，在南方也是如此，人们会在

11 月消费。因此，我们综合考量后，认为 11 月是非常好的时期。”

“接下来的问题就是，选择哪一天呢？我记得，我还让我的团队做了一些研究，去找一些中国的节日，来推广活动。我的团队非常努力，但最后他们过来和我说，在 11 月找不到节日，在 11 月中国并没有一个很大的节日。我说，有没有西方节日呢？所以我的团队就继续去寻找，他们回来后说我们现在发现了，除黑色星期五和感恩节之外，还有一个新的节日，对我们来说都是很新鲜的，那就是光棍节。事实上，那是我第一次听说光棍节这个节日，人们认为这一个节日是专门为单身人士所准备的。如果有人单身了，我们可以给他们提供一些商品的选择，他们可以通过购物来打发时间。于是我们就决定如此行动，这就是‘双 11’的由来[18]。”

实质上，到现在为止，“双 11”本身已经不完全是一个节日，更不仅是单身人士的购物狂欢日，而是线上购物在这一天的集体引爆。不仅是天猫，几乎所有的电商都在这一天采取了行动，就连阿里巴巴注册了“双 11”的商标也不能改变这一点。就这样，仅经过几年的时间，“双 11”这个简短的字眼就凭空塑造出了巨大的能量。

力量来源于哪里？这就是以下要探讨的问题。早期的力量来源，在阿里巴巴 CEO 张勇的演讲中已经部分地回答了这个问题，那就是在 11 月中存在一个购物空档，这段时间没有线下的节日，但又存在购物的潜在需求，这是一个机会窗口，转瞬即逝。最早选择“双 11”这一天只是为了找到一个释放购物潜在需求的依托，当然还有一个可以引爆的基础人群——单身群体。在 2009 年，阿里巴巴只是做了这样一件事，为潜在购物需求与阿里巴巴天猫之间建立了一个连接，让潜在的购物需求找到一个出口，从而释放市场的能量。由此看来，“双 11”的能量来源建立在用户的潜在购物需求之上，只不过阿里巴巴依托“双 11”这个符号释放了它。

但从现在的眼光来看，问题已经不是这么简单了。在线上购物流行以前，传统购物活动的爆发只能依赖于传统的节日，如“五一”“十一”和春节。在这些节日里，人们才能从忙碌的工作中脱离出来，而商城、超市也会在此时通过大量的促销活动，吸引全民购物，从而形成巨大的市场规模。因此，早期的天猫只能从线下购物的空当中找到机会，所以就创造出了“双 11”这个符号。

2010 年以后，随着移动互联网时代的到来，人们从物理的时间、空间的绑定

18 http://www.25pp.com/news/news_78684.html.

中被释放出来，在虚实的时空中可以随时随地地购物，促使在线购物逐渐普及。根据 2018 年 8 月 20 日中国互联网络信息中心（CNNIC）发布的第 42 次《中国互联网络发展状况统计报告》：截至 2018 年 6 月，我国网民规模达 8.02 亿人，互联网普及率为 57.7%。其中，手机网民规模达 7.88 亿人，网民通过手机接入互联网的比例高达 98.3%。截至 2018 年 6 月，网络购物、手机网购、手机支付用户规模分别达到 5.69 亿人、5.57 亿人、5.66 亿人。在线购物的时空自由特性，一方面挤压了线下购物的空间，传统零售业关店潮已经在发生；另一方面，在线购物没有空间约束，时间可以任意选择。从这一点上看，“双 11”的早期意义已经没有了，现在留下来的更重要的是一个社会共识的符号意义。对很多人来说，现在的“双 11”符号等同于在大家头脑中形成的一个观念，即商家促销活动众多，价格更加便宜，在这一天可以以很大的折扣购物。所以，现在的状况是，大家把平时的需求闲置下来，等待在这一天释放。商家为了在这一天形成巨大的流量，也释放了大量的让利空间，从而维持了“双 11”的符号价值。但换个角度，如果另一天能够同样让海量的商家释放同样的让利空间，那么如同“双 11”的效果同样会发生。现在，一些电商以“双 11”为参照，推出的“双 12”“6 • 18”活动就是这个道理。但问题在于，刚需是无穷多的吗？很显然不是，如果“双 11”释放过了，其他的日子就不会达到同样的效果。

从营销模式来说，“双 11”新意也并不多，看起来就是线下营销模式的线上版本，同样以打折、返券、送礼物三大模式为主。“双 11”也没有改变后台的生产方式，更与智慧工业无关。它的成功在于大势所趋，也就是在线购物的崛起。“双 11”通过互联网的方式，把用户的购物行为进行了颠覆，由重大的实体节日购物，变为在线的虚拟节日购物。“双 11”发挥了虚实时空的扁平化优势，所有在互联网中的供需双方在这一虚拟时间点发生巨大的共振，从而产生了巨大的能量。对过去而言，“双 11”模式是一种进步，它让人们认识到在虚实融合时空中，任何时间点都可以成为一个购物节日。同时，它也是对用户和商家时空关系的一种重构，改变了传统上双方必须在固定的物理空间接触并产生商业关系的情况。

利用第 2 章提出的虚实时空节点模型，对“双 11”做一个分析。“双 11”塑造了一个虚实时空的场景，并在这个场景中对供需双方进行了连接，从而产生了共振效应。“双 11”产生的共振效应场景如图 11-2 所示。

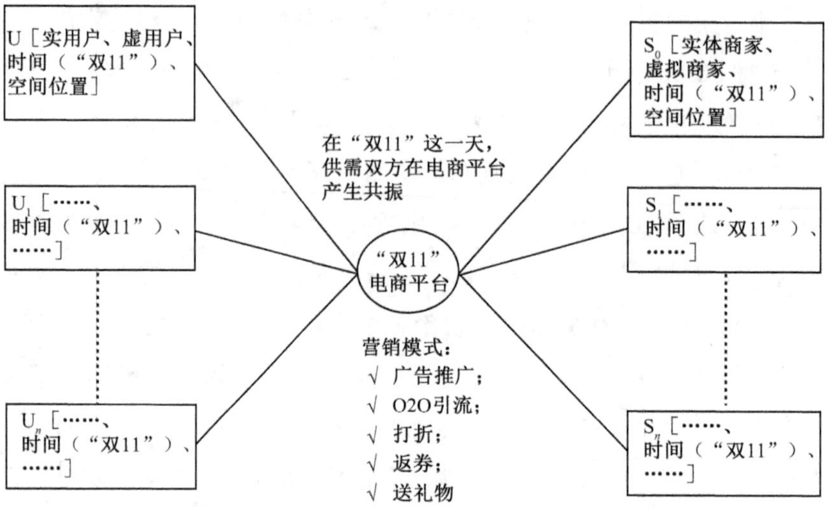

图 11-2 “双 11”产生的共振效应场景

“双 11”的问题在于，虽然它促进了人们生活方式从线下生活到线上生活的转变，但它并没有实质性地改变传统的以促销推广大规模生产的产品的方式。在线下的促销方式转移到线上之后，线上规模更加庞大了，但线下的规模缩小了。不过线下的商业具有自有的优势，并不会最终被挤压到零，线上规模也不会一直增长下去，“双 11”线上销售增长率的降低已经说明了这一点。虽然把这一天的规模做大了，但其余 364 天的规模就变小了。最近的一些舆论认为，电商的崛起打击了实体经济，尤其针对零售业，这一现象毫无疑问正在发生。整体社会都在转型过程中，肯定会面临问题，人们不能急于转型，但也不能止步不前，“双 11”模式注定会引起争议。

无论“双 11”是否存在争议，它对人们构建面向未来的竞争模式是有意义的，主要表现在三个方面：①由于在虚实时空中实现了所有相关方的时空自由，任何时间点都可以塑造出巨大的能量。②巨大的能量的形成，与平台本身没有直接的关系，本质上取决于供需双方形成的共振能量。平台只是建立了连接，但由于连接数量的剧增，平台自身也具备了巨大的能量。连接就是能量，与平台自身规模无关。③充分利用虚实时空的扁平特性和聚合作用，就能够跨时空地把人和物聚合在一起，从而做到实体经济做不到的事情。

“双 11”只是基于一个时间点的虚实时空聚合就创造了巨大的能量，那么还有没有其他的聚合方式呢？

11.2　流行三原则：引爆虚实世界

2018 年，天猫“双 11”实现了 2 135 亿元的销售额，这比 2009 年的 5 000 万元增长了 4 000 多倍。一个传统企业要从年销售额 5 000 万元做到 2 135 亿元可能需要几十年的时间，甚至直至倒闭也难以做到。如果是一年的时间，或许也会有奇迹发生，但这只是一天的销售额。在这 10 年当中，“双 11”是如何流行起来，并被大家广泛接受的呢？

就“双 11”而言，它深入人心的过程是一个综合性因素，包括随处可见的广告、朋友圈的传播、家人的参与，逐渐把人们带入“双 11”大促销的情境当中，从而成为它的一员。它的传播过程符合社群引爆的规律：由开始的少数人知道，通过社交传播，迅速变成指数式成长。那么，对于更多的平台、产品或服务，没有资金来打促销广告，有没有规律也能够引爆流行，实现如天猫一样的爆发式增长呢？

美国《纽约客》的专职专栏作家马尔科姆•格拉德威尔撰写了一本名为《引爆点》的书，指出无论是时尚潮，还是流行病的传播，都是流行三原则影响的结果。

1．个别人物法则

当任何一场流行时尚到来时，总能发现几个非常关键的人物，他们独有的特点和社会关系，再加上他们自己的热情和个人魅力，能够高效、快速地将信息在一定范围内散播开来。企业能否引爆潮流的第一步，就是要从人群中找出这些个别关键人物，利用他们来传播营销信息，点燃流行潮。个别人物可分为三类：传播信息的“联系员”、提供信息的“内行”、说服别人接受信息的“推销员”。马尔科姆•格拉德威尔在其著作《引爆点》中告诉读者，至少企业一线的销售人员完全可以扮演个别人物。但是，要给予其相当精确的行为规范，从而真的可以起到联系员、内行或推销员的作用。现在，人们看到在重要的产品发布时，如小米手机、锤子手机、苹果手机等，开始的时候都会由有影响力的高级管理层在微博、微信等社交圈发布相关信息，借助个人庞大的粉丝力量引起关注，这就是个别人物法则。

2．附着力因素法则

附着力因素法则关注的是理解及记忆的过程，通过有意识地创造一个理解新事物的过程，并通过各种形式来帮助受众记住要点。也就是说，企业在传播自己产品的过程中，要关注受众的理解能力。一个新的技术要点或一个全新的概念是否可以得到目标市场的理解，是影响该产品未来前景的关键因素之一。理解的同时要想办法来强化受众的记忆。《引爆点》一书中指出“在适当情况下，总是存在一种简单的信息包装方法，使信息变得令人难以抗拒”。

这条法则的重要性在于，在信息和时间碎片化的今天，你只有在有限的时间碎片和信息碎片中被大家发现，才有可能让大家记住信息，而且由于信息的爆炸，人们天然地对于信息具有抗拒心理，削弱了信息的附着力。我的一些朋友也谈到，在10 年前，即使在平面媒体上写一篇文章，也可能收到一些读者反馈，但现在以正统的方式发布一个产品广告信息，几乎引起不了任何关注，在社交圈中发信息也是如此。所以，在微信圈可以看到很多标题党。例如，某公众号发布了一篇文章，标题为“大家都没有说对工业 4.0”，那么关注工业 4.0 的人就希望打开看一看到底有什么新观点，然后就有可能订阅该公众号，成为粉丝。这就是附着力因素法则，不仅要传播信息，关键还在于让大家记住信息。

3．环境威力法则

环境威力法则是指消费者深受自己周围环境和周围人的影响。营销人员在社会网络容量极限之内，通过掌握外部环境的细小改变，就可以直接引爆一场流行风潮的到来。环境威力法则与破窗理论的说法基本类似。

破窗理论：“开始的时候，一幢建筑有少许破窗，如果那些窗不被修理好，可能将有破坏者破坏更多的窗户。最终他们甚至会闯入建筑内，如果发现无人居住，也许就会在那里定居或纵火。一面墙，如果出现一些涂鸦没有被清洗掉，很快地，墙上就会布满了乱七八糟、不堪入目的东西。一条人行道有些许纸屑，不久后就会有更多垃圾，最终人们会理所当然地将垃圾顺手丢弃在地上”。从破窗理论可以看出环境影响的巨大威力，好的环境形成正向的威力，坏的环境形成更具有破坏性的威力。

“双 11”也是这三大流行原则作用的结果。每次“双 11”启动前期，都会看到阿里巴巴高层为活动的传播不遗余力，符合个别人物法则。在传播过程中，阿里巴巴连年不断地突出“双 11”的符号化意义，阿里巴巴甚至专门为“双 11”申请了商标注册，就是强化阿里巴巴与“双 11”符号之间的信息附着力因素。通过社群传播、口碑传播，以及每年公布的天猫“双 11”销售额，就是一个环境威力法则的反映。每年发布天猫“双 11”销售额，留给大众的一个潜在问题就是：“大家都在‘双 11’购物，你为什么还没有去？”从而产生了环境威力，使得更多的人参与到“双 11”当中。

当然，问题的核心不在流行本身，而是在于引爆点。如果引爆点有效，轻轻着力就能点燃流行潮；反之，无论如何采取流行三原则，也不会有效。例如，“双 11”针对的就是 11 月的采购空档，这个引爆点就是有效的引爆点。还有本书前面谈到的效用产品，价值不在于如何推广，而在于产品效用本身。只有效用突出，才会存在引爆点，流行三原则才可能发挥作用。《引爆点》一书也指出了这一点：“要发起流行，就得把资源集中在引爆点上，换个视角看待这个似乎雷打不动、无法改变的世界。只要找对了一个点，轻轻一触，这个世界必然能够动起来。”

流行三原则可以带给企业一个启示，具备创造流行的能力就是虚实时空中的一个竞争优势。如果能够有办法让一个好产品或一个好观念流行起来，并在一个足够大的群体中产生环境威力，物尽其用，那么这个产品或观念就成功了。同样，这与企业的规模无关，只与成长速度相关。流行会让企业的规模呈现加速度的倍增，哪怕开始的规模还比较小。

让一个事物流行起来，在虚实时空中引起风暴，通过虚拟维度把用户需求聚合，最终将产生前所未有的能量。这种能量与供给方自身的规模关联不大，用户一旦聚合，需求逆推供给，就会赋予供给方虚拟规模，如果供给方具有组织生产的能力，用户能量就会赋予供给方。

11.3　流量思维是一个创富逻辑

互联网思维中有一个重要的思维方法，那就是流量思维。流量思维认为互联网模式下流量是形成规模经济的关键。

从事互联网领域工作的人都知道，流量是一个网站生存最基本的指标。积累流量的过程其实也是积累用户的过程，流量越大，潜在用户越大。互联网领域往往都是先烧钱积累流量，然后在流量的基础上再考虑商业模式赚钱。互联网时代，为了流量，可以说是不惜血本。很多传统企业也做了电子商务门户，为什么很多都失败了？因为它们中很少有企业认认真真做过流量这件事，只是准备从网站赚钱。从滴滴出行开始，免费获取流量也过时了，流量需要付费，这也说明了流量思维对于互联网商业模式成功与否的重要性。

互联网流量是充分发挥互联网的连接聚合价值的表征。通过流量聚起庞大用户规模，如果是信息产品或软件产品，分摊到每个用户身上的边际成本就接近于零，服务商就能够发展更多用户而不用担负任何成本。在用户规模庞大的基础上，只要一小部分转化为付费用户，也就产生了产能需求。通过这个过程，把不确定的用户变成确定的生产需求，生产和服务的任务就会显性化，从而更加精准和有效。同时，用户流量越大，转化产生的产能需求种类越多，服务商选择的空间就越大，规模经济和范围经济就越明显。所以说，流量思维是对的，它蕴含着一个潜在的创富逻辑，如图 11-3 所示。流量就意味着财富，这也是新兴模式不惜血本获取流量的原因。可以看到很多创意很好，但由于流量不足导致的商业失败。流量是未来竞争的必争之地，这是毫无疑问的。

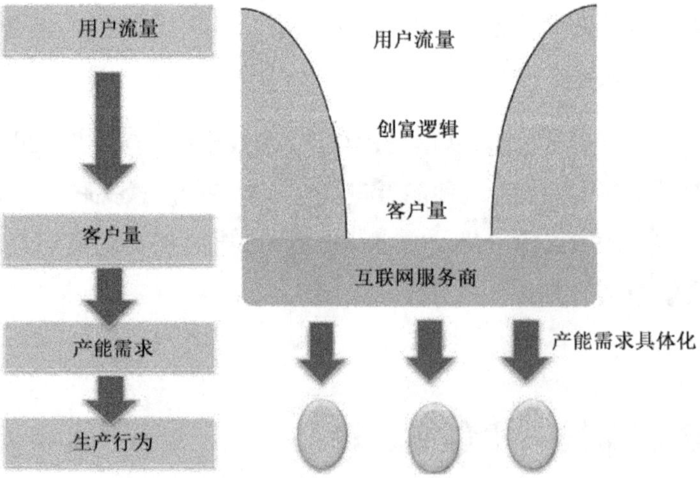

图 11-3　流量思维的创富逻辑

有一句网络流行语：“羊毛出在狗身上，猪来买单”，就清晰地描述了流量的价值。关于这一点，可以从网上找到这样一个故事：一家做女士睡衣产品的品牌，它用免费送睡衣的方式推广产品，用户只需要支付 23 元的快递费就可以得到产品。这款产品在商城的售价为 188 元，而用户只需要花 23 元就可以得到，当然会非常受欢迎，也愿意帮它做口碑宣传。因为有很多人购买，品牌商就省掉了渠道、商城等中间环节，而且需求量巨大，所以可以进一步给工厂施加压力，只用 8 元就由代工厂生产出来了。在剩余的 15 元当中，再拿出 3 元做流量推广，5 元做快递费，还会剩下 7 元。如果能够送出 1 000 万件，那么品牌商就能够赚到 7 000 万元。在这个故事当中，品牌商拿出 3 元做流量推广，所有网站都很配合做推广，而且用户也只用 23 元就买到了 188 元的产品，也乐意传播，从而在短时间内就形成了巨大的用户流量。这种流量规模所产生的产能需求对于代工厂和快递来说也是一笔巨大的财富，从而愿意给出更大的折扣，在折扣当中就产生了品牌商的利润。利润看起来是快递和代工厂给省出来的，但实质上也是由用户流量创造出来的。再用这个例子去看 360 杀毒、滴滴出行、小米手机等成功的互联网公司，是否也有类似的感觉？从总体上说，一个互联网服务商获取利益并不一定是从直接的流量获取的，也可能是从间接的流量获取的。

互联网商业模式需要流量思维，但实质上流量思维并不新颖，随处可见，只不过平时被大家忽略了。如果大家经常去超市买日常用品，一般都会在超市门口看到一个印在大张纸上的关于当日大促销的海报，这个海报会吸引大多数人到超市中看一看，这就形成了流量。但实质上，大促销的只是有限的几种商品，但用户进到超市之后，就可能购买其他的商品，而不限于促销商品。其实这个逻辑和互联网思维的流量思维基本一致，那就是通过促销形成流量，流量当中会进一步形成实际的用户，从而创造利益。只不过问题在于，超市面对的是一小片区域，受到地理时空限制，不可能形成巨大的流量而已。

曾经在朋友所住社区的门口有两只可爱的小兔子，这也是一个典型的关于流量思维的故事。在这个社区的门口有一个年轻人，管理一个报亭，还有几辆儿童摇摇车。从几年前开始，每天早晨，这个年轻人总会把一个装有可爱的小兔子的笼子放在儿童摇摇车不远处。每当有小孩路过时，总忍不住去和小兔子玩，小孩也会自己从家里带一些蔬菜来喂小兔子。每个小孩喂一点，一天有很多小孩喂下来，基本上不需要店主喂养，小兔子就会被喂得很饱了。自从有了这只小兔子之后，几乎社区所有的孩子都会在小兔子那儿停留一会儿。和小兔子玩完后做什么去呢？当然是摇摇车，而且完全不用店主推销，很多孩子就都会为这个小店贡献一点财富。年轻人管理的摇摇车在增多，小孩子们也都很快乐，并没有让人觉得有什么不好。每年到春节的时候，这个年轻人就可以拥有两只基本上不用喂养成本的兔子。在第二年的开始，又会重新带来两只小兔子，这个故事可以一直重复下去。在这个故事当中，小兔子扮演了形成流量的质点，小孩子围绕小兔子形成了流量，其中只要有部分小孩愿意去玩一玩摇摇车，就会给店主带来财富。

以上这两个故事说明了一个道理，流量思维并不新颖，可以在互联网虚拟世界采用，也可以在现实世界采用，关键在于人们明白流量思维所蕴藏的财富机制。互联网商家的广告人们经常有点看不懂，具体销售对象往往不明确。实质上它们要的是流量，而不是具体的交易。

前面讨论了互联网世界和现实世界的流量思维，两者之间有什么相通之处呢？这就是将在虚实时空中建立的新流量思维。传统的互联网所提的流量思维是把人引导到一个网站或 APP，所有的商业模式都基于网站或 APP 实现，这是一个纯粹虚拟世界的流量思维。基于虚拟世界的流量思维，有很多人提出对于入口的争夺。例如，争夺电视端、手机、智能汽车的控制权，因为掌握这些就意味着掌握了虚拟世界的流量入口。但实质上，还有更多的活动并不在虚拟世界中，流量财富还远远没有覆盖实体世界的一切。大多数人的活动都是在超市那样的实体世界中，实体世界是不能随时空移动的，不能像虚拟世界一样跨时空建立连接。现在要把所有这一切整合在一起，这就是虚实时空中的流量思维，不仅关注虚拟世界，还要关注实体世界。

在虚实时空当中，不仅关注传统虚拟世界的流量，更重要的是要构造场景中的流量。既然无法改变实体世界，那就必须把实体世界和虚拟世界结合在一起，场景就是这样的结合点。人们的生活构筑在一个个的生活、工作、娱乐、学习场景当中，需要在场景当中构建流量思维，才是面向虚实时空的解决办法。

场景就是虚实时空中的一个能量聚点。能量聚点的意思就是在一个时间和空间位置上能够实现连接和价值的最大化。通过一个合理的场景服务设计，让在同一位置的服务商和用户实现价值上的连接共振，从而实现价值最大化。也就是说，基于虚实时空的流量是由在特定的场景中建立的有效连接产生的，它与时间和空间有关系。例如，滴滴出行的流量就是基于时空场景的，同样的一个人，12:00 在海龙大厦打车和 12:30 在海龙大厦打车所建立的连接是不同的。同样，在一个在线社区的场景当中，不同时刻登录的用户不同，建立的连接也就不同，流量的指向和规模也是不同的。因此，虚实时空的流量是与时间、空间位置，以及具体服务相关的流量。

基于虚实时空，不同场景中产生的流量来源可能有四种情形（见图 11-4）：同一位置，不同时间的场景积累形成的流量；同一时间，不同位置的场景积累形成的流量；同一时间和同一位置的场景形成的流量；同一用户不同时间和不同位置的场景形成的流量。不同的情形产生的价值转化也会不同，这也是个性化需求产生的原因。这与传统的流量思维是不同的，传统的流量思维转化最终会转变为对一个特定产品和服务的产能需求，而场景中建立的流量会形成源源不断的个性化产品和服务需求。同样，虽然场景流量建立在个性化需求之上，但在价值转化上与传统的流量思维基本相近，就是由用户流量转化为用户需求量，进而转化为生产需求。传统的互联网思维最终导致规模经济，可以与大规模生产模式对接。而基于场景流量的思维最终会导致范围经济，可以与个性化生产对接。

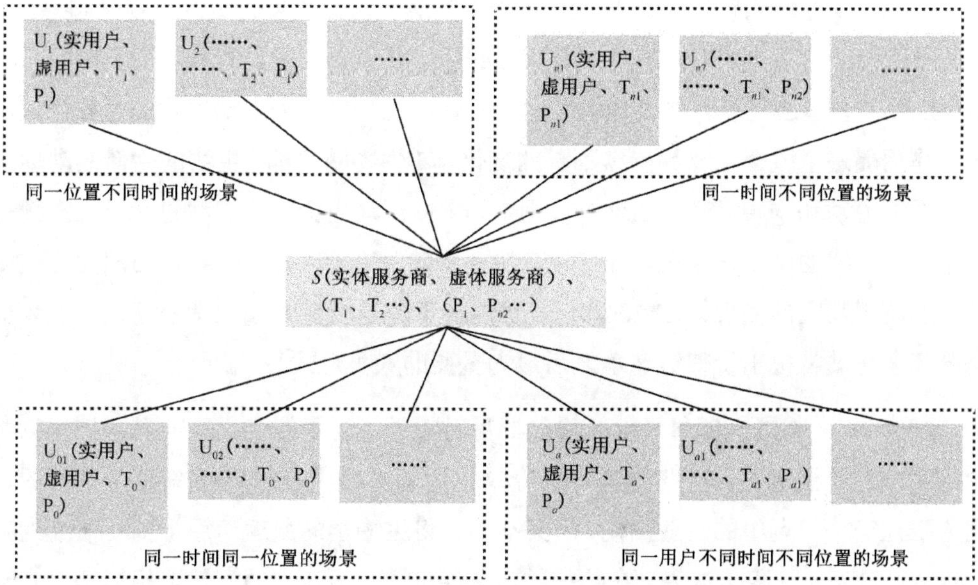

图 11-4 不同场景产生的流量

现在，新零售就是一个场景流量的思维。基于一个有限的实物场景，但它同时是虚实融合时空中的一个节点。基于零售这个物理的节点，利用虚实融合的特性，聚合人、货、场，其本质也是一种流量思维。人们只要进入新零售的场所，并不需要购物，就已经贡献了流量的价值。

无论是纯虚拟世界的流量思维，还是基于虚实时空中场景的流量思维，最终都要转化为用户价值和服务商价值，企业构建流量的能力无疑也是未来竞争能力的一个要素。同样，这种构筑流量的能力也与传统的企业规模无关。只要有能力产生巨大的流量，就意味着拥有巨大的财富。

11.4 $n+n=4n^2$：生态圈构造的能量

虚实融合时空本身就是一个超级生态圈，大生态中有小生态，人和万物在其中共生共荣。即便是商业竞争，也是生态的竞争，而不是个体间的相互争斗。

从生物学角度来说，生态圈是一个由生物圈和自然环境构成的自我调节系统，它开放且复杂。从整体上，生物需要从外部环境获取必要的能量和物质，如阳光和水。生物需要适应环境，如果环境发生了变化，又会反过来推动生物的适应性，这种反作用促进了整个生物界持续不断的变化。在生物圈内部，生物的生命活动促进了能量的流动和物质循环，在这个过程中，生命活动也会完成自我进化。生态圈是一个横纵交错的网络化系统，既有垂直的食物链关系，也有同生共长的横向协作关系。围绕生物圈的概念，在 20 世纪，已经有学者把它引入产业竞争理论，认为生态圈竞争是波特提出价值链竞争之后最为重要的竞争形式。

1996 年，美国学者詹姆士・穆尔撰写出版了《竞争的衰亡》一书，把生物学中的生态系统概念引入产业竞争的范畴。书中以生物学中的生态系统这一独特的视角来描述当今市场中的企业活动，但又不同于将生物学的原理运用于商业研究的狭隘观念。詹姆士・穆尔认为，在传统的市场经济中，达尔文的自然选择似乎仅表现为最合适的公司或产品才能生存，经济运行的过程就是驱逐弱者。而穆尔则提出了“商业生态系统”这一全新的概念，打破了传统的以行业划分为前提的竞争战略理论的限制，力求“共同进化”。根据詹姆士・穆尔的观点，所谓的商业生态系统，就是由组织和个人所组成的经济联合体，其成员包括核心企业、消费者、市场中介、供应商、风险承担者等，在一定程度上还包括竞争者。这些成员之间构成了价值链，不同的链之间相互交织形成了价值网，物质、能量和信息等通过价值网在联合体成员间流动和循环。不过，与自然生态系统的食物链不同的是，价值链上各环节之间不是吃与被吃的关系，而是价值或利益交换的关系。也就是说，它们更像共生关系，多个共生关系形成了商业生态系统的价值网。

生态圈与传统的价值链理论是完全不同的，主要体现在三个方面：①生态圈更加强调共生关系，共同进化；而价值链强调价值整合，以建立强大的竞争力为核心。②生态圈是一个横纵交错的网络，可以是跨行业的松耦合协作，如汽车和视频内容、电视和游戏；而价值链强调的是一个链条，不同环节之间强调价值一致，是一种紧耦合关系。③生态圈强调开放和共享，以生态价值最大化为核心，共同的目的是让用户价值最大化，从而实现价值目标。生态圈不单纯是为了某一家企业的利益，某一家企业的利益可由生态系统中的协作关系自动产生。而价值链往往是封闭的，各个价值环节有强连接关系，以核心企业价值最大化为目标。

生态圈的提出是人类对企业间关系和社会关系认识的一大进步，从早期的企业间竞争，到整合价值链竞争，企业间都在强调商战的残酷。而生态圈强调和谐共生，以满足用户的价值最大化为目标，更加强调价值，而不是竞争。利益是从给用户提供的价值中产生的，而不是通过残酷的竞争产生的。与地球生物圈类似，产业生物圈是一个相互影响、共同生长、共生共赢的系统，它产生的能量是暴增的，而不是线性增长。

那么生态圈的价值潜力到底有多大？根据梅特卡夫定律，一个网络的价值与节点数量的平方成正比，那么两个网络合起来就会产生两个网络节点之和的平方的价值潜力。例如，一家企业有 n 个用户网络节点，另一家企业也有 n 个用户网络节点，组合成生态网络后，将会产生 $4n^2$ 的价值潜力，而不是 $2n$ 的价值。看起来算式很不合理，但这就是生态圈所构建的价值网络的威力。当然，所有的潜在价值未必都能发挥出来，可能永远都实现不了 $4n^2$ 的价值，但人们知道最大化的价值潜力在哪里，只需要不断努力即可。

生态圈的价值潜力算式如下：

$$n+n=4n^2$$

产业生态圈与生物圈类似，它有天然的自我更新机制。生态圈是一个开放共享的协作体，并没有强制性的约束关系。生态圈价值越大，就会有越多的成员加入，成为一个利益共同体。如果每个成员都能从中获益，就会吸引更多的成员加入，形成生态循环。如果一些成员没有获益，它也可以选择离开然后加入其他的生态圈。当然，一个成员也可以加入多个生态圈。例如，英特尔就是 PC、手机、工业机器人等若干个生态圈的组织成分，并没有人会排斥它。生态圈没有绝对的边界，甚至传统意义上的竞争者也可以成为其中的一员，生态圈之间也没有绝对的边界，只要不妨碍生态圈价值的最大化就是可行的。当然，如果生态圈失去了动力机制、没有共同的利益，也会消亡，这时原有的生态圈成员可以进化出全新的生态圈，这是一个动态优化的过程。

以苹果公司的 iOS 为核心，就构筑了一个庞大的生态圈。iOS 是由苹果公司开发的手持设备操作系统，最早在 2007 年 1 月 9 日的 Macworld 大会上发布。原本这个系统名为 iPhone OS，直到在 2010 年 6 月 7 日的 WWDC 大会上宣布改名为 iOS。iOS 最初是设计给 iPhone 使用的，后来陆续套用到 iPod Touch、iPad、Apple TV、Apple Watch 等苹果产品上。iOS 这个强大的力量不仅是因为苹果自身产品的力量，更重要的是生态圈的力量。这个生态圈建立在 iOS 之上，通过提供平台、开发工具，大量的基于 iOS 开发的应用、游戏、音乐、视频内容等才是苹果真正的力量。这些开发者可以是公司，也可以是个人，但只要以 iOS 为平台，就成为苹果公司生态圈的一员。

苹果 App Store 就是苹果公司的一个局部生态圈，它为第三方软件的提供者提供了方便而又高效的一个软件销售平台，既适应了手机用户们对个性化软件的需求，也实现了第三方软件提供者的价值。因此，第三方软件的提供者参与其中的积极性非常高，很多公司和个人会以加入苹果的 App Store 为荣。在这个实现共生共赢的过程中，也增强了苹果公司自身产品的吸引力。从这一点就可以看到生态圈共生共赢的巨大能量。

生态圈中的成员越多，苹果公司 iOS 生态也就越有价值，就会吸引更多的新成员加入。而且，苹果通过制订规则来剔除那些损害生态价值的参与者，让整体生态更加健康和有吸引力。也就是说，苹果公司的力量，不仅来源于做工极致的 iPod Touch、iPad、Apple TV、Apple Watch 等产品，还来源于产品背后隐藏的庞大生态力量。苹果公司还可以围绕不同的纵向产品线，构建全新的产品生态圈。例如，围绕 Apple Watch 构建一个游戏生态圈。一圈套一圈，力量在不断增强。正是因为这些生态圈力量的存在，一荣俱荣，一损俱损，没有生态圈成员会期待苹果公司倒闭，所以苹果公司才会更加强大。

需要强调一点，并不一定需要做成和苹果公司一样才叫生态圈。每家企业对生态圈的理解可以完全不同，但只要是围绕用户价值最大化，开放共享、共生共赢，无论规模大小、成员多少，都具有生态圈的价值。对国内企业来说，培育生态圈的意义远大于具体生态圈的价值讨论。因为一切都在发展变化中，谁也不知道未来是什么样子的，只要在向前走就是进步。

在前面效用产品部分讨论过，通过全新的商业模式构建商业生态圈，能够改善产品的形态和价值，实现效用产品。例如，人们希望在电视屏幕、电脑屏幕、平板电脑、手机上都能看到电视内容，而且能够做到无缝切换，这就需要整个电视生态做出改变。无屏电视模式就是如此，把投影机和网络内容、电视内容生态结合在一起。同样，电视也可以与教育服务、游戏软件提供商等其他领域的产业融合在一起，构成全新的电视生态圈。通过这个生态圈的构造，既改变了用户对电视机的产品观念，也改变了用户对服务产品的观念。所以，生态圈的意义不仅在于共同赚钱，而且会改变产品的结构，并给用户创造出全新的价值体验。

再进一步地，由于生态圈对产品结构的改变，使竞争形态也会发生变化。同样以电视机为例，传统的电视机厂商面临的是残酷的成本和价格竞争，电视机厂商会更多地在产品的价值链、硬件性能上找办法，试图提高性价比。但基于生态的电视机，由于其利益点并不在电视机本身，所以它可以以很低的成本价或免费的方式提供给用户，而通过生态圈价值再分配的方式获取价值。传统的电视机厂商比拼成本、比拼价格的竞争模式，瞬间就变得毫无价值。这就是生态圈对竞争形态的改变。而且，由于产品借助生态圈的跨界发展，传统的行业内的竞争变成了横向的生态竞争，原来不是竞争对手的企业一瞬间就可能变成竞争对手。所以就有很多人感慨，在这个新时代，你已经不能知道竞争对手会是谁。例如，滴滴出行的崛起，让出租车行业感受到的困境是：虽然感觉到竞争，但应对乏力。同样，互联网公司纷纷借助生态圈，进入汽车、电视、安防、电源等传统的制造商领域，一瞬间就会把传统产品转变为具有个性化属性的效用产品，且可能以非常低的价格迅速改变竞争规则。传统的制造业几乎无法提前预知这种变化并采取合适的应对措施，因为根本就不知道竞争对手是谁。

在新工业时代，单单满足用户的一部分功能需求是不够的，用户更加关注个性化价值的实现，更加关注自身的体验，已经无法用一个企业、一条价值链的方式满足这种需求，只有构建生态圈，才能应对这种变化。而且生态圈必须足够开放和共享，给予用户足够的主导权来重新定义自己的产品，在最终个性化产品交付之前，用户也是这个生态圈的一部分。因此，生态圈的构造不是可有可无的，而是时代的必然性；也不是苹果公司早期强调的差异化，而是全部企业必须面对的挑战。要么自己组建生态圈，要么加入别人的生态圈，单打独斗的时代再也不会继续了。

前面讨论过的企业全员创客化也必须是生态圈的一部分。一部分创客会成为品牌服务商，可能自己组建生态圈；而对大多数的创客团队来说，必须自主地加入别人组建的生态圈当中。在企业全员创客化的过程中，应该有意识地形成生态圈的概念，把有共同价值的创客联系在一起，为他们服务，培育他们形成生态圈。外部的创客也应如此，在初期阶段，尽可能地加入已经成熟的生态圈当中，而不是游离在外。

构建生态圈的能力，或者在生态圈当中创造价值的能力已经成为新时代企业应对竞争必须具备的能力。通过生态圈的构造或者加盟，塑造出远大于企业自身规模的能力，从而在市场中形成强大的竞争优势。这种竞争优势的形成同样与企业的现有规模无关。

11.5 能力竞争框架与逐级迭代

能力与传统企业所强调的管理、文化、规模、技术等静态的竞争力不同，它是可以逐级迭代的，这也是能够让阿里巴巴的“双 11”、小米手机等快速成长的原因。

前面四节分别讨论了新工业企业在虚实时空当中必须具有的四种能力：连接用户的能力、引爆流行的能力、构筑流量的能力、构造生态圈的能力，这些能力也可以进一步归结为驾驭虚实融合时空的能力。综合本书其他章节的内容，一个新工业企业需要塑造的能力优势还包括：利用知识资本创新的能力、提供效用产品的能力、实现智慧生产的能力、产用融合制造的能力、激发创客活力的能力、数据驱动管理的能力，这些能力也可以概括为重构生产和用户关系的能力。这十大能力构成了新工业企业必须具备的能力体系，如图 11-5 所示，以满足用户需求为中心，具备这十大能力的企业就获得了虚实世界中不可复制的竞争优势。

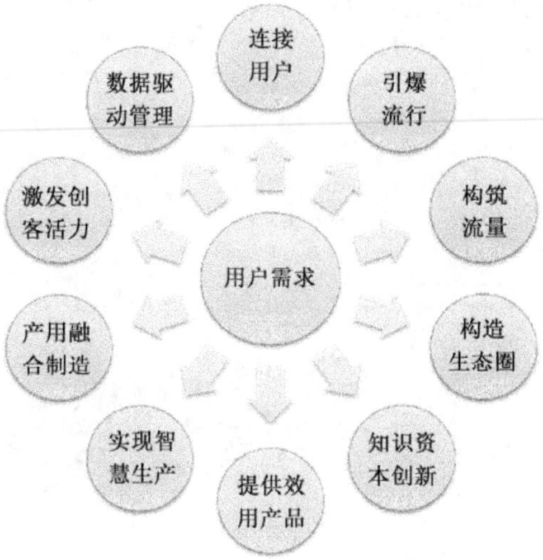

图 11-5　新工业企业必须具备的能力体系

在企业熟知的管理思想——戴明循环中，描述了一个闭环机制：计划—执行—检查—处理。它有三个特征：①大环带小环。如果把整个企业的工作作为一个大的戴明循环，那么各个组成部分还有各自小的戴明循环，就像一个行星轮系一样，大环带动小环，一级带一级，有机地构成一个运转的体系。②阶梯式上升。戴明循环不是在同一水平上循环，每循环一次，就解决一部分问题，取得一部分成果，工作就前进一步，水平就提高一步。③科学管理方法的综合应用。通过闭环机制，能力就可以提升到一个全新的层次上。

与戴明循环类似，虚实融合世界的这十大能力本身各自就是一个戴明循环体系，具有自我优化、自我成长的机制。连接用户、创造流行和引爆虚实空间的能力、流量思维都是通过用户的口碑效应形成闭环机制，从而产生能力提升机制的；生态圈通过自我优化和完善实现能力提升；知识资本借助自我学习和完善形成闭环；效用产品通过基于价值环流改进提升；智慧生产通过自动监测和优化实现能力提升；创客通过利益分配机制激发自驱动活力；数据驱动管理的能力通过飞轮效应不断增强，实现能力的不断提升。这十大方面构成了几个小循环，在企业的整体方面，通过用户需求的提出、创意设计、智慧生产、产用融合构成大循环，不断提升整体的能力。当每个独立竞争优势提升一个层次后，整体竞争优势就会提升一点。当十大方面都全面提升一个层次后，企业的整体竞争优势就会提升一个层次，这就是基于能力的竞争优势逐级迭代的过程，如图 11-6 所示。

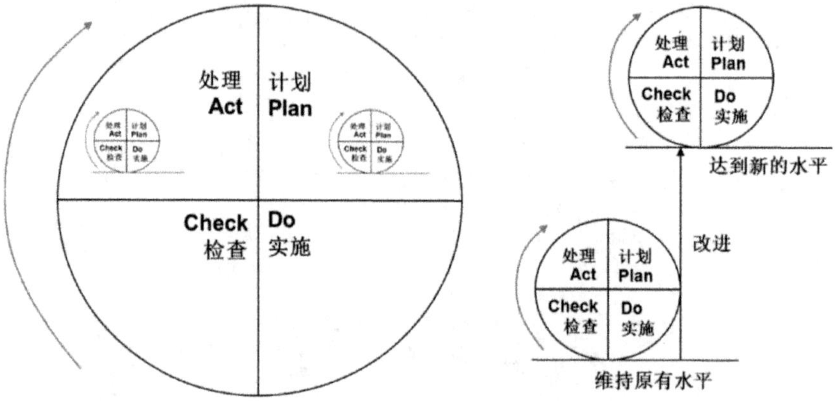

图 11-6　能力的竞争优势逐级迭代的过程

新工业十大能力的迭代升级都指向一个方向，那就是用户获得的效用价值最大化，满足消费升级需求。能力每提升一个等级，就意味着与用户深层次、非物质的个性化需求更近一步。能力升级的过程就是与用户需求形成共振的迭代过程。在能力培育的初期，这种共振的效果主要体现在用户群体数量的快速增加上。当用户数量增加到接近顶点时，这种能力的增加就体现在用户体验的提升方面，会让用户产生更多的增值，从而形成用户黏度。随着用户黏度的增加，就会构筑对其他企业的相对竞争优势。

虽然能力是逐级迭代实现升级的，但与传统的经济形式不同，新工业是构建在虚实时空之上的，所产生的价值与网络节点数量的平方成正比，如果每次能力升级，都能够带来用户节点数量或用户黏度的增加，那么企业的价值就将可能以指数趋势成长，而不是线性增长，这也是阿里巴巴、小米手机等新兴公司能够快速崛起的原因。

11.6　“黑洞效应”：小企业大能量

新工业时代的竞争优势不仅与自身能力相关，还与在虚实融合时空中如何使能相关，即如何与虚实融合时空构成的外部环境相互作用，并把能力转化为能量。

11.6.1　虚实时空中的“黑洞效应”

未来是创客化企业的世界，这些充满活力的小微企业就像量子一样具有能量。它们或处于一个传统大企业的蜕变生态中，或处于社会化的生态中，基于自身的知识资本，不断创新产品、构造价值环流，创造出一个生动活泼的未来新工业。

由万物智能构成的虚实融合时空，对小微化的创客化企业来说，就是一个浩瀚的宇宙，它们又如何生存，如何壮大？它们会不会像一个小蚂蚁一样被巨人们轻轻地踩踏，然后就销声匿迹？换句话说，它们该如何创造出前所未有的竞争优势，与其他创客和巨人们展开竞争？

在物理学中，根据爱因斯坦的相对论能够推导出一个黑洞的学说。黑洞的体积极小，但能量无限大，所有接近它的物质都将被它吸入，甚至光线也无法从其中逃脱。写出《时间简史》的物理学家霍金对黑洞的研究也颇有建树。他结合了相对论和量子力学，论证了黑洞会蒸发，最后也会消失于虚无。大质量的黑洞蒸发得很慢，而小质量的黑洞蒸发得非常快。现在，物理学的观测发现证实了黑洞的存在。例如，地球所在的银河系中心就是一个超级大黑洞。

当然，物理学的宇宙过于冰冷，黑洞也过于冰冷。人类塑造的虚实融合空间就不会这样冰冷，但也有一些相似之处。例如，“双 11”在某一点形成的超级能力所释放出的能量，是一个个体企业无法想象的。用黑洞的概念来类比，就是来形容这种力量的强大。如果能够解释这一现象，就为创客企业的能量转换找到了对照物。

很显然，没有虚实融合世界的形成，商业世界的黑洞就无法实现，企业必须进行辛苦的客户攻关和渠道建设，效率自然很低。而在扁平可折叠的虚实融合世界中，地理分布的人和物可以折叠到一个点上，爆发出巨大的点能量，只要实体世界能够把点能量释放掉，那么这个能量就是真实的能量。

那么虚实融合世界的黑洞如何形成？主要依靠两个能力：一个是驾驭虚实时空的能力，另一个是再造生产和用户关系的能力。驾驭虚实时空就是掌握虚实时空可折叠的特性，创造连接、聚合流量、打造流行，然后形成势能。再造生产和用户关系的能力，就需要设计合适的时间或位置作为连接点，创新产品和价值，组织智慧生产，构造与用户之间的价值环流，从而实现从势能到动能的转化，能量才能爆发出来。

对于客户型的创客，驾驭虚实时空的能力是必不可少的。其他类型的创客则要根据自身的特色能力，与客户型的创客进行连接，通过再造生产和用户关系，成为“黑洞”生态的一部分，才有可能最大化地释放能量。

虚实融合世界的黑洞能量并不是静态的，用户的参与会增加黑洞自身的价值，会进一步吸引更多生产型创客和用户的加入，从而黑洞价值会呈螺旋式上升，直至成为一个具有超级能量的黑洞。就像物理世界的黑洞，吸引的物质越多，它的质量就越大，从而能够吸引更多的物质，这是一个正递增的循环。人们把这一现象称为“黑洞效应”，天猫“双 11”规模十年间的快速增长证明了“黑洞效应”的成立。当然，虚实融合世界“黑洞效应”的背后其实是网络效应，正是它才形成了黑洞的强者愈强、赢者通吃的特性。

创客化企业也必须拥有一个初始的能量，使得它能达到一个基本的临界点。临界点以下是不可能实现黑洞效应的；超过临界点才有可能形成黑洞。这与物理学黑洞有点近似，物体成为黑洞的临界半径被称为史瓦西半径。那么，虚实融合世界形成黑洞的史瓦西半径是什么？商业世界的复杂性使得这个临界确实不可预知，但有一点是确定的，必须有初始的能量。构造创客化组织的大企业“场”，或生态圈形成的“场”，必须赋予创客企业附加能量，使得它尽快超出临界值。也就是说，除自身能力之外，必须有外部能力的赋能，才有可能使得一个小微创客创造出惊人的“黑洞效应”。创客企业获得初始赋能与“黑洞效应”的发生如图 11-7 所示。

基于虚实融合时空，理论上每个创客企业都有可能通过初始赋能，实现临界突破，最终创造出“黑洞效应”，这是实体世界完全不可想象的。但没有实现“黑洞效应”，也并不意味着这个创客就倒闭了，可能仍然会在局部空间生存，但一定不会快速地成长起来，因为没有充分利用虚实时空特性塑造出竞争优势。

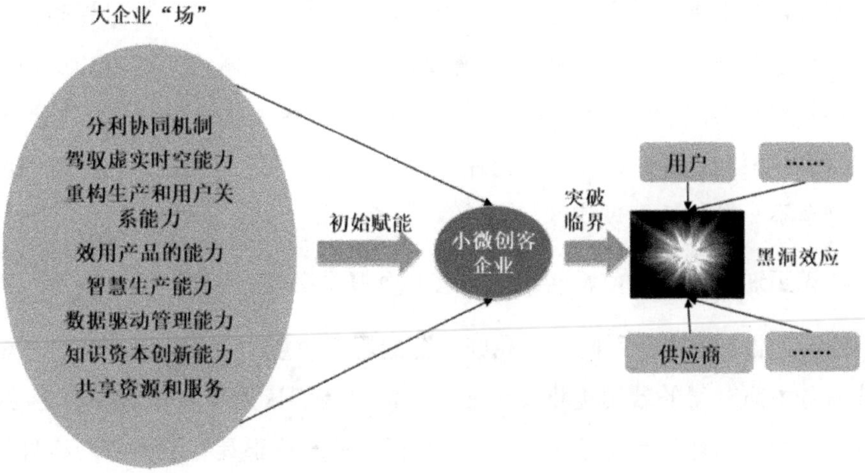

图 11-7　创客企业获得初始赋能与“黑洞效应”的发生

实现“黑洞效应”的创客企业可能规模上并不大，就像物理世界的黑洞，体积很小，但能量很大，这与传统企业实现同样能量但需要庞大的规模可能是完全不同的道理。

利用虚实融合时空的特性，塑造出黑洞，一个小企业就具备了前所未有的竞争优势。后续的快速膨胀，已经与企业自身规模完全没有关系，用户和供应商就会给它不断地填充能量，它的规模是无形的，是外部化的。掌握“黑洞效应”的秘密，就掌握了新工业时代获取竞争优势的关键，它与旧工业一些有形的自身构建毫无关系。传统企业必须做大规模才有价值，而新工业时代，一个小企业只要越过临界值，可能就会创造出巨大的价值。这个现象只能有一种解释，就是虚实融合时空的“黑洞效应”。

“黑洞效应”的背后藏着另一个奥秘，就是基于网络的正反馈原理。

11.6.2　正反馈原理

实体世界的经济运行往往是边际递减的，如边际效用递减规律、边际生产率递减规律、边际收益递减规律等。其实这个道理也很简单，拿边际效用递减规律来说，就与人们吃多了会饱的道理一样。吃一个馒头很好，再吃馒头效用就递减，吃到五个馒头就吃不下去了。

虚实融合时空增加了一个虚拟数字维度，它构建在网络之上。虽然现在的网络已经是一个包括移动互联网、无线网、物联网、工业控制网络等在内的泛在网络概念，但传统互联网络的效应并没有消失，而是扩大到更大的范围，也更是无处不在。人们在研究互联网世界时，发现了正递增效应，或者说网络效应，它描绘的经济活动有着完全不一样的运行规律。

在认识正递增效应以前，网络世界有几个概念必须先了解一下。

网络外部性：随着使用同一产品或服务的用户数量的变化，每个用户从消费此产品或服务中所获得的效用也将发生变化。最早人们认为网络外部性主要与电信、航空等领域相关，但在万物互联时代，任何行业和产业都具有了类似网络外部性的特征。

赢者通吃（锁入效应）：基于网络外部性，也同时产生了“赢者通吃”效应，一个互联网平台的用户规模越大，它提供的价值也就越大，那么用户更加倾向选择该平台提供服务。例如，天猫“双 11”流量越大，供应商就会有更多的折扣，商品价格就会更便宜，就会有更多的用户选择天猫购物，最终形成赢者通吃的局面。

梅特卡夫定理：网络的价值与网络节点的平方成正比。

这些结论很早之前就已经有了，不在此重复论证过程。正是由于网络世界运行规律的不同，经济学的一些基本规律也发生了变化。以需求曲线和供给曲线为例，传统经济学说认为，价格越低，需求越多，但供给减少；价格越高，供给越多，但需求减少，因此供给和需求之间有一个市场平衡点，在这个点供给和需求双方都很满意。就需求曲线来说，在网络世界中则有些不同，开始的时候，价格降低，需求量增加，但过了临界点之后，价格可能不降反升，但需求量还在不断增加。例如，滴滴出行刚开始的时候补贴用户，用户群和司机数量剧增，但过了临界点，不仅没有补贴，还增加了叫车费用，但由于用户可以很方便地叫到车，使得用户群仍然会稳定或增长。同样，供给曲线也有一些变化：由于网络外部性的存在，用户群规模庞大，边际成本接近于零（多增加用户，并不增加供应商的成本），这样的话，即使价格很低，供应商也会有利可图。刚开始用户比较少时，供应商可能会需要更高的价格，才能持平成本，但随着边际成本的降低，在价格更低时，供应商的供给量反而可以更大。当边际成本为零时，价格也最便宜，供应商的供应量反而最大。从需求曲线与供给曲线在网络世界的变化来看，这与传统的经济学规律是完全不同的。

由于网络外部性，产品销售越多，价值越大，而边际成本则越小，企业规模可以无限扩大，可以实现供给方的规模经济。同时，用户群的增加，同样会增加产品的价值，一旦超出临界点，就会产生需求方的规模经济（相对用户获得更大的价值而只需要付出一点成本，这是由需求规模增大导致的）。在双边规模经济的综合作用下，很显然不会出现边际报酬递减的情况，而是会出现边际报酬递增的情况。所谓边际报酬递增即用户规模越增加，供给方成本越低，价格越便宜，用户就可以以更低的价格获得更多的收益，供应商也可以获得更多的收益，这种现象也被称为正反馈原理。也正是由于这种正反馈机制的存在，赢者通吃才会发生，虚实融合时空中的“黑洞效应”才得以形成。

正反馈原理示意如图 11-8 所示。

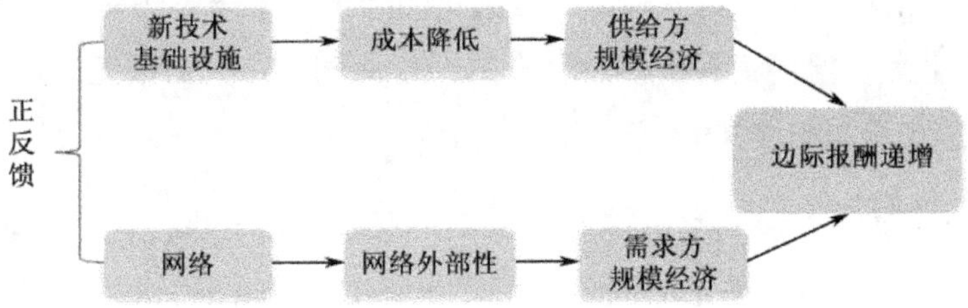

图 11-8　正反馈原理示意

虚实融合时空完全融合了网络世界，自然也会具有正反馈原理所产生的效应，“黑洞效应”也就必然会发生。

11.6.3　小企业大能量

传统工业企业习惯性地要做大规模，但做大规模其实并没有什么用。而且大规模导致内部成本巨大，一旦市场断流，大企业倒下的速度其实比小企业更快。近年来发生的例子已经很多，就不一一列举了，那些倒下的大企业可能在最后一刻也没有想明白为什么。很简单，黑洞的力量并不是来源于自身的体积，而是聚合世界的能力。

传统工业以大规模生产为核心，无论是主动的因素，还是被动的因素，导致的结果就是规模的不断膨胀。规模的逻辑就在于通过规模能够集约资源和成本，可以以更便宜的价格销售高质量的产品，从而产生竞争优势。但最终这种不断膨胀的规模会让企业把自己也压垮。

新工业也会形成规模，但这种规模不是以集约资源和成本为基础的，而是建立在虚实融合时空中用户价值最大化的基础上。它的规模是由用户分享出来的，用户就是它自身规模的一部分，而不是为了规模而形成的规模。当然，这种规模也会产生规模经济效用，也会有集约资源和成本的作用，但出发点不同决定了一切。不同的出发点可以导致规模瞬间变为零，也可以让规模不断增长。在这个全新的虚实融合世界，实体规模不再是判断一个企业是否优秀、是否具有竞争力的关键要素，用户将会用购买权来决定谁更优秀和更有竞争力。

诺基亚和小米手机的例子或许能说明这个道理。

2010 年，诺基亚公司是手机市场上绝对的霸主，市场占有率达 32%，虽然比 2009 年稍有下滑，但仍稳居市场占有率第一位。同一年，诺基亚公司的全球净销售额为 424 亿欧元（约 3 700 亿元）。

在 2010 年第四季度的财务报告中，诺基亚公司首席执行官这样谈道："2010 年第四季度，我们所有业务部门的表现都非常坚实，并赢得了出色的现金流。移动终端市场的发展势头也一如既往，令人振奋。"在财务报告中提到了问题："诺基亚公司 2010 年第四季度全球移动终端销量年同比下降 3%的主要原因是，激烈的竞争环境和本季度由于元部件供应不足导致的某些元部件短缺和诸多供应及物流方面的挑战。销量下降被整体市场环境年同比的增长稍微弥补。诺基亚公司全球移动终端销量季度环比 12%的增长主要受益于本季度终端需求的增长，但这在一定程度上被 2010 年第四季度元部件短缺导致的诸多供应和物流方面的挑战所抵消。"在同一份报告中，也提到了 2010 年第四季度的经营亮点："紧随第三季度开始销售的诺基亚 N8，诺基亚公司开始销售另外两款 Symbian3 智能手机——诺基亚 C7，一款造型紧致的全触控式智能手机，其外壳由不锈钢和玻璃打造，特别为吸引社交网络爱好者而设计；诺基亚 C6-01，一款更小巧的全触控式智能手机，采用诺基亚悦幕（ClearBlack Display）屏显技术，以提升屏幕的户外显示效果。""诺基亚公司开始销售'触•键双用'诺基亚 C3，一款结合触控式屏幕和传统手机键盘的不锈钢终端。""得益于经济适用的诺基亚全键盘手机——诺基亚 C3 的销售，预计 2010 年第四季度，按销量计，诺基亚已成为全键盘终端市场的领导者。""诺基亚公司继续发展 Ovi 服务，与 2010 年 10 月每天逾 270 万的下载量相比，Ovi 商店目前的日下载量超过 400 万[19]。”

按照上述财务报告的描述，诺基亚公司具有绝对的竞争优势，不仅是规模庞大、资金雄厚，还有很多新技术产品推出。诺基亚公司能够总结的问题就是某些元部件短缺和诸多供应及物流方面的挑战，以及竞争的激烈。仅从这一点来看，当年诺基亚公司的产品也拥有雄厚的用户基础，产品供不应求，反而是元部件短缺拖了后腿。按照传统的竞争战略理论，诺基亚公司基本上什么都不需要做，只要弥补一些小问题、巩固优势就能保持市场领先地位。

2010 年，雷军的小米公司才刚刚注册成立，是一个绝对意义上的创业公司。按照传统的竞争理论，小米公司根本没有必要做手机，也不可能在手机行业有任何机会。因为除巨人诺基亚公司之外，还有摩托罗拉、苹果，以及众多的本土手机公司，手机市场在 2010 年的时候完全是一个红海市场，如果此时走进去不仅是找死，而且还可能尸骨无存，也就是连本钱都会赔进去。但小米公司还是进入了手机市场，更是在 2018 年前三个季度取得了年度销售额 1 304.94 亿元的业绩。在过去的 8 年当中，还有很多手机界新人也赤手空拳地进入手机行业，如锤子手机、奇酷手机等。之后，在小米公司还在加速成长中的 2014 年，传统的手机界巨人诺基亚公司正式把设备与服务业务出售给微软，市场上再也看不到诺基亚手机。也许有人认为，这是个别战略决策者的战略失误，但很显然不完全是。诺基亚公司不缺熟练工人、不缺技术、不缺专利、不缺工厂、不缺资金，唯一缺的可能就是在虚实融合时空中的竞争能力。但就是因为这一点，无论诺基亚公司规模如何庞大、市场占有率如何高，都不能抵挡互联网所带来的大势所趋。在诺基亚手机消失的 2014 年，小米公司营业收入达 743 亿元。貌似弱小的创业公司不仅看到了巨人的消亡，而且自己还在加速增长，这是为什么？

很显然，小米公司的快速增长和竞争优势并不是建立在规模之上的。因为诺基亚公司这个巨人还在的时候，小米公司才刚创立，规模基本为零。小米公司的优势正是充分利用了虚实融合时空的特性，塑造了符合新时代的能力，从而释放了巨大的能量。例如，小米公司通过 MIUI、米聊、小米手机构建了基础的生态圈框架；以大众用户为目标，打造性价比极高的爆款产品；采用互联网直销推广的方式，消减中间环节，减少中间成本；通过建立粉丝社区、建立与用户的直接连接和让用户

---

19 http://article.pchome.net/content-1270531.html.

参与生态，改变生产和用户的关系；通过分析社区积累的用户数据，获取用户的需求信息，充分利用了数据驱动；小米公司本身就是创客，创始人也都是技术专家，具有知识资本，所有员工以创客的创新活力和主动性在重塑手机世界。在本章提出的能力竞争框架中，除智慧生产能力没有涉及之外，小米公司几乎拥有了新工业能力竞争的全部要素。当能力要素发挥的能量在虚实融合时空中突破了临界点之后，就产生了“黑洞效应”，供应商和用户不断外部加持，使得小米公司产生了超越规模之外的巨大能量。总之，尽管有很多人持不同意见，但小米公司的成功绝不是偶然。如果有人羡慕小米公司的成功，首先要做的就是把驾驭虚实融合世界所必需的能力建立了。从竞争优势的角度来看，小米公司是不可复制的。

基于诺基亚公司和小米公司的对比，可以得到一个显而易见的结论：传统工业基于规模建立的竞争优势不再是优势，而塑造新工业能力，并能够让新工业能力产生“黑洞效应”，才构成真正的竞争优势。当然，这里并不是说要具备所有的新工业能力，不足的能力可以生态化借力，但一旦实现“黑洞效应”，所有的能力都将会具备，因为外部的能力都将掉进“黑洞”。

只要我们掌握了虚实融合世界的规律，小企业同样会具有大能量。

11.7 基于规模的竞争优势可能都是劣势

11.7.1 传统核心竞争力要素评价的失效

现在看来，如果传统企业按照传统的竞争理论进行决策，就可能进入决策误区，导致应对智慧工业挑战软弱无力。原因在于，围绕大规模生产模式建立的传统竞争优势理论，已经不能准确地反映出目前企业遇到的现实问题。还是以诺基亚公司和小米公司为例，如果按照传统的竞争战略理论，诺基亚公司什么都不需要做就能够保持竞争优势，但事实上，诺基亚公司什么都不做的话就会被市场淘汰。同样，按照传统的竞争战略理论，小米公司什么都不需要做了，因为完全没有竞争优势。并不是诺基亚公司和小米公司有什么错，只能说传统上对竞争力的理论理解不合时宜了。

以下来做两个模拟评价。如果按照传统的核心竞争力分析模型，核心竞争力要素按照价值链的要素一般会分解到品牌、市场推广、渠道等约 15 项元素。然后，针对一个优秀的传统企业和一个优秀的新兴企业（基于互联网的新型工业企业）进行打分，如果以 1～5 分作为打分标准，就会呈现出如表 11-1 所示的状况。优秀的传统企业得到 75 分，几乎满分，具有绝对的竞争优势；而优秀的新兴企业只得到了 30 分，处于不及格水平。如果只看这张表，可以得到一个结论，即这个优秀的新兴企业完全没有竞争优势，很快就会被淘汰。但问题是，优秀的新兴企业不仅还活着，而且还在不断壮大中。同样，优秀传统企业接近完美，几乎无须做任何改进，但事实上，这家企业可能面临生存困难。

表 11-1　常规核心竞争力要素的模拟分析　　单位：分

常规核心竞争力要素	优秀传统企业（1～5 打分）	优秀新兴企业（1～5 打分）
品牌	5	1
市场推广	5	5
渠道	5	0
销售	5	2
用户关系	5	不确定
供应商关系	5	2
物流	5	5
生产能力	5	0
规模经济	5	0
成本优势	5	不确定
资金	5	1
人力资源	5	2
管理制度	5	2
管理层	5	5
战略	5	5
总计	75	30

但如果按照本章所提出的能力竞争框架：连接用户的能力、引爆流行的能力、构筑流量的能力、构造生态圈的能力、利用知识资本创新的能力、提供效用产品的能力、实现智慧生产的能力、产用融合制造的能力、激发创客活力的能力、数据驱动管理的能力十个方面的能力要素做分析，就会看到事实的真相。同样按照 1～5 分打分，传统优秀企业只得到了 15 分，不及格；而优秀的新兴企业获得了满分 50 分，如表 11-2 所示。

表 11-2　基于能力的竞争力要素的模拟分析　　单位：分

基于能力的竞争力要素	优秀传统企业（1～5 打分）	优秀新兴企业（1～5 打分）
连接用户	1	5
引爆流行	2	5
构筑流量	1	5
构造生态圈	2	5
利用知识资本创新	3	5
提供效用产品	2	5
实现智慧生产	5	5（可能自身没有生产资源）
产用融合制造	0	5
激发创客活力	0	5
数据驱动管理	0	5
总计	15	50

从上面的模拟分析可以看出，如果一个传统企业按照传统的竞争力要素分析的结果进行决策，就可能走向更加错误的方向。所以，传统企业必须抛弃传统竞争优势思路，而采用全新能力要素进行分析，才能正确地理解面对的实际竞争状况，并采取正确的对策。按照能力竞争模型，传统企业认为的竞争优势可能都不是优势，而是竞争劣势。

11.7.2　波特五力分析模型的失效

波特五力分析模型由哈佛大学商学院的迈克尔·波特教授于 1979 年提出。它把大量不同的因素汇集在一个简单的模型中，用来分析一个行业的基本竞争态势。五力分析模型确定了竞争的五种主要来源，即供应商的议价能力、购买者的议价能力、新进入者的威胁、替代品的威胁，以及同业竞争者的竞争程度。

供应商的议价能力（Bargaining Power of Suppliers）：供方主要通过其提高投入要素价格与降低单位价值质量的能力，来影响行业中现有企业的盈利能力与产品竞争力。

购买者的议价能力（Bargaining Power of Buyers）：购买者主要通过其压价与要求提供较高的产品或服务质量的能力，来影响行业中现有企业的盈利能力。

新进入者的威胁（Threat of New Entrants）：新进入者在给行业带来新生产能力、新资源的同时，也希望在已被现有企业瓜分完毕的市场中赢得一席之地，这就有可能与现有企业发生原材料与市场份额的竞争。

替代品的威胁（Substitutes）：两个处于同行业或不同行业中的企业，可能由于所生产的产品是互为替代品，从而在它们之间产生相互竞争行为。

同业竞争者的竞争程度（Rivalry）：现有企业之间的竞争常常表现在价格、广告、产品介绍、售后服务等方面，其竞争强度与多因素有关。

过去，大多数人认为波特五力分析模型非常合理，常常被企业用来分析所处的竞争环境，并最终导出三大战略选择：总成本领先战略、差别化战略和集中化战略。但问题在于，这个模型建立在传统工业的大规模生产模式之下，导致的结果就是让企业不断扩大规模并趋向垄断，而这些结果在现在看来毫无必要。如果用五力分析模型进行分析，2010 年的诺基亚公司同样不需要做很多改变，就可以保持优势。

但问题在于，现在的竞争者并不一定是从行业内产生的，而是可能来自完全风马牛不相及的跨界行业。跨界进入者借助在虚实时空中形成的能力优势，迅速抓住终端用户，然后再用生态圈的力量，建立大量的价值环流，快速形成新产品的替代。在极端情况下，跨界者可能只需要抓住用户这一种力量，再在用户中培育出客户，形成大量的产能需求，就会对供应商产生强有力的议价能力。

而且，因为有大量的用户基础，给了跨界者足够的试错空间，总能找到一款产品打动用户，替代品总能被排斥在外，从而快速建立强大的竞争优势。此外，跨界者与用户处于同一生态当中，能够提供超出产品本身的生态能力。通过让用户参与产品设计和生产过程，用户的议价能力不再是压力，而是生态共同体的一部分，由双方共同完成。也就是说，当产品开始生产时，用户议价其实已经结束。

另外，跨界者借助生态圈的价值提供，把产品以极低价格或零价格提供给用户，用户议价能力同样不再重要。而且，由于跨界的发生，行业内的竞争者也会跨界出来，进行一场非对称的竞争，行业内的竞争也会变得不再重要。传统的行业内竞争只会导致产品更加便宜，成本更加高昂，产品附加值更少，直到退出竞争为止。未来的竞争只会是跨界者的能力竞争，纯粹行业内的竞争优势意义将逐渐消亡。能力竞争优势与五力分析模型如图 11-9 所示。

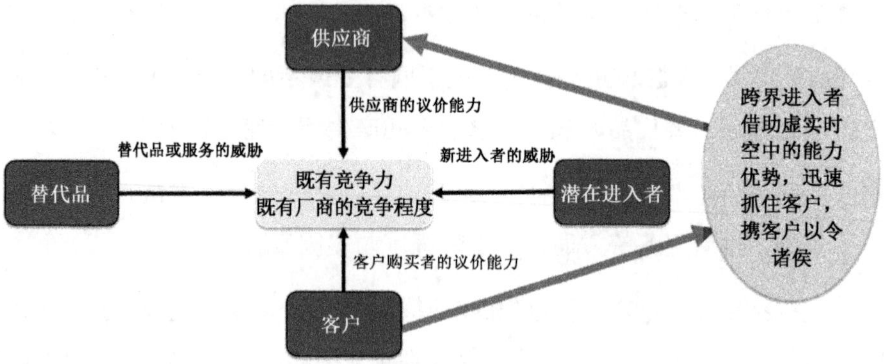

图 11-9　能力竞争优势与五力分析模型

通过以上分析，能够得出一个结论，波特五力分析模型在虚实时空中将会失去价值，用它来做战略分析将导致战略决策的失误。

11.8　未来归根结底是新工业人和新工业思维的竞争

以智慧工业为核心的新工业文明正在到来，传统企业必须面对环境的新变化，转变思维，塑造能力，适应新时代的要求。前面重点讨论了塑造基于能力的竞争优势的重要性、价值、框架及实现思路，提出了新工业的十大能力优势塑造：连接用户的能力、引爆流行的能力、构筑流量的能力、构造生态圈的能力、利用知识资本创新的能力、提供效用产品的能力、实现智慧生产的能力、产用融合制造的能力、激发创客活力的能力、数据驱动管理的能力。

一般来说，能力塑造也是最难的，远远超出传统工业要素塑造的难度。虽然能力塑造很难，需要花一些时间，但有两方面是能力塑造的基础：新工业人和新工业思维。具备了这两点，假以时日，企业一定能够实现虚实世界的能力塑造。否则，只能在旧工业世界里畅想一下未来，然后看着企业一天天倒下。而且，传统企业的规模越大，受传统优势的拖累也就越大，倒下的速度也会越快。

传统企业向新工业的转型是一个全方位的转变，没有一个系统工具或一个简便的方法来实现这个过程，还是必须依赖人来实施。把推动传统企业向新工业转型的人称为新工业人。这些人在旧工业体系中可能是 CEO，也可能是高层管理者、普通的知识工作者、一线的工人，但关键在于，只要他有着新工业的视野，具有实现新工业的抱负，熟知新工业思维，掌握新工业的技术，而且愿意花费时间，不惜代价来践行新工业的实践，那么这些人就是新工业人。

新工业人不仅了解新工业的未来，而且知道如何抵达未来，并通过自己的努力一步步实践。只有经过这些人的努力，新工业才有可能真正建立，传统企业才有可能实现向新工业的转型。新工业人有没有学习的榜样？正在推进新工业建设的传统企业的 CEO、高级管理层、大大小小的创客们都是新工业群体的一员，那些正在实践跨界的互联网人也是新工业人。还有那些用 3D 打印机生产产品、实施定制化工厂、建设个性化定制商品的网站、把时间碎片和信息碎片利用起来的人，只要他们在为新工业建设做贡献，他们就是新工业人。传统企业需要学习这些人，培养出自己的新工业人，从而为企业的新工业转型构建强大的人才基础。没有这些新工业人，传统企业向新工业的转型就不会成功。一个企业拥有越多的新工业人，尤其是使企业 CEO 和高管成为新工业人，　企业的转型就会成功得更快。

新工业的能力塑造和转型还必须有正确的新工业思维。新工业思维不仅是抓住局部、抓住用户，或者建设智慧工厂，而是需要全局性、系统化的思维，认识到新工业不同能力之间的逻辑关系。例如，要建设智慧工厂，就必须考虑支持什么样的制造范式，满足什么样的智慧生产需要，进而就需要考虑智慧生产要实现什么样的效用产品、满足什么样时空中的用户需要、用户在哪里，以及如何进行创新以满足用户需求。其他必要的思考还包括：组织、管理、竞争能力如何与新制造范式相协调。因此，新工业绝不等同于建设一个智慧工厂，更不是简单的机器换人，而是全方位、系统化重构。本书讨论的全部内容就是来完成对新工业所有元素的构造思路和关系的梳理，以便给企业导入一个完整的新工业思维逻辑，帮助传统企业更科学地向新工业转型。

新工业人运用新工业思维，核心目的是塑造出新工业能力，从而在新工业时代获得前所未有的竞争优势。

如果读者能够认真读完这本书的每个章节，就会明白本书希望告诉读者的新工业思维是什么。只有用科学的新工业思维做指导，才能够塑造全面的竞争优势，否则可能只会形成局部优势或者慢慢自我淘汰。对每个人来说，面对新工业革命，最重要的是思维革命。只有打破那些在脑海中占据位置的旧工业思维，才有可能走在新工业时代的前面。

未来竞争优势的形成，归根结底还是新工业人和新工业思维的竞争。

参考文献

[1] 杨青峰. 未来制造：人工智能与工业互联网驱动的制造范式革命［M］. 北京：电子工业出版社，2017.

[2] 杨青峰. 智能爆发：新工业革命与新产品创造浪潮［M］. 北京：电子工业出版社，2017.

[3] 杨青峰. 智变：新工业思维［M］. 北京：电子工业出版社，2016.

[4] 杨青峰. 智慧的维度：工业 4.0 时代的智慧制造［M］. 北京：电子工业出版社，2015.

[5] 杨青峰. 信息化 2.0+：云计算时代的信息化体系［M］. 北京：电子工业出版社，2013.

[6] 杨青峰. 业务高管信息化领导力的 16 项修炼［M］. 北京：电子工业出版社，2010.

[7] 丹尼尔·A. 雷恩，阿瑟·G. 贝德安. 管理思想史［M］. 孙健敏，黄小勇，李原，译. 北京：中国人民大学出版社，2014.

[8] 奥拓·布劳克曼. 智能制造［M］. 张潇，郁汲，译. 北京：机械工业出版社，2015.

[9] 彼得·马什. 新工业革命［M］. 赛迪研究院，译. 北京：中信出版社，2013.

[10] 克里斯·安德森. 长尾理论［M］. 乔江涛，石晓燕，译. 北京：中信出版社，2012.

[11] 马尔科姆·格拉德威尔. 引爆点［M］. 钱清，覃爱冬，译. 北京：中信出版社，2014.

[12] 李杰. 工业大数据：工业 4.0 时代的工业转型与价值创造［M］. 邱伯华，译. 北京：机械工业出版社，2015.

[13] 刘润. 互联网+小米案例版［M］. 北京：北京联合出版公司，2015.

[14] 布赖恩・罗伯逊. 重新定义管理：合弄制改变世界［M］. 潘千，译. 北京：中信出版社，2015.

[15] 艾伯特-拉斯洛・巴拉巴西. 爆发［M］. 马慧，译. 北京：中国人民大学出版社，2014.

[16] 吕本富，刘颖. 飞轮效应［M］. 北京：电子工业出版社，2015.

[17] 亚力克・福奇. 工匠精神：缔造传奇的重要力量［M］. 陈劲，译. 浙江：浙江人民出版社，2014.

[18] 周鸿祎. 周鸿祎自述：我的互联网方法论［M］. 北京：中信出版社，2014.

[19] 克里斯・安德森. 创客：新工业革命［M］. 北京：中信出版社，2015.

[20] 托马斯・库恩. 科学革命的结构［M］. 金吾伦，胡新和，译. 北京：北京大学出版社，2017.

[21] 布莱恩・阿瑟. 技术的本质［M］. 曹东溟，王健，译. 杭州：浙江人民出版社，2016.

[22] 皮埃罗・斯加鲁菲. 智能的本质［M］. 任莉，张建宇，译. 北京：人民邮电出版社，2017.

[23] 威廉・罗森. 世界上最强大的思想：蒸汽机、产业革命和创新的故事［M］. 王兵，译. 北京：中信出版社，2016.

[24] 亚当・斯密. 国富论［M］. 郭大力，王亚南，译. 南京：译林出版社，2011.

[25] 保尔・芒图. 18 世纪产业革命［M］. 杨人楩，陈希秦，吴绪，译.北京：商务印书馆，1983.

[26] 杰瑞・卡普兰. 人工智能时代［M］. 李盼，译. 杭州：浙江人民出版社，2016.

[27] 托马斯・瑞德. 机器崛起［M］. 王晓，郑心湖，王飞跃，译. 北京：机械工业出版社，2017.

[28] 詹姆斯・P. 沃麦克，丹尼尔・T. 琼斯，丹尼尔・鲁斯. 改变世界的机器——精益生产之道［M］. 余峰，张冬，陶建刚，译. 北京：机械工业出版社，2015.

[29] 弗雷德里克·泰勒. 科学管理原理［M］. 赵涛，郭姗姗，陈瑞侠，译. 北京：电子工业出版社，2013.

[30] 史蒂芬·霍金. 果壳中的宇宙［M］. 吴忠超，译. 长沙：湖南科学技术出版社，2002.

[31] 大卫·E. 奈. 百年流水线：一部工业技术进步史［M］. 史雷，译. 北京：机械出版社，2017.

[32] 弗里曼·卢桑. 光阴似箭：从工业革命到信息革命［M］. 沈宏亮，译. 北京：中国人民大学出版社，2007.

[33] 国家制造强国建设战略咨询委员会，中国工程院战略咨询中心. 服务型制造［M］. 北京：电子工业出版社，2016.

[34] 黎万强. 参与感：小米口碑营销内部手册［M］. 北京：中信出版社，2014.

[35] 角井亮一. 新零售全渠道战略［M］. 吴婷婷，译. 北京：东方出版社，2017.

[36] 马化腾. 分享经济［M］. 北京：中信出版社，2016.

[37] 钱书法. 分工演进、组织创新与经济进步［M］. 北京：经济科学出版社，2013.

[38] 冯苏京. 企业 1000 年［M］. 北京：知识产权出版社，2010.

[39] 大卫·M. 安德森，约瑟夫·派恩二世. 21 世纪竞争前沿：大规模定制模式下的敏捷产品开发［M］. 冯涓，李和良，白立新，译. 北京：机械工业出版社，1999.

[40] 腾讯研究院，中国信息通信研究院互联网法律研究中心，腾讯 AI Lab，腾讯开放平台. 人工智能：国家人工智能战略行动抓手［M］. 北京：中国人民大学出版社，2017.

[41] 马克思. 资本论［M］. 郭大力，王亚南，译. 上海：上海三联书店，2017.

[42] 陈慧慧. 网络外部性市场中的技术创新和竞争策略研究［M］.北京：经济管理出版社，2015.

[43] 包政. 营销的本质［M］. 北京：机械工业出版社，2017.

[44] 竹内弘高，野中郁次郎. 知识创造的螺旋［M］. 李萌，译. 北京：知识产权出版社，2012.

[45] 边缘计算产业联盟，工业互联网产业联盟. 边缘计算白皮书，2017.

[46] 工业互联网产业联盟. 工业互联网平台白皮书，2017.

反侵权盗版声明

举报电话：（010）88254396；（010）88258888

传　　真：（010）88254397

E-mail:　dbqq@phei.com.cn

通信地址：北京市万寿路 173 信箱

电子工业出版社总编办公室

邮　　编：100036